에니어그램과 NLP 심리

명상심리상담전략

에니어그램과 NLP 심리

명상심리상담전략

Brain Meditation Interface and NLP Psychotherapy

현용수 교수 외
『**명상심리치유**』 이야기

내 무의식에 잠든 참 자아를 깨워라

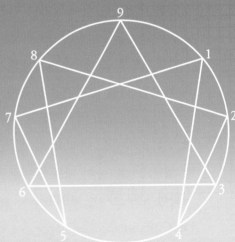

열·린·공·간⁺
명상치유상담교육원

내가 생각하던 나와 실제의 내가 다름을 알았다. 또한 내가 안다고 생각했던 그들이 실제 그들이 아니었음을 알았다. 실제 속에 가려진 나와 그들의 가면을 확인했을 때 놀람보다는 서로 다름이 나와 우리들 가슴에 자리 잡고 있음을 뒤늦게 깨달았다. 너와 나, 우리 모두는 달라서 의미가 있는 존재들이다.

우리가 달라서 의미 있는 존재들을 그 모습 그대로 볼 수 있는 판단을 갖출 수 있다면 우리들의 삶은 한층 더 밝고 즐거워질 것이다. 또한 자기성장을 위한 방법이 여러 종류(성격)가 있다는 것을 고려하지 않고 편향적인 잣대로만 상대를 대한다는 것이 얼마나 어리석은가를 깨닫게 될 것이다.

역사적으로 볼 때, 많은 심리학적이고 영적인 체계들이 인간 성격의 유형들의 중요한 면을 밝히려고 노력해 왔다. 그 중 명리학(命理學, Destiny), 점성학(占星學, Astrology), 수비학(數祕學, Numerology), 4체질론(4체액론 등 참조. 점액질, 다혈질, 우울질, 담액질), 칼 융(C. G. Jung)의 성격 유형(외향VS내향, 사고VS감정, 감각VS직관) 등이 대표적 이론들이다. 또한 성격 특성을 파악하기 위해 유형화한 도구로서는 MBTI(MyersBriggsTapeIndicator), 에니어그램Enneagram, DISC(Dominance, Influence, Steadiness, Conscientioniousness) 등이 있다.

그렇다면 성격은 타고나는 기질일까? 아니면 성장과정에서 형성되는 것일까? 어떤 사람들은 자신의 삶에서 여러 번 사건들을 맞이하면서 성격이 바뀐다고 하고, 또 다른 사람은 바뀌지 않는다고 한다. 바뀌든 바뀌지 않든 다른 사람의 성격을 이해하기는 매우 어려운 일이다. 이런 성격 유형을 파악하기 위하여 최근에 유아발달이론과 뇌 과학 등에서 사람들의 성격의 차이가 기질적, 생물학적 차이에서 발생할 수 있다는 연구가 발표되고 있다.

우리의 성격은 서로 다르다고 말한다. 가족, 친구들과도 다르기 때문에 서로 많은 갈등을 일으키기도 한다. 그래서 서로 간 관계하기가 어렵다고들 한다. 이러한 다른 성격은 서로 다른 환경과 개인 삶의 다양성이 다르므로 성격을 이해하는데 매우 어렵고, 심리학적으로 매우 복잡하다고 한다.

그러므로 우선은 자신의 성격적 특징을 정확히 알고, 상대방의 다양한 성격을 이해하는 일은 매우 중요한 것이다. 자신의 성격을 안다는 것은 자신의 무의식과 공감을 형성하는 것이고, 상대방의 다양한 성격을 이해한다는 것은 상대방의 행동을 수용하는 것이다. 너와 나, 그리고 우리가 하나 될 수 있는 것은 너와 나를 이해하고 새로운 존재인 우주와의 만남을 통하여 참 영성을 만들어 가는 지혜의 삶이 필요하기 때문이다.

인간의 성격을 연구하고 판단하는 역사는 매우 오래되었다. 또한 성격에 관한 이론들이 최근 들어 관심을 끌고 있는데, 국내에서 가장 많이 사용하는 에니어그램, MBTI, 교류분석 등이 있다. 시중에서 논의 되는 대표적 성격이론 중 본서에서 소개하는 에니어그램은 내가 '실재Being'라고 부르는 모든 만물의 궁극점 또는 '진정한 본성True Nature'이 모든 존재의 근원적 참자아(圓成實性)라는 이해에서 시작한다.

특히, 에니어그램은 우주 만물의 상징임을 이해해야 한다. 에니어그램은 우주 만물의 언어로 사용되는 근원적인 그림문자로, 사람들의 수준만큼이나 다양한 의미를 갖는다.

에니어그램은 영속하는 움직임을 간결하게 추려서 보여주는 그림이다. 에니어그램은 동양에서 기원한 명상수행이었지만 서양으로 전해지면서 개인적인 성격이론으로 변모하였고, 지금은 오히려 명상수행 분야보다는 성격검사를 하는 데 더 많이 사용하고 있는 게 현실이다.

많은 성격이론 중에서 에니어그램과 유사한 MBTI와 교류분석이 있다. MBTI는 칼 융(Carl Gustav Jung, 1875~1961)의 분석심리학에 기반하여 성격을 파악하고, 행동을 선택하는 과정을 16가지 유형으로 분류하고 있다.

교류분석은 프로이트(Sigmund Freud, 1856~1939)의 성격이론에 기반하여 가족과의 관계에서 획득된 의사소통 방식에 따라서 성격을 이해한다. 본서에서는 유사하지만 다른 두 이론의 근거를 비교하면서 에니어그램의 기본 소양적 학문인 뇌과학, NLP, BMI를 접목하여 현대에 맞는 에니어그램의 지평을 만들어 가고자 한다.

만약 너와 나, 그리고 우리를 이해할 수 있는 도구가 있다면 어떨까? 그 도구가 우리 모두를 잘 살피고 정신적 여과 기능을 할 수 있다면 어떨까? 그 도구가 우리의 핵심적인 문제를 보여줄 뿐 아니라 그것들을 효과적으로 다룰 수 있는 방법을 제시한다면 어떨까? 이 도구가 너와 나, 그리고 우리 모두를 영혼의 깊은 심연으로 안내하는 역할을 한다면 이보다 더한 매력은 없을 것이다. 그리고 전문가나 권위자의 말에 의존하는 것이 아니라 자신을 정직하게 살펴보고, 이해하려는 용기만 갖는다면 우리의 삶은 좀 더 윤택해질 수 있을 것이다. 그런 도구가 바로 에니어그램이다.

앞으로 우리 스스로 성격 유형을 알아가는 것이 진정한 자아를 덮고 있는 검은 껍질을 깨는 것이다. 가면Persona 성격이 만들어낸 세계를 현실로 받아들이지 말고 에니어그램과 함께 경험적으로 탐구해 들어가면 성격Personality이란 우리의 내적·외적 경험이 가상의 세계임을 깨달을 것이다. 또한 우리가 성격 유형을 아는 것이 교육, 과학, 사업, 치료 등 많은 분야에 필요하다고 믿는다. 무엇보다도 영성과 의식의 개발에는 반드시 필요하다.

에니어그램의 역사는 수 세기 전으로 거슬러 올라간다. 1920년대, 고대의 동양적 전통에 기반한 구르제프(G. J. Gurdjieff)의 에니어그램을 스탠퍼드 대학에서 현대적 성격심리학으로 발전시키면서 전 세계적으로 알려지게 되었다. 에니어그램의 이해와 진화의 의미를 파악하려면 우선 에니어그램 지도의 상징에는 한 가지 의미 혹은 한 차원의 세상만 있는 것이 아님을 알아야 한다. 또한 에니어그램은 '사람들의 수준만큼이나 다양한 의미를 갖는다. 즉, 원형의 상징으로서 물리적 변화와 원리뿐 아니라 심리학이나 정신적 이론, 뇌 과학(BMI)을 설명하는 데 사용할 수 있다.

에니어그램에 대한 우리나라의 연구 수준은 거의 외국에서 수입된 에니어그램 성격이론을 교육 현장 또는 상담 현장에 적용하여 그 효과성에 대한 연구가 주류를 이룬다. 그래서 에니어그램 성격을 심리학적, 뇌 과학적, 명상적인 자체 연구가 부족한 실정이다. 그래서 본서에서는 심리학적, 뇌 과학적, 정신분석학적, 자아초월명상에 기반한 연구로 초점을 맞춘다. 주요한 문제는 다음과 같다. 에니어그램은 인간의 9가지 기본 유형에 대한 연구이다.

이는 우리가 특정한 방식으로 행동하는 이유를 설명해 주며, 개인별 성장을 위한 방향을 구체적으로 제시해준다. 첫째, 에니어그램은 크게 세 개의 자아로 분류하고, 왜 세 개로 분류하는지 이론적 설명과 에니어그램이 다른 종류의 성격검사와 얼마나 일맥상통하는지를 비교·판단하고, 둘째 성격심리학적 관점에서 에니어그램 하위개념을 탐구한다. 셋째, 뇌 과학과 NLP, 자아초월 명상을 기반으로 한 BMI(Brain Meditation Interface)를 내담자 상담에 활용하고, 어린 시절과 심리도식(心象化)의 해석적인 부분을 탐구하고자 한다. 그리하여 개개인의 본질과 성장 방향으로 나아갈 것이다.

2023년 5월
민주지산 치유의 숲에서...
木元 현용수 씀

차례

제2부

I. NLP(Neuro Linguistic Programming)와 심리상담치료이론

II. 우리는 어떻게 감정 상태와 행동을 만들어 내는가?

제3부

심리발달 단계의 특징 및 상담전략

제4부

명상치유상담방법론

명상치유상담논문

부록

Reference

제1부

Ⅰ. 에니어그램 역사의 이해

현대의 에니어그램 이론은 어떤 한 가지 근원에서 온 것이 아니라, 수많은 고대의 전통에서 비롯한 지혜와 현대 심리학을 결합한 것이다. 에니어그램의 상징은 2500년 전 고대까지 올라간다. 인간의 성격을 아홉 가지로 나누기 시작한 것은 적어도 4세기경 혹은 그 이전일 수도 있다. 그러나 이 두 통찰의 근원이 결합한 것은 불과 수십 년 전이며, 서구 사회로 가져온 사람이 조지 이바노비치 구르지예프George Ivanovich Ivanovich Gurdjieff이다.

구르지예프는 에니어그램 상징이 존재의 모든 것을 관장하는 세 가지 신성한 법칙을 나타내는 세 부분으로 구성되어 있다고 설명했다.

이들 중 첫 번째는 거의 모든 문화에서 사용하는 원circle, 즉 우주의 만다라다. 원은 통합, 전체, 단일성을 가리키며 신은 하나임을 상징한다. 이것은 바로 유대교, 기독교, 이슬람교와 같은 주요한 서양 종교가 가르치는 논리이기도 하다. 따라서 에니어그램의 원은 각 개인 발달 과정을 둘러싸는 것으로 볼 수 있다. 원 안은 성격의 유한한 본성을 암시하며 원 밖은 조건화된 성격의 이해를 넘어서 존재하는 「무한」을 의미한다.[1]

우리는 원 안에서 두 번째의 상징, 삼각형을 발견한다. 에니어그램의 내면 삼각형은 3의 법칙을 나타낸다. 3의 법칙은 능동적인 힘, 수동적인 힘, 중립(조화)의 힘을 말한다.

---

[1] 데이비드 버크가 2010년 국제 에니어그램 협회 컨퍼런스에서 발표

본질 완전함 역동

이를 기독교에서는 성부와 성자와 성신의 삼위일체로 이야기하고, 유대교에서는 카발라의 이론적인 상징으로 생명의 나무에 이름 지워진 세피로트(케테르, 비나, 호크마)를 이야기한다. 또한 불교에서는 불佛, 법法, 승僧에 대해서, 힌두교는 비슈누, 브라마, 시바에 대해서, 도교는 천天, 지地, 인人에 대해서 이야기한다.

또한, 에니어그램의 내면 삼각형은 심리적으로 우리 안에 어떤 일이 일어날 때 반드시 필요한 세 가지 측면을 상징하기도 한다. 그 세 가지 힘은 전진하는 힘, 저항하는 힘, 그리고 둘을 중재하고 한데 모으는 조화의 힘이다. 삼각형 꼭지점에서 3유형은 모든 상황을 앞서서 주도하는 힘을 보여준다. 6유형은 저항하는 힘으로 대립을 나타낸다. 9유형은 화합의 힘이다.[2]

마지막 세 번째는 헥사드Hexad이다. 이것은 정체되어 있지 않다는 것을 보여 준다.

구르지예프는 에니어그램은 역동적으로 움직이는 살아있는 상징으로 받아들여야 한다고 설명했다. 고대 수학자들은 숫자 7을 변형의 상징으로 간주했다. 불변하는 것은 변화하는 것이라는 고대 그리스 철학자들의 신념을 통해 볼 수 있다.[3] '헥사드'의 선들로 상징하는 변형주기의 흐름은 변화의 과정

---

2) 완전한 에니어그램(2018, 비어트리스 체스넛, 이규민 외 번역), 71p.
3) 스티븐슨, 2010; 버트런트 러셀, 1945

을 도식화해서 보여준다. 또한, 에니어그램으로 나타나는 성격은 이 자연스러운 변화의 길을 따라 한 지점에 걸려 있거나 고착되어 있는 형태로 볼 수 있다. 이 지점은 우리가 자신을 보호하기 위한 방어기제이지만 또한 그 자연적인 흐름이나 인생의 리듬에 저항하는 것이기도 하다.

성격유형론으로서 에니어그램의 기원은 좀 더 최근이며 두 가지 현대 이론에 그 근거를 두고 있다. 첫 번째는 오스카 이카조Oscar Ichazo이다. 1950년대 중반 에니어그램 상징의 모든 자료를 적절히 배열하였고, 오늘날 우리가 알고 있는 에니어그램의 기본적인 원형이 완성되었다. 그는 우리가 지금 알고 있는 "성격의 에니어그램"의 핵심 아이디어를 원형분석Protoanalysis이라는 이름으로 가르쳤다. 두 번째는 심리치료사 클라우디오 나란조Claudio Naranzo이다. 그는 1970년대에 자신이 개발한 게슈탈트 치료 프로그램에 에니어그램을 결합하여 사람들에게 가르치기 시작했다. 이카조와 함께 에니어그램의 고착화에 대하여 연구할 당시 나란조는 정신분석 심리학, 실존적 치료법, 카렌호니Karen Horney의 성격이론, 구르지예프의 '제4의 길', 수피즘, 불교 명상 등 개인 성장과 관련된 광범위한 이론에 대해 심층적인 지식을 이미 개발하고 있었다.

그 후, 돈 리차드 리소Don Richard Riso가 성격 유형에 관한 설명을 추가하고, 이 이론의 심리학적 기초를 발전시켜 나갔다. 돈 리차드 리소, 러스 허드슨Russ Hudson은 1991년에 리소-허드슨 에니어그램 성격 유형 검사지(RHETI)를 함께 만들었다. 이건 에니어그램의 온전한 모델을 보여준다. 에니어그램을 이루는 각 점들은 개인의 성격을 나타낼 뿐 아니라 보편적인 원형의 요소를 특징짓는다, 또한 각 점들은 고착된 부분을 느슨하게 하고 초월했을 때 원형보다 높은 측면을 나타내는 차원과, 무의식적인 자동 상태에 있을 때 '고착된 수준'의 기능을 나타내는 낮은 측면에 대한 가능성의 범위를 나타낸다.

에니어그램은 우리의 영혼을 어떻게 변화시키는가? 우리는 타고난 성향과 환경과 사람에게 반응하면서 발달한 자아에 대한 정의가 합쳐져 '나는 이런 사람이고 세상은 이런 곳'이라는 신념을 굳힌다. 이 고착화된 신념을 필터 삼아 우리는 주변 세상과 사람들을 받아들인다. 에니어그램에 암호화되어 있는 지혜의 전통과 동일한 기본 개념은 다양한 형태로 우리 곁에 나타나 이 고착화된 신념의 필터를 걸러내고자 인간 존재에 대한 끊임없는 질문을 탐구하는 철학적 전통을 오늘날까지 유지해 왔다.

그러므로 에니어그램의 현대적 해석의 근거는 영속적인 철학과 에니어그램의 도식에서 말하는 성장과 단절은 우리의 두려움을 통해 고통을 겪고 그로 말미암아 더 높은 잠재력을 발휘하는 작업을 하면서 스스로를 관찰하는 과정의 연속이다. 또한 이 시대를 넘어 우리 자신을 확인함으로써, 우리는 고대의 전통에 동참하고 인간 의식의 수준을 높이기 위한 공동의 노력에 기여해야 한다.

Ⅱ. 에니어그램과 성격 유형의 이해

성격이 무엇인가에 대한 질문에 대한 해답을 찾고자 많은 연구가 진행됐다. 시대에 따라 학파별로 관심의 방향이 다를 뿐 여러 주제로 접근됐던 것은 사실이다. 성격은 무의식적으로 내면에 자리 잡은 형태를 말한다. 이 형태는 태어날 때부터 가진 것이 아니라 다른 사람과의 관계 속에서 형성된다.

성격Personality은 가면을 뜻하는 라틴어 페르소나persona에서 파생되었다. 우리 모두에게는 가면 안의 본질과 가면 밖에 보이는 모습이 결합되어 밖으로 드러나는 게 성격이라는 의미이다. 성격을 정확하게 표현하는 것은 힘들지만, 대체로 한 개인의 내면에서 비교적 더 안정되고 오래 존속하지만, 생애를 통틀어 일정하면서도 변동할 수 있고, 어느 정도는 유전의 영향을 받고 어느 정도는 학습되는 독특한 특성으로 정의한다.

성격은 우리가 자신을 발전시켜 나가는 데 중요한 부분이며 자신의 본질을 되찾는 데도 필수적이다. 문제는 우리가 자신의 성격에 붙잡혀 어떻게 다음 단계로 나아가야 할지 모른다는 것이다. 인격이 형성되는 시기에 자신의 성격 너머에 뭔가 있다는 것을 인식하지 못했고, 거기에서 인성의 발달이 멈추었기 때문에 일어나는 문제이다.

에니어그램은 진정한 자아와의 관계를 이해하도록 도와주고, 밖으로 나올 수 있는 길을 제시하는 것이다. 우리 스스로는 성격을 '가지고' 있으며, 그 성격을 통해서 우리의 본질이 자연스럽게 드러나 우리를 바꾸는 것이다. 성격

아래에 있는 진정한 우리의 존재가 발현됨으로써 성격에 끌려다니기보다는 성격을 삶의 유용한 도구로 사용할 수 있게 되는 것이다. 에니어그램은 자기 이해와 자기 수용을 하는 데 있어서 자신의 성격을 파악하는 것은 상당히 유용하다고 볼 수 있다.

그리고 성격이론으로서의 에니어그램은 자신과 타인을 깊이 이해할 수 있게 도와줌은 물론 자신의 고착된 성격과 부정적인 특성에 대해서 탐구함으로써 치유와 성숙의 길로 나아가 자신의 내적 성장에 도움이 될 수 있다(허혜자, 2003). 우리의 성격이 나쁜 것만은 아니다. 성격은 우리가 자신을 발전시켜 나가는데, 중요한 부분이며 자신의 본질을 되찾는 데도 필수적이다. 문제는 우리가 자신의 성격에 붙잡혀서 어떻게 다음 단계로 나가야 할지 모르고 있다는 것이다. 그래서 에니어그램이 제공해 줄 수 있는 가장 중요한 통찰은 우리가 우리의 성격이 아니라는 '깨달음'이다. 자신이 자신의 성격이 아니라는 것을 이해할 때, 비로써 우리는 스스로가 '각자의 성격을 가지고' 있으며 그 성격을 통해서 우리 자신을 표현하는 영적인 존재임을 깨닫게 된다.

우리가 본질과 하나가 된다고 해서 정체성을 잃어버리는 것이 아니며 오히려 정체성을 발견하게 된다. 에니어그램은 우리가 자신의 성격이라는 제한된 메커니즘에서 벗어나 자신이 누구인지를 깊이 체험할 수 있도록 도와준다. 그러나 이것이 자동으로 일어나지는 않는다. 그렇다면 우리는 어떻게 해야 하는가?

에니어그램은 2500년 전 고대의 지혜와 현대 심리학이 만나 통합된 성격 심리학의 한 접근방법으로써 범문화적 보편성을 지니며, 9가지의 독특한 성격특성으로 구분되는 성격유형론의 하나로서 동일한 유형의 경우, 남녀노소, 지위고하, 빈부귀천, 종교와 인종을 막론하고 공통적 특성을 지니고 있으며, 인간 행동의 행동적 측면을 넘어 그 행동을 만드는 근원적 동기를 알 수 있도록 하는 특성이 있다.

Levine(2003)은 에니어그램은 인종, 성, 사회경제, 윤리 그리고 국가적 차이를 초월하여 적용하며 개인적인 다양함과 차이를 볼 수 있도록 다양한 관점을 충분히 제공한다고 하였다. 즉 우리가 자신을 성격과 동일시하지 않는다면 성격은 우리 전체의 작은 부분이 된다. 성격 아래에 있는 진정한 우리의 존재가 발현됨으로써 성격에 끌려다니기보다는 성격을 삶의 유용한 도구로 부릴 수 있게 되는 것이다.[4]

---

4) 에니어그램의 지혜(2021 ,돈리처드 리소, 러스 허드슨, 주혜영 번역), 50p

1. 에니어그램의 뇌 과학적 이해

에니어그램에서는 성격을 감정형, 사고형, 의지형으로 구분한다. 에니어그램의 성격을 세 축으로 구분하는 근거로써 뇌 과학적 관점으로 소개하고자 한다. 인간의 본능, 감정 그리고 사고 에너지는 뇌 구조의 발달과도 연관성이 있다.

인간의 뇌는 크게 뇌간, 소뇌, 대뇌로 나누는데, 뇌간이 가장 먼저, 대뇌가 가장 늦게 만들어졌다. 뇌의 중요한 기능을 구분해 보면[5],

- 생명과 직결된 중추, 뇌간

뇌간은 뇌의 가장 안쪽에 존재하는 부분으로 척수가 확대 팽창해서 생겼다고 보는 견해가 많다. 뇌간은 생명을 유지하는 일을 주된 임무로 하고 있다. 뇌간은 가장 아래쪽인 연수 부분은 호흡과 심장 운동을 조절하는 생명 중추가 있다.

- 운동을 관장하는 중추, 소뇌

소뇌는 뇌간의 뒤쪽으로 좌우 한 쌍으로 붙어있는 뇌로서 뇌 전체 무게 중에서 10%를 차지하는 200g 정도이다. 매우 깊게 주름이 지어져 있는 이곳에서 몸의 평형을 유지하고 공간 운동을 조절하는 중추신경이 존재한다.

- 감각과 사고의 중추, 대뇌

대뇌는 가장 나중에 생긴 뇌이다. 그럼에도 불구하고 대뇌기 전체 뇌에서

---

5) 출처: 한국문화재단 사이언스 올에서 옮김

차지하는 비중은 80%나 된다. 포유동물의 등장과 함께 진화에서 발달했기 때문에 대뇌를 '포유동물의 뇌'라고 부르기도 한다. 대뇌의 여러 부위 중에서 가장 안쪽에 있어 뇌간과 연결되어 있는 부위를 시상, 시상하부 등의 기관을 포함하여 '변연계(邊緣系 Limbic Sysitem)'라고 부른다.

이 부위는 체온, 혈압, 심박, 혈당과 같은 자율 기능을 조절할 뿐만 아니라 공포, 분노, 쾌락과 같은 본능적인 정서에 관여한다. 즉 공포를 느낄 때 심장 박동이 증가하고 땀이 나는 것이 바로 변연계 때문에 생기는 현상이다.

현대 신경해부학의 뇌의 구조 발달 부분이 에니어그램의 기본 에너지에 따라 다르다고 한다. 뇌 구조를 보면 첫 번째 뇌간 위쪽에 자리 잡고 있는 파충류 뇌(reptile brain)라고 지칭되는 부분은 자기 보존 본능을 담당한다. 이 부분은 신체적 감각을 공급하는 곳으로 본능 중심의 에너지가 발달한 곳이다. 자기 보존 본능 에너지가 제 역할을 하지 못할 경우 깊은 불안정감을 경험하게 된다.

두 번째 감정유형을 담당하고 있는 뇌는 구 포유류 뇌(old mammalian Brain)로 변연체이다. 변연체로 구성된 구 포유류 뇌는 쾌락과 고통, 정서의 통제를 담당하는 부분이다. 이 부분은 사회적 관계 본능을 다루고 있다. 그러므로 변연체가 기능 손실을 볼 경우, 깊은 외로움을 경험하게 된다.

세 번째 사고유형의 뇌는 신피질에서 전개되는 포유류 뇌(a mammalian brain)로 지칭되는 부분이다. 신피질은 방향 감각이나 목표, 의미를 찾는 것을 담당하고 있다. 신피질의 기능에 손상을 입을 경우, 어디에도 소속되어 있거나 연결되어 있지 않다고 느끼며 스스로가 쓸모없거나 부족하다고 느끼게 된다.

뇌간이나 변연체, 신피질은 인간의 뇌를 구성하고 있는 구성 요소이다. 뇌의 어느 한 부분이 발달한다고 해서 한 부분에 강력한 에너지를 가질 수 있는 것이 아니다. 뇌의 모든 부분이 균등하게 발달해야 건강하게 성장하고 온전한 통합을 이룰 수 있게 된다.

인간은 세 가지 기본 에너지가 자유롭게 조화를 이룰 때 온전한 통합과 균형을 이룰 수 있게 된다고 주장한다. 인간의 전체성을 무시하고, 이들 가운데 어느 한 가지만 존재한다고 결정하는 방

식은 결코 바람직한 방식이 아니다. 그래서 에니어그램 성격을 공부하는데 있어서 어떤 유형이 중심이고 어떤 유형이 보조나 날개로서 작용하는지를 유심히 살펴보는 일이 한 개인을 이해하는데 있어 매우 중요한 관점이다.

◇ 요약Summary ◇

뇌 과학과 에니어그램의 연관성을 설명해 보면, 감정형, 사고형, 의지형으로 성격을 구분하는 것은 바로 인간의 세 종류의 뇌에 상응한다는 것이다.

첫째는 본능의 뇌이다. 척추와 연결된 가장 깊은 곳에 위치한 관계로 후뇌라고

도 한다. 호흡, 심장박동, 혈압조절과 같은 생명유지에 직접적으로 관여하기 때문에 생명의 뇌라고도 한다. 이 뇌는 5억 전 고생대에 형성된 것으로 추정하고 있으며, 육지와 물속을 오고 가는 시대의 파충류 뇌라고도 한다. 이는 인간뿐만 아니라 모든 생명이 공통적으로 갖고 있는 뇌이다.

둘째는 감정의 뇌이다. 뇌의 중간에 위치하기 때문에 중뇌라고도 한다. 주로 희·로·애·락의 감정과 관련된 기능을 담당한다. 감정은 파충류에게서는 발견되지 않고 주로 포유류에게서 발견되는 이유로 '포유류 뇌'라고도 한다. 뇌 과학에서는 이 부분을 변연계(邊緣系, Limbic system)라고 부른다. 변연계는 주로 공포와 불안과 같은 감정적 기억을 담당한다.

우리가 대부분 감정적으로 격한 경험을 잊지 못하고 기억하는 것은 바로 편도체(扁桃體, Amygdala)와 해마(海馬, Hippocampus)의 기능 때문이다. 편도체는 기억을 담당하고 해마는 감정보다는 그 사건의 서술기억을 처리한다. 만약 변연계가 손상을 당하면, 정서적인 학습과 기억을 담당할 수 없게 되어, 파충류와 같은 상태로 떨어진다. 반면에 변연계는 태어난 이후 모든 기억을 저장하고 있기에, 인간의 감정적 행동에 일관성을 부여하지만, 또한 쉽게 변화되지 않는 습성을 보여준다.

셋째는 사고의 뇌이다. 이곳은 인간의 뇌 가운데 가장 넓고 크게 차지하며 고도의 문화를 일구면서 생존 할 수 있었던 것은 바로 대뇌 피질의 역할이 결정적인 역할을 했다. 현생인류의 존재는 바로 호모 사피엔스 사피엔스Homo sapiens sapiens라고 부르는 이유는 바로 대뇌 피질의 존재에서 비롯된다. 사피엔스 sapiens란 '알다'는 의미이니 사피엔스 사피엔스는 '아는 것을 말한다'. 즉 대뇌 피질은 정보를 모아서 판단을 하고 언어를 사용하여 정보를 체계화시킨다.

인간은 기본적으로 이들 세 가지의 뇌를 가진다. 에니어그램에서는 인간의 3종류의 뇌가 있듯이 여기에 부합한 성격적인 특징이 있다고 본다. 본능의 뇌에 해당하는 의지형, 감정의 뇌에 해당하는 감정형, 대뇌피질과 연결된 사고형이 그것이다. 인간에게 있어 이들의 세 종류의 뇌가 유기적으로 잘 작용하여야 건강하듯이 이들은 서로 별개가 아니다.

2. 에니어그램과 프로이트 정신분석학적 관점

1) 정신분석이론

프로이트Freud는 인간의 내적 갈등의 역동에 초점을 두었고, 인간의 심리적 문제는 내부에 존재한다는 정신결정론의 입장을 취했다. 인간의 성격은 과거와 무의식의 산물이라고 보며, 특히 심리성적 욕구에 초점을 맞추었고, 심리성적 에너지인 리비도의 흐름에 따라 5개의 발달 단계로 구분하였다. 특히, 프로이트의 정신분석학 이론에서는 사회적·도덕적으로 용납될 수 없는 성적, 공격적 충동으로 야기되는 갈등을 처리하기 위해 자아가 사용하는 다양한 방어기제가 있다고 설명한다.

2) 심리적 특징

• 내적갈등의 역동 : 인간의 마음 혹은 정신은 다양한 힘들이 상호작용하는 에너지 체계로서 에너지를 방출시키고 긴장을 감소시키려는 작용을 한다. 프로이트는 인간 정신이 가진 에너지의 양이 일정하게 제한되어 있다고 보았다. 즉, 인간 혹은 인간의 정신을 폐쇄체계로 본 것이다.

• 정신결정론 : 인간의 모든 정신활동에는 목적이 있으며, 이는 지나온 과거의 발달 과정에서 경험한 것에 의해 결정, 과거가 미래의 사건을 결정한다는 의미이기도 하다. 결국, 프로이트는 인간이 겪는 여러 가지 심리적 문제는 인간 내부에 존재하는 정신적 원인의 작용이라고 생각했다.

• 과거 경험의 중요성 강조 : 어린 시절 겪었던 정서적 경험을 중요시한다. 프로이트 정신분석학에서는 인간의 기본적 성격구조는 초기 아동기, 특히 만 5세 이전의 경험에 따라 결정된다는 것이다. 현재는 과거의 축적물에 불과하므로, 현재를 바꾸기 위해서는 과거를 변화시켜야 한다.

• 무의식과 성적심리 욕구 : 인간의 행동은 무의식적인 요인에 의해 더 많은 영향을 받는다. 인간의 무의식적인 동기 중 성적심리 욕구는 개인의 행동에 지대한 영향을 끼쳤다. 프로이트가 말하는 성적 충동은 바로 리비도이고 이것은 성욕으로서의 쾌락의 원리이다. 리비도는 배고픔과 마찬가지로 충족을 필요로 하는 욕구이다. 정신적인 삶에서 리비도가 적절하게 극복되지 못할 경우 우리는 심한 죄의식에 시달리게 된다.

3) 프로이트의 인간관

• 수동적 인간 : 인간의 자유의지, 책임감, 자발성, 자기 결정과 선택을 할 수 있는 능력을 인정하지 않는다. 프로이트는 인간의 자율성을 인정하지 않았으며, 인간의 모든 행동은 무의식적인 힘에 의하여 결정되고, 인간은 무의식적 힘의 지배를 받는 수동적 존재라고 보았다.

• 결정론적 인간 : 인간의 기본적 성격 구조는 초기 아동기, 특히 만 5세 이전의 경험에 의해 결정된다. 인간의 심리적 문제는 출생에서 부터 5세까지 어린 시절의 경험이 무의식 속에 잠재되어 있는 심리성적 경험으로부터 행동과 선택을 결정하는 과거 속의 포로와 같은 존재이다.

• 투쟁적 존재 : 인간은 자신의 행복을 극대화하기 위하여 사회에 지속적으로

대항한다. 인간은 무의식적인 내적 충동에 의해 야기된 긴장 상태를 제거하여 쾌락을 추구하려는 속성을 지니고 있으며, 이를 방해하는 사회적 요인에 대하여는 지속적으로 공격하는 존재이다.

4) 프로이트 정신분석이론의 주요개념 (성격 구조와 의식 수준의 관계)

(1) 지형학적 모형(자각의 수준)

- 의식 : 현재 느끼거나 알 수 있는 모든 경험과 감각 (의식의 내용은 계속 변화하고, 자아는 의식의 영역에 속한다.)
- 전의식 : 의식과 무의식을 연결하는 다리 역할 (흔히 이용 가능한 기억을 말한다.)
- 무의식 : 마음을 구성하는 사고, 감정, 본능, 욕구, 동기, 갈등 등의 자료들이 저장되어 있다. (의식적 사고와 행동을 전적으로 통제하는 힘, 주로 원초아와 초자아로 구성)

(2) 구조적 모형(성격의 구조)

- 원초아(id) : 무의식에 존재, 성격의 가장 원초적인 부분은 타고나는 것. 즉각적이고 본능적인 욕구, 인간이 생존하는 데 필요한 모든 본능. 1차적 사고 과정, 쾌락 원리이다.
- 자아(ego) : 원초아로 하여금 충동을 지연, 현실을 고려하도록 하는 역할. 조직적이고 구체적인 정신구조, 성격의 조정자로서 인간의 생각과 행동을 통제하고, 2차적 사고 과정, 즉 심리 성격적 현실원리이다.
- 초자아(superego) : 가장 마지막에 발달. 부모가 아이에게 전달하는 사회적 가치와 관습. 자아 이상과 양심의 형성, 즉 이성적 도덕원리이다.

(3) 인간의 본능

• 삶의 본능(eros) : 생동적인 삶과 종족번식을 책임지는 각종의 힘이다. 인간의 성격발달에 가장 큰 영향력을 미치는 성본능. 삶의 본능이 가지고 있는 에너지 리비도는 성적 에너지와 같은 뜻으로도 쓰인다.

• 죽음의 본능(thanatos) : 인간 행동의 파괴적 혹은 부정적인 힘이다. 인간이 가지는 잔인성, 공격성, 자살, 살인, 전쟁 등 일상생활에서 저지르는 만행성이다.

5) 심리성격 발달 단계[6]

• 리비도 중심의 발달 단계 : 리비도Libido라는 라틴어는 원래 욕구, 쾌락, 요구, 충동, 추구 등 여러 가지 의미를 가지고 있지만 프로이트 정신분석에서 각 발달 단계는 리비도가 신체의 어느 부위에 집중되느냐에 따라 구분한다. 리비도의 개념에 따라 성격 형성에서 가장 중요한 단계는 5단계 중에서 '구강기, 항문기, 남근기'라고 본다. 그리고 리비도가 어떤 대상을 향해 정지하고 있을 때 즉, 변화를 받아들이지 않을 때 이를 고착이라고 한다.

6) 무의식적 갈등

무의식적 갈등은 인간의 마음 깊이 자리하고 있어 인식되지 않는 환상들이 무의식 밖으로 드러나는 과정이다. 이 현상들은 인간이 선천적으로 갖고 있는 욕동Drive이나 내면화된 외부 환경의 영향에 의해 형성되는 것으로 주로 소망과 두려움의 언어로 풀어낼 수 있다. 무의식적 갈등은 우리 마음에 존재하는 다양한 환상 사이에서 빚어지는 충돌로, 그 갈등이 첨예화되고 뚜렷해

---

6) 출처: 네이버 지식백과

지면 마음에 긴장과 불안을 불러일으킨다.

에니어그램으로 무의식적 갈등을 이해하는 것은 한 사람이 맺는 대인 관계의 방식과 무의식적 방어기제를 이해하도록 돕는다. 또한, 에니어그램의 행동 특징을 분석하고 상담하는 것은 더 현실적이고 건강한 방어의 방법을 강화시켜 무의식적 불안을 다룰 수 있도록 하는 것이기도 하며, 무의식적 갈등에 숨겨진 무의식적 환상들을 드러내 보여 주어 보다 적응적인 방어를 선택하고 불안을 극복하도록 하는 것이라 말할 수 있다.

7) 에니어그램의 구조모형은 프로이트의 성격 구조모형과 관련성이 있다.

이는 에니어그램을 프로이트의 정신분석학적으로 이해하려는 시도이다. 에니어그램에서는 성격을 감정형, 사고형, 의지형으로 구분하는데, 각각의 성격을 그대로 우리의 본질이라고 보지는 않는다. 이들은 모가 난 꼭지점들이다. 하지만 이들을 연결하는 전체의 원은 본질을 상징한다. 곧 성격은 우리의 본성, 즉 영성과는 다른 적응적 성격을 가진다. 하지만 이들을 연결하는 전체의 원은 본질을 상징한다. 곧 우리가 평생 쓰고 사는 성격은 우리의 본성, 원래의 참자아라고 일컫는 영성과는 다르다.

본성에 대한 방어적인 측면을 나타내는 성격은 진정한 자기는 아니라는 말이다. 성격Personality을 진정한 자신이기보다는 'Persona', 곧 가면, 가짜의 탈, 자신의 그림자라고 할 때, 이점에 대한 좀 더 구체적인 이해가 필요하다.

여기서 무엇이 진정한 자기이고 가짜의 탈이란 무엇인가 하는 점이다. 진정한 자기란 영적 측면을 가리키고, 가짜란 현실 속에서 적절한 반응적 측면을 나타낸다. 영적인 측면에서 보면 가짜이지만, 현실적인 관점에서 보면 적응이다.

그러면 현실적인 적응과 관련하여 살펴볼 때, 프로이트는 그것을 자아의 중요한 기능이라고 말한다. 물론 프로이트 이론을 그대로 에니어그램에 적용하는 것은 무리가 있지만, 리소(Riso, 2010)는 프로이트의 구강기, 항문기, 남근기에 비교한다. 물론 성격이 발달적인 측면을 가지고 있기에 유용한 관점이라고 할 수 있다. 하지만 본서에서는 성격이 자아 기능과 연결된다는 점에 착안하여 에니어그램 성격을 현실적응 과정에서 자아의 불안과 연결하여 해석한다.

성격의 의미로 사용되는 '가면'이란 프로이트 관점에서 보면, 정확하게는 '방어'이다. 가면은 자신의 진실을 감추는 일종의 방어이다. 왜 우리는 진실을 감추는 것일까? 존재하는 진실을 그대로 인정하는 일은 너무나 고통스럽기 때문이다. 진실을 인정하고 직면하는 일은 그 자체로 견디기 어려운 고통을 유발하기 때문이다. 고통을 느끼지 않기 위해서 우리는 다양한 가면을 쓴다.

8) 에니어그램의 꼭지점과 프로이트의 불안

프로이트적 관점에서 보면, 방어는 성격에 의한 심리 내적인 갈등, 고통이 직접적인 원인이라고 본다. 이런 심리 내적 자아의 갈등을 프로이트 학파에서는 보통 '불안'으로 설명한다. 프로이트의 불안을 흔히 세 가지로 정리한다.

첫째는 현실자아가 느끼는 불안이다.[7] 현실불안은 우리들이 외적 위험을 지각하는 것에 대한 반응으로서 도피반사와 직결된다. 사람들은 깎아지른 낭떠러지 근처에 가기를 꺼려하며, 마구 달리는 버스 근처에 가기를 주저하고, 물이 펄펄 끓는 뜨거운 냄비를 조심스럽게 다루고, 화난 개 근처에 다가가기를 꺼려한다. 우리들은 누구나 자기 보존 충동, 곧 현실원리에 충실한 자아충동에 따라서 현실에 적응하려고 하기 때문에 최선을 다해 현실불안으로부터 도피하고자 한다.

둘째는 신경증적 불안이다. 쾌락을 추구하는 충동에 대한 자아의 불안이다. 자기 자신이 사랑스럽기도 하고 밉기도 한 상태가 자연스럽게 통합되었을 때, 자신에 대해 수치심을 자주 경험할 수 있다. 쾌락을 추구하는 자신의 성적인 욕구나 타인에 대해 경험하는 공격적인 충동에 대해 부끄럽고 수치스럽게 느껴서 될 수 있는 대로 이를 경험하지 않으려 노력한다. 하지만 인간적이고 자연스러운 감정과 욕망에 대해 지나치게 평가하고 비난하게 된다면, 해소되지 못한 감정들이 불안과 공포의 감정으로 색깔을 바꿔 나타나기도 한다.

마지막은 초자아가 경험하는 도덕적 불안이다. 도덕적 불안이란 초자아가 가지고 있는 도덕원리를 위배할 때 드는 불안이다. 너무 피곤해서 버스에 겨우 앉았는데 앞에 할머니가 딱 섰어요. 못 본 척 잠을 자려는데, 계속 가슴이 쿵쾅거리고 불편하고 일어나야 할 것만 같고, 이런 기분들을 도덕적 불안이라고 한다. 신경증적 불안과 도덕적 불안은 동시에 발생되는 경우도 많다.
예를 들면, 커피 한 잔을 테이크아웃해서 마시고 컵을 버릴 때가 없을 때 주위를 두리번두리번 거린다. 이 빈 컵을 들고 집까지 가긴 너무 귀찮은데, 하고

---

7) 인경(2016), 에니어그램의 행동 특징과 명상상담전략 16-17, 명상상담연구원.

버스정류장 의자에 슬쩍 올려놓고 싶은 마음이다. '참고 가기 귀찮아, 지금 편하게 버릴래~' 하는 생각과 함께 드는 신경증적 불안과 길에 휴지를 버리면 어떻게 해! 하는 초자아의 도덕적 불안이 동시에 일어나기도 하는 것이다.

불안은 일종의 경고신호이기 때문에 앞으로 일어날 사건을 대비하게 해준다. 건강한 자아는 문제를 직시하고 해결하려고 노력한다. '빙판길이 위험하네! 그럼 저 멀리 돌아가야겠다' '친구를 때리면 어떻게 하지? 먼저 서운한 내 마음을 표현해서 풀어야겠다' '엄마에게 소리를 질러서 너무 죄송해, 먼저 사과해야겠다' 이렇게 건강한 방식으로 해결할 수 있다.

하지만 때로는 이 불안 수준이 너무 높거나 직면하기 너무 어려운 경우가 있다. 그럴 경우 나타나는 것이 방어기제이다. 방어기제는 불안 수준이 너무 높거나 자아 강도가 약해 이 불안 상황을 현실적으로 극복할 수 없을 때 나타나는 사고방식이라고 보면 되는데, 이 사고방식은 현실을 왜곡하고 무의식적으로 일어나기 때문에 통제하기가 어렵다. 또한, 금지된 항목을 범한 자아는 계속적인 도덕적인 수치심을 유발한다. 자꾸 불안해지는 슈퍼에고Super ego는 죄인인 자신을 끊임없이 처벌한다. 그래서 초월적인 존재에 광적으로 집착하게 된다.

이것들이 바로 방어기제를 만들어 내는 심리 내적인 갈등이다.[8] 갈등은 불안을 만들고, 고통스런 불안은 방어기제로서 성격을 형성시킨다. 에니어그램의 성격들은 프로이트적 내적 갈등으로 설명할 수가 있으며, 이를 한 단계 더 나아갈 수 있다.

에니어그램 명상치유상담은 첫 번째, 다른 사람과의 관계에서 친밀감을 유지하는 전략이다. 그러면 내적인 갈등을 감소시킬 수가 있다. 아주 친밀한 관

---

8) 인경(2016), 에니어그램의 행동 특징과 명상상담전략 19p, 명상상담연구원

계가 된다면 가짜의 나를 비난하지 않을 것이라는 막연한 기대감이다. 이것이 대인관계의 핵심 전략이다. 이런 타입을 우리는 '감정형'이라 부른다. 감정적인 교류, 친밀한 관계 형성을 중시하는 이들의 궁극의 목표는 사랑과 인정을 받는 것이다.

두 번째, 갈등을 대처하는 방식으로 미래에 대해서 준비하는 것이다. 불안할 때 어떻게 대처하는가? 자신을 관찰해 보면, 여기저기를 돌아다니면서 일을 하고, 아니면 골방에서 인터넷을 통해서 정보를 모으거나, 아니면 조직이나 사람에게 매달리게 된다. 이런 것들이 모두 불안을 방어하고, 자신의 갈등을 해결하기 위한 끊임없는 생각들이다. 이런 타입을 우리는 '사고형'이라 부른다. 사고형은 궁극적으로 불안과 갈등이 없는 안전한 공간을 원한다. 그러나 사유 속에서는 이런 안전한 공간을 발견할 수 없기에 절망한다.

세 번째, 갈등을 대처하는 방식으로 독자적인 영역을 확보하는 것이다. 자기 영토가 있다면, 결코 갈등과 불안하지 않을 것이라는 믿음이다. 자기 영토를 침범당하지 않으면, 그만큼 힘을 가진다면, 불안하지 않을 것이다. 그래서 자기 영토를 확정하고 누군가 침범하지 않았나, 자기 경계선을 강박적으로 지킨다. 우리는 이런 타입을 '의지형'이라고 부른다. 이들의 목표는 타인에 대한 영향력의 확대이다.

에니어그램에서는 이런 전략에 대해서 이렇게 묻는다. 당신은 어느 쪽인가? 당신의 내면을 살펴볼 때, 당신은 감정형인가? 아니면 사고형인가? 아니면 의지형인가? 당신의 내적 갈등과 불안은 어떤 종류인가? 이런 탐색을 통해서 성격을 넘어서 본질로 나아가고자 하는 것이 에니어그램 성격을 배우는 이유 가운데 하나이다.

3. 에니어그램의 게슈탈트Gestalt적 이해

클라우디오 나란조는 미국에서 훈련받은 정신과 의사이다. 다양한 면에서 나란조는 에니어그램의 의미를 인식하고 많은 대중에게 알린 입지적인 인물이며, 1970년대 미국에서 행해진 인간의 잠재능력 회복운동의 핵심적인 역할을 했다. 그는 현재 상태와 신체의 인식을 강조한 실존적 심리요법의 한 형태인 게슈탈트 치료의 창시자인 프리츠 펄츠와 함께 일했다.

펄스Frits Perts는 게슈탈트 심리학의 원리 중에 몇 가지를 빌려와 게슈탈트 치료에 통합시켰다. 예를 들어, 게슈탈트 이론에서는 인간이 전체 가운데 주의하는 한 요소가 나타나는 맥락을 배경이라고 하고, 배경에 대비되어 나타나는 것을 전경이라 부른다. 그리고 배경과 전경의 관계가 의미를 형성하게 된다고 본다. 이 원리를 활용한 게슈탈트 치료에서는 개인의 즉각적인 경험을 탐색하는 과정에서 유기체의 관심을 끄는 것을 전경으로 인식하고, 이와 관련된 배경과의 관계에서 의미를 찾게 된다(Yontef, 2008).

게슈탈트 치료의 인간관, 인간은 출생에서부터 사망에 이르기까지 환경에 창조적으로 적응하며 자신의 정체감을 형성해 간다고 본다(Yontef, 2008). 인간은 자신과 환경을 구분하면서도 동시에 자신과 환경을 연결시키면서 존재한다. 환경과의 접촉은 바로 그 경계에서 발생하는데, 효과적인 자기조절을 위해서는 자신에게 자양분이 되는 것은 동화시키지만 나머지 해로운 부분은 거부하며 자신을 보호할 수 있어야 한다. 이런 변별적 접촉이 성장을 가져올 수 있다(Polster & Polster, 1973).

인간은 생물학적 유기체만이 아니라 자신의 자연스러운 고유한 삶을 살아

가는 실존적 존재다(김정규, 1996). 실존적 삶이란 유기체가 자신의 욕구에 따라 사는 것이며, 남과 비교하여 우월한 자신을 입증하는 대신에 자기 자신이 되려고 노력하는 삶이다. 인간은 자신의 진정한 존재 가능성을 실현시키고자 매 순간 용기를 내며 자신만의 고유한 삶의 의미를 찾아간다.

즉, 언젠가 미래에 실현되어야 할 당위적인 존재로서가 아니라, 지금 현재 나와 너의 참 만남에 관심을 가지고 자신의 경험들을 수용하면서 자신이 처한 실존적 상황에 열려 있는 삶의 자세를 추구한다. 마르틴 부버Martin Buber 는 참된 삶이란 만남을 의미한다고 말한다.

게슈탈트 치료에서는 인간의 심리적 성장과 변화, 발달 전체의 한 부분으로서 영적 차원을 포함시킨다. 특히 폴스터Polster는 인간을 본질적으로 연결성(connectedness)을 추구하는 영적 존재로 파악했다(Polster, 2006a). 즉 인간은 유기적 존재로서 사회의 구성원들과 서로 불가분의 관계에 있고 문화적/역사적 유산과도 밀접하게 연결되어 있으며, 자연과 우주와도 분리될 수 없는 유기체이며 통합적인 존재이다.

폴스터Polster에 따르면, 개인별 인간은 개별화의 욕구와 함께 연결성과 소속에 대한 원천적 갈망이 있다. 인간에게 후자의 욕구가 충족되지 않으면 파편화되고 혼란에 처하게 되어서 삶의 목표와 의미를 상실하게 된다. 따라서 게슈탈트 치료에서는 인간의 연결성을 회복시켜서 원래의 통합적이고 유기체적인 삶을 살 수 있도록 돕는다.

요약하면, 게슈탈트 치료에서 인간은 유기체적 자기 조절을 하며 생물학적사회적 심리적 영적 자기를 실현해가는 존재다. 인간은 생물학적 유기체로서 생태학적 상호 의존성을 지니고 현재에 생생한 나와 너의 만남에서 실존적 관계를 경험하고, 매 순간 자신만의 고유한 삶을 살아가는 용기를 내며, 다양한 차원과의 연결성을 이루어 삶의 의미를 찾는 영적 존재라고 본다.

에니어그램은 게슈탈트 심리치료와 영적관계를 연결하는 통로이다. 자기관찰, 자신에 대한 연구, 자기계발의 훈련을 계속 유지할 수 있다면, 점차적으로 깨어난 자아로 살 수 있는 더 큰 자유, 연결성, 균형, 온전함 및 창의성을 얻을 수 있다. 이러한 더 높은 자아는 우리가 성격에서 벗어나는 작업과 우리의 두려움과 고통을 직면할 때, 누구나 도달할 수 있는 더 의식적이고 통합된 상태를 나타낸다.

4. 에니어그램과 심리도식의 이해

심리도식이란 인지행동치료, 애착이론, 게슈탈트 치료, 대상관계이론, 구성주의 및 정신분석치료의 요소들을 조합한 통합적 심리치료이다. 이는 현재 문제 상황의 단편적인 해결보다 그 상황 안의 자기 자신에 초점을 맞추는 심리치료 방식이다.

내담자들은 자신의 삶 속에서 내면의 다른 모습들을 발견하고 어떻게 영향을 미치는지 알아차릴 수 있다. 이러한 방법은 내담자로 하여금 현재의 문제 상황을 왜곡하지 않고 바라보게 함으로써 문제 상황을 건강하게 헤쳐 나갈 수 있게 할 뿐만 아니라 앞으로의 삶에서도 자기 자신을 스스로 돌볼 수 있게 한다.

심리도식치료의 접근은 특정 증상이나 장애가 아닌 적응적인 내면의 모습에 초점을 맞춘다. 따라서 심리도식치료는 일상생활의 문제들을 경험하는 일반적인 사람과 개인적인 성장을 바라는 내담자뿐만 아니라 만성적 우울과 불안을 나타내는 내담자들, 또는 다른 치료 방법에 실패되었을 때나 문제가 재발되었을 때 적절하게 사용될 수 있다.

제프리-영Jeffrey Young 박사가 1990년도에 개발하고, Janet S Klosko[9] 및 J. S. & Weishaar[10]가 정교하게 통합한 심리치료이론이다. 이미 안정성과 효과

---

9) Jeffrey E.Young & Janet S Klosko, 새로운 나를 여는 열쇠 (Reinventing Your Life),1994
10) Young, J. E., Klosko, J. S. & Weishaar, M. E. (2003). Schema therapy: A practitioner's guide. New York: Guilford Press.

가 임상적으로 증명된 심리치료법이다. 심리도식Schema이란 어린 시절부터 형성되어온 신념 체계로써 한 개인이 세상을 바라보는 틀이며, 심리도식이 정서·인지·행동적으로 촉발되는 일시적인 상태를 심리도식 양식이라고 말한다.

어린 시절에 형성되는 초기 심리도식은 부모가 살아온 방식이나 아이를 다루는 방식으로부터 이어지거나, 어린 시절 겪은 경험에서 만들어진다. 이러한 초기 심리도식이 만들어지는 아동기에는 꼭 충족되어야 할 기본적이고 정상적인 정서적 욕구가 있다. 만약 이러한 정서적 욕구가 충족되지 않으면 그에 대한 반응으로 초기 부적응 도식Early Maladaptive Schema이 발달한다. 이 초기 부적응 도식은 시간이 지나 한 개인에게 지나치게 민감한 삶의 상황이 왔을 때 부적응적 심리도식 양식Maladaptive Schema mode으로 촉발된다. 이

양식이 상황에 대해 과대 혹은 과소 반응을 일으켜 일상생활에 문제가 되는 방식으로 스스로 행동하게 만든다.

부적응적 대처 양식은 주로 행동이나 습성으로 이루어진 생존의 대처방식 투쟁(과잉 보상), 도피(회피), 얼어버림(굴복)의 과용으로 정의된다. 이 세 가지 대처방식은 정신적 고통(슬픔, 불안, 분노, 공포 등)에서 자신을 보호하려는 목표를 가지고 있으며, 이러한 양식들은 대개 의식하지 못하고 작동되기 때문에, 심리도식치료의 목표는 성인으로서 자신의 욕구를 충족시키기 위해서 내담자들이 대처방식을 인식하도록 돕고 건강하고 적응적인 반응으로 바꾸도록 조력하고 부적응 대처 양식들은 방어기제의 개념과 비슷하며, 이러한 행동들은 치료자들과 내담자들 모두에게 성격장애의 증상들을 설명할 수 있다. 심리도식치료에서 세 가지의 전반적인 대처 방식은 과잉 보상, 회피, 굴복으로 분류한다.

심리도식치료의 목표는 제한된 재양육Limited Reparenting을 통해 내담자들로 하여금 그들 자신의 핵심적인 정서적 욕구들을 충족하도록 도우며, 자기 내면의 여러 양식들에 대해 이해한 후 단계적으로 안전하게 부적응적 양식을 줄이고 건강한 대처 양식을 강화시킬 수 있도록 하는 것이다. 내담자들은 이 치료를 통하여 스스로에 대해 더 잘 알게 될 뿐만 아니라 스스로를 건강하게 다루는 방법에 대해 알게 되어 궁극적으로는 삶의 질을 높이는 데 도움을 받을 수 있다.

에니어그램에서는 심리도식을 통해 어린 시절 부적응적 대처 양식을 재양육 치료를 통해 건강한 삶의 방향으로 나아가게 하는 데 초점을 두고 있다.

5. 에니어그램과 세 개의 자아

에니어그램의 전통적 지혜에 따르면 인간은 '세 가지의 뇌를 가진 존재'이며, 이 세 가지 뇌를 지능중심으로 사용한다. 이 중심들은 각각 진행, 표현, 지각을 의미하고, 각각 움직이거나 감지하는 것, 느끼는 것, 그리고 생각하는 것을 말한다. 지능중심에 따라 그룹화된 성격 유형과 그 유형들 간에 선을 연결하여 고대의 신비한 상징 기호인 에니어그램의 도형이 만들어진다. 인간이 자신의 본질적인 통합의 중심에 머물 수 있다면 에니어그램은 필요치 않을 것이다. 그러나 자신에 대해 깊이 살펴보지 않고는 우리는 그 중심에 머물 수 없다.

에니어그램의 상징은 통합(원) 안에 있는 분리된(삼각형과 헥사드) 인간 본성의 모든 측면을 나타낸다. 에니어그램의 모든 부분은 우리가 누구인지에 대한 심리적인, 그리고 영적인 진실을 드러내 보여 준다. 또한 에니어그램은 우리의 단점을 깊이 이해할 수 있도록 해주며 동시에 그 단점에 대한 해결책을 제시한다.

에니어그램에서는 인간의 성격 유형을 본능형, 감정형, 사고형으로 분류한다. 보통 성격의 고착은 이 세 중심 중 하나와 관련된다. 현대 의학도 인간의 두뇌를 세 개의 기본적인 구성요소로 분류한다. 즉 본능의 뇌root brain, 감정의 뇌limbic system, 사고의 뇌cerebral로 분류한다.

우리가 어떤 유형이든지 간에 우리의 성격에는 이 세 가지의 요소들이 모두 들어 있다. 세 가지 요소는 상호 작용하기 때문에 다른 두 가지는 사용하지 않고 한 가지만 쓸 수는 없다. 그러나 우리 대부분은 자신의 성격 안에만 묶

본능중심

사고중심   감정중심

여 있어서 자신 안에서 이 세 가지 요소를 구분해 내기는 어렵다.

　각각의 성격이 자신의 본질적인 특성으로 취하는 것은, 자신이 동일시하는 것이며 가장 자신의 것으로 만들기를 원하는 제약들이다. 사실상 이 세 중심이 사용하는 본능, 감정, 사고는 에고가 가장 강하게 형성되어 있는 기능이며, 가장 자유롭지 못한 정신의 구성 요소이다.

　우리가 흔히 성격이 불건강하다고 생각할 때, 이 세 가지 자아 중에서 하나의 자아가 불거지는 것이며, 이 세 가지 자아가 균형을 이룰 때 우리는 건강한 자아 또는 균형된 자아라고 일컫는다.

[쉬어가기]

　본 명상치유교육원에서는 에니어그램을 통해서 각자의 성격을 알아내고, 이에 맞는 건강한 자아를 형성하기 위한 방법으로 자아초월명상심리증진 프로그램을 강조하고 있다. 자아초월은 앞서 설명한 것처럼 세 개의 자아를 균형을 이루게 하고, 또한, 뇌의 세 가지 기능을 적정화시켜 심신치유의 정도를 수련시키는 과정이다.

　초월명상증진 프로그램은 Maslow(1943)의 욕구이론, Erikson(1987)은 생애주기을 배경으로 그 기본을 추구하고 있다. Maslow(1943)는 가장 기본적인 생리적 욕구로부터 안전, 애정과 소속, 존중 그리고 자아실현에 이르는 욕구를 가지게 되는 것으로 설명하였다. 그러나 후에 자아초월이라는 개념을 추가하여 초월은 자아실현의 자연스러운 연장선이라고 설명함으로써 이론을 수정하였다. 즉, 인생을 살면서 축적된 지혜와 경험의 결과로 초월 욕구를 가지게 되는 것으로 제시하였으며 자기초월을 인간의 마지막 발달과제로 보았다(Maslow, 1999).

Erikson (1987)은 생애주기를 영아기에서 노년기까지 8단계로 구분하였으며 각 단계마다 달성해야 할 심리사회적 발달과제가 있음을 설명하였다. 그는 그 후 노년기 발달과제로 9단계 자아통합감을 제시하였다. 자아통합감은 과거에 어떤 삶을 살았는지에 상관없이 인생 전반을 정리하고 삶의 의미를 통합하면서 자신을 존중하고 긍정적으로 수용하는 태도이다.

본 연구원에서는 자아초월명상증진 프로그램을 통해 특히, 중년들의 자기초월감, 자아존중감, 심리적 안녕감(생활만족도, 우울, 노화불안) 효과를 확인할 뿐 아니라 자아초월 활동을 통해 삶의 태도, 죽음에 대한 변화의 과정을 탐색함으로써 노년기 삶의 태도 회복 과정을 과학적 논증으로 그 효과를 체득하고 있으며, 아울러 프로그램 참여자에 대한 자아초월감에 심리적 개입의 효과를 분석함으로써 참여자를 이해하기 위한 프로그램 진행 기관들의 지식체 확대에 기여하고 있다.

Ⅲ. 에니어그램의 일반적 성격 유형

1. 에니어그램의 세 가지 성격이론

에니어그램의 성격은 감정 중심의 감정형, 사고 중심의 사고형, 본능 중심의 의지형으로 나눈다. 다른 사람에게 사랑과 인정받는 것을 중점으로 두는 감정형, 미래에 대한 불안으로부터 안전한 삶의 지침을 확보하는 사고형, 자신의 영역을 지키면서 다른 사람에게 영향력을 행사하는 의지형이다.

1) 의지형 Intention Type

8번, 9번, 1번 유형은 자신의 본능, 생명력의 근원, 힘에 이끌린다. 본능 중심(몸 중심 또는 장gut 중심이라고도 한다.)은 생각이 당신을 움직일 때 본능 중심이 활성화된다. 몸 중심은 육체, 기본적인 삶의 기능, 생존에 관심을 둔다. 여기서 나오는 충동은 올바른 행동으로 우리를 확실하게 이끌지만, 잘못되면 충동적인 행동 또는 관성에 젖은 행동을 할 수가 있다. 본능형 유형들은 세상의 영향을 받지 않고 자신의 의지를 사용하기 위해서 자아 경계를 만든다.

8번 유형은 힘과 통제를 가지고 있는지의 여부 및 어떻게 힘과 통제를 행사하는지 신경을 쓴다. 8번 유형의 사람들은 자신이 가진 힘을 세상을 향해 확장한다는 말이다. 이 때문에 어떤 것도 그들에게 가까이 다가올 수 없으며, 어떤 것도 그들을 해칠 수 없다. 이들은 "아무것도 나를 통제할 수 없다. 아무도 내가 쌓아 놓은 방어벽을 허물 수 없으며 나에게 상처 입힐 수 없다."라는 식이다. 8번 유형은 많은 에너지를 가지고 있으며, 대단한 일을 진행할 수 있고 필요할 때면 다른 사람들과 맞설 수 있다. 8번 유형의 사고와 감정의 패턴은 타인을 통제하기 좋아하고, 세상을 흑백으로 바라보며, 감정적으로 화를 쉽게 내고 무의식적으로 취약한 감정을 회피한다. 어릴 때 상처를 많이 받은 8번 유형의 사람일수록 자아 경계도 더 두텁고 다른 사람들이 뚫고 들어오기도 어렵다.

9번 유형은 주변과 다른 사람들을 항상 살피며, 갈등을 회피하고 타인과의 조화를 추구한다. 9번 유형의 행동 패턴은 대중의 흐름을 따라가는 것을 좋아하고, 갈등의 씨앗인 자기 표현을 무의식적으로 회피하고 다른 사람들의 의견에 대체적으로 순응하지만, 그 이후에 억눌렀던 욕망이 표면으로 나오면서 수동적으로 저항한다. 9번 유형의 사람들은 내면의 영역에서 자신의 평정을 깨는 감정과 상태를 원하지 않는다.

1번 유형의 사람들도 외부 세계에 대항하여 경계하고 있다. 프로이트 모델의 초자아처럼 1유형의 사람들은 실수를 빨리 알아차리고 옳고 그름을 구별하며 규칙들과 구조에 의지하는 것으로 맞춰져 있다. 그러나 이들은 자기 내면에 경계를 유지하고 자신의 본성을 억압하기 위해서 엄청난 육체적인 긴장을 만들어 낸다.

본능 중심의 가운데에 있는 9번 유형은 자신의 자아 경계를 내면과 외부 모두의 영역에서 유지하려고 노력한다. 이들은 1번 유형의 사람들처럼 강한 본능적인 충동과 감정을 억압하면서 자신의 내부에 벽을 쌓는다. 동시에 상처받지 않기 위해서 8번 유형의 사람들처럼 외부 세계를 향한 강한 자아 경계를 유지한다. 따라서 수동적인 공격 행동을 하며 무엇이든 자신의 평화에 위협하는 것에 대해서는 눈을 감는다.

2) 감정형 Emotion Type

가슴 중심 또는 감정 중심인 2번, 3번, 4번 유형들은 감정을 느끼는 기능을 하며, 감정의 체험과 표현을 규제한다. 자아 이미지의 발달에 많은 관심을 둔다. 이들은 거짓된 정체성을 만들고 그 정체성과 동일시한다. 또한 이들은 자신뿐만 아니라 다른 사람에게 이 이미지를 내보이면서 사랑과 관심, 동의, 자신이 가치 있는 사람이라는 느낌을 끌어오기를 바란다. 그러나 감정을 과도하게 사용하거나 잘못 사용하면 과민함이나 무감각, 또는 감정적 조작으로 이끌 수 있다. 이들은 자신의 정체성이 진정한 자신을 표현한 게 아니라는 것을 무의식적으로 알고 있어서 자신의 정체성이 인정받지 못할 때마다 적대감을 느끼고 반응한다.

2번 유형은 자신을 존중하는 마음을 얻기 위해서 다른 사람들에게 친절과 도움, 선의를 먼저 베푼다. 2번 유형의 관심은 관계 등을 인정받는 것이다. 자신이 부인한 욕구를 충족시키기 위해 전략적으로 사람들에게 도움을 주고 되받는 것에 있다. 이들은 다른 사람의 감정에 초점을 맞추기 때문에 자기 감정을 알아차리는 데에 어려움을 겪는다. 2번 유형의 행동 패턴은 긍정적이고 에너지가 많으며, 친근하지만 때로는 이것이 우울함과 욕구를 감춘다.

3번 유형은 보편적인 성공의 이미지를 가지기 위해 목표와 일에 초점을 맞춘다. 그들은 자신과 일을 동일시하고, 사고와 감정은 자신의 존재가 아니라 다른 사람의 평가에만 매달려 왔다는 슬픔이나 불안감을 느낄 수 있다. 3번

유형은 일 중독자가 될 수 있는 경향이 있다. 이들은 목표를 달성하고 일을 완료하는 것에 집중하며 매우 생산적이고 효율적이다. 3번 유형의 사고는 목표와 과업을 성취하기 위한 행동에 중심을 둔다. 그들은 사람이나 물건 일에 상관없이 자신의 목표를 방해하면 크게 분노를 표현한다.

4번 유형은 느낌, 환상, 과거의 이야기에 바탕을 둔 자아 이미지를 유지하기 위해 자기 내면에 충실한 주의를 기울인다. 이들의 정체성은 '남들과 다름'에 중점을 두기 때문에 다른 사람들과 떨어져 있다는 느낌을 받는다. 하지만 4번의 행동 패턴은 무언가에 열정적일 때 지치지 않고 일하며 무엇인가 결핍된 것을 느끼고 그것에 대해서 표현한다.

4번의 주된 내면의 분위기는 마치 심원과의 단절을 끊임없이 애도하듯, 슬프고 무거운 결핍감, 표류하는 느낌, 위로받을 길 없고 충족될 수 없는 열망이다. 그래서 이카조는 이 유형에게 "우울한 자아"라는 이름을 붙였다. 건강하지 않은 4번 유형의 사람들은 스스로 희생자로 느끼거나 과거에 갇혀 지낸다. 이는 사람들의 주의와 동정심, 어느 정도의 인정을 끌어내기 위한 방식이다.

2번, 3번, 4번 유형들은 '자신을 존중하는 마음을 쌓기 위한' 방법은 각각 다르지만, 모두 스스로에 대한 진정한 사랑이 부족하다. 이들은 수치심을 다루기 위해 노력한다. 2번 유형은 다른 사람을 보살피고 봉사하며 아주 좋은 사람이 됨으로서 수치심을 느끼지 않으려 한다. 3번 유형은 자신이 하는 일에서 괄목할 만한 성취를 이룸으로써 수치심에 저항한다. 4번 유형은 자신의 상실과 상처를 극적으로 만들고 자신을 스스로 희생자로 봄으로서 더 깊은 수치심을 회피한다.

3) 사고형 Idea Type

머리 중심 또는 지능 중심은 생각하는 기능을 하며, 사고thoughts와 신념 등의 인지적 활동 경험과 표현을 규제한다. 사고 유형Idea Type은 감정을 배제한 분석과 추론에 필수적이지만, 때로는 분석하는 상황에 사로잡혀 모든 기능을 정지시킨다.

사고 유형 5번, 6번, 7번의 주된 감정은 불안이기 때문에 마음을 가라앉힐 수가 없다. 두려움에 대한 반응이 세 유형을 구분짓게 해준다.

5번 유형은 지식이 힘이라고 믿기에 모든 상황을 감정적으로 접근하지 않고 주변에서 무슨 일이 일어나는지 관찰하기를 좋아한다. 또한, 자신이 너무 약하고 충분치 못한 사람이라 여겨 세상에서 안전하게 생존하기 어렵다고 생각한다. 따라서 이들은 자신의 마음속으로 도망친다. 5번 유형은 삶의 실질적인 요구를 충족시키기에 자신이 가진 것이 너무 적다고 생각한다. 어떤 기술이나 자질을 완전히 익혀서 그것이 자신을 안전하게 해 줄 거라는 확신이 들 때까지 숨어서 움츠리고 있다.

이들의 행동 패턴은 말을 잘 하지 않고 내성적이며, 혼자 있는 시간을 많이

필요로 한다. 특히 5번 유형은 자신의 머릿속에 살고, 습관적으로 감정에서 분리되어 있으며, 다른 사람의 감정적 요구에 민감하다.

6번 유형은 어린 시절 경험했던 위험을 아직도 두려워하고, 그에 대한 대처와 위협을 탐지하며, 그에 맞는 전략을 세운다. 6번 유형은 다양한 방식으로 살펴보고 경계하며 권위에 대해 공통적인 방향성을 공유한다. 그들은 열심히 일하지만 통제와 성취에 열중할 수 있으며, 그러면서도 자신들이 실수해서 벌을 받거나 다른 사람들의 요구 때문에 지쳐 버리게 될까 봐 두려워한다. 그래서 이들은 5번 유형처럼 회피를 선택한다. 그러다가 다시 자신의 감정에 겁을 먹고 에너지를 외부로 돌린다.

7번 유형은 세상 속으로 뛰어드는 데 아무 두려움이 없는 것처럼 보인다. 이들은 감정 자체를 긍정적인 감정에만 두거나, 부정적인 것을 긍정적으로 재구성하여 밝은 기분을 유지함으로써 불쾌한 감정들을 회피한다. 또한, 아주 외향적이고 모험을 즐기기 때문에 처음에는 자신들이 두려움이 많은 사고

중심에 속한다는 사실이 이상하게 느껴질 것이다. 이들은 서로 다른 주제 사이에서 공통점을 찾아 연결하고 빠르게 떠올려서 신속하게 상호 연결시키는 사고를 한다. 하지만 이들은 자기 내면에 대한 두려움을 갖고 있으며 감정적인 고통, 슬픔, 특히 불안감에 사로잡히는 것을 두려워한다. 그래서 두려움으로부터 회피한다.

사고 유형-머리 중심 또는 지능 중심-은 안전함을 찾으려 한다. 6번 유형은 아버지와 같은 사람, 즉 강하고 신뢰할 수 있으며 권위 있는 사람을 찾는다. 그들은 열심히 일하지만 일을 잘 끝내기 위해 괴로워할 수 있고, 성공의 두려움과 우유부단함에 갇힐 수 있다. 5번 유형은 독립적으로 되기 위해 노력하기 때문에 무엇이든 혼자 하려고 하고 다른 사람에게 애착을 갖는 마음을

에니어그램의 세 가지 성격의 유형 요약Summary

· 의지형

8번, 9번, 1번 유형은 현실에 대한 저항을 유지하는 데 관심을 가진다. (육체적인 긴장에 근거한 자아의 범주를 창조함) 이 유형들은 공격과 억압과 관련된 문제들을 갖는 경향이 있다. 이들의 자기방어 아래에는 많은 분노가 있다.

· 감정형

2번, 3번, 4번 유형은 자아 이미지에 관심을 가진다. (거짓된, 혹은 가장된 자아에 고착) 이들은 자신에 관한 이야기와 가장된 특성들이 자신의 실제 정체성이라고 믿는다. 이들의 자기방어 아래에는 많은 수치심이 있다.

· 사고형

5번, 6번, 7번 유형은 불안감에 관심을 가진다. (이들은 지원과 안내의 부족을 경험한다) 이들은 자신을 안전하게 해준다고 믿는 일을 하려고 한다. 이들의 자기방어 아래에는 많은 두려움이 있다.

출처: 〈에니어그램의 지혜, 돈리처드 리소·러스허드슨, 주혜명 번역,2021〉

줄여야 한다고 믿는다. 또한 매우 예민하며 신경이 곤두선 듯 보이고, 마음이 쉽게 동요한다. 7번 유형은 자신을 더 만족스럽고 안전하게 느끼도록 해주는 것이라면 무엇이든 찾는다. 7번에게는 현실을 자신이 원하는 대로 꾸며대는 기술이 있기 때문에 이들은 훌륭한 이야기꾼이고, 함께 있으면 상당히 즐겁고 재미있는 경우가 많다. 이들은 동시에 모든 것을 시도하면서 어머니의 보살핌을 대신해 줄 무언가를 찾는다.

각 유형의 성질과 본질		
성격	↔	본질
시끄러운 마음 따져보기	사고형 (5번 · 6번 · 7번)	고요한 마음 내면의 안내
전략, 의심 불안과 두려움 미래에 대한 예측 미래 중심적	↔	앎, 명확성 지원과 꾸준함 현재 순간에 열려 있음 현존
자아 이미지 만들어낸 이야기 감정에 치우침 기분에 매달림 상황에 따라 달라짐 과거 중심적	감정형 (2번 · 3번 · 4번) ↔	성실 진실성 사랑 용서와 흘려보내기 내면으로 향해 있음 현존
경계 형성 긴장, 무감각 방어적 분리되어 있음 짜증 현재에 저항	본능형 (1번 · 8번 · 9번) ↔	삶과 연결돼 있음 이완, 열려 있음, 느낌의 발달 내면의 힘 안정되어 있음 수용 현존

출처: 〈에니어그램의 지혜, 돈리처드 리소 · 러스허드슨, 주혜명 번역, 2021〉

2. 에니어그램의 성격 유형의 해석

인간은 살아가면서 언제나 어떤 집단이나 조직에 소속하게 된다. 그러한 조직과 집단 내에서 외향이나 성장 배경은 물론 생각이나 감정, 태도, 가치관, 행동 등에서 서로 다른 다양한 사람들과 만나고 관계를 맺으며 생활한다. 우리가 만나게 되는 무수한 사람들마다 서로 다른 특성을 갖고 있는데 이것을 심리학적 용어로 성격 혹은 인성이라고 한다. 인간의 행동은 개인의 성격과 환경적 상황과의 상호작용이나 그 상호작용 과정에서의 스트레스 지각에 따라 다르게 나타날 수 있으므로 각 개인의 성격 특성은 인간의 행동을 결정하는 중요한 요인이 될 수 있다(김연화, 2007).

성격(性格, personality)은 환경에 대하여 특정한 행동 형태를 나타내고, 그것을 유지하고 발전시킨 개인의 독특한 심리적 체계이다. 즉 사람마다 서로 다른 독특함을 특징으로 하고, 일시적인 것이 아닌 항상성을 지니는 심리적 체계를 의미한다고 할 수 있다(전수영, 2013).

초기의 성격유형론자로는 체격을 유형화한 셸던Sheldon과 심리 유형을 2가지 차원으로 보고 유형화한 융Jung 등이 있다. 유형론은 몇 가지 특징을 중심으로 사람의 성격을 포괄적으로 분류하고 기술하고 있고, 이 중 유형론은 분류의 타당성에 관해 의심되는 점이 많으나 이해의 용이성 때문에 많이 활용되고 있는 성격 연구에서 가장 오래되고 지속적인 접근법이다(김세영, 1999).

유형론적 입장에서 개발된 성격 도구로 MBTI와 DISC(행동유형검사)가 있지만 최근 주목하기 시작한 성격유형론의 하나로 고대로부터 전승되어 온 에니

어그램을 들 수 있다(전수영, 2013).

에니어그램은 자신과 타인의 이해와 수용 및 지지를 위한 지혜의 도구로서 구조적인 체계를 지니고 있기 때문에 행동과학의 차원에서 심층적으로 연구되고 있어, 점차 에니어그램을 활용한 도구들도 개발되고 있으며, 그 활용 분야도 다양해지고 있다(이소희·인보영, 2008).

성격유형론의 하나인 에니어그램은 아홉 가지로 이루어진 인간 성격 유형과 유형들의 연관성을 표시한 기하학적 도형이다. 에니어그램은 프로이트의 심리성적 이론, 마음의 구조, 대상관계 이론과 같은 다른 심리학적 관점을 수용할 수 있는 성격유형론으로(황경란, 2005), 에니어그램이 다른 심리학적 관점을 수용할 수 있는 뚜렷한 이유는 다양한 추상성을 포함할 수 있는 성격유형론이기 때문이며, 인간을 여러 가지 면에서 분석 가능하게 하고, 많은 심리학적 이론의 포괄성을 가지고 있기 때문이다(윤운성, 2001).

에니어그램은 아홉 가지 유형별 성격적 특징은 발달적 및 문화적 보편성을 지니고 있는데, 첫째 성격유형론으로서 에니어그램 발달기제에 대해 두 가지 관점이 존재하며, 하나는 특정 성격 유형을 가지고 태어난다고 주장하는 생득설과 다른 하나는 선천적인 요인과 후천적인 요인이 서로 상호작용한다고 보는 상호작용설이다. 상호작용설은 전문가에 따라 다르나 선천적인 요인의 비중이 더 크다고 보고 있다. 둘째, 발달적인 차원에서 보편성을 가지고 있어 예방적 차원에서 활용도가 높아 계층의 남녀노소 모든 사람에게 그 적용력이 탁월하고 다양한 임상 현장에서 폭넓게 활용 가능하다.

◇ 강점의 성격 / 특성의 관점 ◇

1유형은 올바른 사람, 2유형은 베푸는 사람, 3유형은 유능한 사람, 4유형은 특별한 사람, 5유형은 현명한 사람, 6유형은 충실한 사람, 7유형은 즐거운 사람, 8유형은 강인한 사람, 9유형은 평온한 사람이다.

에니어그램을 구조적 체계로써 이해하려면 세 가지 중심에너지를 먼저 이해해야 한다. 각각의 아홉 가지 에니어그램 유형들은 세 가지 중심, 즉 머리형(사고)과 가슴형(감정), 그리고 배형(행동) 중 어느 하나에 뿌리를 둔다. 에니어그램의 이 세 가지 중심에너지는 자신의 성격 유형을 찾는 근거가 되기 때문에 세 가지 중심에너지에서 자신의 중심 유형을 찾는 것은 매우 중요하다.

모든 사람들이 이 세 가지 중심에너지를 모두 가지고 있지만, 주로 첫 번째 중심에너지에 의존한다. 이것은 어떻게 정보를 받아들이고 해석하는지와 사람이 자신을 어떻게 표현하는지도 포함된다(Lapid-Bogda, 2011).

에니어그램은 세 가지 중심에너지에 속한 아홉 가지의 성격 유형 이해를 통해 자신의 행동을 발견할 수 있다. 이 유형들 중 하나는 우리 행동의 가장 근본이 된다. 사람을 아홉 가지 유형 중 하나로 구분 짓는 획기적인 일이며, 자신이 살아가고 행동하는 패턴과 본질적인 동기를 알 수 있다(이소희, 2009; Riso& Hudson, 2010).

날개는 우리가 에니어그램의 아홉 가지 유형을 더 자세히 나누어 볼 수 있게끔 해준다. 각각의 날개는 원래 유형의 부속된 유형이다. 날개를 알게 되면 영적으로 성장해 나갈 때 직면해야 할 문제들을 생각해 보는 데 도움이 된다.

에니어그램에서 성장 방향(해피포인트)과 후퇴 방향(스트레스 포인트)은 발달 과정에서 진보와 퇴보 여부를 알려준다.

성장 방향은 1→7→5→8→2→4→1, 9→3→6→9의 순서이며, 후퇴 방향은 1→4→2→8→5→7→1, 9→6→3→9의 순서로 나타난다. 성장 방향은 성장하는 객관적인 표시를 제공한다. 후퇴는 스트레스 상황에서 어떻게 반응하며, 무의식적 동기가 무엇이며, 역설적으로 나아가기 위해서는 어떤 자질이 필요한지를 알려준다.

또한, 에니어그램의 발달 수준은 에니어그램의 선구자인 돈 리처드 리소

Don Richard Riso와 러스 허드슨Russ Hudson이 연구 계발한 개념으로 에니어그램 유형들을 심층 이해하는 데 기초가 되었다. 각 유형을 9개의 내부 단계로 나누었는데 이를 각 유형에 대한 모든 구성 특질과 동기를 위한 정밀한 개념 형성의 틀을 제공한다. 수준은 또한 그 유형의 특질들이 잘못 귀착될 때와 각 유형이 내면적으로 일치할 때 명확해질 수 있다. 개인을 명확히 알기 위해서는 개인의 성격 유형의 발달 수준에 따라서 그 사람이 어디에 위치하는지를 알아야 한다.

성격 연속체의 개념은 학구적인 것이 아니라 본능적으로 매일 사용하는 어떤 것으로 끊임없이 변화하는 것이다. 어떤 때는 더 좋게, 어떤 때는 더 나쁘게, 수준의 개념을 이해하는 것은 우리가 그렇게 할 때나 우리 성격 유형을 구성하는 특질의 연속 안에서 변화하고 있을 때 명확하게 알 수 있다(Riso & Hudson, 2010).

발달 수준은 건강한 범위, 평균 범위, 불건강 범위의 세 가지로 구분된다. 건강한 범위(1~3)는 각 유형들의 장점을 나타내며, 평균 범위(4~6)는 평균적인 수준을 나타내며, 불건강한 범위(7~9)는 기능에 장애가 있음을 나타낸다. 각 중심유형별로 발달 수준에 따른 세 가지 특성은 비교할 수 있는 차이를 나타내는데 건강한 발달 수준은 자신과 세상의 연결에서 자유로움을 의미하지만, 다른 사람에게도 고통을 주게 된다. 따라서 세 가지 수준의 범위에 대한 포괄적인 이해가 필요하다(이소희, 2012).

발달 수준은 가치 이해적이다. 왜냐하면 통합의 방향으로 움직일 수 있다는 것은 건강한 연속체의 범위 안에 있고, 분열의 방향으로 가버리는 것은 불건강한 연속체의 범위 안에 있기 때문이다. 분열의 방향 안의 움직임이 '최소

한의 저항의 길'이라고 하는 것은 의미가 없고, 우리 성격의 습관적인 메커니즘에 따른 행동의 결과이기 때문이다(Riso& Hudson, 2010).

이 네 유형의 특징은 자신의 총체적 성격에 섞여 있으며, 기본 성격 유형의 역동성 안에 예견되어진다(Riso& Hudson, 2010). 따라서 에니어그램의 체계 내에서 중심유형과 중심에너지, 날개와 스트레스 방향과 해피 방향의 성격적 특성뿐만 아니라 발달 수준을 고루 이해하는 것이 자신의 이해하는 폭을 넓힐 수 있게 된다.

3. 에니어그램 성격 유형과 행동 특징

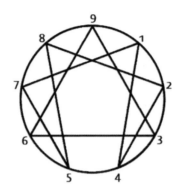

1) 에니어그램의 성격 분류 : 5범주 13하위개념[11]

일반적으로 성격을 분류하는 데 5가지 성격의 특성Big Five personality 또는 5요인 모델five-factor model은 심리학에서 경험적이 조사와 연구를 통하여 정립한 성격 특성의 다섯 가지 주요한 요소 혹은 차원을 말한다.

폴 코스타 주니어Paul Costa Jr.와 로버트 맥크레Robert McCrae에 의해서 접대성 된 모델로 다양한 나라들에서 그 유효성이 확인된 바 있다.[12]

다섯 가지 요인으로 신경증(N), 외향성(E), 개방성(O), 우호성(A), 성실성(C)을 많이 사용한다. 현대 심리학에서 가장 널리 인정받고 있는 요인 분석에 기반한 성격이론 및 특성이론이다.

---

11) (김형록, 2016), 에니어 그램 성격 분류와 하위개념, 자연치유 연구 pp. 24-35, Vol.1.No1
12) Mc Crae,R,r, & Costa,P.T.(May 1997). "personality trait structure as a human universal." 《〈American Psychologyist〉》 52(2):509-516

- 성격은 개인의 심리적이고 역동적인 체계이다. 이 체계가 개인의 독특한 행동과 사고방식을 결정한다(Allport, 1961).
- 성격은 개인의 삶에 방향성과 형태를 부여하는 인지, 정서, 행동의 복잡한 조직체이다(Pervin, 2003).

수많은 연구결과 성격 5요인 이론이 개인의 행복, 신체적, 정신적 건강, 종교성, 정체성뿐 아니라 가족, 친구, 여인 사이에서의 각종 관계적 결과들 및 직업의 선택, 직무 만족도, 수행, 사회참여, 범죄 행동, 정치적 입장 같은 요소들을 잘 예측한다는 것이 밝혀졌다.[13]

성격심리학에서 다루는 중요한 정의들을 간단하게 몇 가지 살펴보면 아래와 같다.
-무의식, 사회이론, 동기이론, 유형론, 행동, 자아개념, 스트레스 대처(2000, 안범희)
-무의식, 자기개념, 인지, 정서, 행동, 성격장애, 성격의 변화(Pervin, 2003)
-성격역동, 인지, 정서, 동기, 유전과 발달, 적응과 장애, 자기개념(민경훈, 2009)

일반적인 성격을 이해하는 데 많은 도움을 줄 뿐 아니라, 에니어그램 성격을 분석하는 데도 매우 유용하다. 성격심리학의 5가지 성격의 특성Big Five personality 이론과 에니어그램의 5범주 12하위이론[14]을 토대로 본서는 5범주 13하위이론으로 확장하여 살펴본다.

---

13) Ozer,Daniel: Benet-Martinez(2005sus98dnjf11일). "personality&the prediction of Consequential Outcomes" 〈〈Annu. Rev. Psychol〉〉57:401-4212.
14) 김형록(인경), 자연치유연구 창간호 Journal of Natural Healing Vol. 1 pp. 24-35, 2016

우선, 5가지 성격의 특성을 살펴보면, 일반적으로 성격을 분류하는데 5요인설(five-factor model) 신경증(N), 외향성(E), 개방성(O), 우호성(A), 성실성(C)을 많이 사용한다. 일반적인 성격을 이해하는 데 많은 도움을 줄 뿐 아니라, 에니어그램 성격을 분석하는 데도 매우 유용하다.

신경증(N)은 염려가 많고 예민하며, 감정적이고 불안정하거나 부적절한 성격을 띠는 한 면과 조용하고 이완되어 있으며, 이성적이고, 안정되고 자족적인 태도를 보여 주는 다른 면을 가지고 있다. 성격이 고정되어 있지 않고 관계에 따라서 끊임없이 변화함을 알려주는 측면에서 활력/침체의 역동적인 과정으로 이해한다.

외향성(E)은 적극성을 가지고 사교를 하며, 수다스럽고 낙천적이며 재미있는 한 면과 위축되어 있고, 침착하고, 담담하고, 은둔적이며, 조용한 특성을 띠는 다른 면을 보여 준다. 이 성향은 상호작용이고, 인간의 양면인 외향/내향을 잘 보여 준다.

개방성(O)은 호기심 많고, 창의적이고, 흥미가 다양하고, 상상이 풍부하고, 진보적인 측면을 보여 주는 한 면과 흥미가 좁고, 관습적인 선택을 하고 현실적이며, 보수적인 측면을 보여 주는 다른 면이 있다. 이 성향은 진보/보수의 성격을 나타낸다.

우호성(A)은 온유하고, 믿음직하고, 아량이 넓고 직설적이며, 성격이 좋다는 말을 듣는 한 면과 차갑고 의심이 많고, 비협조적이고, 예의가 없고, 꽁한 성격을 가진 다른 면이 있다. 이 성향에서 건강한 정신/스트레스로 이해할 수 있다.

성실성(C)은 믿을 만하고, 깔끔하며, 양심적이고, 조직화하고, 야망을 품은 한 면과 믿을 수 없고, 게으르며, 느슨하고, 목표가 없고, 쾌락 추구적 특징을 보여 주는 다른 면이 있다. 이 성향이 도덕/비도덕의 특성을 말한다.

앞에서도 언급했듯이 성격은 명확하게 정의하기가 어렵다. 이 해답을 찾기 위한 많은 연구자의 노력은 시대와 학파에 따라 달라졌다. 우리는 성격심리학의 여러 가지 논점 중 5개의 범주 12가지 하위개념(인경, 2016)을 준거準據하여, 5범주와 13가지 하위개념을 영역을 확장하고 용어의 접근성을 새롭게 정의해 보고자 한다.

첫 번째 범주는 '통합적인 사회관계'이다. 성격은 적응적 측면으로 사회적 관점 중 대인관계에서 적극적으로 표출된다. 5요인의 성격 요인 중 개방성(O)과 외향성(E)은 대인관계 있어 외부적 경험에 의해 형성되는 경우가 많다. 또한 특정한 대인관계를 통하여 적극적·소극적인 성격이 나타나므로, 그 하위개념으로 '대인관계', '사회적 교류 관계', '사람 간 애착 태도' 등의 세 가지 지표를 검사한다.

두 번째 범주는 '어린 시절'과 어린 시절 감정(정서)이다. 성격은 어린 시절 환경과의 상호작용으로 경험을 통해 형성된다. 성격은 유전이거나 환경이라는 이분법적 접근이 아니라, 상호작용에 의한 경험의 결과로 형성되며, 구체적으로 특정한 성격은 어린 시절 고유한 심리적 도식이 존재한다고 본다. 본서에서 어린 시절 감정(정서)을 중요하게 다루는 배경에는 주 양육자인 부모의 양육 태도가 어린 시절의 성격 형성에 미치는 영향이 크기 때문이다.

세 번째 범주는 '자아개념'이다. 내 무의식에는 정서적 상태를 소유하는 별도의 내가 존재하는 것이 아니라, 내 자신 가지고 있는 신념이나 정서적 상태를 바로 자기(자아, Ego)라고 착각하고 동일시한다는 관점이다. 따라서 마음 현상들과 자아개념을 별도로 구분하지 않고 하나의 범주로 묶어 '신념', '감정', '동기'와 같은 세 가지 심리가 뇌 구조의 기능과 역할에 따라 접근방식이 달라져야 한다는 사실이다. 즉 대뇌피질, 편도체 소뇌의 기능이 신념, 감정(정서), 동기(의지)에 미치는 영향을 잘 살펴야 명상치유와 연결할 수 있다.

네 번째 범주는 '성격역동'이다. 성격의 역동은 내 주변 환경에 대한 적응 능력이다. 에니어그램에서 화살의 순방향(→)과 역방향(←)에서 표현되어지는 긍정Positive과 부정적Negative 행동의 표현이기도 하다. 이 범주에서는 프로이트의 무의식이나 성격을 구성하는 5요인 중 역동적 변화, 혹은 스트레스에 대처하는 개인의 독특한 양식으로 본다. 성격역동의 세 가지 하위개념으로 '대응', '위기', '모순'에서 숨겨진 성격의 내·외향적 기질에 대한 표출을 세 가지 지수로 검사한다. 이 중 대응은 대처 행동을, 위기는 건강하지 않은 행동을, 모순은 상호 모순되는 성격적 행동으로 해석한다.

다섯 번째 범주는 '성장과 본질'이다. 학자들에 따라 다른 관점도 있지만, 여기서는 성격은 끊임없이 변화하고 '성장'한다는 것으로 본다. 뇌 과학적 관점에서 뇌 신경세포의 가소성이 성격의 성장과 본질에 미치는 영향이 매우 크다는 게 논문으로 밝혀지고 있다. 인간의 마음이 뇌에 있다는 사실이 증명되

에니어그램 성격분류 : 5범주 13하위개념		
I	통합적 사회관계	사회관계, 교류 관계, 애착 태도
II	어린 시절(심리도식)	어린 시절의 경험/정서(양육환경)
III	자아 개념(균형적인 뇌)	감정(E), 신념(B), 동기(M)
IV	성격역동	대응(R), 위기(C), 모순(P)
V	성장과 본질	성장(G, 變化), 본질(N, 참 자아)

고, 시냅스 가소성이 명상을 통해 변화될 수 있다는 게 알려지고 있는 바 명상 호흡이 성장과 본질에 많은 영향을 주고 있다. 사람의 마음은 현실적인 어려움에 부딪혀 이상성격을 나타내기도 하지만 명상치유를 통해서 '본질'에 가까워질 수 있다는 믿음이다.

한편, 사람의 성격이란 '통합적 사회관계' 속에서 드러나고, '어린 시절'에 형성되면서 인간의 의식과 무의식 안에서 '자아개념'으로 표출되고, 그리고 성격은 고정된 것이 아니라 상황에 따라서 '역동성'을 가지고 있으며, 정체된 것이 아니라 '본질'을 향하여 '성장'해 가는 것으로 정의할 수 있다.

2) 에니어그램의 성격유형별 행동 특징

1번 유형 - 개혁하는 사람

「이성적이고 실천적인 활동가」
[원칙과 절제 강조, 목표가 분명하며, 자신을 잘 통제하고, 완벽주의 기질이 있다.]

역사 속에서 찾아보면 정의롭고 위대한 일을 위해 안락한 삶을 뒤로 한 인물들이 많다. 부당한 사회의 정의를 되찾기 위해 비폭력 운동을 한 간디나 조국의 독립을 위해 싸운 프랑스의 잔 다르크, 백인 정권에 맞서 반 아파르트헤이트 운동의 지도자 넬슨 만델라 등. 이들 1번 유형의 이상주의는 수많은 사람을 고무시킨다.

1번 유형들은 실질적인 행동을 하는 사람들이다. 이들은 유용한 사람이 되기를 원하며 자기 삶에서 '이루어야 할 사명'이 있다고 느낀다. 1번 유형들은 강한 목적의식을 갖고 있으며, 자신과 타인에게 자기 행동을 정당화해야 한다고 느낀다. 1번 유형은 대체로 책임감이 있고, 성실하며 자신과 자신을 둘러싼 세계를 진정으로 개선하고 싶어 한다. 이들은 잘 발달된 비판 능력이 있으며, 근면하고 실제적이고 검소한 경향이 있다. 그래서 1번 유형들은 자신이 '머리형' 즉 논리와 객관적인 사실이 앞서야만 행동할 수 있는 이성적인 사람이라고 생각하기가 쉽다.

그러나 이들은 자신이 해야 한다고 느끼는 것에 대해서 받아들일 수 있는 이성적 근거를 찾으며, 확신과 판단을 통해서 자기 행동을 통제하고 지시하는, 본능과 열정의 사람들이다.

이들은 자신의 원칙을 고수하고 노력하는 과정에서 자신의 본능적인 충동에 영향을 받는 것에 저항한다. 이들은 본능적인 충동에 자신을 내맡기거나 쉽게 그것을 드러내지 않는다. 1번 유형은 자기 속에 숨어 있는 야수성을 통제하고, 분노 에너지를 미덕으로 승화시키고자 하는 특성을 대변한다. 이들의 성장 경로는 자신의 분노를 변화시켜 이상을 실현시킬 수 있는 에너지로 변화시키는 방안을 제시한다.

1번 성격, 개혁자 ; 분노하는 자아		
문항 번호	성격	내용
1	본질	이 유형은 완벽주의자이다. 높은 이상과 목표를 실현하기 위해 끊임없이 노력하고, 완벽함에 집착하는 사람들이다. 하지만 그 완벽함이란 그들의 내면 깊은 곳의 평화를 찾고, 자연스러움을 받아들여야 비로소 나타나게 된다.
2	사회 관계	이 유형은 사회질서를 잘 지키는 모범생이며 개혁자이다. 사회문제에 관심이 많고, 불의를 보면 참지 못하고, 공과 사가 분명하고, 옳고 그름의 잣대를 항상 가지고 있다. 자신의 완벽함의 확증을 위해 높은 도덕적 가치와 규범을 자신의 기준으로 만들고 자신이 본보기가 되고자 한다. 그래서 가르치는 역할을 좋아한다.
3	교류 관계	이 유형은 도덕적 우월감과 자신의 견해가 옳다는 확신이 있을 때는 상대방을 가르치려 들고, 어떤 저항에도 굴복하지 않으며, 항상 원칙을 강조하여 위엄 있고 진지해진다. 그만큼 융통성이 없어 설교조이고 잔소리가 많아 어른 VS 아이로 교류하게 된다.
4	애착 태도	이 유형은 현실에서는 실현하기 힘든 완벽한 사랑을 원한다. 그래서 만성적인 외로움에 시달릴 수 있다. 사랑하는 사람도 자신과 같은 생각을 하고 있다고 인식하여, 실망을 하게 되면 상대에게 자신의 기준을 강요하는 행동을 할 수 있다.
5	어린 시절	이 유형은 주로 아버지와의 관계에서 비롯된 면이 크다. 자신이 아버지의 역할을 대신해야 하는 상황에서 지나친 책임감을 느꼈거나 아버지와 자신을 동일시한 경험이 있을 수 있다. 자신은 독립적인 인간이 되려고 노력하지만, 상대에게는 고집을 부리고, 비판적이기도 한다.
6	양육 환경	이 유형은 좋은 아이가 되기 위해 매우 노력한다. 어린아이로 있으면 자신이 받아들여지지 않을 거라고 느끼기 때문에 어린 나이에 심각함과 책임감을 발달시킨다.
7	자기 신념	이 유형은 '자신이 옳다'라는 신념으로 '나의 판단이 기준이다'라고 생각한다. 이들은 스스로 규칙을 만들고, 옳고 그름을 판단하려 한다. 모든 대상의 결점을 보려며, 고쳐야 하고, 옳은 일을 해야 한다는 중대한 사명감을 가졌다고 느낀다. 무의식적으로 자신이 아버지의 상징을 대신하려 한다.

8	갈망 (동기)	"~해야 한다"라는 말을 주로 강조하며 완벽함에 너무 집착하고 끊임없이 노력하면서 일에만 매달려 자신을 힘들게 한다. 작은 실수에도 수치심을 느끼며, 다른 사람의 의견을 받아들이기가 쉽지 않다. 타인에게도 높은 도덕적 수준을 요구하고 상대를 고치려들기도 한다.
9	감정	이 유형은 분노와 좌절을 자주 경험한다. 이 유형은 자기 신념에 대한 강한 믿음을 가지고 있기에 그것에 조금이라도 어긋나면 쉽게 화를 낸다. 비판받지 않기 위해 실수를 피하고자 하는 데서 오는 강박과 책임감의 스트레스에 시달린다. 본인이 정한 이상만큼 잘 살지 못한다는 사실에 좌절감을 느끼기도 한다.
10	대응 행동	주어진 일을 완벽하게 해내는 것이 올바로 처리하는 것이라는 신념을 가진 그들은, 시간을 효율적으로 활용해야 하므로 편하게 휴식하지 못한다. 상대방에게 일을 잘 맡기지 못하며, 설사 맡긴다 하더라도 결국 간섭하거나 본인이 처음부터 다시 하곤 한다. 감정을 자제한다고 생각하지만 분노를 인식하지 못하고 억압하므로 늘 표정이 경직돼 있고, 너무 진지하여 농담을 즐기지 않는다.
11	위기	감정을 느낀 만큼 잘 표현하지 못하고 억압을 한다. 하지만 한계에 이르면 격렬하게 표출하여 상대에게 상처를 주는 경우가 많다. 이때는 아주 독선적이고 고집이 세어져서, 타협과 양보를 하지 않는다. 자신을 통제할 수 없는 상태에 빠지게 되면 후회와 자책을 하지만, 이것으로 인하여 심한 우울증을 겪는다.
12	모순	이들은 자신과 세계에 대해서 너무나 엄격한 기준을 들이 내 밀기에 우선은 판단을 멈추는 방법을 배워야 한다. 자신의 견해가 언제나 옳지는 않다는 사실을 빨리 깨닫게 되면 훨씬 편안하게 될 것이다. 또한 적극적으로 상대방을 배려하고 현실을 존재하는 그대로 수용하는 방법을 배울 필요가 있다.
13	성장 방향	이 유형은 너무 엄격한 기준으로 남을 판단하는 습관을 멈추어야 한다. 비판과 지적은 상대에게 수치심과 죄의식을 불러일으켜 더 큰 반발이 일어나게 할 뿐, 비판한다고 상대가 고쳐지는 것은 아니다. 자신의 견해가 항상 옳지 않다는 사실도 깨닫게 되면 삶이 훨씬 편안해 질 것이다. 잘 쉬면서 즐기는 사람이 되어야 한다 또한 상대방을 적극적으로 배려하고 현실을 존재하는 그대로 수용하는 방법을 배울 필요가 있다.

2번 유형 - 돕는 사람

「사람들에게 도움을 주고, 상대방을 기쁘게 해주려는 유형」
[자신의 감정을 잘 드러내며, 사람들을 즐겁게 해주고, 관대하며, 소유욕이 강하다.]

2번 유형은 애정을 얻어내려고 상대방을 기쁘게 해주려는 사람의 원형을 보여준다. 특히 2번 유형은 남성이나 여성 모두에게 다 적용된다. 그러나 2번 유형의 원형은 융의 개념인 아니마anima로써, 내면적 여성성을 더 반영한다. 2번은 4번처럼 감정적이고 극적이며 사람과의 관계에 몰두한다. 사랑과 인정을 얻기 위해 애정을 가진 대상을 만족시키고 기쁘게 하려고 노력하면서 비위를 맞추고 과도하게 추켜올린다.

이들은 건강하고 균형 잡혀 있는 상태일 때 사랑이 많고, 남에게 도움을 주며, 관대하고 사려 깊다. 이들은 자기 가슴에서 나오는 온기로 다른 사람들을 따뜻하게 해준다. 이들은 모든 사람이 갖기를 원하는 좋은 부모의 모습을 가지고 있다.

이들은 사람들을 있는 그대로 보아주고 큰 사랑으로 이해하며 무한한 인내심을 갖고 격려할 줄 안다. 이들은 '더 많은' 무엇이 됨으로써 정서적인 지지를 제공하여 타인을 유혹하려는 욕구에 불을 붙이는 교만의 에너지를 가지고 있다. 또한 우리를 거부하는 세상에서 자신의 자아가치를 강화하기 위하여 자신의 본연의 모습에 대한 느낌을 확장하는 방식을 보여준다. 건강한 2번 유형은 항상 자신이 마음을 열고 있어서 우리의 마음을 가장 잘 열어 준다. 이들은 우리에게 더 인간적이고 삶을 풍요롭게 사는 방법을 보여 준다.

평균에서 건강하지 않은 수준에 있는 2번 유형은 다른 사람들을 위해서 자신을 희생해야 한다는 슈퍼히어로superhero의 요구에 복종함으로써 자신의 가치를 인정받기를 원한다. 이들은 사랑을 얻기 위해서는 다른 사람들을 먼저 생각해야 하고 자신이 먼저 사랑을 베풀며 이타적으로 되어야 한다고 생각한다. 모든 사람에게 사랑을 주는 이미지에 맞추기 위해 이들은 자기 자신을 조작한다. 끊임없이 내적 경험을 만지작 거리면서 자기가 이상적으로 생각하는 모습과 비교하고 그것과 더 가까운 무엇을 경험하도록 자신을 밀어붙인다. 그래서 이 분노를 억누르고 부인하기 위해서 큰 노력을 한다. 그렇지만 결국에는 이 감정을 여러 가지 방식으로 분출해서 인간관계를 훼손한다.

2번 성격, 돕는 사람 ; 아첨하는 자아		
문항 번호	성격	내용
1	본질	이 유형의 본질은 조건 없이 주는 사랑이다. 다른 사람들에게 순수한 사랑을 베풀어 주면서 자신이 가치 있는 사람이라고 느낀다. 그러나 이 유형은 타인이 아닌 자신에게서 만족하는 방법을 터득하여야 한다.
2	사회 관계	이 유형은 타인과 쉽게 친해지는 장점이 있으며 사교성이 좋다. 사람들에게 칭찬과 아첨을 할 줄 알며, 주의를 기울여 관심을 표현하며 친밀감을 형성하는 재능을 가지고 있다.
3	교류 관계	이 유형은 사람들과 쉽게 사귀고 친해지는 만큼, 그들에게 특별한 친구가 되고, 친밀한 관계를 유지하려 한다. 서로 비밀을 나누고, 가장 친한 친구로 남기 바라며, 대체로 다정한 대화를 나누지만, 상대방을 돕고자 하면서 조언을 아끼지 않는다.
4	애착 태도	이 유형은 사랑을 하게 되면 과도하게 집착하여 상대에게서 자신이 사랑받고 있다는 사실을 자꾸 확인하려 든다. 사랑을 자주 표현하는 것을 좋아하고, 또한 상대도 적극적으로 사랑을 표현해 주기를 원한다. 상대방이 별로 관심이 없어 보이면 더욱더 상대에게 관심을 쏟는다. 이런 점이 점점 강해지면 질투심과 함께 소유욕이 강하게 일어난다.
5	어린 시절	이 유형은 가족 안에서 도움을 주는 사람, 다정한 친구, 동생들을 돌보고 사람들을 보살피고 기쁘게 해주는 사람의 역할을 배운다. 이것을 자신의 일이라고 생각하고, 다른 가족의 필요한 부분이나 요구사항을 빨리 알아차리고, 해결해 줌으로써 가족 내에서 자신의 위치를 확보하는 지혜를 알아가기도 한다.

6	양육 환경	이 유형은 다른 사람들에게 관심을 기울이고 그들을 기쁘게 해 주고 그들을 도와줌으로써 자신의 부정적인 감정을 다루는 방법을 배운다. 그리고 자신이 사랑받고 있다는 것을 보여 주는 어떤 표시를 얻기 위해서 무슨 일이라도 하려고 든다.
7	자기 신념	이 유형은 '자신이 옳다'라는 신념으로 '나의 판단이 기준이다'라고 생각한다. 이들은 스스로 규칙을 만들고, 옳고 그름을 판단하려 한다. 모든 대상의 결점을 보려하며, 고쳐야 하고, 옳은 일을 해야 한다는 중대한 사명감을 가졌다고 느낀다. 무의식적으로 자신이 아버지의 상징을 대신하려 한다.
8	갈망 (동기)	이 유형은 사람들에게 자신이 사랑받지 못하는 가치 없는 존재가 되는 두려움이 무의식에 자리 잡고 있다. 그래서 자신보다는 다른 사람을 항상 먼저 생각하는 버릇이 있다. 이런 이유로 이들은 예의와 친절함이 강화되고 있다. 하지만 상대에게 잘해주고 배려하는 만큼 소유욕도 강하다.
9	감정	이 유형이 자주 느끼는 감정은 '자부심'이다. 이 자부심은 다른 사람을 도와주는 역할을 하면서 생겨난 것이다. 그리고 이것은 진심으로 우러나서 한 것이 아니라, 남들에게 자신이 좋은 사람으로 보이기 위한 외부와의 관계에서 오는 것이라는 숨겨진 의도 때문에 수치심을 느끼기도 한다.
10	대응 행동	이 유형은 자신이 도와준 만큼 돌아오지 않으면 배신감과 함께 분노를 느낀다. 그래서 결국 자신은 희생자라고 여기며 슬픔에 젖는다. 이것이 더욱 강해지면 상대에게 자신의 필요와 요구를 강력하게 요구하기도 한다. 하지만 이런 경우는 대부분 건강하지 못한 행동으로 이어진다.
11	위기	이 유형은 대체로 건강하고 친절하며 온화하지만, 바라는 기대에 미치지 못하거나 불안감이 커지면 상대에게 실망과 배신감을 느끼고, 표정이 무뚝뚝해지면서 냉정하게 대한다. 이럴 때는 8번처럼 상대를 거칠게 공격하면서 통제하려 든다.
12	모순	이 유형은 자유분방한 4번과 거친 8번 사이를 왕래한다. 상대방의 요청을 거부하지 못하고 그로 인해 많은 어려움을 겪게 되는 상황을 겪는다. 또 배려한 만큼 기대에 미치지 못하면 8번처럼 차가워지면서 공격적일 수 있다. 반대로 자신의 배려에 만족한 결과를 얻으면 자긍심이 생겨나면서 4번처럼, 평화롭고 자유로운 삶의 행복과 기쁨을 느낀다.
13	성장 방향	이 유형의 신념은 '먼저 주어야 한다'는 것이기 때문에 자신의 필요한 부분과 욕구를 직접 표현하고 요구하는 걸 힘들어한다. 설사 그것을 인식하여도 욕구를 억압하여 자신을 힘들게 만드는 경향이 있다. 이 유형은 자신이 돕는 일에 열중할 때 그것이 갖는 의미와 동기를 통찰하는 연습과 함께, 필요한 부분과 원하는 바를 직접 표현하는 연습을 할 필요가 있다.

3번 유형 - 성취하는 사람

「성공 지향적이며 실용주의적 실사구시형」
[적응을 잘하고, 재주가 뛰어나며, 이미지 변화를 위한 페르소나가 많다.]

3번 유형의 특징은 자신을 어떻게 보이게 할 것인가, 남의 눈에 자신이 어떻게 보이는가, 타인에 대한 자신의 감화력이 어느 정도인가가 최우선적인 관심사이다. 3번 성격 유형의 사람들은 건강한 범위에 있을 때 삶의 많은 영역에서 성공을 이룰 수 있다. 이들은 끊임없이 움직이고 목표 지향적이며 자신을 투자하는 특정 분야에서 성공하는 것이 그 무엇보다도 중요하다. 또한 다른 사람들을 격려해서 그들 스스로가 생각하는 것보다 훨씬 더 많은 능력을 끌어낼 수 있다. 사람들은 이들에게서 자신의 꿈과 희망을 본다. 이들은 자기 삶이 성공적이기를 원한다. 이들이 생각하는 성공은 가족, 문화, 사회적인 영역에서 정의되는 모든 유형의 성공이다. 이들은 성공이라고 정의되는 것이라면 무엇이든지 성취하고 싶어 한다.

그래서 목표 지향적이 되기 쉽고 칭찬이나 긍정적인 주의를 자신에게 끌어오는 데 큰 노력을 기울인다. 어릴 때부터 부모나 친구들이 가치 있다고 여기는 활동을 잘 인식할 줄 알고 그 활동을 뛰어나게 하려면 많은 에너지를 쏟는다. 또 이들은 자기 내면에서 사람들에게 매력적으로 보일 수 있는 자질을 찾아내 개발할 줄도 안다.

3번 유형의 성장 경로는 허영을 소망으로 변화시키는 방법을 보여준다. 이처럼 소망을 통해 깨어나는 3번 유형의 성장은 외부의 껍질을 떨쳐버리고, 마음을 열어 진정한 감정을 만나며, '참 자아'가 되는 방향으로 우리를 안내한다.

3번이 취하는 가장 주요한 이미지는 환경이 변할 때마다 같이 변하며, 이들은 목적을 이루고 특정한 사람에게 받아들여지기 위해 그 이미지를 조정한다.

사실 이들은 공허함에 휩싸이거나 자기가 가치 없는 존재라고 느끼는 것이 두려워서 성공하기를 원한다. 성공이 없다면 다른 사람의 관심을 끌 수 없고 성취감도 없을 것이다. 이들은 자신이 무가치한 존재가 되는 것을 두려워한다.

그런데 문제는 이들은 자신을 가치 있는 존재로 만들어 줄 수 있는 것을 성취하기 위해서 노력하다 보니 진정 자신이 원하는 것, 자신의 진짜 감정, 자신이 정말로 관심 있어 하는 것이 무엇인지 인식하지 못한다.

3번 성격 ; 허구하는 자아		
문항 번호	성격	내용
1	본질	이 유형의 본질은 자신을 솔직하게 인정하고, 다른 사람을 존중하는 겸손함이다. 하지만 대부분 이런 가치를 잘 따르지 않는 경우가 많다. 때로는 진실이 거짓으로 위장될 수 있고, 겸손은 성과를 이루어 오만해 질 수 있다.
2	사회 관계	이 유형은 자신이 추구하고 이루어 낸 성과물들을 통해 사랑과 인정을 받을 수 있다고 믿는다. 사회활동을 통해서 자신감을 얻기 때문에 목표는 생활의 활력소이며 핵심적 동기가 되며 현실적인 성취에 보람을 느낀다. 그리고 어떠한 경우에도 손해 보는 경우가 드물며 적응력이 뛰어나다.
3	교류 관계	이 유형은 일을 할 때 효율성을 추구하고 사람들에게 과시하기를 좋아한다. 어떤 상황이나 사람에 따라 적절한 태도를 보이는 융통성이 있다. 그러면서 무엇이 좋은지 상대방을 잘 설득해 인정을 이끌어내려 한다.
4	애착 태도	이 유형은 사랑을 하게 되면 자신의 외모를 가꾸는 데 많은 시간을 보내며, 또 최고의 옷을 입고 좋은 집에서 살아야 한다고 생각한다. 친밀한 관계를 유지하려는 노력도 하지만 상처를 받을까 두려워 감정적으로 너무 깊이 빠지지 않는다.

5	어린 시절	이 유형은 어릴 때부터 사람들 앞에서 잘하면 칭찬받는다는 방법을 배웠고, 거기서 자신의 존재를 느꼈다. 그 이유로 잘하면 가족들이 무척 기뻐했으므로 잘해야만 존재감을 느낄 수 있다는 믿음이 강화되었다.
6	양육 환경	이 유형은 가족 중 자신을 돌봐주는 역할을 한 사람과 감정적으로 아주 깊게 연결되어 있고, 대개의 경우 보살펴 주는 사람은 어머니이지만 그렇지 않을 경우도 있는데, 어린아이는 그 사람이 자신에게 '너는 정말 훌륭해, 넌 나를 기쁘게 하고 있어, 넌 세상에 나아가도 환영받을 거야'라고 말해 주기를 바란다.
7	자기 신념	이 유형의 신념은 성공해야 된다는 것이다. 성공에서 자신의 정체성을 확인하기 때문에 목표를 세우고, 그것을 효율성 있게 성취하기 위해서 큰 노력을 기울인다.
8	갈망 (동기)	자신의 가치를 얼마나 성공하느냐에 기준을 둔다. 일에 대한 집중력이 강하고 목표를 향해 질주하며 모든 일을 열심히 한다. 이 유형은 경쟁적이고 목표 지향적이어서 실패를 두려워한다.
9	감정	이 유형은 효과적으로 일을 처리하고 그것을 통해서 인정받기를 원한다. 그래서 항상 잘해야 한다는 강박에 비례해서 '수치심'과 '공허함'을 느낀다. 그 이유는 주목받는 일에는 일종의 속임수가 존재하기 때문이다. 자신의 말과 행동이 진실하지 않거나 꾸며진 이미지가 있어서, 다른 사람과 친밀해질 수가 없다. 사람들이 자신이 얼마나 '외로우며 공허한지'를 알지도 모른다는 두려움을 가진다.
10	대응 행동	일과 성공에 초점이 맞추어진 이 유형은 자신이 가치 있고, 사람들에게 눈에 띌 정도로 빛나며 사회적으로 최고의 위치에 있는 역할을 원한다. 그러나 이런 역할은 다른 사람과 비교를 통해서 이루어지기 때문에 상대에 대해서 시기심과 적대감을 드러내며, 더욱더 자신을 경쟁 속으로 몰아넣는다.
11	위기	이 유형은 대체로 자신을 신뢰하지만, 경쟁이 심해지면 9번처럼 일을 미루고 게으름을 피우기도 한다. 하지만 오래가지는 못한다. 그러다 실패와 좌절이 더욱 심해지면 무기력해지고 현실을 회피하려는 면도 있다.

12	모순	이 유형은 여유 있는 9번과 충실한 6번 사이를 왕래한다. 항상 효율적인 일처리와 성공을 원하지만, 자신이 무엇을 원하는지 진정으로 모르기에 만족하지 못한다. 이럴 때 이들은 9번처럼 무기력해지며 공상속에서 꿈을 꾼다. 하지만 자신의 거짓된 이미지를 자각하고, 자신의 감정에 접촉하는 방법을 배우면, 건강한 6번처럼 자신의 진실과 겸손을 배우며 다른 사람의 도움도 받아들이게 된다.
13	성장 방향	이 유형은 너무 많은 일을 함으로써 자신의 중요한 일을 망각하거나 소홀히 한다. 자신이 진정으로 원하는 것이 무엇인지를 아는 것이 중요하다. 성공과 효율에 집중함으로써 일을 하지 않고 조용히 앉아 있는 명상은 매우 힘들다. 하지만 명상을 통해서 진실과 겸손을 배우게 되고 무엇보다도 자기 내면으로 들어가 휴식을 취하는 방법을 알게 된다면 매우 행복해질 것이다.

4번 유형 - 내적인 탐구자

「감성적인 혁신가」
[창조적인 영감과 기쁨을 찾으면서 자신과 자연 속에서 예술적인 아름다움 추구, 표현력이 풍부하고, 극적반전을 좋아하는 유형.]

4번 유형은 독특하고 유일하며, 심미적이고 창의적으로 보이길 원한다. 이들은 자신이 다른 사람과 기본적으로 다르다고 생각하며, 자신의 정체성을 유지한다. 이들은 자신이 혼자이고 버림받았으며 남들과 멀리 떨어져 있고 그들과 닿을 수 없다고 느끼는 경향이 있다. 이들은 자신에게는 특별한 재능과 동시에 특별한 결함이 있다고 여길 수 있다.

건강한 4번 유형은 자신에게 정직하다. 이들은 있는 그대로의 자신을 보는 것을 두려워하지 않고, 다른 사람에게 자신을 감추려 하지 않는다. 이들은 아주 개인적이며 부끄러울 수도 있는 것을 기꺼이 드러낸다. 따라서 이 유형은 고통을 견디고 처리할 수 있다.

4번 유형의 근본은 타인으로부터 사랑받기 위하여 특별한 무엇이 되어야만 할 것을 요구하는 세상에서 상실에 대한 통제나 방어하는 방법으로써, 우리가 자신의 결함에 초점을 맞추고 본인 스스로 불완전하다고 느낄 때 모두에게 내버려질 것을 두려워하는 모습이다. 이들은 내면의 결핍에 대한 해결책으로 연결회복을 열망하고 끊임없이 추구한다. 또한, 타인과 외부 세상이 제공하는 것에서 만족을 얻으려는 이 열망은 소극적이고 얌전하지 않다. 표현하지 않지만 무언가를 명백하게 요구한다.

이들은 부정적인 자아 이미지를 갖고 있으며, 자존감이 대체로 낮은 편이다. 이 유형들은 인간의 본성은 항상 변화한다는 것을 정확하게 감지하며, 자신의 감정으로부터 안정적이고 믿을 수 있는 정체성을 만들기를 원한다. 이들은 자신에 내재되어 있는 갈망과 고통을 어떻게 사랑받을 만한 것으로 변환시킬 수 있는가를, 그리고 무엇을 할 수 있는가에 대한 완전한 경험에 이르도록 깨닫는 방법을 보여준다.

4번 성격, 감성적인 혁신가 ; 우울한 자아		
문항 번호	성격	내용
1	본질	이 유형은 삶의 깊은 내면세계를 탐구하고 깊은 직관을 통해 창의적인 영감과 기쁨을 찾는 것을 즐긴다. 그렇게 함으로써 그들은 자신과 자연에서 예술적 아름다움을 발견한다.
2	사회 관계	이 유형은 사회 회색 지대에 속하는 사람들은 다른 사람들과 상호작용하는데 어려움을 겪기 때문에 종종 사회적으로 소외된 느낌을 갖고 있다. 그러나 이들은 자신만의 독특한 개성을 발전시켜 왔기 때문에, 대개 예술적인 감각과 문학적인 표현력에 민감하다.
3	교류 관계	이 유형은 다른 사람과의 차이점을 중요시한다. 대개 예술가와 비슷한 감각을 가지고 있으며, 이를 자랑스러워한다. 그래서 자신의 아이디어가 받아들여지지지 않으면 일을 하는 것이 어려울 수 있다.
4	애착 태도	이 유형은 열정적이고 로맨틱한 사랑을 원한다. 그들은 자신의 독특한 개성을 인정받기를 바라며, 상대방이 자신의 열등감을 덜어 주길 원한다. 이들은 연약한 면이 있지만, 동시에 공격적인 성향을 보이기도 한다.
5	어린 시절	이 유형은 매우 어릴 때부터 혼자 놀고 자신의 문제를 스스로 처리하는 경향이 있다. 가족 내 새로운 출생 또는 다른 이유로 자주 버려진 느낌을 받은 적이 있다. 이로 인해 상처와 절망감에 사로잡혀 자신이 가족과는 다른 존재라는 느낌을 자주 경험한다. 동시에, 자신의 취약성과 과민성을 이용하여 상대방을 조종하려는 시도도 한다.
6	양육 환경	이 유형은 자신이 부모와는 다르다고 느낀다. 자신이 병원에서 바뀌었거나 고아이거나, 어떤 이유로 부모가 바뀌어서 살고 있다는 상상을 한다. 부모와 충분히 교류를 못했다고 느끼기도 한다.

7	자기 신념	이 유형은 자신의 독특한 정체성에서 자부심을 느끼며, 다른 사람과의 차이점을 강조한다. 이들은 종종 '나는 나다'와 같은 문구를 사용하여 자신을 내포하며, 때로는 다른 사람들과의 깊은 이해가 어려울 때가 있다. 이는 자기를 독특하게 만드는 것이며, 이로 인해 자신감을 얻는다. 그러나 이로 인해 종종 외로움을 느끼기도 한다.
8	갈망 (동기)	이 유형은 무의식적이기는 하지만 버려졌다는 느낌과 실제 연결을 회복하고 싶어 한다. 감정은 자주 변하기 때문에 이들은 혼란스러우며, 변덕스러운 모습을 보일 수 있다. 이때 이들은 자신의 모든 감정을 받아들이지 못하고, 특정한 열망만을 즐기려 하는 경향이 있다.
9	감정	이 유형은 항상 외로움을 느끼며, 다른 사람들에게 소속되려는 강한 욕망과 함께 상실감을 느낀다. 자신이 완벽하지 않다는 생각이 들면, 다른 사람들과의 접촉을 피하고자 한다. 이로 인해 시기심을 느끼기도 한다.
10	대응 행동	이 유형은 다른 사람의 말에 민감하게 반응하여 감정적으로 대응하는 경향이 있다. 그래서 별다른 의미 없는 말에도 모욕적으로 받아들일 수 있어 다른 이들과 협력하기 어려워지면서 서운한 감정을 느낄 수 있다.
11	위기	이 유형은 화가 나는 상황에서도 먼저 우울함을 느낄 수 있다. 이러한 사람들은 자신의 마음이 아프기 때문에 공격적이고 분노를 느끼지만, 다른 사람을 위로하면서 상황을 조정하려는 경향도 있다.
12	모순	이 유형은 이성적인 면과 타인을 돕는 두 가지 성향을 다 가지고 있다. 이성적인 면이 강해지면, 매우 현실적이고 원칙을 강조하게 된다. 이때는 감정에서 벗어나 자신을 있는 그대로 인정하게 된다. 하지만 상황이 어려워지면 혼자 있고 싶어지고, 더 악화되면 다른 사람에게 친절해지지만 변덕스러울 수 있다.
13	성장 방향	이 유형은 다른 사람들과 다르게 자신만의 개성을 보호하며, 외로움을 느낄 때 자신의 상상 속에서 감정을 더욱 강하게 느끼는 경향이 있다. 이런 사람들은 현실을 받아들이기보다는 자신만의 상상 속에서 살아가는 것을 선호한다. 하지만, 이런 성격 패턴을 가진 사람들은 성장하기 위해서는 먼저 자신이 이런 경향을 가지고 있다는 것을 인식하고, 현실을 그대로 받아들이는 방법을 배워야 한다는 것이 중요하다.

5번 유형 – 지식 탐구자

「이지적인 유형」
[자급자족과 자치성, 창의적이며 개인적 성향, 예민하며, 마음을 잘 드러내지 않는다.]

이 유형의 사람들은 사건이 일어나는 방식에 대해 궁금해 한다. 항상 뭔가를 추구하고 질문을 던지고 깊이 탐구해 들어간다. 일반적으로 받아들여지고 있는 의견과 학설을 받아들이지 않으며 자기 나름대로 검증해 보아야 한다고 생각한다.

이들의 내면에는 자신이 세상에서 성공적으로 살아갈 능력이 없는 것에 대한 불안감을 극복하는 방법으로 지식을 추구한다. 이들은 자신감을 얻게해 주는 일들에 뛰어들기보다는 좀 더 편안하게 느껴지는 자신의 마음 안으로 들어가 버린다.

이들은 자신만의 아이디어와 통찰을 남들에게 이야기할 수 있는 사람이 되는 데 의존한다. 따라서 지식과 이해, 통찰을 매우 중요시한다. 이미 익숙한 것이나 잘 정리된 분야를 탐구하는 일에는 흥미를 느끼지 못한다. 다른 사람이 모르는 것을 아는 것이나 다른 사람이 경험하지 않은 일을 창조하는 것으로 아무도 침범할 수 없는 자기만의 은신처를 갖는다.

이들의 주요한 특성은 융Jung의 내향성에서 찾아볼 수 있다. 융의 심리학에서 언급한 내향적 사람의 성격 유형에서 나타나는 일반적이 태도를 말한다. 또한, 이들은 깊은 생각에 잠겨 내면세계 속에서 도피처를 찾음으로써 감정을 분리하는 사람의 원형을 보여준다. 이는 외부부터 침범당하거나 무시되거나 혹은 불가항력적인 세상으로부터 사생활이나 자유를 지킬 수 있는 방법이라고 생각하기 때문이다.

특히, 5번 유형은 자신이 남들의 눈에 보이지 않고, 가치를 인정받지 못하며, 이해받지 못한다고 느끼게 되고 이것이 이들의 지속적인 자기 관념의 일부가 되기도 한다. 따라서 이들은 자기 내면의 움직임이 남들이 이해하고 관심을 갖고 공감할 무엇으로 보이지 않는다. 왜냐하면 이들은 자신이 남들과 같지 않으면 모든 인간이 공유하는 공통성이 결여되었다고 느끼기 때문이다.

5번 성격, 탐구하는 사람 ; 인색한 자아		
문항 번호	성격	내용
1	본질	이 유형은 자기 자신의 인지력을 믿고, 지식을 탐구하는 것을 좋아한다. 하지만 본질에 닿으려면 이러한 개념에만 매여 있지 않고, 자유로워져야 한다는 것을 이해해야 한다. 이들은 자아를 깨닫는 과정에서 자유로워지며, 이를 통해 더욱 진정한 본질에 다가갈 수 있다.
2	사회 관계	이 유형은 안전한 곳에서 혼자 생각하면서 지식을 쌓아가는 사람들이다. 이들은 다른 사람들과 대화하기보다는 혼자 생각하면서 지식을 얻고, 전문가가 되기 위해 노력한다. 이렇게 지식을 얻으면서 자신감을 얻고, 세상과 연결되어 있는 느낌을 받는다.
3	교류 관계	이 유형은 논쟁이나 대화를 좋아한다. 자신의 생각을 논리적으로 전개하고 다른 사람들과 이야기를 나누는 것을 즐기며, 자신의 아이디어를 발전시키고 싶어 한다. 하지만 다른 사람들이 제시한 아이디어를 비판하기도 하며, 자신의 지식과 능력을 강조하려는 경향이 있다. 타인과의 대화를 통해 새로운 것을 배우고, 스스로를 발전시키고자 하는 특징을 보인다.
4	애착 태도	이 유형은 자신만의 세상에서 살아가기 때문에 사랑을 할 때는 이상적인 상대방을 찾아서 깊고 진실한 사랑을 추구하는 경우가 있다. 하지만 만약에 자신의 생각과 느낌을 이해해 주지 않거나 받아들여 주지 않는다면, 다시 자신만의 세상으로 돌아가고 싶어 하는 경향이 있다.
5	어린 시절	이 유형은 어린 시절 격렬한 운동보다는 내적인 세계에 빠져들기를 좋아했다. 대체로 우수한 학생으로 자랐으며 가족들과 따로 있으면서도 자신만의 공간에서 시간을 보내는 것을 즐겼다. 성인이 되어서도 여전히 '책벌레'로 불릴 만큼 책에 빠져 살아간다.

6	양육 환경	이 유형은 가족 안에서 안정감을 느끼지 못했다고 이야기 한다. 다른 사람의 요구나 욕구 (감정적인 욕구)에 의해 방해 받지 않고 자신이 흥미 있어 하는 일을 하고 싶어 한다.
7	자기 신념	이 유형은 탐구하는 사람으로서 '앎'이 능력과 성취감의 근원이라는 믿음을 가지고 있다. 항상 새로운 것을 배우고 세상에 대한 정보를 수집하는 것을 좋아한다. 이론적인 설명을 통해 상황을 탐색하고 이해하는 것을 중요하게 생각하므로, 이 유형은 관찰자로서 상황을 파악하고 분석하는 것을 즐기면서 지식을 습득한다.
8	갈망 (동기)	이 유형은 공허함과 불안을 느낄 때 정보 수집을 통해 이를 회피하려는 경향이 있다. 따라서 충분한 준비가 이루어지지 않으면 행동에 나서기 어려울 수 있다. 여전히 정보를 수집하고 연습을 더 해야 한다고 느끼지만, 때로는 자신을 불신하여 현실을 인지하지 못할 수 있다.
9	감정	이 유형은 지식과 정보를 모아 자신만의 공간을 만들기 좋아한다. 때로는 이것이 다른 사람들로부터 고의로 떨어져 있기를 선택한 고립으로 이어지기도 한다. 이들은 자신이 속한 사회에서 이해 받지 못한다는 느낌을 받기 때문에 다른 사람들의 삶의 방식도 존중해야 한다는 사실을 간과할 때가 있다.
10	대응 행동	이 유형은 주변 환경이나 타인으로 인해 지쳐버리면 자신의 감정과의 연결을 끊어버리고 자신만의 내면세계에 몰두하는 경향이 있다. 그리고 현실을 직접 경험하기보다는 이론이나 개념적인 사고에 의존하여 인식하려는 경향이 있다.
11	위기	이 유형은 불안해지면 세상과 연결된 것들을 끊고 냉정해져서 자신만의 방으로 도망을 간다. 이때 다른 사람들과 의도적으로 접촉을 피해 혼자 있으려고 한다. 그리고 자신이 누구인지, 어디에 속하는지 모를까 봐 걱정하면서 다른 사람을 상상으로 공격하지만 두려움에 시달린다. 또한 자신의 욕구와 감정을 강하게 억압한다.
12	모순	이 유형은 활발한 7번과 결단력 있는 8번 사이에서 다양한 행동을 한다. 어려운 상황에서는 혼자서 해결하려 하고, 지식과 정보를 쌓으며 혼자 지내는 것을 선호한다. 이런 식으로 해결이 잘 되면 8번처럼 도전적으로 행동할 수 있다. 하지만 실패하면 7번처럼 새로운 경험을 찾으려고 해도 실망해서 더 고립되고 냉정해진다.
13	성장 방향	이 유형은 자신의 감정을 느끼는 것을 본능적으로 싫어한다. 슬픔이나 외로움을 느낄 때 지식을 모으며 괴상한 상상을 하기도 한다. 이들이 성장하려면, 자신의 마음에서 느껴지는 감정을 숨기지 말고 천천히 경험하며 스스로 선택한 고립에서 벗어나서 좋은 사람들과 친구가 되는 것이 중요하다.

6번 유형 - 충실한 사람

「충실하고 안전을 추구하는 유형」
[책임감이 있고, 의심과 두려움이 많으며, 권위와 명분에 순종적이다.]

6번 유형은 어린 시절 충족되지 않은 신체적인 욕구, 침해, 신체적인 위협을 가하는 분위기에 대한 반동불안Reactive alarm으로 둘러싸고 있으며, 그 상태로 움츠러들어 있다. 또한 이들은 이상, 체제, 신념 등에도 충실하다. 하지만 있는 그대로의 현실에 만족하는 것은 결코 아니다. 따라서 이들은 자신의 신념을 위해 아주 격렬하게 싸운다. 이들은 자기 자신보다 자신이 속한 사회나 가족을 보호하는 마음이 더 강하다.

6번 유형은 세상의 관점을 안전하게 느끼고 싶은 욕구로부터 발원된다. 외부 세계와 다른 사람에게서 자신을 지키는 방식으로 나타난다. 이들의 미래 방향은 두려움과 두려움의 모든 표면적 현상을 용기와 의도적인 강함으로 바꿀 수 있는지를, 그리하여 더 견고한 안전감을 얻어 다른 사람들에게 가능한 수준까지 깨어남의 작업을 할 수 있는지를 보여준다.

이들은 기본적인 두려움이 있어서 다른 사람들로부터 버려지지 않기 위해 충실하다. 이 유형의 주요한 문제는 자신감의 상실이다. 이들은 스스로 사람의 도전을 헤쳐 나갈 자원이 있지 않다고 생각한다. 그래서 자기 조직, 자기편, 자기 신념에 의존하고 외부에 도움을 요청하는 것이다.

이들은 자기 내면을 알아차리는 데 어려움을 느낀다. 그래서 자기 생각과 판단에 대해 자신이 없다. 하지만 이들이 생각을 안 하는 것은 결코 아니지만 스스로 결정을 내리기보다는 다른 사람의 결정에 의존하고자 한다. 또한 이들은 자기가 인식한 것에 의혹을 품고, 자신에 대해 의문을 제기하며 아는 것도 다시 생각하고, 확신과 자신감이 부족하고 대부분 정신에너지를 두려움과 불안을 해소하는 데 사용한다.

이 유형의 사람들은 어떻게 이야기하든지 정확하게 설명할 수 없다. 이들은 강하고 약하며, 공격적이면서 수동적이고, 난폭하기도 하고 약하기도 하며, 방어적이면서 공격적이고, 생각하는 사람들이면서 행동하는 사람들이며, 사람들과 모이는 것을 좋아하기도 하면서 혼자 있는 것을 좋아하며, 신뢰가 많은 사람이기도 하면서 의심이 많은 사람이기도 하고, 협동적이기도 하면서 방해가 되기도 하며, 너그럽기도 하고 마음이 좁기도 하다.

이들의 가장 큰 문제는 자신의 감정적인 불안을 해결하려 하지 않고 외부 환경에서 안전을 만들어 내려 한다는 것이다. 자신의 불안에 직면하는 방법을 배움으로써 삶의 불확실성 속에서도 평화를 유지하는 법을 알게 된다.

6번 성격, 충실한 사람 ; 두려운 자아		
문항 번호	성격	내용
1	본질	이 유형의 본질은 충실함이다. 이상, 체제, 신념뿐만 아니라 친구나 주변인들에게도 충실한 사람들이다. 이들이 충실한 이유는 자기 안에 존재하는 두려움을 인식하기 때문이다. 내면의 두려움을 인식하고 두려움과 의심을 걷어낸다면 심리적 안정감을 찾고 자기 자신에 대한 신뢰를 찾을 수 있다.
2	사회 관계	이 유형의 사람들은 주변으로부터 "성실하다, 저 사람은 믿을만하다."라는 말을 들을 정도로 작은 일에도 세심한 주의를 기울이고, 다른 사람에게 협력을 잘한다. 또는 "확실하다"라는 말을 듣기도 하는데, 이는 주변의 동의를 구함으로써 자기가 내린 결정에 확신을 두고 움직이기 때문이다. 하지만 다른 사람들이 대신 결정을 내려주는 것에 대해서는 거부한다. 자기 안에 생각들이 많아서 책임을 떠맡아서 결정을 내려야 하는 상황을 두려워한다. 만약 결정을 내려야 하는 상황이 맞닥뜨리면 결정을 보류하거나 회피하기도 한다.

3	교류 관계	이 유형의 사람들에게는 안정감이 아주 중요하기 때문에 규칙적인 일상을 선호한다. 그래서 갑작스러운 만남이나 변화를 싫어한다. 또한 일을 함에서도 규칙 있게 잘 짜진 기준을 선호하고, 정해진 형식 안에서 일하길 좋아한다. 이러한 만큼 이들은 여러 가지의 선택안을 주면서 선택하는 걸 싫어한다.
4	애착 태도	이 유형은 의심의 태도가 내재되어 있다. 그 자체가 마음속에 있는 두려움의 영향이다. 이들은 안정을 추구하며 힘있고 능력있는 상대를 열망한다. 또한 안전이 위협되는 상황이면 견디지 못하고 지나친 감정 반응을 보인다. (가끔 편집증/신경증 성향이 나타난다.)
5	어린 시절	아버지의 불충분한 역할에서 기인하는데, 일관성이 없었거나 너무 엄격하고 통제적이었거나 아버지의 부재로 인하여 두려움으로부터 보호받지 못했다고 느끼기 때문이다. 그래서 이들은 겉으로는 복종하지만, 안으로는 반항, 냉소 그리고 수동적인 공격행동으로 독립성을 유지하려고 한다.
6	양육 환경	이 유형은 유아 시절 부모에게 완전히 의존하는 이유는 실제적이고 보편적인 두려움에서 벗어나기 위함이다. 그런데 어렸을 때 두려움으로부터 안전이 지켜지지 않았다고 여겨졌을 때 스스로 자신을 보호해야 한다고 생각한다.
7	자기 신념	이 유형의 사람들은 자기가 가지고 있는 안정에 위협이 되는 것을 견디지 못한다. 안전을 쌓기 위하여 열심히 일함으로써 불안에 줄이려고 한다. 그리고 성실하게 꼼꼼히 준비하는 것을 즐긴다. 또한 이 유형의 사람들은 미래 계획을 중요하게 생각하며 약속, 믿음을 지키기 위해 노력한다. 이들은 미래의 위험으로부터 방지하기 위하여 항상 대비한다.
8	갈망 (동기)	이 유형은 뭔가 명확한 설명을 찾아내려고 집착한다. 불안함으로부터 안전하고자 무엇인가를 찾는다. 그것이 때로는 신념이나 단체일 수도 있고, 개인적으로는 배우자나 친구가 될 수도 있다. 때로는 자기를 개발하기 위하여 무엇인가를 배우기도 한다.
9	감정	이 유형의 사람들은 항상 자기의 불안을 의식하고 걱정하기 때문에 매사 조심한다. 이들의 주요 문제는 자신감의 상실이며, 의심이 많아서 결정할 때도 믿을 수 있는 친구나 동료에게 의논하여야 한다. 하지만 이들은 자신의 우유부단함 때문에 힘들어한다. 이들의 대부분은 긍정적인 사고와 불안에 대한 두려움 때문에 비관주의 사고를 동시에 갖고 혼란스러워한다.

10	대응 행동	이 유형의 사람들은 자신이 보호받지 못하고 있다고 생각하기 때문에 위험을 감지하는데 민감하게 반응한다. 이들의 대부분이 어디를 가더라도 안전하게 탈출할 수 있도록 비상구를 먼저 파악하고, 비상구까지의 장애물이 무엇이 있는지 확인해야 안심한다. 이러한 현상은 위험이 없을 때도 지나치게 조심하고 민감하게 반응한다. 스스로 최악의 상황까지 상상하면서 걱정하기 때문에 주변 사람들을 힘들게 해서 버림받지 않을까 생각한다.
11	위기	이 유형의 사람들은 스트레스를 받으면 다른 사람들을 비난하면서 자신의 불안을 표출한다. 이는 힘이 있고 권위가 있는 사람들로부터 질책을 받게 되는 상황에 봉착하면 더 심해진다. 그렇지만 이러한 표출이 자신의 안전에 위협이 될 수도 있다는 것을 깨달으면서 두려움을 갖게 된다. 그래서 이들은 다른 사람들이 자신을 구해주기를 바라지만, 자신의 안전에 위협을 가할거라는 극심한 망상에 사로잡히기도 한다.
12	모순	이 유형의 사람들은 9번의 평화로움과 3번의 일중독 사이에서 움직인다. 이들은 다른 사람들과의 원만한 관계를 유지하기 위해 다른 사람에게 협력한다. 또한 결정에 있어서 다른 사람의 의견을 수용하지만, 그 결정에 의심한다. 이들은 자신을 통제하거나 미리 결정해 주는 상황을 싫어한다. 이들은 스스로 독립적인 삶을 원하지만, 혼자서는 작은 것도 결정할 수 없을 정도로 의존적이기도 하다. 또한 이들은 자신을 안전하게 만들기 위하여 자기 능력을 개발하기 위해 투자하지만, 한계를 넘어서면 일중독이 될 수 있다.
13	성장 방향	이 유형의 사람들이 성장하기 위해서는 진정한 내면을 직면함으로써, 불안과 두려움으로부터 안정을 찾아야 한다. 불안을 느낄 때 나타나는 마음이나 신체의 반응을 알아차리고 자신을 신뢰함으로써 외부가 아닌 나 자신 스스로에게 지지를 얻어야 한다.

7번 유형 - 열망적인 사람

「항상 바삐 움직이며, 재미를 추구하는 유형」
[즉흥적이고, 마음이 젊고, 미래지향적, 호기심이 많다.]

　7번 유형은 모든 것에 대해 열정적이다. 이들은 호기심과 낙천주의, 모험심을 가지고 삶에 접근하기 때문에 대담하고 쾌활하며 삶에서 자신이 원하는 것을 좇는다. 겉으로는 다른 유형들보다 근심 걱정이 없고 긍정적으로 보이는데, 이들은 이것을 자신의 가장 큰 방어수단으로 활용한다.

　7번 유형은 두려움과 나쁜 감정 속에 자신을 함정에 빠뜨릴 것처럼 보이는 세상에 대처하기 위해 고통을 느끼는 일만 피하고 쾌락에 초점을 맞춘다. 완전한 자신의 모습으로 성장하기 위해 모든 열정을 다 바쳐서 고통에 대한 알아차림을 어떻게 사용할지를 보여줄지를 아는 용기가 있다. 이들은 항상 아이디어가 넘치고 즉흥적이며 한 가지 주제에 관해 깊이 연구하기보다는 무엇을 만들어 내는 초기 단계에서 개괄적으로 살펴보는 것을 좋아한다.

　이들은 대개 빠르고 기민한 두뇌를 가졌기 때문에 무엇이든지 빨리 배운다. 이들의 뇌와 몸은 잘 상응하는 것으로 여겨진다. 그러나 아이러니하게도 다양한 분야의 호기심과 뭔가를 빨리 배우는 능력 때문에 자신이 진정으로 해야 할 것이 무엇인지 결정하는 데 어려움을 겪는다. 이들은 스스로와 다른 사람을 위한 최고의 선택이 무엇인지 모른다고 느낀다.

　이들은 불안을 대처하기 위해 더 많은 자극을 찾아서 한 가지 활동에서 다른 활동으로 계속 움직여서 마음을 항상 바쁘게 만들거나, 시행착오 기법을 사용함으로써 진정으로 자신이 원하는 것을 찾을 때까지 모든 것을 시도한다. 그렇다고 해서 항상 바쁘기만 한 것은 아니다. 이들은 대개 실질적이며 일을 성취하기 좋아한다.

긍정적인 면에서 보면 이들은 낙천적인 사람들이다. 풍부한 생명력을 갖고 있으며 삶에 대한 도전적인 욕망이 있다. 모든 것에 긍정적인 시각을 부여함으로써 사물의 밝은 면만 바라보고 어두운 면은 보지 않으려고 한다. 이들의 내면은 단호하고 고집스럽게 사물을 낙천적으로 바라보는 데에 초점을 맞춘다. 특히 건강한 7번 유형의 기쁨과 삶에 대한 열정은 주변 사람들에 순수한 존재의 기쁨을 일깨워줌으로써 자연스럽게 영향을 미친다.

7번 성격, 열정적인 사람 ; 계획 세우는 자아		
문항 번호	성격	내용
1	본질	이 유형의 사람들에게 삶은 기쁨이며 아름다움이다. 이들은 긍정적으로 모든 일들을 바라볼 수 있으며 다른 이들에게 긍정적인 태도를 전달할 수 있다. 이들이 지금과 미래의 불안을 그대로 받아들일 때 진정으로 충만한 삶을 느낄 수 있을 것이다.
2	사회 관계	이 유형의 사람들은 다양한 방면의 사람들과 관계를 맺으며 살아간다. 이들은 친절하고 사교적이며 유머 감각이 뛰어나고 매력적이다. 이들은 어떤 상황이나 사람에게 에너지를 주어 활력을 만드는 재능이 있으며, 스스로 남들을 행복하게 하는 능력이 있음을 즐긴다. 하지만 다른 사람들이 자신에게 보조를 맞추지 못하면 자신을 거부하거나 버리는 것으로 해석하고 분노를 느끼며 좌절한다.

3	교류 관계	이 유형의 사람들은 말솜씨가 뛰어나며 다양성을 추구하여 다른 사람들과 교류를 잘한다. 무거운 분위기를 참지 못하고 활력 있는 분위기로 바꾸는 역할을 잘한다. 이들은 두뇌 회전이 빠르고 협동심이 있으며 조직적으로 일할 줄 안다. 하지만 사교적이기는 하지만 다른 사람들에게 의존하거나 다른 사람이 자신에게 의존하는 것도 원하지 않아서 부정적인 자기 생각도 쉽게 털어놓는다.
4	애착 태도	이 유형의 사람들은 유머와 재치가 넘치며, 호기심을 불러일으키는 사람에게 적극적인 관심을 쏟는다. 모험을 두려워하지 않고 즐기며 두려워하면서도 사랑에 빠지는 순간을 좋아하기 때문에 새롭고 감각적인 것과 강렬한 관계를 맺으며 잘 빠지면서도 곧 싫증을 낸다. 이들은 자극받음으로써 자신의 존재를 강하게 느끼고 싶어 한다.
5	어린 시절	이 유형은 어렸을 때부터 쉽게 다른 사람들과의 관계에서 좋은 결과를 얻어냈다. 하지만 이들은 산만하고 집중을 잘하지 못하기 때문에 어떤 것으로부터 구속되는 것을 싫어한다.
6	양육 환경	이 유형의 사람들은 어린 시절 양육자로부터 분리되었다는 무의식적인 감정을 경험하고 있다. 즉 분리불안을 많이 겪는다. 자신이 원하는 것을 스스로 충족시켜야 한다고 무의식적으로 느낀다.
7	자기 신념	이 유형의 사람들은 쾌활하며 자신의 호기심을 끌어내는 모든 재미있는 것에 대한 기대감이 있다. 이들은 호기심과 더불어 모험심을 가지고 다양하게 원하는 것을 대한다. 이들은 몸과 마음을 항상 바쁘게 만든다. 이들의 긍정적이고 낙천적인 생각이 자기 삶을 기쁘고 행복하게 한다.
8	갈망 (동기)	이 유형의 사람들은 자신이 한 경험에 절대 만족해하지 않는다. 그래서 새로운 흥분을 찾아서 계속 움직이는 것이다. 이들은 어느 곳에도 오래 정착하지 못하기 때문에 스스로 상처를 받는다. 이들이 신의를 지키고자 하는 마음과 다른 일을 찾고자 하는 욕구 사이에서 갈등한다.
9	감정	이 유형의 사람들은 머릿속에 생각들로 가득하다. 이들은 창조적인 아이디어를 내놓는 데도 탁월하지만, 즉흥적이며 한 가지 주제를 깊이 생각하기보다는 여러 가지 행동하기를 원한다. 결국, 이들이 원하는 것은 자유와 만족감을 얻는 것이다.

10	대응 행동	이 유형의 사람들은 불안함을 느끼면 부정적인 감정으로부터 도망치려고 한다. 또한 다른 사람들에게서 느끼는 실망감이 좌절감으로 변환되기도 한다. 이들은 특정 활동에 얽매이지 않으려고 곧 다른 곳으로 시선을 돌린다. 이들이 집중하지 못하는 것은 자기 내면의 감정을 인정하지 않기 때문이다. 이들은 부정적인 감정에서 벗어나 긍정적인 생각으로 곧 바꾸려고 한다.
11	위기	이 유형의 사람들은 욕심이 많다. 이들은 좌절, 공허함과 같은 채워지지 않은 부족함을 다른 것으로 채우고 싶어 한다. 이러한 감정이 한계를 넘어가면 폭음이나 폭식에 빠져들곤 한다. 이들은 불안한 감정도 무엇으로 채우려 해서 더 큰 자극과 흥분을 찾다가 자신의 정체성을 잊어버리곤 한다. 이는 관계에서도 마찬가지여서 불안한 마음을 감추기 위해 갑자기 관계를 단절시키기도 한다.
12	모순	이 유형의 사람들은 가르치기 좋아하는 1번과 수용하는 5번 사이에서 움직인다. 스트레스 상황에 닥치면 한 가지 일에 집중해야 함을 깨닫고 자신을 구속하면서 자기 행동을 제약하다가 다른 사람들까지 가르치려고 든다. 하지만 자신의 마음속 고요함을 받아들이면 5번처럼 관찰을 통해서 세상의 기쁨을 발견한다.
13	성장 방향	이 유형의 사람들은 쾌활함을 좇기 때문에 내면의 부정적인 감정을 인정하려 하지 않고, 새로운 기쁨으로 바꾸려 해서 자꾸 새로운 호기심을 찾는다. 이들이 고요하고 집중된 마음을 알아차리면 자기 경험의 진정한 가치를 깨닫게 되면서, 현실을 더 깊이 즐기게 될 것이다.

8번 유형 - 도전하는 사람

「힘이 있으며 남을 지배하는 유형」
[자신감이 있고, 위세에 강하며, 지배적이고, 현실적인 사람이다.]

8번 유형은 자신이 지휘하고, 좌지우지하기를 좋아하고, 명령받는 쪽보다 명령하는 쪽을 더 좋아한다. 이들은 스스로 도전하는 것뿐만 아니라 다른 사람들도 어떤 일에 도전해서 자기 능력 이상의 일을 해내도록 격려하는 것을 즐긴다. 이 유형의 사람들은 대개 놀라운 의지력과 활동력을 가지고 있다. 이들은 이러한 자기 능력을 세상에 펼칠 때 가장 활력을 느낀다.

이 유형의 사람들은 통제당하는 것을 원치 않으며 그것이 어떤 형태로든 다른 사람이 자신에게 힘을 행사하는 것을 좋아하지 않는다. 이들은 항상 자신의 통제로 모든 일이 이루어지기를 원하고 자신이 속한 집단에서 영향력을 행사하고자 한다.

이 유형은 대립적이고 언제나 도전하고 자신이 맞붙을 무언가를 열심히 찾는 듯 열정적이다. 어떤 유형보다 독립적이며 다른 사람에게 의존하는 것을 싫어한다. 이들은 사교적인 대화에 끼는 것을 거부할 때가 많으며 두려움, 수치심, 자기 행동 결과에 대해 걱정하는 것을 좋아하지 않는다.

이들은 신체적으로 해를 입는 것을 두려워하지만 그것보다도 자신이 힘을 잃거나 다른 사람에게 통제당하는 데 대한 두려움이 훨씬 크다. 이들은 아주 거칠어져서 신체적인 처벌도 불평 없이 잘 받아들일 수 있다. 이들은 자신이 가진 건강과 힘을 당연하게 여기기 때문에 건강을 소홀히 여기는 경향이 있다. 그러나 이들은 감정적으로 상처받는 것을 아주 두려워하기 때문에 신체적인 힘을 이용하여 사람들과 일정한 거리를 유지함으로써 자신의 감정을 유지한다. 하지만 이들의 거친 내면 아래에는 연약함과 부드러움이 숨어 있다.

이들은 아주 근면하지만, 다른 사람과 많은 교류를 하면서 살지는 않는다. 이러한 면에 대해 가까운 사람들이 불만을 느끼게 되면 그들은 그것을 이해하지 못한다. 만약 이런 일이 일어날 때 당당한 태도와는 달리 내면으로는 상처받고 거부당했다고 느끼지만 말하지는 않는다. 스스로 연약한 면이 있다는 것을 인정하기 싫어서 스스로 방어하기 위해 다른 사람을 거부하는 것이다.

이들은 필요한 것을 얻기 위해 크고 강해져야 하는 방식을 대변한다. 즉, 어떤 방식으로 든 우리의 본능적 충동 뒤에 있는 정욕적Lust 에너지를, 우리가 누구이고 우리가 무엇이 될 수 있는가에 대한 신뢰와 목적의 감각으로 변환시킬 수 있는가를 보여준다.

8번 성격, 도전하는 사람 ; 복수하는 자아		
문항 번호	성격	내용
1	본질	이 유형의 사람들은 행동적이고 현실적인 직관이 있다. 이들은 앞으로의 비전을 가지고 있으며 생산적인 것에서 큰 만족을 얻는다. 근본적으로 이들이 중요하게 생각하는 것은 힘이다. 하지만 내면의 진정한 힘을 찾을 때 비로소 진정한 독립성과 활력을 얻을 수 있을 것이다.
2	사회 관계	이 유형의 사람들은 자신이 강한 리더이며 결정권을 가진 결단력을 갖추고 있다. 이들은 명예와 신의를 중요하게 생각하기 때문에 신뢰를 보이는 사람들과 관계를 맺기 좋아한다. 이들은 카리스마에 흠집이 나는 것을 견디지 못하기 때문에 자신의 계획과 통제가 완벽하게 이루어지기를 바란다.

3	교류 관계	이 유형의 사람들은 다른 사람들과 많은 교류를 하지 않는다. 이들은 자신이 좋아하는 사람들을 위해서는 무슨 일이든 할 수 있다. 하지만 쉽게 배신감을 느끼며 단호하게 관계를 끊어내기도 한다. 이들은 친밀한 관계에서도 상대방을 통제하기 때문에 때론 거칠어지기도 한다. 이들은 돌려 말하는 것을 좋아하지 않기 때문에 직선적으로 말을 하고 상대방보다 더 나은 위치에서 관계하기 좋아한다.
4	애착 태도	이 유형의 사람들은 겉으로는 조용해 보이지만 매우 열정적이다. 이들은 자신이 가지고 있는 열정이 자신의 주변 사람들에게도 영향을 미치기를 바란다. 또한 이들은 안전보다는 긴장감 있는 경쟁을 즐긴다. 하지만 사랑에 있어서는 매우 헌신적인 만큼 상대방도 자신에게 충실하기를 원한다. 그래서 자신의 욕구와 계획의 틀 안에서 머무르기를 바란다.
5	어린 시절	이 유형의 사람들은 폭력 가정 등 일반적이지 않은 환경 속에서 일찍이 고통스러운 경험을 겪었을 경우가 많다. 이들은 대체로 아버지로부터 거절당한 기억과 함께 두려움으로부터 기인한 경우가 많은데, 자연스럽게 권위에 대해서 반항하거나 불신하면서 자라났다.
6	양육 환경	이 유형은 자신의 감정을 보호해야 된다고 느낄 수도 있다. 약하면 배신당하거나 고통당할 것으로 생각하기 때문에 항상 주위를 경계한다. 사랑에 대해서도 거부당했다고 느끼며 자라났을 경우가 많아서 다른 사람들을 향해 마음의 문을 쉽게 열지 않는다.
7	자기 신념	이 유형의 사람들은 힘과 자신감, 안정감과 느긋함을 중요하게 생각하며, 그 중 힘에 집착한다. 이들은 다른 사람들을 이끌 능력이 탁월하다. 이들은 큰 꿈이 있으며, 자신이 하는 행동이 세상에 영향력을 행사하기를 바란다. 때로는 공격적인 상황에 부딪히기도 하며, 절대 물러서지 않는다.
8	갈망 (동기)	이 유형의 사람들은 독립적이며 힘이 있기를 원한다. 이들은 다른 사람에게 의존하는 것을 두려워하기 때문에 상황뿐 아니라 다른 사람도 자신의 통제 아래에 두기를 바란다. 또한 타인을 통제하기에 집착하면서 스스로 얼마나 중요하고 큰 사람인지를 보여주기 위해 허세와 허풍을 사용하기도 한다.
9	감정	이 유형의 사람들은 자신의 강한 감정을 표현하기를 원하지만 스스로 얼마나 많은 스트레스를 받고 있는지 모르기를 바란다. 이들은 상황이나 사람들을 통제하고자 하는 욕구를 감추려고 하지 않는다. 원하는 바를 얻기 위해서는 큰 힘이 필요하다고 생각하고, 주변을 확실히 통제하고자 한다. 하지만 주변 사람들은 이들의 통제를 벗어나려 해서, 더 큰 통제 속에 가두려고 한다.

10	대응 행동	이 유형의 사람들에게 삶은 투쟁의 연속이다. 배신당할지도 모른다는 불안감에 마음을 쉽게 열지 못하고 상대를 통제하기 때문에 다른 사람들은 더욱 비협조적인 태도를 보인다. 그 때문에 이들은 위협이나 스트레스를 받으면 더욱 거칠어진다. 또한 이들은 통제당하는 것에 대한 두려움을 갖고 있다. 자신을 통제해서 누군가가 이득을 취할 수 있다는 두려움이 분노로 표현되기도 한다. 반대로 이들은 다른 사람들을 통제하고자 해서 상대를 위축시킨다.
11	위기	이 유형의 사람들은 자신의 반항적인 행동과 주변 사람들을 통제하려는 태도가 많은 문제를 일으킨다는 것에 대해서 깨닫지 못한다. 이들은 반대로 당할 수 있다고 두려워하면서도 먼저 공격한다. 스트레스가 심해지면 이들은 협박이나 폭력을 행할 수도 있다.
12	모순	이 유형의 사람들은 고립하는 5번과 베푸는 2번 사이에서 이동한다. 이들은 스트레스를 받으면 혼자 생각하고 정보를 수집하면서 더 큰 미래의 자신을 꿈꾼다. 하지만 헌신적인 사랑을 하는 8번의 장점을 잘 활용하면 내면의 부드러움을 드러내고 다른 사람들을 도움으로써 기쁨을 찾는다.
13	성장 방향	이 유형의 사람들이 자기 내면의 부드러움을 알아차리고 주변의 적들로부터 충실한 사람들과의 관계를 잘 유지한다면 진정한 독립성을 찾을 수 있다. 과도하게 힘에 집착하는 것에서 벗어나 통제하고자 하는 갈망을 벗어나게 된다면 역사 속 위대한 영웅적 행동으로 세상에 큰 영향력을 끼칠 수 있게 될 것이다.

9번 유형 - 평화주의자

「느긋하며 남들 앞에 나서지 않는 유형」
[수용적이며, 자족적이고, 중재자이며, 성격이 강하지 않고, 자신보다 타인을 우선시한다.]

9번 유형은 뛰어난 중재자이다. 모든 사람의 관점에서 볼 수 있지만, 자신의 관점을 인식하고 표현하는 것은 어려워한다. 이들은 자신에게 정말로 필요한 것이 무엇인지 판단하고 주의를 기울이는 데에 어려움을 느낀다. 이들은 스스로와 다른 사람들을 위해서 내면과 외부의 평화를 추구하려고 애쓴다.

이 유형의 사람들은 본능적인 에너지에서 분리되어 있을 때 혼란을 겪는다. 일상적인 삶 속에서 길을 잃기도 하고, 정말로 처리해야 하는 일이 무엇인지 잘 구별하지 못한다. 에너지의 균형이 갖춰지지 않을 때는 이들은 자신의 힘을 억제한다. 그러나 본능 중심에서 균형을 잡고 있을 때, 이들은 힘들이지 않고 모든 것을 끌어안는다. 하지만, 건강한 9번들은 충실하고 안정적이며, 믿음직스럽고 친절하다.

이 유형의 사람들은 에니어그램의 모든 것을 포함하고 있는 듯 보인다. 그러나 이들은 자신의 진정한 정체성을 갖지 않는다. 아이러니하게도 9번 유형은 분리된 자아가 되는 것, 다른 사람에게 대항해서 자신을 주장하는 개인이 되는 것을 가장 무서워한다. 이들은 누군가에게 녹아들거나 조용하게 그 속에 머물러 있다.

이들은 아주 솔직한 방법으로 자신의 근원적인 결핍과 사랑받지 못하는 느낌에 대항한다. 이들은 단순하게 그 느낌을 의식에서 밀어낸다. 내면의 인지력을 마비 또는 무감각하게 하거나, 주의를 내면에서 외부로 옮기는데 상당하게 무기력하다. 이것은 주어진 일에 전념하기 전에 주변을 정리하고, 상황을 파악하려는 예비적 움직임일 수 있다. 이것은 9번의 특유한 관성과 관계가 있다.

9번 성격, 평화로운 사람 ; 게으른 자아		
문항 번호	성격	내용
1	본질	이 유형의 사람들은 내면과 외부의 평화를 추구하려고 애쓴다. 이들은 세상에서 조화와 평화를 이루기 위해, 자신의 마음 속 평화를 이루기 위해 노력한다. 이들은 본능 중심에서 벗어나 영적인 깨달음을 통하여 우주 만물이 하나임을 기억한다.
2	사회 관계	이 유형의 사람들은 갈등으로 인하여 관계가 끊어질까 봐 두려워서 다른 사람들과 지나치게 잘 지내려고 한다. 그 때문에 이들은 원하지 않아도 상대방이 원하는 대로 행동하거나 거절을 잘하지 못한다. 그래서 대체로 원만한 대인관계를 유지하는 것처럼 보이지만 내면에는 자신이 존재하지 않은 것에 대한 분노가 있다.
3	교류 관계	이 유형의 사람들은 자기가 주장하거나 생각하고 있는 것을 잘 표현하지 않는다. 자신을 표현하지 않음으로써 다른 사람과의 관계를 잘 연결하고 있다고 생각하기 때문이다. 이는 다른 사람들과의 관계에서 불편함을 없애려는 것일 뿐 자기 생각이 없는 것은 결코 아니다.
4	애착 태도	이 유형의 사람들은 자신의 감정을 잘 표현하지 못하고, 상대방이 나의 정체성이라 생각한다. 이들은 진정한 독립성을 확보하지 못하고 상대방에게 의존한다. 하지만 때로는 원만하지 못한 교류 관계에 우울함을 느끼고 공상 속에서 타인을 공격하기도 한다.
5	어린 시절	이 유형의 사람들은 대부분 행복한 어린 시절을 보냈다고 이야기한다. 이들은 대체로 사건을 중재하거나 자신을 사건으로부터 떨어뜨림으로써 다른 사람들이 원하는 바를 이루어 주고 자신을 보호했다고 생각했다. 이들은 자라면서 진정한 독립을 배우지 못했기 때문에 다른 사람의 문제로 자신의 내면을 채우려고 노력한다.
6	양육 환경	이 유형은 가족과의 갈등에서 끼어들지 않으며, 주변에서 일어나는 위협으로부터 자신을 분리시키고, 조화를 유지하는 방법은 누구에게도 문제를 일으키지 않는 것이라고 생각한다. 이유형의 감정은 '내가 나를 주장하면 더 많은 문제가 일어 날거야 하고 물러나 있으며, 우리는 괜찮을 거야' 하고 생각한다.

7	자기 신념	이 유형의 사람들은 안정감을 유지하는 것을 좋아한다. 이들은 대부분 고요하고 차분한 성향을 잃지 않으려고 하며, 다른 사람들의 관계를 유지하려는 방법으로 있는 그대로를 바라봐 주는 방법을 선택한다. 따라서 이들은 주변 혹은 다른 사람들의 부족한 부분을 절대 이야기하지 않는다.
8	갈망 (동기)	이 유형의 사람들은 평화로운 평안함을 좋아한다. 이들은 갈등이나 어려운 상황으로부터 편안함을 유지하기 위하여 참을성을 터득하였다.. 하지만 근본적인 해결법은 아니기 때문에 인내심이 삶을 활기차게 만들지는 못했다. 그들은 다른 사람들의 영향을 받고 싶어 하지 않기 때문에 자신을 답답해하고 자신이 바꾸려고 하는 것을 인정하지 않는다.
9	감정	이 유형의 사람들은 상대방에게 자신을 맞추지만, 진정으로 자신이 원하는 것을 따르지 않는 것에 대한 불안이 잠재되어 있다. 이들이 스트레스 상황에 치달으면 자신의 감정을 닫아 버리고 무기력함을 자주 호소한다. 순종적이고 무기력함에 우울함을 느끼면서 사회로부터 단절을 택하기 때문에 때로는 게으름으로 표현된다.
10	대응 행동	이 유형의 사람들은 불안하거나 화가 났을 때조차도 평화와 조화로움을 위해서, 신체적으로 들어내지 않는다. 하지만 이들의 내면에는 고집스러운 힘과 결단력, 저항이 존재한다. 이들이 생각하는 기준을 넘어서면 절대로 자기 생각을 굽히지 않는다. 이들은 대체로 자신의 감정을 분출하지 않지만, 스트레스 상황에 놓이게 되면 다른 사람들을 비난하고 반항적인 면을 보인다.
11	위기	이 유형의 사람들은 겉으로 보기에는 공격 성향이나 자신의 주장을 하고 있지 않은 것처럼 보이지만 내면에는 자신들도 알지 못하는 많은 분노가 숨겨져 있다. 이들은 자신이 원하지 않을 때 무엇인가 요구하는 상황, 자신의 공간이 없음, 조화를 유지하기 위하여 다른 사람의 요구를 들어주고 있음에 대한 분노가 있다. 이들은 스트레스 상황에 놓이면 외부와의 문을 닫고 자신만의 세계로 들어가 깊은 우울감에 빠지기도 한다.
12	모순	이 유형의 사람들은 안정감을 찾는 6번과 자기계발하는 3번 사이에서 왕래 往來한다. 이들은 스트레스를 받으면 6번처럼 다른 사람들에게 화를 분출하면서 안정감을 찾기 위해 일에 매달리기도 한다. 그러다가 때론 3번과 같이 자기계발을 위해서 시간과 에너지를 쏟으면서 더 큰 만족을 얻게 된다.
13	성장 방향	이 유형의 사람들은 자기 잠재력을 개발하기 위하여 노력하고, 자기 생각이나 의견 등을 밖으로 드러내면서 내면의 분노를 알아차리는 것이 중요하다. 이들은 진정한 자신의 정체성을 알아차리고, 참된 평화에 다가선다면 원하는 참된 평화를 얻을 수 있을 것이다.

결론적으로, 에니어그램의 9가지 성격 유형은 이 세상 속에서 다른 사람들과 함께 살아가기 위한, 그리고 수많은 고난들을 극복하기 위해서 자신을 고착화(Persona)시키고, 참된 자기를 어느 한 방향으로 굴절시킨 일종의 '편향성(Bias)'이다. 그래서 우리 자신들은 심적-영적 무기력에서 벗어나기 위해 내 속에 잠든 거인(참 자아, 眞我)을 깨어나게 해야 한다. 우리 모두가 자신의 성장과 변화를 향해 나아가고자 할 때 에니어그램은 당신, 그리고 내 속에 잠든 가능성을 펼칠 수 있도록 진정한 동반자가 될 것이다.

4. 에니어그램의 유형별 커뮤케이션의 특징

에니어그램은 사람이 지닌 행동 패턴을 파악할 수 있는 유용한 도구이다. 조직 내 역할과 부부 등의 행동을 정의한 것으로부터 조직과 부부 역할 과정에서 나타날 수 있는 무의식의 활동인 언어적, 비언어적인 역할행동에 대해 유추 가능한 커뮤니케이션 방법, 피드백 방식, 스트레스 상황, 일상적인 행동 양식에 대해 에니어그램 성격유형별로 특성을 살펴보고자 한다.

Lapid-Bogda(2007)와 武田耕一(2003)이 에니어그램 성격유형별로 제시한 팀워크 조직 내 역할수행 과정에서 나타내는 역할행동 특성을 중심으로 정리하였다.

첫째, 커뮤니케이션 방법에서의 1유형은 정확하고 직접적이고 엄격하고 구체적이고 조목조목 따지며, 2유형은 자신에 대해 언급하지 않고 타인이 만족하는지에 신경 쓴다. 3유형은 자신이 모르는 주제는 피하고 명확하고 효과적이며, 논리적인 말투를 사용하고, 4유형은 '내 생각에는'과 같은 1인칭을 자주 사용하고 자신에 대한 이야기를 많이 하며, 표현을 신중하게 선택한다. 5유형은 극히 간단하게 또는 지나치게 길게 말하거나 감정보다는 생각에 대한 말을 많이 하며, 6유형은 상황을 분석하는 말로 대화를 시작하고 자신감과 주저함이 번갈아 나타나고, 7유형은 말이 속사포처럼 빠르고 즉흥적이고 자신에 대한 부정적인 화젯거리는 피한다. 8유형은 대담하고 고압적이고 상황을 체계화하거나 통제하려는 발언을 하고 세세한 내용은 신경 쓰지 않으며, 9유형은 공평무사하고 어느 쪽 편도 들지 않으려 노력하고 상대에게 동의하는 '예'라거나 '그렇군요' 등을 많이 사용하는 행동 특성을 나타냈다.

둘째, 피드백 방식에서의 1유형은 여러 가지 예를 들어 끝도 없이 길어지고, 2유형은 지나치게 긍정적인 표현을 쓰며, 3유형은 상대의 감정을 배려하지 않고 핵심만을 이야기한다. 4유형은 긍정적인 면보다 부정적인 면을 부각시킨다. 5유형은 많은 정보를 쏟아부어 상대에게 부담을 주고, 6유형은 결과에 대한 불안감으로 필요한 정보를 누락하고, 7유형은 여러 주제를 한꺼번에 전달해 핵심 주제를 놓친다. 8유형은 앞뒤 가리지 않는 솔직함에 상대는 기가 죽으며, 9유형은 적절한 타이밍을 찾지 못해 다음으로 미루는 행동 특성이 있다.

셋째, 스트레스 상황과 그에 따른 에니어그램 성격유형별 행동은 1유형은 다른 사람들이 일의 실행이나 마무리를 제대로 하지 않을 때 말로 표현하지 않지만, 분노를 드러내거나 침묵을 지킨다. 2유형은 자신의 호의가 무시당하거나 자신의 말에 주목하지 않을 경우 오랫동안 감정을 숨기다가 입 밖으로 내뱉으며 격렬하게 폭발을 한다. 3유형은 자신의 일을 정당하게 인정받지 못하거나 실패할 것 같은 일을 맡았을 때와 무능하게 보일 때, 초조한 감정을 숨기며, 시간이 지날수록 말투가 거칠어진다. 4유형은 무시나 경멸당하거나 자신의 가치관에 어긋나는 일을 해야 하고 시기심을 불러일으키는 일을 겪을 때 말을 거의 하지 않거나 퉁명스러운 말투와 오랫동안 자신의 감정에 사로잡혀 있다. 5유형은 비밀을 지키지 않을 때나 상대가 정직하지 않거나 통제할 수 없는 상황일 때와 업무가 과중할 때 말수가 적어지고 현재의 경험을 마음속에 깊이 담아둔다. 6유형은 압력이 심하거나 권위를 남용하거나 상대방이 배려가 부족할 때 뒤로 물러서고 예민하게 반응하며, 상대의 행동을 추측하고, 자신의 감정을 투영한다. 7유형은 지루하거나 평범한 일을 하거나 자신의 의견이 진지하게 받아들여지지 않고 부당하게 비판받을 때 상황을 회피하며 자신의 행동을 정당화한다. 8유형은 문제를 직접적으로 다루지 않고 각자의 행동에 책임을 지지 않고 어떤 사실을 자신만 몰랐을 때 화가 치밀어 행동에 옮기고 문제에서 완전히 등을 돌리거나 존중할 만한 사람이 아니면 무시한다. 9유형은 차분하고 안정된 분위기를 방해받거나 이렇게 저렇게 하라고 지시받고 이용당했다고 생각이 들거나 다른 사람과 맞서야 할 때 아무 말도 하지 않거나 자신이 화가 난 것을 알아차리지 못하거나 얼굴에서 약간의 화난 기색이 드러난다.

넷째, 에니어그램 성격 유형에 따라 가치관으로부터 도출되는 행동양식에서 1유형 언제나 시간 관리를 철저히 하고, 모든 일을 능숙하게 처리하기 위해 최선을 다하는 것이다. 2유형은 인간중심주의로서 타인에게 친밀하고 유쾌하게 다가서고, 늘 다른 사람의 욕구에 충실하는 것이다. 3유형은 모든 행동은 원활한 커뮤니케이션과 탁월한 매니지먼트 능력을 발휘하여 자신이 설정한 목표를 달성하는 것으로 귀결된다. 4유형의 행동은 언제나 정서적인 충격(감동)을 안겨 주는 새롭고 독특한 존재로 향한다. 5유형은 세심하고 섬세한 태도로, 세상에 대한 이해를 보다 깊게 하기 위한 사유에 열중하는 것이다. 6유형은 조직의 정체성과 팀워크를 중심으로 하고, 조직 내에서 합의를 도출하는 데에 마음을 다하는 것이다. 7유형은 자신을 흥분시키고 많은 사람들이 함께 즐거워할 수 있는 선택지를 찾아내는 데 모든 열정을 쏟는 것이다. 8유형은 매사에 단정적이고 결연한 태도로 상황을 통제하며 의사결정권을 비롯한 모든 주도권을 장악하는 것이다. 9유형은 대부분의 경우 안정감이 있고 평화로우며 낙천적이지만, 곤란한 상황이나 첨예한 대립이 발생하면 문제의 수습을 위해 열심히 노력하는 것으로 나타나고 있음을 알 수 있다.

5. 에니어그램과 영성치유

1) 에니어그램과 영성

영성의 개념이 포괄적이고 모호하기 때문에 본서에서는 자아초월 또는 자기초월의 개념과 함께 사용한다. 일반적으로 영성이란 이상적인 가치와 정신을 수용하고 이를 자기 생각과 행동의 지표로 삼아 삶 속에서 실천하는 모든 것이다.[15] 나아가 자기 성찰을 바탕으로 궁극적 실재의 가르침에 따른 삶을 영위하는 것을 포함한다.

또 다른 측면에서 영성이란 초월적 존재와 인간과의 관계를 의미한다.[16] 즉 영성의 중요한 본질은 초월적 존재와의 관계성을 파악하는 것이라고 할 수 있다. 또한 샌드라 슈나이더스Sandra Schneiders에 따르면 보편적 영성이란 "자신이 인식하게 된 궁극적 가치를 지향하는, 자기초월을 통한 삶의 통합 프로젝트에 의식적으로 참여할 때 일어나는 경험"[17]이라고 한 것과 같이 경험을 바탕으로 하는 자기초월에 집중한다.

이와 같은 초월적 존재와의 관계는 자신에 대한 새로운 자각을 기반으로 한다. 리차드 우드Richard Wood는 영성에서 자기초월성의 중요성을 다음과 같이 이야기한다.

---

15) 오성춘, 『영성과 목회』 (장로회신학대학교 출판부, 1990), 42
16) U.T Holmes, 『목회와 영성』 (Spirituality for Ministry, 김외식 역, 대한기독교서회,1988), 28-38.
17) Sandra Schneiders, "Theology and Spirituality: Strangers, Rivals, or Partners," Horzons 13/2 (1986),

"영성은 모든 인간 존재의 자아초월적 특성이다. 여기서 가장 중요한 것은 영성이 무한하게 팽창할 수 있는 특징을 지니고 있다는 것이다. 영성은 이 모든 삶 안에서 실현될 수 있는 방법을 포함할 뿐 아니라 그것에 속하는 모든 것을 의미한다."

인간은 초월적 존재와의 관계를 통해 자기초월을 이루어 개인과 공동체에서 지금까지 보여준 삶의 관계 양식과는 다른 새로운 관계를 형성하게 된다. 이러한 초월적 존재를 통한 자기 자신과의 만남은 한 개인 안에서만 이루어지는 것이 아니라, 그가 속한 공동체와 사회로까지 확장된다. 나아가 경험을 통해 자기 자신과 만나 새로 발견된 자기는, 공동체 안에서 이전과는 다른 방식으로 그 구성원들과의 관계 맺음을 통해 새로운 공동체적 삶을 형성하게 된다.

인간의 정체성을 찾아가는 자기 이해는 알아차림에서 시작한다. 인간은 성격이라는 표면적인 틀을 사용할 수밖에 없는 존재이다. 그러나 인간은 자신의 성격 자체가 참된 자기가 아니라는 사실을 자각할 때, 성격과 자신을 동일시하는 고착에서 벗어나 온전한 '나'를 만나는 길에 들어설 수 있게 되고, 타인 이해와 수용을 포함하는 내적 성숙으로 확장할 수 있게 된다.

그러므로 자기초월[18]을 한다는 것은 자신의 본성을 잊고 사는 인간이 자신의 성격적 특징을 알아차리고, 그 성격 안에서 자동적 패턴 속에 갇혀 있는 자신의 모습과 대면하며 나아가 자신의 한계를 인정함으로 타인을 수용할 수 있는 내적 성숙으로 관계가 확장되는 것이다.

---

18) 백형기, "통전적 목회를 위한 에니어그램 영성수련 적용 연구" (실천신학박사; 한신대학교, 2011), 25-26.

　이러한 자기초월을 지향하는 영성적 관점에서 에니어그램의 영성 또한 자기초월을 지향한다. 리소에 의하면 인간은 본래 빛의 존재이지만 물질세계에서 존재하기 위해 육체를 입고 태어난 영적spiritual인 존재이다.[19] 이러한 빛의 존재인 인간이 육체에 입고 있는 껍질이 바로 에니어그램이 말하는 성격personality이다.

　인간은 성격이라는 껍질이 자신의 참된 본성을 가릴 때, 진정한 자기를 만나기 어렵다. 에니어그램에 따르면 이러한 인간은 자신과 성격과의 동일시에서 벗어날 때 진정한 본성에 다가간다. 다시 말해 인간은 본능, 감정 그리고 사고 에너지가 충분히 기능할 때, 습관에 매여 있는 자신의 성격을 이해하여 비로소 자기 이해가 가능해지는 것이다. 또한 자신 안에 모든 성격 유형이 포함되어 있다는 사실을 인식할 때, 편중되거나 고착되지 않은 진정한 자기 이해를 이룰 수 있을 뿐 아니라 타인을 이해하고 수용할 수 있는 자기초월까지

---

19)　Don Richard Riso · Russ Hudson, 『에니어그램의 지혜』, 11-16

확장하게 된다. 다시 말해 에니어그램의 영성은 자신의 성격을 이해하고 성격 구조와 자신을 동일시하는 것을 멈춤으로 본래의 빛을 찾고 나아가 타인을 이해하고 수용할 수 있는 자아초월로 확대된다.

에니어그램 영성은 자기 이해를 바탕으로 한 자기초월을 말한다. 다시 말해 개인의 삶 속에서 자기 성격 유형을 찾고 다른 성격 유형의 특징을 포함하며 균형을 이루어 확장해 가는 것이다. 이러한 관점에서 기독교를 포함한 종교적 영성과 초월명상, 동양적 도道 등을 포함하여 에니어그램 영성은 '자기초월'이라는 중요한 특징을 공유한다.

에니어그램의 영성은 자기초월을 중요하게 다룬다. 에니어그램에서 자기초월은 자신의 성격 너머에 있는 진정한 자기를 만나고 나아가 타인 이해와 수용을 포함하는 내적 성숙을 말한다. 기독교를 포함한 종교적 영성 또한 개인 안에 머물러 있지 않고 개인의 삶의 경험 속에서 피조물과의 관계, 즉 타인과 세상 나아가 우주와의 관계 회복으로까지 확장되는 자기초월을 포함한다.

인간은 개인 체험을 통해 자기초월이 가능해진다. 다시 말해 내적 초월성은 개인 삶 속의 체험을 인식함으로 드러난다. 윌리암 베리Willian A. Barry에 따르면 인간은 '자신의 지식과 사랑 안에서 자기초월을 향하는 기본 역동을 지닌 존재'이다. 따라서 참된 영성은 계시된 신에 대한 인식 위에서 자신에 대한 새로운 자각을 기반으로 하여 궁극적 존재와 새로운 관계를 맺어가는 과정이다.[20]

그러므로 진정한 영성 혹은 영적인 삶이란 개인의 구체적인 삶이나 사회적

---

20) 정용구, "기독교 영성과 에니어그램의 상관성 연구", 202.

상황과 분리되지 말아야 한다. 영적인 삶을 추구하는 사람은 종교적 교리에 국한되어 세상의 문제를 외면하거나 세상과 동떨어진 삶을 살지 않는다. 또한 이들이 참된 영적 삶을 산다는 것은 신적 존재의 부르심에 응답하는 것이라 할 수 있다.[21] 따라서 궁극적 존재와의 참된 관계와 건강한 영적 삶을 위하여 영성치유는 필요하다.

2) 에니어그램과 영성지도[22]

영성지도란 초월적 존재와의 인격적인 관계를 맺고자 하는 사람이 다른 사람을 만나 초월적 존재를 인식하고 그의 뜻에 따라 살아갈 수 있도록 대화하고 상담(치유)하는 과정이다. 영성지도를 통해 인간은 신과의 관계에서 자신의 내면 의식과 영적 성숙을 기대하며 타인과 사회에 대해 책임있게 사고하고 행동할 수 있게 된다.

이러한 의미에서 영성지도 안에 포함된 내면의 지향성이나 자기 통찰, 인격적 통합의 정도는 인간이 초월적 존재와 관계 맺는 방식, 태도, 깊이에 영향을 미친다고 할 수 있다. 그리고 초월적 존재와의 관계에서 자신이 누구인지 탐색하고 이해하며 나아가 타인과의 관계도 통찰하며 내면 확장을 할 수 있는 것이다.

이를 위해 인간은 무엇보다도 초월자 안에서 자기 자신을 발견하는 것이 무엇보다 중요하다. 그리고 이 과정에서 에니어그램은 자기를 이해하고 발견하는데 훌륭한 도구 중 하나가 될 수 있다고 할 수 있다.

영성지도에 있어서 절대적 가치를 향해 나아가는 길은 영적인 경험의 초

---

21) William A. Barry · William J. Connolly, 『영적 지도의 실제』, 33.
22) 영성지도를 영성치유 또는 치유상담과 동일하게 사용한다.

점에 따라 다양한 영성 훈련 방법들이 있다. 예를 들어 자연 묵상Theoria physike은 창조자의 피조세계를 바라보고 창조의 섭리와 위엄을 느낌으로 절대자를 만날 수 있는 영성 훈련 방법이다. 예수와 석가, 노자 등은 자연에게 배우고 자연 안에서 하느님 나라를 경험했다. 이와 같이 자연 묵상은 걷는 기도이고 명상이다. 이 명상 훈련은 몸을 이용하는 기도(수련)가 된다.[23]

영성지도에 있어서 개인의 체험은 초월적 존재와의 관계를 발전시켜 가는 데 중요한 재료가 된다. 이렇게 궁극적 존재와 친밀한 관계를 형성하는 것은 인간 안에 내재되어 있는 신성을 발견하고 자기초월로 확장하도록 도와 왔다.

한편 영성지도에서 심리학적 접근도 배제될 수 없다. 왜냐하면 인간의 삶과 경험을 이해하는 데 심리학적 접근이 도움이 되기 때문이다. 영성지도는 기도 생활이나 종교 체험, 절대자와의 관계에 대한 영적 주제에 초점을 두어 왔다.

반면에 심리치료는 감정을 비롯한 정신적 차원에 좀 더 초점을 둔다. 또 영성지도가 집착으

---

23) 서정오, 『오늘부터 시작하는 영성훈련』 (두란노, 2019), 146.

로부터의 해방과 하나님의 뜻을 분별하고 자기 포기를 목적으로 하고 있다면, 심리치료는 개인의 효율적인 삶을 격려하는 것을 목적으로 하고 있다.

그러나 제럴드 메이Gerald G. May에 따르면 심리치료와 영성지도 사이에 이런 근본적인 차이에도 불구하고, 개인의 치유와 성장을 위해서는 이 두 접근이 통전적holistic 결합하여야 한다고 한다.[24]

이러한 관점에서 볼 때, 에니어그램은 전체적인 인간 이해와 의식발달 수준을 파악하게 함으로써 일견 통합적으로 설명되기 어려운 심리치료와 영성지도를 총체적으로 적용할 수 있는 근거로 활용될 수 있다고 하겠다. 에니어그램은 개인의 삶을 배제하고 이해할 수 있는 것이 아니기 때문에 개인의 삶과 분리되지 않는 훌륭한 영성치유 도구 중 하나가 될 수 있다.

통합 심리학의 선구자인 윌버는 『감각과 영혼의 만남』에서 세상의 삶과 분리되어 영향력을 미치지 못하는 신앙인들에 대해 비판한다. 그에 따르면 제도권 종교가 교리에 치중할 때에 개인의 심리적, 관계적 삶을 통합하지 못한다고 본다. 다시 말해 그는 종교와 제도화된 의례, 나아가 도덕률을 최고의 가치로 두는 신앙 공동체가 건강한 종교인을 양성하기보다 분열된 자아를 조장한다는 비판을 한다.

이와 맥락을 같이 하는 20세기 영적 스승인 토마스 머튼Thomas Merton은 개인의 삶에서 하나님의 영향력은 없고 그저 개인의 안녕과 복만을 추구하는 '하나님 없는 신앙인'이 많다는 것에 통탄한다. 머튼은 이에 대해 진정한 신앙인이 되기 위해서는 교리의 외피에서 벗어나 통합적 영성을 회복해야 한다

---

24) Gerald G. May, 『영성지도와 상담』, 35-41.

고 권고한다. 특히 개인의 내적 평안이나 갈등 해결만을 추구하는 것은 영성의 초보적 수준에 불과하다고 보며, 이것을 영적 게으름으로 정의한다.

이러한 통합을 위하여 리처드 로어Richard Rohr는 신적 영향력이 인간에게 발휘되도록 돕는 도구로서 에니어그램을 제시한다. 에니어그램은 인간이 에너지의 균형을 잃고 분열된 거짓 자아 속에 있다는 것을 인식할 수 있도록 인도한다. 뿐만 아니라 각 개인이 자기 유형의 함정에서 벗어나 심리적으로나 영적으로 균형을 찾아갈 수 있게 돕는다.

그와 뜻을 같이하는 리소와 허드슨에 의하면 인간 발달 과정에서 정지되거나 퇴보되는 것은 개인의 내적 특성에 기인하는 것이 아니라, 후천적 습관이나 잘못 고착된 태도에서 오는 것이라고 한다.[25] 그러나 인간은 스스로 자신의 습관적 성향이나 일상적 태도에 대해 자각하기 쉽지 않다.

이를 위한 훈련을 통해 자신의 성격 유형을 인식하고 습관적 성향을 찾아 멈추는 노력이 중요하다고 할 수 있다. 이러한 통찰에 에니어그램은 중요한 도구 중 하나가 될 수 있다고 하겠다.

모든 영적 여정의 첫걸음은 '알아차림'이라고 볼 수 있다. 에니어그램에서 '알아차림'은 성격과 자신을 동일시하고 있다는 것을 알아차림으로 자신을 이해할 수 있게 한다. 또한 인간 내면의 여러 역동성을 통합해 가는 성장의 방향성을 제시해 주기도 한다. 이와 같은 에니어그램 영성지도는 자기 탐색을 가능하게 하고 진정한 본성을 찾아갈 수 있도록 돕는다.

구체적으로 에니어그램은 영성지도에 있어서 다음과 같은 중요성을 갖는

---

25) Don Richard Riso · Russ Hudson, 『에니어그램의 이해』, 327-30.

다. 첫째, 에니어그램은 진정한 자신을 발견함으로 새로운 세계에 온전히 응답할 수 있게 한다. 에니어그램은 인간이 자신의 본래의 모습과 진정한 자아를 찾기 위해 습성에 매여 있는 자신을 인식할 수 있는 도구 중 하나가 된다. 구르지예프에 따르면 인간이란 누구나 자신 안에 우주를 품고 있는 신성한 영적인 존재이다. 그러나 그는 인간의 익숙하고 습관적인 모습으로 돌아가려는 성향으로 인해 삶 속에서 자신의 본질과 위치를 잃어버리고, 자신만의 세계 안에 갇혀 사는 수인囚人의 모습으로 살아간다고 한다.[26]

그렇지만 에니어그램은 자기 인식을 통해서 수인 상태에서 벗어나 자동적 패턴과 반응을 멈추고, 자기 생각과 자각 인지를 통해 진정한 자신의 모습을 발견하며 삶의 의미를 찾아갈 수 있도록 돕는다. 습관적 행동이 집착을 만들고, 한 가지에 집착하는 자아는 거짓 자아에 속아 진정한 자신을 만나지 못한 채 익숙한 패턴에만 따라 사는 것은 거짓 자아를 강화시켜 진정한 자기를 발

---

26) G. I. Gurdjieff, 『자기 기억과 자아탐구를 위한 작업』, 48-57.

견하기 어렵게 한다.

한편, 참 자아와 거짓 자아의 분별은 본래 자신을 발견하여 인간의 건강한 본성을 회복할 수 있게 한다. 그러므로 진정한 본성 회복은 초월적 존재의 부르심에 적극적이고 건강하게 응답하는 영적인 삶을 살 수 있게 한다.

에니어그램을 통해서 자신의 성격 유형을 이해한다는 것은 각 성격 유형이 갖는 함정을 알아차릴 수 있다는 것이다. 습관적으로 행동하는 자신을 인식하여 자신의 성격과 자기를 동일시하는 것을 멈추는 것은 진정한 자기에 다가갈 수 있는 길을 알려준다. 이러한 에니어그램을 통한 영성지도는 탈동일시와 습관적 패턴에서 벗어나는 과제의 수련을 통해 초월자 앞에 온전히 응답할 수 있게 한다.

셋째, 에니어그램은 자기초월성이라는 영성적 함의를 갖는다. 자기초월성은 인간의 의식개발과 자기초월의 길을 제시한다.[27] 에니어그램이 갖는 자기초월성이란 인간이 자신의 성격의 틀 안에서 벗어나 자기를 이해하고 나아가 타인을 이해하는 것이다. 이러한 확대된 이해로 내적 성숙을 이룰 수 있다.

인간이 본성을 회복한다는 것은 자기 인정, 타인 수용, 상황 조망에 깨어있는 자기초월로 나아감을 의미한다.[28] 이 과정에서 자신의 한계를 인정함으로 타인을 수용할 수 있는 범위가 넓어지고 하나님과의 관계가 확장된다.

마지막으로 에니어그램은 통전적統全的인 성격을 가진다. 에니어그램은 인간을 이해하는 데 있어 성격, 내면 의식, 삶의 태도 등을 총체적으로 이해할 수 있도록 한다. 통전적인 자기 이해는 인간을 영적인 삶으로 인도한다. 이미

---

27) Richard Rohr & Andreas Ebert, 『내 안에 접힌 날개』, 41-42
28) 임희숙, "에니어그램의 영성-그 의미와 실천", 11-16

언급했듯이 에니어그램의 원의 상징은 연속성의 뜻을 담고 있다. 연속성은 인간과 인간, 인간과 세상, 세상과 온 우주가 서로 연결되어 있는 통전적인 영성의 의미를 포함한다.

건강한 영성이란 전인적인 인격으로 온전한 삶을 살아가는 전체로서의 의미를 추구하는 과정이다. 이를 통해 인간은 진정한 자기를 발견함은 물론 참 자아를 넘어 공동체와 세상, 나아가 우주로 확대되는 삶을 경험하게 된다.

에니어그램은 한 개인의 성격 유형이나 심리학적 지식의 이해에 그치지 않고, 창조 세계와 연결된 통합적 인간으로 나아갈 수 있는 영적 지평을 넓혀준다. 따라서 진정 통전적이고 온전한 영성은 하나에 고착되거나 왜곡되어 건강하지 못한 자기 안에 있는 순환 고리를 거부할 뿐만 아니라 습관적인 태도를 멈추어 새로운 세계와 만날 수 있게 한다.[29]

---

29) 임희숙, "에니어그램의 영성-그 의미와 실천", 「대한에니어그램학회지」 4권 (2015), 16

6. 에니어그램과 치유명리

1) 사주명리학에 흐르는 인간 치유 사상

동양에서 4세기부터 시작된 미래 예측을 위한 상像·술術·수數 문화인 사주명리학의 대표적인 사상은 정명론定命論과 기복사상祈福思想 그리고 중화사상中和思想이다. 인간의 운명이 태어날 때부터 이미 정해져 있다는 정명론定命論은 생에 대한 인간의 자유의지自由意志를 무시한 이론으로 지금도 비판받고 있는 건 사실이다.

하지만 이는 정명론定命論에 대한 협의적 해석이지 인간의 명에 대한 다양한 접근 방식은 아니다. 인간의 명에 대한 다양성, 즉 정명正命과 수명壽命 그리고 조명遭命에 대한 해석은 다르기 때문이다. 그리고 현세적 구복求福만 추구하는 기복사상起福思想은 윤리성이 배제되었다는 이유로 비판받고 있지만 모든 종교가 그러하듯이 이 또한 해석적 전환이 필요한 시점이다.

명리학에 내재된 중화사상中和思想은 사주팔자의 생극제화生剋制化 작용을 통해 사주 전체의 균형을 유지하려는 중추적인 역할을 하고 있다. 명리학에서 말하는 중화론中和論은 몸·맘·숨의 조화이며, 음양오행의 균형이다. 이러한 중화사상은 동양사상의 근간根幹을 이룰 만큼 철학적 가치가 풍부하게 내재 되어 있다.

서승子平명리학에서는 인간의 명命의 이치가 물처럼 고요하고 수평적인 상태가 가장 평온하고 조화로운 상태라고 했다. 또한, 노자도 인생을 모름지기 잘 살아간다는 것은 물 흐르듯 한 상선약수上善若水와 같아야 한다고 했지 않은가? 이는 사람의 인생사가 물 흐름潤河과 같아야 한다는 말이다.

물은 만물의 근원이며 우주 탄생의 원인이 되는 요소이기 때문이다. 또한, 사주명리학의 부호인 10천간天干 12지지地支도 우주 음양오행의 기운과 사람 간 중화中和의 도道가 물처럼 고요하게 흘러가기를 염원하고 있다.

인간의 재물·수명·건강 등은 균형balance과 조화Harmony, 그리고 통일성Unification이 깨졌을 때 질병의 원인이 될 수 있고, 이로 인한 부조화Inharmony가 인생을 살아가는 데 커다란 장애의 요인으로 나타날 수 있다. 또한, 이게 원인이 되어 몸·맘·숨이 흩어져 신체 내 호르몬의 변화가 일어나고 악성 스트레스가 강화되어 정신적인 염려가 되는 현상이 발생할 수 있다.

이 같은 현상을 사주명리학적 해석으로 재財·관官·인印이 빛을 잃었다고 한다. 재財·관官·인印이 빛을 잃었다는 것은 그 사람의 인생에 먹구름이 온다는 것과 다를 바 없다. 사주명리학은 궁극적으로, 자기의 명을 깨닫고, 자기를 치유하고, 잃어가는 빛을 되찾게 하는 것이 사주명리가 추구해야 할 기본적 사명이다. 이는 사주명리학이 시대적 소명에 맞게 변화하는 인식의 대전환이 필요하다는 의미이다.

본서의 출발은 이 시대가 필요로 하고 요구하는 인간의 몸·맘·숨의 치유를 목표로 사주명리학의 범위와 과제를 넓히고자 한다. 또한, 사주명리에 대한 인문철학적 바탕이 인간에 대한 치유명리治癒命理로 해석해 나가고, 과거의 사주명리가 경험을 바탕으로 이 시대에 맞게 적용의 지평을 넓혀 나아가는 데 일조가 되기를 희망한다.

치유명리학治癒命理學[30]은 사주명리에서 말하는 조후調候, 억부抑扶, 중화中

---

30) 『치유명리학』은 본서의 저자인 현용수 박사가 주장한 독창적 이론이다.

和의 이론을 근간으로 경영과 심리, 그리고 뇌 과학(자연치유)을 결합한 이 시대가 요청한 신新 개념의 사주명리학이다. 이에 치유명리학을 사람이 어떻게 하면 행복해 질 수 있는가? 그리고 힘들고 어려울 때 어떤 모습으로 자신을 바로 세울 것인가? 를 고민하는 학문으로 정의하고 싶다.

사주명리학의 시작은 천·지·인의 심오한 자연사상에서 비롯되었다. 자연은 하늘이며, 땅이고, 인간이다. 치유명리학의 시작도 인간의 통찰 즉, 천天·지地·인人과 자연 생명체에 대한 깨달음에서부터 시작한다.

(1) 치유명리학治癒命理學이란 무엇인가?

근본적으로, 치유[31]란 무엇인가? 그리고 사주명리학과는 어떤 관련이 있는가? 이런 고민이 치유명리학의 시작이다. 치유治癒는 '스스로 병이 나아지는 상태'이다. 치유는 자연 그대로 고쳐진다는 뜻이 함유되어 있다. 그리고 심리적인 안정감을 주는 것 또는 그것을 주는 능력을 가진 존재의 속성이다. 이 존재의 특성에는 자연과 치유라는 똑같은 의미가 담겨져 있다.

한편으로는 치유와 비슷한 개념으로 치료治療를 쓰고 있는데, 치료는 '병을 고치게 한다'라는 뜻도 있으나, 치유와는 다르게 치료는 심리적으로 안정감을 준다는 의미는 없다. 즉, 치료는 병을 인간의 인위적 행위를 통해서 능동적으로 고치는 것이다. 병을 고친다는 것은 행위적이며 인공적이다.

우리가 보편적으로 말하는 현대적 의미에서 치유는 과학적인 외과 치료의

---

31) 위키백과

의미가 아니라 스스로 그러하다는 '자연치유自然治癒'를 일컫는 말이다. 즉, 자연치유란 병인에 대해서 특별한 요법을 취하지 않더라도 자연히 회복되는 것을 말함이다. 그래서 대자연을 큰 우주로, 인간을 작은 우주로 표현하지 않는가? 자연치유의 시始·중中·종終은 큰 우주와 작은 우주 간의 소통이다. 소통은 상대적이다.

전자에서 말했듯이, 사주명리학은 나와 그리고 우주 간 소통을 위한 지혜의 학문이다. 즉 우주 기운의 변화가 사람의 현세에 어떤 영향으로 미치는가를 진단하고, 미래를 예측하는 독특한 시스템이 사주명리이다. 또한, 이를 바탕으로 치유명리治癒命理는 인간에게 주어진 명을 알고知命 그 명의 추길피흉追吉避凶을 진단하여 미래를 예비함을 큰 목적으로 한 몸·맘·숨을 치유하는 사람의 학문이다.

그래서 사주명리학과 자연치유는 닮은꼴이다. 이 둘은 큰 우주와 작은 우주의 몸·맘·숨을 다스리기 때문이다. 이 두 가지 학문이 융·복합하여 탄생한 사람의 학문이 『치유명리학治癒命理學』이다.

(2) 치유명리학治癒命理學은 몸 · 맘 · 숨의 운동이다.

병病에 대한 치료의 기본은 생체가 지닌 방어 기능을 왕성하게 해서 자연치유를 촉진시키는 데 있다. 인간이 건강하게 살아간다는 것은 인간이 본디 태어난 정·기·신의 균형을 유지하는 것이다.

인간의 정·기·신은 하늘과 땅, 그리고 인간의 삼위일체가 조화를 이룬다는 말이다. 정·기·신의 삼위일체는 체와 용이 온 몸속에서 제 노릇을 다 함이요.

하늘의 기氣와 땅의 질質이 상호작용을 원활하게 진행 중임을 말함이다. 인간의 삶은 행복한 영위를 이끌어가는 데 목적이 있다. 행복한 영위는 '온전히 기능하는 몸, 그리고 전인적인 인간의 형상'을 지닌 채 살아가는 행위이다.

자연치유를 촉진시키기 위해서는 맘과 몸, 그리고 숨에 대해서 무지해서는 안된다. 무지가 곧 질병의 원인이며, 고통의 시작점이 되기 때문이다. 그래서 치유명리학은 그런 자기Self를 찾게 만들어 주는 등불이요, 길잡이가 되는 학문이다.

자연치유학自然治癒學은 치유Healing를 위해 인간의 내적 복구능력과 면역력, 조화력Balance power을 회복하는 자극 등을 활성화하여 스스로 힘으로 질병을 치유하게 지도한다는 의미에서 사주명리학32)과 동일하다.

자연치유학自然治癒學의 시작도 내 자신에 대한 앎부터 시작되는 것이다. 내 자신을 알기 위한 여행은 음양오행을 기본으로 한 사주명리의 기본전제와도 같다. 그래서 자연치유학과 사주명리학은 수레의 양 바퀴처럼 움직이는 것이다. 이는 자연치유와 사주명리는 음양陰陽과 오행五行을 같은 재료로 사용하기 때문이다.

치유명리학治癒命理學의 목표는 무엇인가? 치유명리학은 사주팔자를 전제로 한 명리·심리와 자연치유自然治癒가 함께하여 사람의 몸·맘·숨을 다스리는 것을 목표로 한다. 그래서 치유명리학治癒命理學은 '나를 알고자 하는 학습'을 먼저 시작한다.

---

32) 사주명리학은 체와 용의 균형을 위해 억부抑扶, 조후調候, 통관通關 등을 통해 몸·맘·숨의 조화를 중시한다. 이는 치유명리학이 추구하는 목표와 같다.

전자에 말했듯이 나를 알고자 하는 학습은 '사주명리학'의 명제와 같다. 또한 사주명리학이나 자연치유학, 그리고 인간의 욕망과 행동을 연구하는 현대 심리학은 서로 상응하는 관계이며, 인간의 삶을 치유하는 『자기 경영의 기본 이론서』이다.

사주명리학은 하늘과 땅, 그리고 인간이 주제이다. 자연치유학自然治癒學은 인간의 몸이 주제이며, 더불어 인간 심리학心理學은 인간의 맘이 그 주제이다. 그러나 이 모두의 학문은 시始·중中·종終이 같다. 그래서 치유명리학은 이 세 가지 학문이 융·복합된 '천天·지地·인人의 순환 과정'을 중요하게 생각한다.

(3) 치유명리학治癒命理學의 미래

나를 안다는 것은 곧 하늘의 섭리攝理를 깨달아가는 과정이다. 인간의 사주 팔자를 고친다는 말이 있다. 이는 천명으로 부여된 사주의 여덟 글자를 고친다는 말이 아니다. 사주팔자를 고친다는 것은 은유적 표현이다. 이는 나를 앎으로써 하늘이 명命한 그 인과因果를 깨달아가는 것을 훈습薰習하는 과정을 의미한다.

그러므로 인간이 몸·맘·숨을 치유한다는 명리·심리적 과정이 단지 그 인과에 대한 깨달음만이 아니라 명리를 일상생활에 실천하는 도道인 것이다.

우리가 지켜야 할 생명이란 것은 음양이기陰陽二氣가 조화를 이룬 상태를 말한다.
음양의 이기가 조화를 이룬다는 것은 서양 심리학이 말하는 로저스의 "완전히 기능하는 인간"의 전범典範과도 같다. 그러기 때문에 명리학과 심리학,

그리고 자연치유의 학문은 그 용어나 표현양식이 좀 다를 뿐이지 지향하는 목표와 목적은 인간의 치유라는 공동의 과제를 추구한다.

그래서 『치유명리학』은 이 세 학문을 근간으로 출발해야 하는 숙명적인 이유가 여기에 있는 것이다. 또한 이 세 학문은 중요한 경험과학이며, 인문철학서이라는 측면에서도 지향점이 동일하다.

특히, 『치유명리학』은 인간이 행복해지려는 방법을 찾는 데 유용한 학문이다. 그러나 치유명리학治癒命理學은 인간의 탄생과 죽음에 개입할 수 없다. 이를 개입한다는 것은 자연에 대한 무모한 도전이며, 하늘의 섭리攝理를 거스르게 되는 일이다. 『치유명리학』은 인간이 잘 살고 잘 돌아갈 수 있도록 방향을 제시하고, 한편 잘못되었을 때 삶을 뒤돌아보게 해주는 인생 풍차와 같은 역할을 해준다.

정신분석학자 칼 융Carl Gustav Jung은 일찍이 문화, 역사, 예술 등 인류의 모든 행동에 상징이 깃들어 있다는 것을 발견했다. 상징이란 내재된 뜻으로 행동의 동기와 작용이 그 안에 있다는 말이다. 그런데 이것의 동양학적 표현은 "만물의 뜻이고 음양오행의 운동과도 같다"라는 의미이다.

칼 융Carl Gustav Jung이 말한 모든 행동의 상징은 사주명리학의 천간天干과 지지地支, 즉 60갑자甲子의 또 다른 표현으로 이해해도 무방하다. 칼 융 분석심리학의 주제인 정신의 원형, 개인 무의식, 집단 무의식, 아니마, 아니무스, 페르소나 등은 동양적 표현 양식이며, 또한 치유명리학의 음양오행, 사상과 팔괘 등과 비슷한 분석 도구 유형이다. 그래서 명리학命理學과 심리학心理學을 나를 찾아가는, 그리고 너를 알아가는 『치유여행治癒旅行』이라고 표현하는 것이다.

또한, 정신의학을 주도하는 신경심리학Psychology은 인간의 몸속에 흐르는 호르몬이 직접적으로 인간에게 어떤 영향을 미치게 하고, 이로 인해 어떤 행동을 주관하고, 한편 뇌 활동의 영역이 인간 삶의 전체에 어떤 영향을 미치는가를 연구하고 있다. 또 다른 생물심리학生物心理學은 광·습·온도가 인간 활동에 미치는 영향을 고민하고 있다. 이 모든 학문이 인간 탐구의 도구로 쓰여지고 있으며, 이러한 심리학의 영역이 인간의 마음을 연구하는 학문으로 그 영역이 확대되어가고 있는 것은 사람에 대한 주제가 더 깊고 넓어지기 때문이다.

현대 물리학에서 주역의 역할이 지대한 공을 미쳤듯이 사주명리학(음양오행의 인자)이 미치는 그 영역 또한 심리학과 한의학, 그리고 학문의 전반에 끼치는 영향력이 지대할 것으로 생각한다. 이는 곧 명리심리학의 탄생을 예고하고 있다는 증명이다.

한편, 『치유명리학』에서 제일 중요하게 생각하는 것은 '인간의 심리적 위안의 단계'이다. 즉, 부딪친 인생 문제에 대해서 본인의 책임 의식을 주관적인 상태에서 객관적인 상태로 느슨하게 전환시켜주는 것이다. 이 말은 인생은 '어쩔 수 없다'라는 숙명론宿命論의 강한 신념에서 '인생은 운의 흐름과 환경에 따라서 변할 수 있다'는 운명론運命論으로의 변화와 여유에 대한 계기를 만드는 것이다. 무엇이든 강한 신념은 또 다른 교조적 불평등을 낳게 마련이다.

지금 우리 시대에 가장 필요한 것은 『치유명리학』이 추구하는 방향처럼 느슨한 사회적 연대와 협동이 필요하기 때문이다.

　한편, 명리를 통한 치유상담은 규칙적인 설명을 요구하는 자연과학에서 벗어나 인문적인 통찰을 주제로 한 『자연치유의 철학』으로 전환시키는 것이 사주명리학의 현대적 의미의 정체성을 확립하는 방법이 될 수 있다. 거기에다가 철학적 깊은 성찰이 보태어진다면 인간에 대한 탐구가 더 풍부해지고 풍요로워질 수 있기 때문이다.

　이에 따른 치유명리학의 향후 과제는 사주명리와 자연치유自然治癒, 그리고 현대 심리학[33]이 결합하여 미래지향적인 인간의 몸·맘·숨 치유시스템을 연구해 가는 것이다. 이는 오늘날 우리 사회가 '부Wealth에서 건강한 삶Life으로' 전환되어 가고 있기 때문이다. 이러한 사회적 환경의 변화 과정에서 정서적으로 희망과 위안을 주며 자기 정체성을 발견하고, 자아 성장을 돕는 '치유명리학治癒命理學'이 새로운 학문적, 문화적 기틀을 마련할 수 있는 계기가 될 수 있기를 희망해 본다.

---

33)　"특히, 에니어그램과 통전적holistic 결합은 21C 심리학의 새로운 지평이 될 것이다

12운성과/신살은 에니어그램의 5범주 13개 하위범위의 해석과 일치한다. 특히, 에니어그램의 원(본질), 삼각형(중재의 힘, 저항의 힘, 전진의 힘), 헥사드(역동)는 치유명리학의 12운성/신살에서 드러난 하늘, 땅 그리고 인간의 무늬를 나타내는 원방각 이론과 함께 유용하게 사용되며 불건강한 내담자를 치유하는 명상심리와 잘 어울릴 수 있을 것이다.

2) 에니어그램의 성격 유형과 12운성

(1) 12운성의 개념과 순환

12운성의 이론적 해석은 두 가지 견해가 왕성하다. 첫 번째, 명리학의 간법看法이론 중 12운성은 자연의 변화를 표상表象으로 나타내어 인간의 운명을 왕·생·휴·수·사의 강약으로 논하는 해석체계를 지니고 있다.

이는 12운성이 천간의 기운이 열두 달을 순환하면서 기운의 강약이 변화하는 과정을 지지에 대입하여 그 기세의 변화를 판단한다. 즉 인간이 태어나기 전胞부터 죽어서 묘墓에 들어갈 때까지를 열두 단계의 시기로 나누어 각각의 기세의 강약을 운용하는데 유용한 이론으로 평가받고 있다.

두 번째, 12운성 이론은 불교의 원리를 도입하여 운명을 연구한 것이다. 불교에서 인간은 태어나서 죽고 다시 영생하여 새 생명이 탄생한다고 보고 있다. 즉 전생에서의 덕德이 현세에 영향을 주고, 현세에서의 삶이 후세에 영향을 준다고 보고 있다. 이를 윤회론輪回論이라고 하는데 이 윤회론적 이론을 도입한 것이다.

즉, 12동물을 이용해 12지지地支가 있듯이 우주의 생성원리도 생·로·병·

사를 12단계로 구분해서 설명될 수 있다. 인간사 모든 사람들이 태어나서 깨끗이 닦고 성장해 결혼하여 사회에 진출한다. 사회에 진출하여 왕성한 활동을 하여 정상에 이른다. 정상에 이르면 쇠약해지기 시작하며 병들고 죽는다. 죽으면 무덤에 들어가고 다음 생명을 위해 휴식하였다가 다음 생명을 잉태시킨다. 이렇게 불교의 윤회론적 원리에 따라 인생은 순환하게 된다.

이런 과정이 되풀이되면서 인간은 영원한 삶을 이루면서 영속적으로 대를 이어왔다. 이때 인생의 생·로·병·사 중 내 사주가 어느 시기에 있느냐에 따라 사주의 길흉吉凶을 분석하는 이론이 12운성의 대입방법이다.

다시 한번 말하면, 12운성 이론은 인간이 태어나서 왕성한 삶을 살다 늙고 병들어 죽는다. 즉 생·로·병·사로 인생의 일대기가 나타나는데 이 생·로·병·사의 기준으로 자기 사주의 일간日干이 어느 상태에 있느냐에 따라 운명을 간명看命하는 이론이다. 따라서 12운성은 우주의 변화와 맞물려있는 십이신살 12神殺과 함께 보는 게 사주 간명에 더욱 명쾌할 수 있다.

(2) 에니어그램의 성격 유형과 12운성

에니어그램의 특성

1. 감정형, 사고형, 의지형

   감정형 ; 2번, 3번, 4번 유형
   사고형 ; 5번, 6번, 7번 유형
   의지형 ; 8번, 9번, 1번 유형

2. 뇌과학적, 프로이드

   전두엽(사고), 변연계(감정), 중뇌(생명)

3. 5범주 12하위 개념

대인관계, 어린시절, 자아개념, 역동, 성장과 본질
(사회성, 교류관계, 성적애착, 어린시절, 신념, 욕구,
  감정, 대응행동, 위기, 모순 성장, 본질)

12운성의 특성

1. 12운성의 이론적 해석 2가지

   첫째, 명리학의 간법이론 자연의 변화를 표상으
   로 나타냄.
   둘째, 불교원리를 도입 운명을 연구, 윤회론 이론
   도입.

2. 12 동물의 이용해 12지지와 같이 생로병사
   12단계로 구분, 불교의 윤회론적 원리에 따라 인생
   의 순환

3. 인생의 생.로.병.사중 사주가 어느 시기에 있느냐 따
   라 사주 길흉을 분석

4. 천간의 기운이 땅으로 내려와서 작용력 기운의 변
   화를 생. 장. 쇠. 멸을 살핌.

5. 12단계 (생 - 욕 - 대 - 록- 왕-쇠, 병 - 사-묘,
          절- 태- 양)

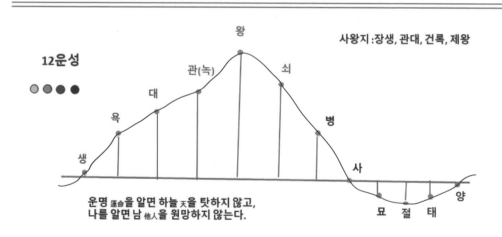

12운성

사왕지 :장생, 관대, 건록, 제왕

생 욕 대 관(녹) 왕 쇠 병 사 묘 절 태 양

운명運命을 알면 하늘天을 탓하지 않고,
나를 알면 남 他人을 원망하지 않는다.

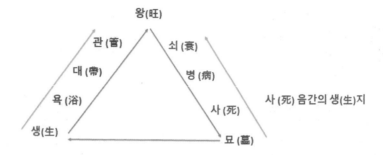

운명 運命을 알면 하늘 天을 탓하지 않고,
나를 알면 남 他人을 원망하지 않는다.

12운성

⚫⚫⚫⚫

왕(旺)

관(官)　　쇠(衰)

대(帶)　　　병(病)

욕(浴)　　　　사(死)　　　사(死) 음간의 생(生)지

생(生)　　　　　　　　묘(墓)

---

1) 장생長生 단계

어머니 배 속에서 태어나 세상에 나온다.
세상에 태어나는 희열을 느끼는 단계가 장생이다.
장생은 만물이 태어남으로써 생명체로써 가치와
존엄이 있기 때문이며, 장생의 특성은 건강하고
창조적이면서, 성공의 밑거름이다.

1번, 7번 유형

1번 : 사회적인 문제에 관심이 많으며 그냥 두기 보다는
바꾸어야 하는 개혁가이다.
7번 : 쾌할 하고 늘 바쁘다. 재미있는 것 추구 하며
어린아이 처럼 호기심이 많고 모험심이 가지고 세상에
나아간다.
본질은 삶에서 경이로움과 기쁨을 느끼는 것이다.

2) 목욕 沐浴

갓 태어난 아기를 깨끗이 씻는다는 뜻이며
유년시기를 말한다. 또한 화려하고 타인에게 주목
받는 것을 좋아한다.

4번 유형

멋을 아는 사람 자신의 독특한 개성을 지녔고 예술적인
감각과 문학적인 표현에 섬세한 감수성을 가지고 있다.

3) 관대 冠帶단계

20대로 혈기 왕성하고 강한 시기를
말한다(청소년기).
관대의 특성은 자존신이 강해 자립심과 독립심이
강해지고 사회적으로 성공할 수 있는 요인을 갖게
된다는 것이다.

3번 유형

사회속에서 성공을 바란다. 사회적 적응력이
우세함. 페르소나 기질의 다양성, 변화무쌍함
사회적인 역할을 통해서 자신감을 얻기 때문에
적응이 뛰어나고 사람들로부터 존경 받는다.

4) 건록 建祿 단계

관대 이 후 원하는 직업을 갖고 녹봉을 받으면서
사회에서 확고한 자리를 구축하는 것을 뜻한다.
직업을 갖고 일을 추진하고 30대의 청.
장년시기이다.

1번, 8번 유형

8번 ; 열정적이고 생동감 있는 활동을 원하고 다른
사람에게 영향력을 행사하기를 원한다.

1번 ; 높은 이상을 실현하기 위해 끊임 없이
노력하는 사람이다.

5) 제왕 帝王 단계

인생의 황금기로 40대의 장·중년기를 뜻한다.
남의 간섭을 싫어하고 독립심이 강하고 사회에서
최고의 위치에 오르는 시기이다.

9번, 8번 유형

9번 ; 중간역할, 조정역할, 결정능력 미약해진다.
8번 유형 ; 힘에 집착한다. 힘이 넘치고 남을
지배하려 든다.

6) 쇠 衰 단계

기운과 성향이 점차 보수적으로 변해가며,
변화보다는 현재의 것을 지키려는 성향이 강해진다.
쇠 衰 의 근본은 모든 일에 조심하고 안전을
우선해야 한다.

9번 유형

편안함에 집착한다. 자신의 내면에서 발견되는
고통이나 불편한 감정을 억압하여 편안함의
상태를 유지하려 한다.
경험 노하우가 많다.

7) 병 病 단계

병에 들어서면서 마음이 따뜻하고 인간관계가 원만하여 배우려는 학구열이 강해지는 기운으로 변화를 의미한다.

6번, 4번 유형

6번 : 다른 사람들과 협력을 잘하고, 작은 일에도 세심한 주의를 기울인다.
4번 : 창의적이고 독특한, 자아의식이 강한 자아실현의 본능

8) 사 死 단계

고집에 세어지고 무기력해 지며 생각이 많아서 소극적인 기운으로 바뀌어 가는 시기이다.
특히 사에 임하면 자기 아집이 도를 넘어가고, 성격이 죽 끓듯 기복이 심해진다.

4번 유형

4번 유형 : 이성적인 1번과 사람을 잘 돕는 2번 사이를 왕래한다. 상황이 힘들어 지면 혼자 지내려 하고 악화되면 변덕스럽다.

9) 묘 墓 단계

무덤에 들어가는 단계를 뜻한다.
사념이 많아지고 무엇이든 숨기려는 심리가 작용한다. 이런 심리는 자기를 잘 드러내지 않고, 자기주장 만 강하게 표현하는 고집의 기운이 왕성하다.

4번, 6번 유형

4번 : 자기중심적이다. 만성적인 외로움이 있다. 별 의미 없는 말에도 모욕적으로 받아들여서 협조하지 못하고 적개심이나 서운한 감정을 가지는 경우가 있다.
6번 : 인정을 추구하지만 권위에 대한 믿음이 부족하고, 자신과 세계에 대해 의심하게 된다.

10) 절 絶 단계

다음 생의 인연을 연결하기 위한 단계를 준비하는 것이다. 이를 일명 포 胞 라고 한다.
절의 특성은 일에 추진력이 없고 포기를 잘하며 자기주장을 펴질 못하다.

2번, 6번 유형

타인을 위해서 봉사하는 사람들이다. 관심을 못 받으면 독재자 (연산군, 네로) 불 건강할 경우

11) 태胎 단계

새로운 생명을 잉태하는 시기를 뜻한다.
태의 성질은 호기심이 많고 새로운 것을 좋아하며,
남에게 인기가 많다.

어린시절 부모 환경

양육자 와 나와의 관계

12) 양養 단계

어머니 배속에서 자라나는 시기로 어머니가
잉태하는 시기에 맞게 어떤 노력의 기운이
다음생을 연결할 것인가를 가늠하는 단계이다.

주변 환경

부모와 친 인적 관계, 동료, 마을

상호 관계

에니어그램
2번 유형
⇌
12운성
11~12단계
태胎,양養

양육자 와 관계

기본 바탕으로 성격이 만들어짐.
의존성이 강하고, 정서불안 .분노, 결핍 이
시절에 이루어 진다. (태교의 중요성 대두)

상호 관계

에니어그램
2번, 4번,
6번 유형
⇌
12운성
9~10단계
묘, 절

자기희생과 자기중심적

절 (2번,6번) : 봉사 희생 (헌신)
묘 (4번,6번) : 자기중심적. 안전자산이다.
　　　　　　　인정받고 싶어함. 보수적임

…육체활동 보다는 정신활동의 크기가 더 커짐

상호 관계

에니어그램
4번,6번 유형

⇌
12운성
7~8단계
병, 사

마음공부(형이상학적)

종교적 관심, 이상 추구 형, 우유부단한
결단력, 타인의 말에 잘 속아 넘어감

상호 관계

에니어그램
9번, 8번 유형
⇄
12운성
5~6단계
제왕, 쇠

미래불안

왕 : 내려올 때를 준비해야 한다.
쇠 : 의사결정 힘들다. 상하의 눈치를 볼
수 있다.

상호 관계

에니어그램
3번, 1번
8번 유형
⇄
12운성
3~4단계
관대, 녹

에너지 충만
(질풍노도)

유지하는 힘, 정착된 리더 , 아래에서
만들어주는 힘

상호 관계

에니어그램
3번, 1번
8번 유형

⇌

12운성
1~2단계
생, 욕

창조적인 에너지

생 : 만들어 내는 힘
4번 유형 (욕) : 예술가 스타일

**방향을 찾아가는
에니어그램, 12운성**

에니어그램과 명리학에서의 12운성은 자체는 똑 같은 기운의 크기이며, 방향성이다.
역사성이 비슷하고, 몇 천년 전에 선조들이 만들어 놓은 영적 지혜이다.
특히 부호 체계가 같고 상징체계에서 비유와 은유로써 표현되는 것이 맞는 것이다. 그러므로
철학에 기반하여 사람의 성격을 진단하며 행동특징까지 알아내는데 유용한 도구로 활용할수 있다.

지금 나의 모습을 바라 볼 수 있는 힘은 바로 내자신의 앎이다.내자신의 앎은 명리이다. 명리는
명(命)의 이치를 깨닫는 하는 학문이다. 그렇다면 삶의 방향을 결정하는데 명리학은 어떤 역할을
하는가? '관상불여심상' 觀想不與心想이요, '심상불여용심' 心相不與用心' 이라는 말이 있다. 즉
생김새보다는 마음상이요, 마음상보다는 그 마음을 어떻게 사용하느냐에 따라 삶의 방향이 결정
된다는 의미일 것이다.

출처 현용수 - 치유 명리학 -

7. 에니어그램과 명상치유상담전략

상담을 원하는 사람들에게 에니어그램과 명상을 이용하고자 한다.

회차	목표		주요 과제
1	상담 동기 파악		누구의 권유로 인한 상담인지 확인 상담을 필요로 하는 이유 확인
	인적 사항 확인		성명, 나이, 직업, 가족관계
	성격 특징 파악	에니어그램 검사	중심 성격 유형, 보조 성격 유형 파악 감정, 사고, 의지 성격 유형 파악 역동성 범위 파악
		DSM	성격장애 진단
		심리도식	스트레스 원인 파악
		불안, 우울 검사	불안, 우울 정도 파악
	일정 약속		상담 기간과 횟수 결정 계약서 작성 상담 날짜, 시간, 장소 정하기
2	대인관계 파악 상담 문제 파악	신뢰/협력 형성	적극적인 경청, 공감 표시 되돌려주기, 나-전달법 사용
		문제 파악	직장 혹은 가족 어느 관계인지 파악 미해결된 과제 발견
		검사 자료 활용	행동 특징 항목을 제시 구체적인 사례 경청
		과제 제시	3분 명상 일상에서 실천할 수 있는 과제 발견

3	어린 시절 파악	도식검사	어린 시절 부적응적 도식 이해 - 영산관법 활용
		가족관계 파악	도표(소시오그램)을 활용하여 파악 좌절된 애착관계 탐색
4	집착 대상 파악 성격 특성 파악	감정 탐색	주요 문제를 중심으로 파악 - 신체 반응과 감정의 정도 빈도 측정
		생각 탐색	신념체계 파악 - 내담자 자신이 파악하는 것이 중요 - 감정- 생각- 행동의 관계 파악
		갈망/ 동기 탐색	상황을 그대로 들이게 하는 것이 중요 - 갈망의 원인을 파악
5	성격 변화 파악	대응 행동 알기	스트레스를 받거나 위기 상황시 행동 파악
		내적 두려움 파악	근본적인 두려움 알아채기
		모순 감정 알기	반복적인 모순적 감정/행동 파악
6	문제 핵심 통찰	이미지 심상화 (Visualisation)	문제를 명확하게 파악 - 호흡을 통하여 두려움 갈망 해소
7	감정 표출	역할극	과거의 상처를 치유하고 미래 행동 제시
8	일상 행동 수정	행동에 대한 손익계산을 통하여 대안모색/행동 방향 계획	

8회기 상담으로 나누어 진행하지만, 내담자의 상황에 맞춰 적절하게 조절하면서 사용할 수 있다.

8. 에니어그램 성격 검사지의 구성과 특성

검사지는 각 성격 유형마다 13개 문항으로 구성되었으며, 총 117개 문항이다.

검사지의 구성		
범주	하위개념	문항 번호
I 통합적 사회관계	사회관계	2
	교류방식	3
	애착 태도	4
II 어린 시절	심리도식	5
	양육 태도	6
III 자아개념	신념	7
	동기	8
	감정	9
IV 성격역동	대응	10
	위기	11
	모순	12
V 본질과 성장	본질	1
	성장	13

Ⅳ. 에니어그램을 위한 척도 및 검사지

1. 성격 검사와 해석상의 특기사항

성격그래프에서

① 중심 성격 유형과 보조가 무엇인가?

② 감정, 사고, 의지는 어떤 유형을 사용하며,

③ 그래프의 역동성이 평균 범위, 평균 이상 혹은 플러스 방향과 마이너스 방향의 해석

성격 응답지에서

① 유형별로 대인관계, 자아 집착, 성격역동의 합계를 살펴보고,

② 하위개념이 가지는 특기사항을 중심 성격과 날개와 비교하여,

③ 내담자의 과제를 발견한다.

원, 헥사드, 삼각형으로

① 성격유형별로 검사 결과를 원 안에 점수대로 그려 넣고, 원 안에 나타난 전체적인 모양, 에너지 방향 등을 본다.

② 전문상담인 헥사드Hexad와 삼각형에서 성격역동 가운데 움직이는 선을 중심으로 해석한다.

2. 기타 검사지

① 면담을 통해서 내담자의 상태에 따라서 DSM 성격장애 진단, 심리도식, 혹은 불안이나 우울과 같은 심리검사나 측정을 추가로 할 수가 있다.

② 내담자의 중심 성격과 성격장애의 강도와 빈도를 평가하여,

③ 상담 목표와 기간을 설정한다.

제2부

I. NLP와 심리상담치료이론

II. 우리는 어떻게 감정 상태와
    행동을 만들어 내는가?

Ⅰ. NLP와 심리상담치료이론
Brain Meditation Interface

1. NLP(Neuro Linguistic Programming)의 기초이론

NLP의 개념

Neuro Linguistic Programming의 약어인 NLP의 N은 Neuro 신경의 뜻으로서 인간 행동은 기본적으로 오감인 시각Visual, 청각Auditory, 신체감 각Kinesthetic, 미각Gustatory, 후각Olfactory 등 신경에서 시작된다는 것을 의 미한다. 마음을 이해하고 조정하는 N은 우리들이 오감을 통하여 현상을 경험 하여 정보를 얻고 그 의미를 부여하며, 그 의미에 따라 행동하면서 살아가고 있기 때문에 마음을 지칭하고도 한다. 또한, Neuro는 신경이 척수와 연결되 어 인간의 대뇌를 관장하며, 인간의 행동을 지배하는 언어와 인지능력을 조 절하는 전달자이다. 이 책에서 Neuro는 Brain(뇌)과 같은 개념으로 이해해도 무리가 없다.

NLP의 L은 언어를 의미하는 Linguistic 약어이다. 이 언어에는 말로 이루 어지는 언어와 비언어적인 메시지에 의한 언어도 포함한다. 그것은 의사소 통 수단이며 내용이다. 언어의 3요소는 말words, 음성tonality, 신체적 반응 physiology이다. 오감적 언어는 그림으로 나타내는 시각, 소리인 청각, 촉감 및 느낌인 신체감각, 냄새인 후각, 맛인 미각 등이다. 우리가 타인과 의사소 통하기 위해 사고나 행동의 순서를 정해서 언어를 사용하며, 그 언어를 보면 그의 내면의 세계를 짐작할 수 있다는 것이다.

Linguistic은 인간의 뇌에서 감정체계를 주관하는 편도체와 해마, 그리고 시상의 기능을 마무리하여 좌측 뇌의 언어영역을 평정한다. 또한 Linguistic은 대뇌의 화학물질(도파민, 세라토닌 등)을 생성시키는 송과체(松果體, Pineal body)와도 밀접한 관련이 있다고 판단된다. 이 책에서 Linguistic은 Meditation과 유사한 개념으로 이해해도 된다.

그리고 P는 Programming의 약어로 이는 원래 컴퓨터 용어이다. 언어적 자극에 의한 신경 계통의 작용은 무의식적으로, 그리고 특정한 형식으로 전뇌에서 프로그래밍되어 있다. 인간이 하는 모든 행동은 인간 뇌의 프로그래밍의 결과라고 할 수 있다. 즉, 인간의 사고, 감정, 행동 등이 프로그램화된 것을 의미한다. 이것은 컴퓨터 소프트웨어를 업그레이드하면 프로그램을 바꿀 수 있듯이 자신이 원하는 긍정적인 결과를 얻기 위해 자신의 내면을 업그레이드함으로써 사고나 감정, 행동이 새롭게 재구성한다는 것을 의미한다.

이 책에서 Programming은 BOS(Brain Operating System) 또는 인간의 대뇌에서 일어나는 시공간적 환경을 의미하는 Interface와 유사한 개념으로 사용하고 있다. 더불어 NLP의 확장적 의미는 곧 BOS 인간의 뇌 운영체계와 BMI(Brain Meditation Interface) 뇌와 명상을 연결하는 시공간 체계이다.

그러므로 신경언어프로그램(Neuro Linguistic Programming 이하 NLP)과 BMI(Brain Meditation Interface)는 '마음과 언어가 어떻게 행동과 감정에 영향을 미치는가'를 말한다. 사람들의 고정된 생각을 바꾸고 감정을 변화시키며, 나쁜 습관도 바꾼다. 여기서는 최면(은유를 포함한)과 게슈탈트 심리학, 가족 치료 등 당대 최고의 심리학의 이론들 중 가장 변화 가능한 것들을 뽑아 정리했으므로 일반인들이 따라 하기에 편하고 쉽다.

NLP와 BMI는 우리가 보고, 듣고, 느끼는 주관적 체험의 구조를 인간의 뇌가 어떻게 조직하고, 감각기관을 통해서 인지한 외부 세계를 어떻게 여과하여 정리하는가를 다룬다. 또 목적을 달성하기 위해 우리가 세상을 어떻게 생각하고, 어떻게 말로 묘사하고 어떻게 행동하는가에 대해서도 다룬다.

따라서 NLP와 BMI는 어떤 학설이나 이론의 제약을 넘어서 포괄적으로 인간의 주관적 경험의 이면을 둘러싸고 있는 문화적, 정신적, 심리생리적, 사회적 요인 등의 상호작용과 그 진행 과정의 순차 및 변인들의 구조적 활동에 정밀하고 세심한 관심을 집중하므로 인간 생활의 전반적인 변화와 우수성을 다루고 있다고 할 수 있다.

한편 NLP의 원리에 따른다면, 결국 무의식적으로 입력된 인간 뇌의 프로그래밍을 바꾸면 인간의 행동이 바뀔 수 있고 또 인간을 변화시킬 수 있다는 것이다. NLP는 마치 실제인 것처럼 행동을 유도하고 거기에 일어나는 차이점을 의식하게 하는 것으로 사람 뇌 속에 생각의 필터를 바꾸어 주면 세상을 바꿀 수 있다는 것이다. 즉, 고치고 싶은 나쁜 습관인 부정적인 프로그래밍을 긍정적인 경험과 관련하는 BOS 프로그래밍으로 바꾸면 문제가 되는 행동이 올바르게 바뀐다는 원리이다. 결국 NLP의 이론적 배경을 기본으로 BMI를 인간 뇌에 구조화시킨다면 자아초월적인 BOS(Brain operating System)를 완성할 수 있다는 것이다.

더불어 NLP와 BMI는 인간 두뇌에 대한 탁월성 연구이며, BOS 프로그램들 간의 갈등을 해소하고 단기간 내에 몸과 마음을 통제하고 사람의 생각을 긍정적으로 변화시킴으로써 목표 달성을 지원하는 자아초월적심리학이다.

또한, NLP의 의사소통의 원리 및 BMI의 각종 상담 기법들은 심리학적 부정적 정서를 다루고, 내담자의 자아 성찰을 지원하는 측면에서 매우 효과적이며, 내담자의 우울·부정심리가 긍정적으로 개선되는 데 도움이 된다.

이와 관련된 연구에서 보면, NLP 집단상담 프로그램은 단시간에 내적인 마음의 변화로 내담자의 발표불안을 감소시켰으며(김선화, 2006), 자신이 능력 있고 성공적이며 가치 있다고 인정하는 자아 존중감을 높이는 데 효과적이고(서승석, 2010), 자신의 긍정적 신념을 가지는 결과를 얻을 수 있다(박선영, 2010). 또한 NLP는 가치관의 변화 및 비전 갖기 등을 성취하여 효과를 얻었으며(윤애영, 2013), 비합리적인 신념과 대인불안이 감소하는 성과를 얻을 수 있고(주현경, 2013), 학생들이 스트레스를 긍정적이며 효과적으로 대처하게 한다(박정연, 2009) 등이 있다.

2. NLP(Neuro Linguistic Programming)의 역사

NLP의 역사적 배경을 보면, 1975년 중반에 미국 병사들은 베트남 전쟁 후 유증으로 전쟁의 상처와 사회적 갈등 상황에서 심리치료 수요가 급증하였을 때, 혼란을 단기간에 극복할 수 있는 심리 모델 적용이 필요했다.

NLP 개발 과정은 언어학 교수 존 그리더John Grinder와 임상 심리학자 및 컴퓨터공학 정보통신 전문가인 리처드 밴들러Richard Bandler는 게슈탈트 치료자 프리츠 펄스Friz Perls, 가족치료사 버지니아 사티어Virginia Satir와 정신과 의사 밀턴 에릭슨Milton Erickson 등 심리치료사들의 우수한 치료 과정이 지닌 강점과 일정한 패턴pattern을 알아내기 위하여 그들에게 훈련받고 세미나에 참석하면서 NLP 기법을 연구해 왔다.

그리하여 Grinder와 Bandler는 인간의 우수성의 패턴을 찾아내어 그 구조를 분석하고 발전시켜 평범한 사람도 자신을 개발하여 탁월한 삶을 살아가는

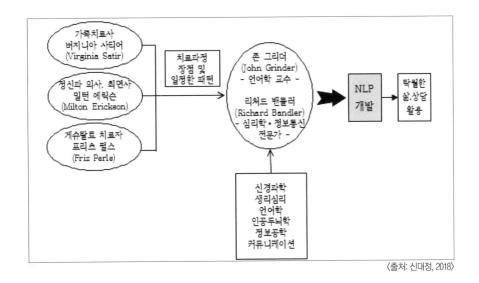

〈출처: 신대정, 2018〉

데 활용할 수 있는 상담심리치료 요법인 신경언어프로그램을 개발하였다.

그러므로 NLP는 어떤 특정 학파 이론이 아니며, 그들이 찾아낸 것은 우수한 치료자들이 단시간 안에 대상자의 삶을 변화시킬 수 있는 것으로 신경과학, 생리심리, 정신치료, 인지주의, 현대적 BMI 이론 등의 탁월한 기법을 바탕으로 하고 있다.

이러한 NLP를 3세대로 나누는데, NLP의 1세대는 Grinder와 Bandler에 의해 연구를 통해 치료 모형이 개발된 초기 모델이었고, NLP 2세대는 1980년대 중반 치료적 상황에 있는 다른 쟁점들을 수용하였으며, NLP 3세대는 1990년 이후 거듭 발전하고 있다. 특히, NLP 3세대의 적용은 교육 부문에서 보다 발전하여 만족한 삶에 대한 연구들이 진행되고 있다.

NLP가 우리나라에 소개된 것은 25여 년 가까이 되었으며, 심리기법으로써 점차 인정받고 삶을 성공적으로 이끄는 데 도움을 주고 있다. 현대에서 NLP는 자아초월심리학과 인간의 뇌 과학(BMI) 등과 결합하여 새로운 영역으로 확장 중이다.

3. NLP(Neuro Linguistic Programming)의 커뮤니케이션 모형

    NLP는 인간 상호간의 의사소통을 하면서 그 효과를 발휘한다. 각종 사건, 사고, 각종의 정보가 일어나는 일들은 시각, 청각, 촉각, 미각, 후각 등 차원에서 발생하고 입력된다. NLP 의사소통 모형에 나타난 것처럼 인간에게 초당 200만 비트의 정보나 자극, 사태가 들어온다. 그 과정에서 인간은 모두 그대로 수용하지 않고 생략, 왜곡, 일반화하여 개인의 생각필터(여과장치)를 걸쳐서 134비트인 약 1/15,000 정보만 이해한다. 이러한 현상 때문에 인간은 잘못된 인식과 불필요한 지각을 경험할 수 있다.

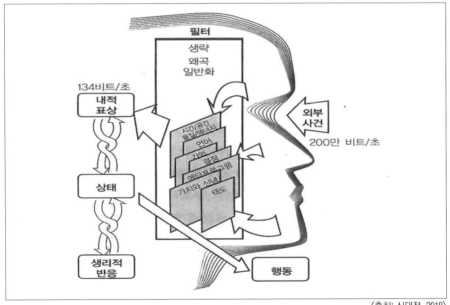

〈출처: 신대정, 2018〉

4. NLP(Neuro Linguistic Programming)의 전제조건

이 기법들은 전제조건presupposition에 기반을 두고 있다. 전제조건이란 어떤 명제가 꼭 맞는 것 때문이 아니라, 다만 '그것이 옳다거나 맞다고 가정하고 그것을 받아들이며 그것에 따라 행동하는 것'을 말한다. 이것은 바람직한 성과, 변화, 치료를 위해서 반드시 수용되어야 할 명제이다. NLP 심리치료에는 여러 가지 전제조건들이 있는데, 이 책에서는 내담자 심리상담에 필요한 것들만 서술한다.

(1) 지도는 영토가 아니다.

사람들은 본래 실재 그 자체가 아닌 자신이 느끼고 판단하는 허상적인 실재에 대한 지도Map에 반응한다. 여자가 밤길을 걷는데 뒤를 따라오는 옆집 남자가 있어서 공포를 느낀다면, 옆집 남자는 영토이고, 공포는 지도가 되는 것이다. 우리는 지도에 따라 반응하기 때문이다. "자라(영토) 보고 놀란 가슴 솥뚜껑(지도) 보고 놀란다."라는 속담과 같다.

(2) 인간의 행동은 목적 지향적이다.

사람들이 의식하지 못하는 행동이라 할지라도 우리의 행동은 어떤 목적을 지향한다. 사소한 행동이라도 저변에는 목적이 깔려져 있다. 학생이 공부하는 것, 사업하는 것, 게임하는 것 등과 음식의 알레르기도 목적을 가지고 있다. 예를 들면, 토란을 먹으면 토하고 피부 반점이 생기는 것도 자신을 지키기 위한 목적을 가지고 있는 것이다. 이는 다른 생물체에 비해 인간의 행동은 목적 지향적이다.

(3) 모든 행동은 긍정적인 의도에서 나온다.

개인의 관점으로 볼 때 행동을 변화시키려는 숨은 의도가 있다. 예를 들면, 알레르기로 몸에 반점이 나타나는 것은 그 음식이 싫어한다는 것을 강하게 보여주기 위한 숨은 의도이다. 이것은 무의식이 자기를 지키려는 긍정적 의도이다.

(4) 무의식은 선의적이다.

이는 「악의적이다」는 말과 반대된다. 무의식은 의식의 균형을 잡아주는 역할을 하는데, 본래가 선의적인 의도를 갖고 있다. 일반적으로 생각하는 윤리 도덕과 다르다. 예를 들어, 꽃가루 알레르기는 부정적으로 피부에 반점으로 나타나지만, 내면에는 그 꽃가루가 몸에 해가 된다고 알려서 자신을 보존하려는 선의적 의도가 숨겨져 있다는 것이다.

(5) 선택할 수 있다는 것은 그렇지 못한 것보다 바람직하다.

가능하면 광범위하게 여러 가지 선택을 할 수 있는 것이 그렇지 못한 것보다는 바람직하다. 노래방 가서 노래를 많이 선택할 수 있다면 한두 곡뿐인 사람보다도 훨씬 신나게 행복한 시간을 보낼 수 있는 것이다. 여러 가지 외국어를 할 수 있으면 선택의 폭이 더 넓어져서 더 자유로움과 즐거움을 누릴 수 있다는 것과 같다.

(6) 사람들은 그 당시에 할 수 있는 최선의 선택을 한다.

사람들은 그 당시에 할 수 있는 가장 최선의 선택을 하며 사람들의 삶의 지도에서 좀 더 나은 선택권을 부여한다면 그것을 받아들일 것이다. 공부의 일등과 꼴등, 우선하고 싶은 것과 재미 좋다는 것, 폐암의 염려가 있지만 스트레스 때문에 담배를 피우게 된 것 등은 그 당시 자신이 선택한 최선의 결과이다.

(7) 실패란 없다, 다만 피드백이 있을 뿐이다.

사람들에게 실패란 없으며 성공을 위한 학습이 있을 뿐이라는 것이다. 에디슨이 999번의 실패 끝에 1,000번째 전구를 발명했다. 60대 커넬 샌더슨 Harland David Sander 켄터키 치킨 창업가가 레시피 조리법을 1,009번 거절당하고 1,010번에 성공하여 KFC를 시작했다는 이야기가 이를 증명해 주고 있다.

(8) 의사소통에서 전달하고자 하는 의미는 상대방 반응에서 결정된다.

듣는 사람에게 말하는 사람이 정확히 전달했다고 생각할지라도 그것을 해석하는 것은 듣는 사람의 몫이다. 그러므로 의도한 대로 소통이 이루어졌는지는 듣는 사람의 반응을 보아야 알 수 있다. 발화자가 경치를 보고 "경치가 엄청 아름다워서 숨이 막힐 지경이다"면 청취자가 "숨이 막힐 지경이다"라고 그것만 듣는다면 그 경치가 좋지 않다고 말하는 것과 같다.

(9) 우리에게 모든 자원이 있다.

자원이 없는 사람은 없다. 다만 '자원이 없는 상태'가 있을 뿐이다. 우리에겐 심리적, 내면적 자원이 있다. 자신감, 자기 존중감, 패기, 용기, 의지, 건강 자원 등이 있다. 아기는 본능적 내적 성장 능력이 있다. 몸 뒤집기, 기기, 선다, 달린다 등 신체적인 것과 말하기 발음 능력 등의 자발적 능력이 있다. 씨앗에서와 같이 잠재 능력이 내포되어 있다. 앤서니 라빈스Anthony Jay Robbins는 『네 안에 잠든 거인을 깨워라』에서 인간의 잠재 능력의 무한성을 말하고 있다.

(10) 성공적인 성취는 모방함으로써 탁월성을 달성할 수 있다.

성공적인 성취는 모방함으로써 누구라도 탁월성을 달성할 수 있다. NLP

창시자는 당대 최고 심리 전문가의 탁월성을 모방하였다. 창조는 모방의 산물이고, 훌륭한 책 또한 선행연구를 기반으로 새로운 이론이 탄생하는 것이다. 그러므로 NLP의 대가 로버츠 딜츠Robert Dilts는 성공학에서 "누군가 해냈다면 나도 할 수 있다"고 말한다.

(11) 정신과 육체는 하나의 체계이다.

정신과 육체는 상호작용하며 서로 영향을 미친다. 당황하거나 부끄러운 마음이 들면 신체적 반응은 즉각적으로 나타난다. 즉, 얼굴 빨개지거나 몸이 긴장하고 불안하면 두근거리고 땀이 나는 현상이다.

(12) 경험은 일정한 구조로 구성된다.

우리의 사고나 기억은 일정한 패턴이 있고 이 패턴을 변화시키면 우리의 경험은 자동적으로 바뀐다. 하위 양식인 오감의 하위 요소를 바꾸면 부정적인 것이 긍정적인 것으로 바뀐다. 교통사고를 경험한 사람이 반대편 환한 불빛(시각), 귀가 아플 정도의 경적소리(청각), 통증(신체 감각) 등 부정적인 일정한 구조를 기분 좋은 장면(시각), 아름다운 음악 소리(청각), 따스한 몸의 감각(신체 감각)의 패턴으로 변화시키는 치료 작업을 활용한다면 긍정화의 형태로 나타나게 되는 것이다.

(13) 타인의 세계관을 존중하라.

자신의 세계관으로만 세상을 보지 말라. 이는 타인의 세계관을 존중하라는 것이다. NLP 커뮤니케이션 모형에 나타난 것처럼 초당 134비트인 약 1/15,000 비율로 세상을 보면 문제가 생긴다. 이는 수많은 정보량 중 134비트만 보면서 나의 IR(내부표상체계, Internal Representation)을 고집하지 말고 다른 사람 속에서 공감하라는 것이다. 이는 케슈탈트 심리학의 배경[34]인 세상을 보는 시각이 각자 다르다는 것이다.

　대상을 접촉하는 일상이 진실이냐 아니냐의 문제가 아니라 얼마나 삶에 도움이 되고, 효과적이며 실용적인 것과 관련 있느냐가 중요하다. NLP의 모든 변화와 심리치료 작업은 전제조건에 따라서 이루어진다. 어떤 의혹이 생기더라도 일단 이해하고 사실로 받아들인다면 심리상담의 효과가 향상될 것이다.

---

34) 게슈탈트 심리학 중 전경forground은 어느 한 순간에 우리의 관심의 초점이 되는 대상을 의미하고, 배경background은 주된 관심 밖에 놓여 있는 부분을 의미한다.

5. NLP(Neuro Linguistic Programming)의 원리

NLP에는 네 가지 주요 원리가 있다. 첫 번째, 가장 중요한 원리는 라포 Rapport 형성이다. 이는 두 사람 사이의 공감적인 인간관계로 곧 신뢰 관계 형성이면서 심리치료 동맹을 말한다.

두 번째, 자신의 목표를 구체적이고 분명히 하는 것이다. 목표는 의미 있고 측정할 수 있으며 현실적 접근을 위해서 상담 기간을 설정하는 것이다. 즉, 상담자와 내담자 간 성공에 대한 구체적인 기준을 정할 수 있도록 한다.

세 번째, 감각적 민감성sensory acuity이다. 감각기관을 통하여 모든 일의 직접적인 경험을 하게 되는 것은 자신의 확실한 목표를 알 수 있고, 이 과정의 피드백은 더 효율적인 방향으로 나갈 수 있게 한다. 또한 감각적 민감성은 명상과 호흡의 문을 여는 '알아차림'이다.

네 번째, 행동의 융통성이다. 특이한 행동으로 나가기보다는 여러 행동을 고려하며 융통성 있게 한 가지를 선택하여 행동할 수 있도록 하는 것이 더 합리적이다.

6. NLP(Neuro Linguistic Programming)에서 바라본 무의식의 원리

우리는 초등학교부터 대학까지 무의식을 학습할 기회는 별로 없었다. 주로 프로이트를 다룰 때만 공부할 기회가 있었고, 본류인 심리상담을 전공하게 되면 칼융 분석심리학을 다룰 때 정도 가볍게 학습한다. 그래서 무의식이 90% 이상이 된다고 하는데 그것이 어떤 것인지? 어떤 기능을 하는 것인지? 어떤 역할을 하는 것인지를 잘 모르고 심리상담에 임하고 있다.

통상, 제1 심리학[35]이라고 말하는 프로이트 정신분석학에서 무의식이 중요하게 다루어지고, 제2 심리학의 행동주의에서는 개인 무의식을 대신하여 집단 무의식을 이야기한다. 긍정과 수용, 그리고 이해를 바탕으로 한 제3 물결인 인본주의 심리학에서는 매슬로우, 칼 로저스, 펄스, 사티어 등 인본주의 심리학자들은 인간에게 내재되어 있는 잠재력을 되살리는 운동으로 인간을 밝고, 건강한 심리, 행복, 성공 등으로 비교적 긍정적으로 묘사한다.

한편, 프로이트 무의식관은 히스테리하고 우울증 환자를 많이 접하여서 대체로 병리적, 어두운 느낌, 성장 과정의 트라우마, 상처, 죄책감 등으로 표현하고 있으나, NLP 무의식관은 90% 이상인 무의식이 어떤 것이고, 어떤 기능을 하고, 어떤 역할을 하는지 알게 하면서 무의식을 심리치료의 배경으로 활용한다.

인간을 긍정적이고 건강하며, 밝고 미래지향적이며, 행복과 성공의 변화 위

---

35) 이 부분에서는 학자들마다 다른 견해가 있다.

한 시각을 가지고 있다. 즉 제3 심리학인 인본주의와 비슷한 심리영역을 가지고 있다. 특히 NLP와 BMI는 21C에 맞는 새로운 물결의 심리학인 자아초월 심리학과 그 궤도를 함께하고 있다.

NLP와 BMI에서 바라본 무의식관을 정리해보면 첫 번째, 무의식은 기억을 저장한다. 특히, 무의식은 중뇌인 해마와 편도체에 저장되며, 자율신경계가 주관하는 소뇌의 운동을 주관한다. 무의식은 상상을 초월할 정도로 용량이 엄청나게 크며, 큰 기억 창고를 가지고 있다. 그러므로 NLP는 BMI를 긍정적 자원과 결합하여 무의식 속에 저장된 기억들을 심리치료와 육체 회복, 그리고 영혼치료에 활용한다.

두 번째, 연합하며 빨리 학습한다. 연합은 연결한다는 의미이며, 개가 종소리에 조건형성 자극이 되어 침으로 반응하여 연합하는 현상과 같다. 사과, 빨간, 빨간 사과, 맛있다. 바나나, 길다, 기차 등으로 연결하여 연상하는 것이다. 그래서 무의식을 활용하면 연합이 잘되고 학습 능력이 개발되어 학습을 잘 발휘할 수 있다. 특히, 무의식의 연합과 시냅스 활성화는 BMI의 핵심적 기능이다.

세 번째, 무의식은 신체활동을 주관한다. 생물학적 차원에서는 뇌를, 무의식 차원에서는 마음으로 신체를 운용한다. 무의식은 자율신경계를 주관하면서 교감신경과 부교감신경을 자극한다. 이는 우리가 생각할 여유 없이 음식이나 냄새를 맡고 침이 난다 등, 무의식에 잠재된 표상이 나타날 때, 공포에 가슴이 두근거리고, 슬픔으로 눈물이 나며, 악몽으로 땀이 나고, 신체 정도에 따라 하품을 한다. 뇌 검사에 이상이 없지만 신경성 두통이 있을 수 있고, 화병이 생겨서 마음이 아플 수가 있다.

네 번째, 무의식은 고도의 정서 영역이다. 무의식 기능은 정서적 경험에 의해서 나타나는 정서, 감정 영역이다. 의심 악화, 눈물, 답답함, 짜증, 불안 등의 감정이 올라온다. 잠잘 때, 꿈, 트랜스Trance[36] 등 의식 기능이 떨어질 때 무의식 정보가 잘 발휘한다.

다섯 번째, 무의식은 도덕적 존재이다. 무의식의 도덕은 일반적 도덕과는 다르다. 개인적 관점에서 자신을 위한 것이다. 여기서 도덕적인 존재라는 것은 개인의 관점에서 바라보는 것이다. 즉 습관적 술이나 담배 등 역기능으로 나타난 것이라고 할지라도 처음 시작은 본인을 위한 선의에서 비롯된 것이다. 개인 심리학의 방어기제인 합리적 방어기제와 일치한다.

여섯 번째, 무의식은 기억을 조직화한다. 첫 번째 서술한 기억 저장과 연결된다. 무의식의 연합된 학습, 즉 경험에 축적된 잠재력이다. 예를 들면, 10년 전? 중학교? 1일 전? 해외여행 등을 떠올리면 무슨 생각과 연결되고 연합되는가? 기쁜 일이든 나쁜 일이든 떠오를 것이다. 또 사과 생각을 하면 해외여행 가서 맛있게 먹던 사과가 연상된다는 것도 무의식이 뇌 기억을 조직화하는 과정에서 발생된 것이다. 무의식은 우리들의 뇌 속에 잠재되어 있는 생각들을 혼돈하지 않고 체계적으로 떠올린다. 무의식은 잘 발달되어 있고 훈련될수록 잘 인출된다. 이런 무의식을 명상과 연합하여 자아초월을 이끌어 낸다.

일곱 번째, 무의식은 미해결 부정적 정서를 가진 기억을 억압하며, 해결 목적으로 드러낸다. 미해결 기억을 노출하거나 쉽게 끄집어내 주지 않고 억압한다. 억울하게 곤혹 치른 경험에도 참도록 한다. 우리나라 화병hwabyung이 일

---

36) 비정상적인 각성 상태, 트랜스라는 용어는 최면Hypnosis, 명상Meditation, 마술Magic, 몰입Flow, 기도Prayer 상태와 연관되어 있다.

어난 원인이 이런 무의식의 억압 메카니즘mechanism에서 발생한다. 그러나 정도가 지나쳐 버리면 해결 목적으로 수단을 정당화하는 인간의 분노를 지배한다.[37)]

여덟 번째, 에너지를 생산, 저장, 분배 및 전달한다. 심신치유를 위한 힐링에너지이다. 우리 몸이 갖고 있는 면역력, 자연 치유력을 말하며, 이를 통괄하는 것이 무의식이다.

아홉 번째, 무의식은 본능을 유지하고 습관을 만들어 낸다. 하는 일마다 힘이 적게 들고 에너지 소모가 적은 지름길을 택하는 최소화 법칙 등, 하는 일을 계속하게 하는 관성의 법칙에 따라 움직인다. 무의식은 본능적 욕구 충족에 가장 바른길로 가려고 한다. 습관을 몸에 붙이기 위해 반복을 자주 해서 뇌 회로를 구축하고 리뉴얼renewal한다.

열 번째, 무의식은 생각보다 보다 더 많이 추구하도록 프로그램화되어 있다. 사람들이 술을 배울 때 처음에 술 한 잔으로 취하는데, 시간이 갈수록 두 잔, 나중에는 두 병이 되는 현상과 유사하다. 무언가에 만족할 때도 처음 1개를 요구, 다음에는 2개를 요구, 나중에는 10개 요구를 요구해야만 만족하는 현상이다. 이는 무의식이 더 많이 찾기Seek more and more를 추구하기 때문이다.

열한 번째, 무의식은 상징적이다. 대표적으로 꿈이다. 신체 증상도 일종의 상징이다. 갑상선 치료, 알레르기 등도 상징의 의미를 몰랐을 뿐이다. 이런

---

37) 프로이트가 말하는 무의식 속에 잠재되어 있는 인간의 공격성Thanatos으로 나타난다.

증상은 무의식이 신체에 드러난 현상이다.

열두 번째, 무의식은 모든 것을 자기 입장에서 주관적으로 받아들인다. 그러므로 쉽게 왜곡하고, 자기중심으로 보며, 듣거나 판단한다. 이는 자기가 듣고 싶은 말 한마디만 관심이 있다. 그래서 소통 문제에 지대한 영향을 끼친다.

열세 번째, 무의식은 부정어 처리를 못 한다. "빨간 말을 생각하지 마세요."라고 말하면 무의식은 이 말을 해독하지 못해서 '빨간 말을 먼저 생각하므로' 이를 생각하라는 말처럼 해석을 한다. 이는 "담배 피우지 마라" "술 마시지 마라"는 원래 이미지인 담배와 술을 떠올리는 현상과 같다.

NLP와 BMI를 활용한 심리상담치유는 '무의식을 긍정적으로 변화'하게 하는 인지능력을 향상시키고 조절하는 것이라고 할 수 있다. 상담자와 내담자가 무의식을 알고 어느 시각에서 어떻게 바라보는가에 따라 심리상담과 치료기법에 활용할 수 있으며, 내담자의 이상심리를 변화시키는 데 많은 역할을 할 수 있다.

7. NLP(Neuro Linguistic Programming)의 활용

NLP는 삶의 태도 형성, 효과적 의사소통, 개인 성장과 학습되는 과정 등 정신이 상호작용하도록 도와줌으로써 인간 삶의 질을 높이는 일을 한다. 그리고 NLP는 인간에 내재되어 있는 우수성을 발견하는 새로운 방법으로 자신이 원하는 것을 보다 쉽고 빠르게 실천하여 최상의 자기 성취를 하게 하는 인간 모델링의 임상과학이다.

더불어 어떤 분야에서 뛰어난 업적을 이룬 사람들의 성공한 행동 패턴을 찾아내 BMI(Brain Meditation Interface)를 프로그래밍한 방법이므로 심리치유뿐만 아니라 경영, 경제, 교육 등 다양한 분야에서 적용되고 있다 특히 NLP는 교육과 심리상담 기법으로 상담 현장에서 유용하게 사용하고 있다. 또한 개인의 심리 문제 및 대인관계 문제를 겪는 내담자에게 심리치유 방법으로 큰 효과가 있다는 것이 드러나고 있다.

NLP에서는 인간의 마음을 변화시키고 새로운 행동 패턴을 창출하기 위해 언어나 신체적인 모션 등의 다양한 기법이 연출되기 때문에 하나의 예술이라 할 수 있다. 또한 어떤 분야에서 든 뛰어난 업적을 이루어 낸 사람들을 보면 그들을 성공하게 한 법칙(패턴)이 있는데, NLP는 성공한 그들이 사용한 행동 패턴을 찾아내서 그 과정을 BMI와 더불어 프로그래밍한 방법이므로 과학인 것이다.

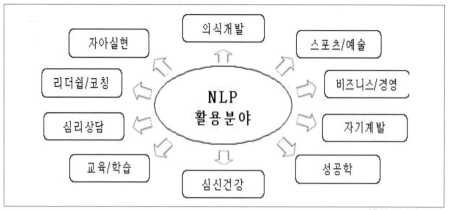

〈출처: 신대정, 2018〉

Ⅱ. 우리는 어떻게 감정 상태와 행동을
만들어 내는가?

1. 인간 감정의 변화 과정

▷ 내부 표현 ≫≫≫
– 마음속으로 무엇을
  어떻게 보고, 듣고,
  말하는가?

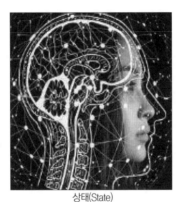

≫≫≫감정 상태 행동
– 말, 행동, 피부 색깔,
  호흡

▷ 신체적 ≫≫≫
– 자세, 호흡, 근육긴장
– 이완, 작용

상태(State)

　사람들의 생각, 언어, 행동 등은 자주 변화한다. 대인관계와 사물 등과 효율적 라포 형성과 변화 유도를 위해서는 보이는 사물에 대한 캘리브레이션(계측)이 필요하다. 그러기 위해서는 고도의 감각적 민감성Sensory Acuity이 있어야 한다. 개인에 따라서 민감성의 차이는 다르다. 감각적 민감성은 연습과 실습 등 양질에 따라 그 민감성을 높이고 계측 능력을 향상할 수 있다.

　특히, 언어 이외의 표현인 계측Calibration인 BMIR(Behavioral Manifestation of Internal Representation)은 비언어적 표현으로 얼굴 표정, 자세, 목소리의 톤, 눈동자의 움직임, 호흡의 변화 등 무의식적인 표현 양상이다. 즉, 인간의 외부 환경에 대한 자율신경계의 내부 반응이 행동으로 표현되어지는 것이다.

또한, 다른 사람과 이야기할 때 내부적으로 진행되는 것으로 일관되며, 미세하게 외부로 나타나는 잠재된 의식의 반응이다. 미세단서Minimal cues는 훈련받지 않은 사람들은 알아차리기 어렵다. 이러한 것을 잘 알 수 있다면, 의사소통을 더욱 원활하게 효과적으로 할 수 있게 된다. 미세단서를 통해서 알 수 있는 메타 메시지Meta messages는 메시지를 하고 있는 것을 바라보는 메시지로 내부적 의미를 결정하는데 매우 중요한 역할을 한다.

예를 들어 설명해 보면, NLP 전제조건인 '지도는 영토가 아니다'라는 말의 전체적 맥락을 이해해 보자. 우리가 세상을 보는 내부 지도는 행동에 반영된다. 즉 내부 사고와 정서는 외부 표정과 신체 반응으로 나타난다. 같은 유형의 사고는 개인에게 유사한 외적 반응을 일으킨다. 신체 언어body language 표정 읽기는 많은 감각 양식을 알게 되는데 이러한 것을 "감각 민감성sensory acuity"이라 한다.

이러한 계측Calibration의 단서들은 첫 번째, 피부색의 변화에 있다. 우리들의 피부색은 수시로 변한다. 무의식에 의해서 조절된다. 그래서 의식되지 않는 반응으로 표현되며 피부색의 변화는 전후 차이를 비교해 보면 알 수 있다.

두 번째는 미세한 근육 변화에서 나타난다. 긴장과 이완에 따라 얼굴의 근육이 나타난다. 눈가, 입가, 턱선에서 잘 나타난다. 이 변화는 개인마다 독특하며, 알아차리는 연습을 하는 방법을 배울 수 있다.

또한 아랫입술의 변화에서 보인다. 의식적으로 통제할 수는 있지만 이 변화는 잠재의식에서 나오는 신호를 알게 되는데 입술을 주의해서 보면 반복적인 것, 일종의 패턴, 크기의 변화, 질감, 움직임, 색, 촉촉한 느낌 등을 미리 짐작하여 볼 수 있다.

세 번째로 호흡의 변화는 사람마다 각기 다르지만 당시의 심리적인 변화를 짐작할 수 있다. 호흡의 리듬이 변화가 신체 위치에 따라 나타나며 이 사람에게 무언가 일어난 것을 알 수 있다. 더불어 시선 및 목소리의 톤, 높이, 빠르기, 볼륨, 그리고 리듬 등으로 많은 정보를 전달한다. 말하는 방법이 그 말을 알아차리게 하는 단서를 준다. 얼굴 표정의 연장선으로 말을 할 때의 손과 팔의 움직임도 많은 내용을 제공한다. 특정 부분을 손으로 강조할 수 있으며, 무의식으로 암시가 조성된 제스처일 수가 있는데 이러한 원리를 일반인들은 잘 모르기 때문에 계측이 쉽지 않다.

2. 감정 상태가 어떻게 변화하는가?

1) 감정 상태와 행동 연습

(1) 내담자에게 그가 아는 사람 중에서 믿고, 매우 좋아하는 사람, 한 사람을 생각하라고 한다. "다음 단계로 가기 전에 한 사람 생각 구조를 깨기 위해서 "오늘이 며칠입니까?"라는 등의 질문을 던진다.

(2) 다음엔 그가 아는 사람 중에서 신뢰하지 않고 매우 싫어하는 사람 한 사람을 생각하라고 한다. 다음 단계로 가기 전에 생각의 구조를 깬다. "생일이 언제입니까?"

(3) 그 후 (1)번을 생각하라고 하는 동안, 그 사람이 바로 앞에 있다고 상상하라고 한다. 그리고 얼굴 표정을 관찰한다.
4번으로 넘어가기 전에 패턴을 깬다. "당신의 고향은 어디입니까?

(4) 그 후 (2)번의 사람을 생각하라고 하는 동안, 그 사람이 바로 앞에 있다고 상상하도록 한다. 그리고 얼굴 표정을 관찰한다. (3)번과 (4)번의 얼굴 표정의 차이를 통해서 피험자의 표정을 바라보면 미세하게 변하는 것을 알 수 있다. 입가의 방향과 피부색이 흔히 많이 변한다.

이 연습은 아무나 할 수 있다는 게 좋다. 가까운 사람끼리 연습하면 잠재의식을 대강 짐작할 수 있는 경지에 이른다. 심리상담을 과학적으로 엿볼 수 있는 방법이다. 다음은 정도에 따라 측정해 보는 체크리스트이다.

① 피부 빛깔,　　밝 다 5······4······3······2······1　어둡다
② 피부 긴장도, 이완됨 5······4······3······2······1　경직됨
③ 호흡의 속도, 빠르다 5······4······3······2······1　느리다
④ 호흡의 깊이,　깊 다 5······4······3······2······1　얕 다
⑤ 시선의 초점, 초점 유 5······4······3······2······1　초점 무

2) 계측Calibration 실습

　　⇨ 좋아하는 것　　◦ 싫어하는 것
　　⇨ 사랑하는 사람　◦ 싫어하거나 미워하는 사람
　　⇨ 행복했던 일　　◦ 불행하거나 괴로웠던 일

3) 감각 민감성sensory acuity 실습

　　⇨ 손 ⇨ 어깨 ⇨ 목소리 ⇨ 기타

3. NLP(Neuro Linguistic Programming)와 뇌 과학적 이해

우리의 마음과 행동의 바탕에 뇌가 있다는 것은 분명하다. 하지만 지금도 대뇌의 신경생리 작용 등이 어떻게 마음과 심리에 연결되는가에 대한 연구는 계속되고 있다.

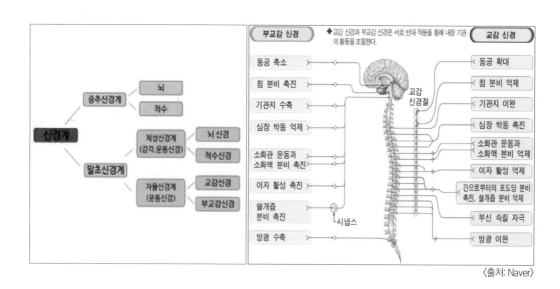

〈출처: Naver〉

인간의 신경은 중추신경계와 말초신경계로 이루어졌다. 중추신경계는 뇌와 척수로 되어 있는데, 뇌는 감각기관과 운동기관이 신경에 의해서 연결된 체계이며, 자극에 대한 적절한 명령을 하달한다. 전뇌, 중뇌, 후뇌로 구성되어 있다. 척수는 말초신경계의 신호를 뇌에 전달한다.

말초신경계는 체성계와 자율신경계로 구분되며, 온몸에 분포하고 있는 신경들로 온몸의 정보를 중추신경계에 전달하고, 중추신경계의 운동 명령을 받아 각 기관에 전달한다. 체성계는 감각 정보를 대뇌에 전달하는 감각신경과 대뇌의 운동 명령을 감각기관에 전달하는 운동신경으로 이루어졌다. 자율신경계는 교감신경계와 부교감신경계로 나누는데, 교감신경계는 심장과 혈관을 강하게 수축시키고, 동공 확대와 심장박동수가 증가하고, 위기 및 스트레스 반응 때 아드레날린 신경전달물질을 분비한다. 부교감신경계는 교감신경계 촉진으로 신체가 흥분했을 때 혈압과 심장박동수를 낮추는 것으로 명상, 집중 이완반응을 일어나는 아세틸콜린, 엔돌핀endorphin 등을 분비한다.

신경전달물질은 정신활동에 영향을 미치는 화학성분이다. 도파민dopamine, 세로토닌, 펩타이드peptide, 아드레날린 등이 있다. 특히, 엔돌핀은 고통을 감소하고 병을 빠르게 회복시키며, 긍정적인 상태를 만드는 자연 치유제이다. 뇌는 신경계를 통하여 신체 부의와 소통하면서 호르몬과 관련한다. 내분비계 호르몬은 각 신체 부위에 신호를 전달하거나 혈액을 통해 특정 부분에 영향을 끼친다.

인간의 신경세포인 뉴런은 신경계를 구성하는 신경세포로 구조적, 기능적 단위이다. 하나의 뉴런은 다른 뉴런과 거미줄처럼 복잡하게 연결되어 있다.

[쉬어가기]

마음근력 향상을 위한 내면소통훈련

□ 편도체 안정화   □ 전 전두피질 활성화

=호흡 훈련   =자기 참조 과정 훈련

-접촉점→ 아랫배→ 격관   -배경 자아 알아차림

=고유감각/내부감각 훈련   (고요함과 공간 알아차리기)

-뇌 신경계 근육 긴장완화   =자기긍정/타인긍정=용서, 연민,

-장신경계 내부감각 훈련/바디스케닝   사랑, 수용, 감사, 존중

-소마틱 운동

〈김주환 교수, 연세대〉

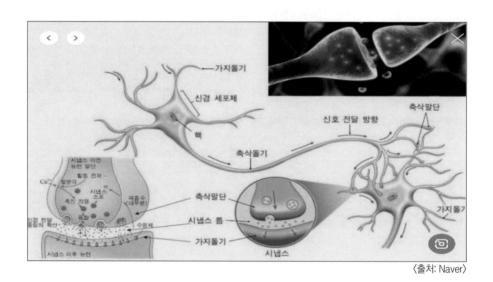

〈출처: Naver〉

　이것은 핵과 세포질이 모여 생명활동을 하는 신경세포체와 감각기관에서
자극을 받아들이는 가지(수상)돌기와 이것을 다른 뉴런으로 전달하는 축삭돌

기로 구성되어 있다. 신경세포를 구성하는 뉴런은 자극을 뇌와 척추로 전달하는 감각뉴런과 정보를 종합 판단하는 연합뉴런, 운동기능을 전달하는 운동뉴런이 있다. 수상돌기와 축색돌기 사이의 틈을 시냅스라고 한다. 인간의 감각, 운동 등 모든 활동은 신경 사이의 신경전달물질, 즉 화학성분hormone이 정보 전달의 역할을 하는데, 이를 시냅스synapse의 가소성이라고 한다.

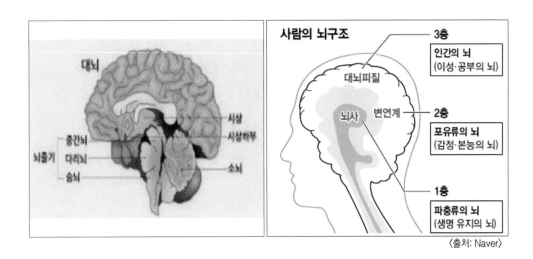

〈출처: Naver〉

인간의 뇌 중에서 정신활동에 관련이 깊은 시상과 시상하부가 있다. 시상은 모든 신체에서 오는 정보를 대뇌피질에 전달하고, 바로 밑에 있는 시상하부는 갈증, 식욕, 체온, 성 충동 등 기능을 담당하면서 자율신경계 활동을 하면서 호르몬을 조절한다. 호르몬은 신경전달물질과 다르다. 내분비계는 시상하부를 통하여 신경계를 지배하고, 시상하부는 뇌하수체로 여러 가지 호르몬을 분비하게 하여 다른 활동을 자극한다.

또한, 변연계(邊緣系, Limbic system)는 정서 감정과 본능 행동을 주관하는 뇌로서 시상하부와 시상을 연결하고 성적 기능, 감정 표현, 내장 기능, 학습과 기억을 통제하며 자율신경계를 조절하는 역할을 한다.

NLP와 BMI는 인간의 뇌와 가장 밀접한 관련이 있다. 여기서 N(neuro)과 B(brain)는 뇌와 신경을 일컫는다. 인간의 학습과 경험이 의식적이건 무의식적이건 두뇌 활동과 신경계 작용으로 받아들여 기억되는 형태로 이루어진다. 신경계는 척수 등 중추신경과 말초신경으로 이루어졌다.

L(Linguistic)은 언어이다. 언어는 뇌신경과 연결되어 있으며, 우리가 상호 간 교환하는 언어에 의해서 뇌에 조직화되고 프로그램화된다. 그래서 언어는 뇌에 프로그램된 생각이 각자 사용하는 말에 따라 그 사람의 성격과 품성이 묻어나기 때문에 현재와 미래의 삶의 형태를 예측할 수 있는 수단이다. 특히, L(Linguistic)을 훈련시키는 과정이 M(Medation)이다.

P(Programming)는 인간의 언어와 행동이 습관화되어 뇌에 구조화된다는 의미이다. 인간의 학습과 경험은 오감에 의해서 언어화되고, 프로그램화되어 뇌에 저장된다. 뇌에 조직화된 형태로 패턴화되어 기록된다. 이는 컴퓨터처럼 프로그램을 수정하고 업그레이드할 수 있다는 것이다. 언어와 신경적 작용은 특정한 방식으로 연합되어 시스템적으로 프로그램화되고 곧 행동으로 나타난다. 언어적 자극에 의한 신경계통의 작용은 무의식적이고 특정한 형식으로 I(Interface) 상호 교환하기 때문에 인간의 모든 행동은 프로그래밍의 결과라고 말할 수 있다.

NLP와 BMI는 뇌 신경계 작용으로 언어로 만들어진 우리 기억을 프로그래밍한다는 의미이다. 그래서 NLP 심리상담에는 부정적 상황을 긍정적 신경회로를 변화시키면 우리가 원하는 마음을 얻는데 도움이 된다는 것이다. 이것을 뇌의 신경가소성이라고 한다. 특히 불안, 강박장애로부터 부정적 사고로 프로그램된 신경회로를 내면에 잠재된 긍정적인 프로그램으로 새롭게 교체하면 마음이 편안하게 된다는 것과 같다.

4. NLP(Neuro Linguistic Programming)의 표상체계

표상representation은 외적 상황이나 과거 경험을 감각 체계에 의하여 마음 속에서 생각을 그려내는 것이다.[38] 외부에 대한 오감이 인식과 지각에 의해서 형성된다. 표상체계를 구분해보면, 지각 대상에 따라 현재 있으면 지각 표상, 과거는 기억 표상, 과거가 여러 가지 요소로 합쳐지면 상상 표상이라고 한다. 표상은 세상을 주관적으로 바라보면서, 이전의 경험 재생이나 미래 예견 등으로 심상Image of Mind을 하면서 창작 예술이나, 과학적 인식 등 여러 가지 역할을 하는 내면 지도이다.

1) 표상체계 Representation

표상체계란 시각, 청각, 촉각, 미각, 후각 등 오감의 감각 양식으로 정보를 받아들이면서 신념, 가치관, 선입견, 기억, 언어, 시간 등 필터를 통해 삭제, 왜곡 일반화되면서 내면적 지도가 그려지고, 사람마다 내면의 세계가 만들어진 자신의 표상체계를 사용한다.

2) 선호표상체계 Preference representation

우선적으로 사용하는 시각, 청각, 촉각 등 중에서 자주 사용하는 표상체계를 선호표상체계라 한다.[39] 실내외 장식, 그림, 패션, 도표, 미술 등은 시각적 선호표상체계, 음악, 언어, 강의, 보고 등에 관심이 많은 것은 청각적 선호표상체계, 감성적, 댄스, 운동 경기 등은 신체 감각적 선호표상체계이다. 자신에게 흥미와 중요성을 가지는 표상체계에 관심과 특정 감각을 많이 사용하여 생활

---

38) 이는 불교의 영상관법 또는 에니어그램의 심상화Image of Mind 기법과 유사하다.
39) 〈NLP Practitioner Certification Training, 설기문, 2016〉

에 접하게 된다. 그러므로 선호표상체계는 인간관계, 의사소통, 언어, 개인 생각, 심리상담치유 등 다양하게 활용하여, 개인을 이해하는 데 도움이 된다.

(1) 선호표상체계 검사

선호표상체계 검사는 4점 척도를 활용한다. 큰 점수 4점, 두 번째 3점, 세 번째 2점, 가장 낮은 점수는 1점으로 한다.

선호표상체계의 사례

–각 문항 앞의 빈 칸에 각각 써놓으시오. 같은 점수를 두 번 이상 쓰지 않도록 하시오.

① 내가 중요한 결정을 할 때 나에게 가장 영향을 미치는 것은 다음과 같은 것이다.

____ 직관적인 느낌

____ 다른 사람들이 하는 말

____ 전체적인 일의 모습과 조화

____ 면밀한 검토와 연구

② 다른 사람과 논쟁을 벌일 때 내가 가장 민감하게 반응하는 부분은 다음과 같다.

____ 상대방의 목소리 톤

____ 상대방이 논쟁하는 모습

____ 상대방의 논쟁 내용

____ 상대방의 진실된 감정

③ 나는 평소와 다른 심리 상태가 될 때 다음과 같은 것이 바뀌는 경향이 있다.

___ 옷차림새나 화장

___ 감정의 표현

___ 언어나 용어

___ 목소리 상태

④ 나는 다음과 같은 것을 하기가 가장 쉽다.

___ 음질 좋은 오디오를 켜놓고 음악을 듣기

___ 관심 있는 주제와 관련하여 논리적으로 생각하기

___ 가장 안락하게 느껴지는 가구를 고르기

___ 색상이 잘 어울리는 디자인을 고르기

⑤ 나를 가장 잘 나타내는 것은 다음과 같다.

___ 나는 주변의 소음에 민감하다.

___ 나는 어떤 사실이나 자료를 분석할 때 논리성을 따진다.

___ 나는 옷의 촉감에 매우 민감한 편이다.

___ 나는 실내의 가구 배치나 색상에 민감한 편이다.

⑥ 사람들이 나를 가장 잘 알려면 다음과 같이 하는 것이 좋다.

___ 내가 느끼는 것을 경험하기

___ 나의 관점과 함께 하면서 보기

___ 내가 무슨 말을 하며 또 표현을 어떻게 하는지 주의 깊게 들어보기

___ 내가 하고자 하거나 말하는 것의 의미에 관심갖기

⑦ 나는 다음과 같이 하는 것을 좋아한다.

___ 다른 사람들이 말하는 것을 듣기

___ 계획을 세울 때 전체적인 모습을 먼저 그려보기

___ 정보나 자료가 있을 때 논리적 체계를 세우고 정리하기

___ 사람을 처음 만날 때 그에 대한 느낌을 중시하기

⑧ 나로 말할 것 같으면…

___ 나의 눈으로 보고 확인하기 전에는 잘 믿지 않는 경향이 있다.

___ 상대방이 애절한 목소리로 부탁을 해오면 거절하지 못한다.

___ 나의 느낌으로 옳다고 여겨지면 이유를 따지지 않고 믿고 받아들인다.

___ 이치에 맞고 합리적이면 나는 받아들인다.

⑨ 나는 스트레스를 받으면…

___ 음악을 듣는다.

___ 책을 읽고 사색을 한다.

___ 편안하게 누워서 휴식을 취한다.

___ 좋은 경치를 배경으로 하는 영화나 그림을 본다.

⑩ 나는 처음 본 사람이라도 다음과 같은 식으로 그를 기억해낼 수 있다.

___ 얼굴 모습이나 옷차림새

___ 목소리

___ 그에 대한 느낌

___ 그의 직업이나 하는 일이 무엇일까 생각해보고

(2) 선호표상체계 검사 채점

문제지의 답들을 문제별로 답의 순서에 따라 아래의 빈칸에 옮겨 쓰시오.

1	2	3	4	5	6	7	8	9	10
K( )	A( )	V( )	A( )	A( )	K( )	A( )	V( )	A( )	V( )
A( )	V( )	K( )	D( )	D( )	V( )	V( )	A( )	D( )	A( )
V( )	D( )	D( )	K( )	K( )	A( )	D( )	D( )	K( )	K( )
D( )	K( )	A( )	V( )	V( )	D( )	K( )	K( )	V( )	D( )

(3) 각 기호에 해당하는 숫자를 각 문항별로 합하여 각 유형별로 합계점을 내고 꺾은 선 그래프를 만드시오.

	V	A	K	D
1				
2				
3				
4				
5				
6				
7				
8				
9				
10				
계				
	V	A	K	D

☞ 검산 V + A + K + D = 100

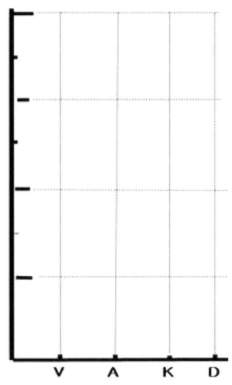

V: 시각, A: 청각, K: 촉각, D: 내부언어

〈NLP Practitioner Certification Training, 설기문, 2016〉

▷ D는 내부언어 A^D는 Auditory digital로 이성, 생각을 나타내는 언어적임

3) 유형별 선호표상체계

(1) 시각형(V)

깔끔하며 정리정돈형이고 외모를 중시한다. 화장, 옷차림, 악세서리, 전망, 경치 등 어떻게 보이는가에 관심이 있다. 집중하기 어려움을 느끼고 지저분하거나 더러운 것에 못 견뎌 한다. 말보다는 문서나 그림으로 제시할 때 쉽게 통한다. 패션, 디자인, 그래픽, 장식, 색상, 건축 등에 신경을 쓰며, "보기 좋은 떡", "이왕이면 다홍치마" 등과 유사하게 생각한다.

(2) 청각형(A)

소리나 목소리, 소음에 민감하다. 음악, 악기 연주 등 듣기를 좋아하고, 혼잣말, 독백, 조용한 것 등을 좋아한다. 한 번 들었던 것은 잘 기억하며, 말하기, 듣기, 수다 등을 좋아한다. 문서보다는 말이나 설명을 해주어야 효과적이다. 남의 말을 잘 듣는다. 성악, 기악, 작곡, 방송 연예 등이 많다. "말 한마디로 천 냥 빚" 등과 유사한 생각을 가지고 있다.

(3) 촉감형(K)

① 접촉 및 정서형

신경성 질환과 알레르기 자극에 약하다. 부드러운 촉감과 안락하고 편한 것 추구하며, 신체 접촉을 좋아한다. 직감이 발달하고 눈치가 빠르다. 정서적 경험이 발달하였다. 기분에 잘 좌우되는 경향이 있고 감정에 민감하고 눈물이 많다. 스트레스를 잘 받고 친한 사람들과 대화하기 좋아한다. 예술, 문학, 연예, 종교, 심리, 상담 등에 관심이 많다.

② 근육 및 움직임형

운동, 스포츠, 댄스 등에 관심을 많고 행동하면서 기억하는 경향이 있다.

몸의 움직임이 많고 주의가 산만하다. 실험, 실습, 역할연기, 실행 등에 관심이 많다. 과학실험, 연예, 예술, 스포츠 등에 취미가 있고 그러한 직업에 가면 적성에 맞다.

(4) 내부언어형(A^D)

독백하는 버릇이 있고, 내부 언어를 사용하고, 논리적이며 분석적인 경향이 많다. 절차와 순서를 중요시하며, 사물의 이치를 따지는 경향이 있다. 단어나 용어 중심으로 하는 언어에 민감하다. 정서에는 둔감하며, 글쓰기를 좋아한다. 정확한 언어를 구사하려 하고 완벽주의적 성향이 있다. 모든 일에 성실하게 대하며 믿음직스럽다.

(5) 선호표상체계로 대화

상대방과 이야기를 많이 나눌 때 V 유형 ~처럼 보여요(바라보지 않음), A 유형 ~라고 말했어요(대화 통함), K유형 ~를 (냉담)하게 대해요. 라고 주로 많이 사용한다. 예를 들어 보면,

▷ 상담가의 질의 : 남편분의 무엇이 당신을 힘들게 하나요?
  • V 유형 내담자: 남편은 절 바라보지 않는다고요.
  • A 유형 내담자: 남편과 전 대화가 통하지 않아요.
  • K 유형 내담자: 남편은 절 냉담하게 대해요.
  • A^D 유형 내담자: (혼잣말 하듯이) 남편이 절 힘들게 하려고 깊게 생각하고 행동해요.

이처럼 자주 쓰는 언어를 사용해 주어야 내담자가 잘 이해하고 라포가 빨리 형성되어 심리상담이 원활해진다.

4) 종속모형Sub-modality의 뇌의 재구성[40]

1) 경험의 구조와 술어

술어(賓辭, Predicate)는 감각적인 표상에 따라 즐겨 사용하는 것이다. 즉 과거 경험을 되살리는데 본인의 선호표상에 따라 많이 사용하는 언어로 표현하는 것이다. 심리상담에 있어, 질문에 답하는 것은 상대방의 경험 구조를 파악할 수 있다. 예를 들어, 술어적 표현Predicate으로 그 사람 모습 어때요? 하고 물어보면, 모습이 좋게 보여요.(시각 V) 시끄러운 소리를 자주 하는 사람 같아요.(청각 A) 포근한 사람으로 느껴져요.(촉각 K) 모습이 좋게 나타난다고 깊게 생각해요.(내부언어 A^D) 같이 선호표상에 따라 표현한다.

경험의 구조와 술어적 표현 양식은 절대적인 것이 아니며 내담자에 대한 상대적 표현을 알아야 하기 때문에 심리상담에 반드시 필요하다. 첫 번째, 시각(V)적인 사람들은 마음에 집중하는 것에 약하고 말로 표현하는 것에 대해서는 반응이 느리다. 말로 표현하는 양식이 부족하여 시각적으로 보이는 것에 관심을 가진다. 외모나 의상으로 사람을 판단한다. "주로 좋게 보여요." "아이디어가 혼돈되면 이것을 어떻게 묘사하는지," 즉 "앞날이 어두워진다고 생각해" 등으로 표현한다. 그들은 자세, 보기 좋은 옷을 입고, 표현력 풍부하다. 특히 디자인, 과학에 흥미, 적성, 비전 갖기 등에 관심을 갖는다.

두 번째, 청각(A)적인 사람들은 독백을 많이 한다. 소음에 민감하고 들은 것을 잘 기억하고, 음악 듣기를 좋아한다. 목소리에 신경 쓰고, 그것만으로도 매력을 느낀다. 문서로 하는 보고보다는 직접 말로 보고받는 것을 선호한

---

40) 〈NLP Practitioner Certification Training, 설기문, 2016〉

다. "듣고 보니 알았어." "너 말을 알아들었어." "듣고 있다 등"을 많이 사용한다. "내가 하는 말을 들어봐." "도대체 내가 어떤 말을 해야 할 것 같니?"로 표현한다. 그들은 팔짱을 자주 끼며, 어깨와 몸을 약간 앞으로 수그린다. 리드미컬한 음성. 보통 속도. 목소리 높낮이는 평온하며 말소리에 관심을 갖는다. 주로 아나운서, 강의자, 언어학 등 말과 관련해 흥미와 적성을 갖고 있는 경향이 있다.

세 번째, 촉각(K)적인 사람들은 신체적 접촉과 느낌이다. 신체 접촉이 이루어진 현장 경험 학습을 잘 기억하는 경향이 있다. 상대방과 가까이 이야기하기를 좋아한다. 행동하면서 일을 하고, 기분파이다. 소수 사람과 깊게 사귄다. "난 당신이 감각적이라고 느껴." "당신이 생각하는 느낌을 알 것 같아." "느낌이 힘들게 느껴져," "당신은 감각이 없는 것 같아" 등으로 나타낸다. 예술 활동에 적성이 많고, 춤추기를 좋아한다. 그들은 운동선수, 근육적인 몸, 살찐 사람, 운동을 생활화하는 사람 등으로 예술가, 운동가, 조각가, 도자공예가, 건축가 등에 기능을 가진다.

네 번째, 내부언어(Aᴰ)적인 기능인 언어적인 사람들은 독백하는 버릇이 있다. 현실적이며 감정조절을 잘한다. 정서 부분이 약하다. 꼼꼼한 성격으로 책임감이 강하다. 논리적이고 통계적 이야기, 의식적 이야기, 사리와 논리 따지기, 앎에 대해서 생각하고 인식하며, 옳거나 싫은 것을 토론하기를 좋아한다. 이 사람들은 충분히 생각하여 행동하고, 부드럽게 논리적으로 고려하면서 발언하며, 부드럽고 충만한 일관적인 음성으로 표현한다. 별다른 취미 없이 사색과 독서, 혼자 있는 시간을 즐긴다. 주로 쓰는 언어는 '아 머리야', '간이 부어터졌다', '저 사람 얼굴은 철면피다', '눈깔이 앞으로 튀어나온다', '닭살 같다', '열 받는다', '속 탄다' 등의 표현을 자주 한다.

이처럼 선호표상체계가 유사한 사람끼리 모이면 가볍게 라포가 형성되고 친해진다. 그러나 다른 유형이 모이면 의견충돌이 잦고, 갈등이 심할 수 있으므로 주의해서 표현해야 한다. 다른 유형의 사람과 가까워질 수 있는 방법은 그에게 맞는 영향을 미침으로써 목적을 달성할 수 있다. 예를 들어, 친해지고 싶다거나 심리상담치료와 업무 보고 및 지시를 할 때 상대방의 선호표상체계에 맞추어 간다면 보다 더 상대방을 이해하고 편하게 라포가 빨리 형성되어, 상호간 원하는 목적에 도달하기가 쉽다.

2) 하위양식Submodality의 개념과 관련 기법

하위양식이란 다섯 가지 감각인 시각, 청각, 신체감각(촉각, 미각, 후각)의 감각양식Modality을 구성하는 하위요소로 하위감각양식Submodality인 세부 감각을 의미한다. 모든 내적표상체계(internal representation 이하 IR)는 하위양식으로 이루어졌으며, 현실Reality도 하위양식으로 되어있다. 어떤 IR이든 특징적인 표상체계와 그에 따른 하위양식이 있는데, 그것을 드라이버driver라고 한다. 그러므로 하위양식인 드라이버가 바뀐다면 세상이 달리 보인다는 것이다. 마음은 세포 구성처럼 하위양식으로 되어 있다. 그래서 하위양식이 바뀌면 마음이 변화하게 된다.

이는 하위양식을 활용하여 내담자의 마음속 IR를 쉽게 변화할 수 있도록 하는데 목표가 있다. 그러므로 하위양식은 IR을 바꾸기 위한 수단이 된다. IR을 바꾸면 결과적으로 주변에 영향을 끼치게 되기 때문에 하위양식은 마음의 변화를 위해서 매우 중요한 역할을 한다. 그러므로 불안증, 공황장애, 공포증, 우울, 알레르기 등은 하위양식의 문제라고 할 수 있다.

세부 감각은 시각적, 청각적, 촉각적 등 세 가지로 나눈다. 모양, 크기, 밝기, 색깔(칼라, 명암), 위치와 거리, 움직임(정지와 동영상) 등인 시각적 요소이다.

소리 크기, 고저, 내부와 외부, 소리 방향, 부드러움 정도, 빠르기, 톤 등은 청각적 요소이다. 온도, 느낌, 바라본 내 마음, 몸의 감각 등인 촉각적인 요소이다. 드라이버Driver는 방아쇠Trigger이다. 촉발요인이며 진정한 차이를 만드는 메타인지구조의 상위 차이이다. 그 하나가 바뀌면 모든 것이 바뀐다. 그러므로 하위양식인 드라이버를 찾는 것이 핵심이다. 다음은 하위양식 관련 기법이다.

(1) 대조분석법(Contrastive Analysis)

서로 다른 두 가지 사물이나 감각을 하위양식에서 대조 분석하여 비교함으로써 두 대상이 다름을 보여주는 촉발요인인 드라이버를 찾아내는 것이다. 주로 위치와 연합과 분리가 곧 드라이버가 된다. (예, 커피와 간장, 빵과 똥, 우유와 청국장 등)

(2) 비교수정법(Comparison Amendatory)

대조분석을 통하여 하위양식인 드라이버를 원하는 것으로 교체하여 IR을 바꾸는 방법이다. 다음 표는 하위분석을 이용하여 대조분석하고 비교수정하는 방법을 예로 든 것이다. 이 내담자는 우유를 먹지 못했다. 먹으면 토하고 속이 메슥거리며, 토할 때도 가끔 있다고 했다. 그러나 청국장은 매우 좋아하는 음식이고 자주 먹고 싶다고 했다. 먼저 아래와 같이 우유와 청국장을 '상태 이름'인 하위요소별로 대조분석을 하였다. 이 중 분석한 것은 다시 비교하여 유사하게 나타난 청각의 고저, 내·외부, 소리 방향 등은 제외하고 다르게 반응하여 우유에 나타난 모든 하위양식 부분을 청국장에 반응한 하위양식 부분으로 수정하니 우유가 좋아졌고 마실 수 있게 되었다.

시각			청각			촉각		
상태 이름	우유	청국장	상태 이름	우유	청국장	상태 이름	우유	청국장
칼라/명암	하얀	황토색	소리크기	약간있다	지글지글	온도	찬느낌	끓어오름
전체 크기	손바닥	뚝배기	고저	높다	높다	바라본 내마음	긴장	흐뭇
위치와 거리	앞	밑	내,외부	내부	내부	무게	보고있다	냄새맡다
정지/ 동영상	정지	끓어오름	소리방향	오른쪽	오른쪽	첫 먼저 느낌	가슴답답	어머니 느낌
연합/ 분리	분리	연합						

(3) 하위양식 신념 변화 기법(Submodalities Belief Change)

스스로 자신을 파괴적인 부정적인 신념인 제한적 신념Limiting Belief을 긍정적 에너지가 넘치는 활성화 신념Empowering Belief으로 바꾸는 기법이다.

예) 난 실패만 하는 찌질한 사람이야 ⇒ 난 성공할 수 있는 대단한 사람이야

① #1 '제한적 신념'인 더 이상 원치 않는 것을

▷ 난 실패만 하는 찌질한 사람이야. 상상하고 하위양식 확인 (그래, 맞는 말이야)

② #2 '더 이상 사실 아닌 것'에 상상하고 하위양식 확인

▷ 결혼 전 미혼이다. 상상하고 하위양식 확인 (아니야, 말도 안돼)

③ #1 의 하위양식을 #2의 것으로 바꾸라. 방아쇠Trigger 바꾸기

▷ #1의 제한적 신념 하위양식을 #2의 더 이상 아닌 것으로 바꾸기

▷ 점검, 이제 #1인 제한적 신념이 어떠세요?

④ #4 '절대적 사실 신념'에 상상하고 하위양식 확인

▷ 태양은 동쪽에서 뜨고 서쪽으로 진다. (너무나 당연하지)

시각			청각			촉각		
상태 이름	#1	#2	상태 이름	#1	#2	상태 이름	#1	#2
칼라/명암			소리크기			온도		
전체 크기			고저			바라본 내마음		
위치와 거리			내,외부			무게		
정지/ 동영상			소리방향			첫 먼저 느낌		
연합/ 분리								

⑤ #1 반대의 #5 '긍정적 에너지가 넘치는 새 활력 신념 상상하고 하위양식

확인

▷ 난 성공할 수 있는 대단한 사람이야

⑥ #5를 하위양식을 #4의 절대적 신념으로 바꾸라.

▷ 점검, 이제 제한적 신념이 어떠세요? 새로운 신념을 갖게 되었나요?

▷ #5를 새 활력 신념 하위양식을 #4의 절대적 신념 하위양식으로 바꾸기

시각			청각			촉각		
상태 이름	#4	#5	상태 이름	#4	#5	상태 이름	#4	#5
칼라/명암			소리크기			온도		
전체 크기			고저			바라본 내마음		
위치와 거리			내,외부			무게		
정지/ 동영상			소리방향			첫 먼저 느낌		
연합/ 분리								

▷ 점검, 이제 새 활력 신념은 어떠세요? 왜 새 활력 신념을 가졌다고 느껴지십니까? 지금도 제한적 신념을 아직도 갖고 계십니까?"

☞ 하위양식에 #1, #2, #4, #5 등의 신념을 마음속으로 생각할 때, 영상과 이미지만 떠올려서 간단하게 바꿀 수 있다. 하는 방식은 동일하다.

하위양식 신념 변화 기법

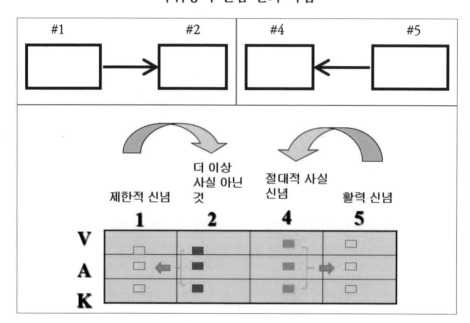

3) 라포Rapport 형성 요소(마음이 통해요)

공감하는 정서는 신체 생리적인 것을 기반으로 해야만 라포 형성이 가능하다. 이것은 신체적 자세, 움직임, 표정, 태도 등을 상대방과 일치시키는 것을 의미한다. 커뮤니케이션에는 비언어적인 것도 포함되며, 상대방과 신뢰 관계가 형성되고, 어떤 변화를 위한 것은 라포와 연관되어 있다. 상담자와 내담자 간

라포 형성은 의사소통에서 상대방과의 사이에 친밀감 또는 신뢰 관계를 형성하기 위한 기술로 미러링, 백트래킹, 페이싱, 페이스, 리딩 기법 등을 활용한다.

(1) 미러링(친구와 거울처럼)

미러링Mirroring은 말 그대로 마치 거울을 보듯이 상대방의 행동을 그대로 따라 하는 기법이다. 즉, 상대방이 오른쪽으로 고개를 기울이면 나는 왼쪽으로 한 박자 늦게 기울인다. 이 간단한 테크닉은 상대방에게 무의식적인 차원에서 나와 친밀감을 느끼게 하는 강한 영향력을 행사한다.

'마음이 통해요'(라포 형성)를 실행해 보자.

▷ 친구와 거울처럼(미러링)

① 상대방과 마주 앉는다.

② 상대방에게 이제까지 있었던 재미있는 일이나 의미 깊었던 일들을 자유롭게 이야기하도록 한다.

③ 상대방이 이야기하면서 오른쪽으로 고개를 기울이면 본인은 왼쪽으로 기울인다. 흉내 낸다는 오해를 미연에 방지하기 위하여 한 박자 늦게 따라 거울과 같이 움직인다.

④ 얼마간 지나면 상대방에게 기분을 묻는다.

⑤ 친밀감이 형성되었다면 성공적이고, 그렇지 않으면 다시 시도한다.

(2) 백트래킹(맞장구 쳐보자)

이야기하는 사이사이에 상대방이 말한 어떤 핵심 단어를 한번 더 반복해서 말하면 상대방은 자신의 말이 경청되는 느낌을 받아 신뢰감을 형성하게 된다. 즉 이야기하는 중간중간에 상대방이 말한 어떤 핵심단어를 맞장구치듯이 그대로 되풀이하는 것이 백트래킹Backtracking이다.

▷ 맞장구 쳐보자(백트래킹)

① 상대방과 마주 앉는다.

② 상대방에게 이제까지 있었던 재미있는 일이나 의미 깊었던 일들을 자유롭게 이야기하도록 한다.

③ 중간중간에 상대방이 말한 어떤 핵심 단어를 맞장구치듯이 그대로 되풀이 한다. 상대방이 "어제 오후에는 친구와 등산 갔지"라고 말하면 "아, 어제 오후에는 친구와 등산 갔구나"라고 되받아 준다.

④ 얼마간 지나면 상대방에게 기분을 묻는다.

⑤ 친밀감이 형성되었다면 성공적이고 그렇지 않으면 다시 시도한다.

☞ 친구와 미러링과 맞장구치기를 실행해 보고 자기 느낌이나 생각을 적어보자.

_____

_____

(3) 페이싱Pacing

페이싱Pacing은 호흡이나 동작, 음조 등을 상대방과 맞추는 것이다. 상대방의 호흡에 따라 하는 것도 매우 효과적인 한 형태라 할 수 있다. 즉 상대방이 이야기할 때는 숨 내쉬는 것에 맞추어 숨을 내쉬면 된다.

'마음이 통해요'(라포 형성)를 실행해 봅시다.

▷ 친구와 맞추어 봐요(페이싱)

① 상대방과 마주 앉는다.

② 상대방에게 이제까지 있었던 재미있는 일이나 의미 깊었던 일들을 자유롭게 이야기하도록 한다.

③ 상대방이 이야기할 때는 당연히 숨을 내쉬고 있다는 것을 알 수 있으므

로 이야기하는 동안은 숨을 내쉬고, 음조는 그 사람의 말의 속도만 맞춘다.

④ 얼마간 지나면 상대방에게 기분을 묻는다.

⑤ 친밀감이 형성되었다면 성공적이고 그렇지 않으면 다시 시도한다.

(4) 리딩(친구 리더하기)

맞추기는 라포를 형성하기 위해 동작, 음조, 호흡, 자주 사용하는 표현 등을 상대방과 맞추는 것을 말한다. 이 맞추기를 통해 어떤 문제 해결을 위해 보다 더 나은 상태로 가는 것을 이끌기라고 한다. 즉 페이싱을 한 후에 내가 어떤 다른 동작을 했을 때 상대방도 같이 따라서 하면 리딩Leading되었다고 한다.

▷ 친구 리더하기(리딩)

① 상대방과 마주 앉는다.

② 상대방에게 이제까지 있었던 재미있는 일이나 의미 깊었던 일들을 자유롭게 이야기하도록 한다.

③ 페이싱 중에 본인이 손가락으로 테이블을 가볍게 두드린다.

④ 본인이 자세를 바꾼다. 상대방이 따라 하면 리딩됨을 안다.

⑤ 얼마간 지나면 상대방에게 기분을 묻는다.

⑥ 친밀감이 형성되었다면 성공적이고 그렇지 않으면 다시 시도한다.

☞ 친구와 맞추기, 친구 리더하기를 실행해 보고 자기 느낌이나 생각을 적어 보자.

5. NLP(Neuro Linguistic Programming)와 자주 사용되는 심리 기법

1) 액자 기법(부정적인 것 지워버려요)

이것은 불쾌하거나 기분 나쁜 혹은 고통스러운 감정을 느끼게 하는 과거 때문에 힘이 들 때 그 기억에서 벗어날 수 있게 하는 개입방법이다. 절차는, 먼저 문제 상황 떠올리기에서 가능하면 최근의 일 중에서 불안하거나, 당황했거나, 자존심 상했던 상황의 기억을 떠올려 본다.

시각, 청각, 촉각, 미각, 후각의 느낌을 알아본다. 신호에 따라 흑백 사진으로 바꾼다. 다음은 사진 액자에 넣어 벽에 걸고 그 흑백 사진을 자신이 좋아하는 모양과 색깔의 액자를 택해서 넣어 본다. 그 사진을 다른 그림과 사진이 많이 전시되어 있는 전시장의 벽에 걸어놓는다. 그리고 벽에 걸린 그림을 휘발유를 부어서 라이터로 불을 붙여 태워버린다. 그리고 재가 되어버린 액자를 선풍기 바람으로 날려버린다. 아무것도 남아있지 않다. 그 느낌이 어떠한지 느껴본다. 마지막으로 결과 확인에서는 다시 처음의 그 부정적 상황으로 돌아가서 그 상황을 가만히 떠올려 본다. 그리고 그 느낌이 어떠한지 느껴본다.

▷ 부정적(액자 기법)인 것을 지워 버리기 위하여 다음을 따라 해보자.

① 심호흡을 3번 한다.

② 눈을 감고 이제까지 살아오면서 최근의 일 중에서 불안하거나, 당황했거나, 자존심 상했던 상황을 기억을 떠올려 본다.

③ 부정적인 장면의 기억을 떠올린 순간 시각, 청각, 촉각, 미각, 후각의 느낌을 알아본다. 신호에 따라 흑백 사진으로 바꾼다.

④ 다음은 사진 액자에 넣어 벽에 걸고 그 흑백 사진을 자신이 좋아하는 모양과 색깔의 액자를 택해서 넣어 본다.

⑤ 그 사진을 다른 그림과 사진이 많이 전시되어 있는 전시장의 벽에 걸어 놓는다. 그리고 벽에 걸린 그림을 휘발유를 부어서 라이터로 불을 붙여 태워 버린다.

⑥ 재가 되어버린 액자를 선풍기 바람으로 날려버린다. 아무것도 남아있지 않다. 그 느낌이 어떠한지 느껴본다.

⑦ 마지막으로 결과 확인에서는 다시 처음의 그 부정적 상황으로 돌아가서 그 상황을 가만히 떠올려 본다. 그리고 그 느낌이 어떠한지 느껴본다.

⑧ 그 부정적인 장면이 잘 떠오르지 않으면 성공적이고 그렇지 않으면 다시 실시해 본다.

항목	내용	비고
무엇이 보입니까? (시각)		
무엇이 들립니까? (청각)		
만지면 무슨 느낌입니까? (촉각)		
무슨 맛입니까? (미각)		
무슨 냄새가 납니까? (후각)		
활동 후 소감		

☞ '부정적인 것 지워 버려요'를 실행해 보고 자기 느낌이나 생각을 적어보자.

_____

_____

_____

_____

2) 영화 기법 (긍정적 시각으로 바꾸어요)

이 기법은 불쾌하거나 기분 나쁜 혹은 고통스러운 기억에서 벗어날 수 있게 하는 개입방법이다.

절차는 부정적인 정서를 떠올려 보고 그 당시 기분을 생각해 본다. 부정적 정서의 주인공이 되었다고 생각하며 자신이 그 연기를 한다. 이때 시각, 청각, 촉각, 미각, 후각의 느낌을 알아본다. 다시 그 장면에서 벗어나 객석으로 와서 영화 상영을 보고 당신과 똑같은 주인공의 연기를 보면서 오감를 통해서 느낀다. 갑자기 부정적 정서가 된 부분의 장면이 흔들리며 잘 보이지 않는다. 영화는 끝났고 그 상태의 장면을 상상한다. 부정적인 정서 부분의 필름을 삭제하고 삭제한 부분을 불에 태워버리고 나머지 필름으로 영화를 연결한다. 그리고 다시 객석에서 영화를 보면서 기분을 확인한다. 처음의 기억이나 느낌이 어떠한지 확인한다. 부정적인 장면이 잘 떠오르지 않을 때까지 반복한다.

▷ 긍정적 시각(영화 기법)으로 바꾸기 위하여 다음을 따라 해보자.
　① 심호흡을 3번 한다.
　② 눈을 감고 이제까지 살아오면서 더 이상 기억하고 싶지 않는 사람이나 부정적인 일에 멈추게 한다.
　③ 부정적인 정서를 떠올려 보고 그 당시 기분을 생각해 본다.
　④ 부정적 정서의 주인공이 되었다고 생각하며 자신이 그 연기를 한다. 이때 시각, 청각, 촉각, 미각, 후각의 느낌을 알아본다.
　⑤ 다시 장면에서 벗어나 객석으로 와서 영화 상영을 보고 당신과 똑같은 주인공 연기를 보면서 오감을 통해서 느낀다.
　⑥ 갑자기 부정적 정서가 된 부분의 장면이 흔들리며 잘 보이지 않는다.
　⑦ 영화는 끝났고 그 상태의 장면을 상상한다.

⑧ 부정적인 정서 부분의 필름을 삭제하고 삭제한 부분을 불에 태워버리고 나머지 필름으로 영화를 연결한다.

⑨ 다시 객석에서 영화를 보면서 기분을 확인한다.

⑩ 처음의 기억이나 느낌이 어떠한지 확인한다.

⑪ 부정적인 그러한 장면이 잘 떠오르지 않을 때까지 반복한다.

항목	내용	비고
무엇이 보입니까? (시각)		
무엇이 들립니까? (청각)		
만지면 무슨 느낌입니까? (촉각)		
무슨 맛입니까? (미각)		
무슨 냄새가 납니까? (후각)		
활동 후 소감		

☞ 긍정적 시각(영화 기법) 바꾸기를 실행해 보고 자기 느낌이나 생각을 적어 보자.

3) 고공에서 보기 (부정적인 것 멀리하고 싶어요)

이 기법은 불쾌한 감정이나 힘들었던 기억에서 멀어지게 하는 관조하는 방법이다(신대정, 2008). 절차는 눈을 감고 이제까지 살아오면서 더 이상 기억하고 싶지 않은 사람이나 부정적인 일에 멈추게 한다. 그 순간 시각, 청각, 촉각, 미각, 후각 등 오감각의 느낌을 확인하고 기분을 확인한다. 그러한 부정적 정서를 경험할 때 당신의 몸과 마음에서 어떤 느낌과 반응이 일어나는지를 생각하고 느껴본다. 그 장면을 20m 상공에서 바라보면서 느낌을 말한다. 다시 비행기 높이로 올라가서 그 장면을 바라보게 한다. 보이는 정도를 말하게 하고 느낌을 말한다. 다시 달에 올라가서 그 장면을 바라보게 한다. 보이는 정도를 말하게 하고 느낌을 말한다. 다시 은하계로 가서 그 장면을 바라보게 한다. 보이는 정도를 말하게 하고, 문제 상황과 자신을 완전히 분리하게 하고 느낌을 말한다. 다시 현장으로 내려와서 현장 모습이 어떻게 보이는지 확인해 본다. 그 일은 어떻게 되었으며 당신은 무엇을 하고 있으며 모습은 어떻게 보이는가? 그리고 기분은 어떠한가? 처음의 모습과 어떻게, 얼마나 달라졌는지를 확인한다. 처음과 어떤 차이가 있는지를 확인한다.

▷ 부정적인 것 멀리하고 싶어요. (고공에서 보기) 위하여 다음을 따라 해보자.
　① 심호흡을 3번 한다.
　② 눈을 감고 이제까지 살아오면서 더 이상 기억하고 싶지 않은 사람이나 부정적인 일에 멈추게 한다.
　③ 부정적인 그 순간 시각, 청각, 촉각, 미각, 후각 등 오 감각의 느낌을 확인한다. 기분을 확인한다.
　④ 그러한 부정적 정서를 경험할 때 당신의 몸과 마음에서 어떤 느낌과 반응이 일어나는지를 생각하고 느껴본다.

⑤ 그 장면을 20m 상공에서 바라보면서 느낌을 말한다.

⑥ 다시 비행기 높이로 올라가서 그 장면을 바라보게 한다. 보이는 정도를 말하게 하고 느낌을 말한다.

⑦ 다시 달에 올라가서 그 장면을 바라보게 한다. 보이는 정도를 말하게 하고 느낌을 말한다.

⑧ 은하계로 가서 그 장면을 바라보게 한다. 보이는 정도를 말하게 하고, 문제 상황과 자신을 완전히 분리하게 한다. 느낌을 말한다.

⑨ 다시 현장으로 내려와서 현장 모습이 어떻게 보이는지 확인해 보라.

⑩ 부정적인 그러한 장면이 잘 떠오르지 않을 때까지 반복한다.

항목	내용	비고
무엇이 보입니까? (시각)		
무엇이 들립니까? (청각)		
만지면 무슨 느낌입니까? (촉각)		
무슨 맛입니까? (미각)		
무슨 냄새가 납니까? (후각)		
활동 후 소감		

☞ 부정적인 것 '멀리하고 싶어요'를 실행해 보고 자기 느낌이나 생각을 적어 보자.

_____

_____

_____

NLP의 전제는 우리에게 필요한 모든 자원이 인간의 내면에 있다는 것이다. 사람의 자원을 발견하고 자신감에 가득 찬 상태를 만들어 활용하면 매우 긍정적인 결과를 낳는다.

절차는 눈을 감고 이제까지 살아오면서 아주 기쁠 때, 기분이 좋을 때, 어떤 일이 잘될 때의 상태를 기억하고 그 장면에 멈춘다. 시각, 청각, 촉각, 미각, 후각을 통해서 그 상태의 느낌을 들어본다. 신호에 맞추어 이 장면은 10배로 확장한다. 10배로 확장된 오감의 느낌을 들어본다. 10배로 확장된 느낌을 신호에 맞추어 100배로 확장시키고 오감의 느낌을 들어본다. 확장된 감각을 마음껏 음미해 본다. 언제라도 이 같은 감각들을 재생할 수 있도록 꾸준히 연습한다.

▷ 최고의 기분 상태(리소스풀Resource pool한 상태, 아주 기쁠 때, 기분이 좋을 때, 그리고 어떤 일이 잘될 때의 상태)를 떠올리기 위해 다음을 따라 해 봅시다.

① 심호흡을 3번 한다.

② 눈을 감고 이제까지 살아오면서 아주 기쁠 때, 기분이 좋을 때 어떤 일이 잘될 때의 상태를 기억하고 그 장면에 멈춘다.

③ 시각, 청각, 촉각, 미각, 후각을 통해서 그 상태의 느낌을 들어본다.

④ 신호에 맞추어 이 장면은 10배로 확장한다. 10배로 확장된 오감의 느낌을 들어본다.

⑤ 10배로 확장된 느낌을 신호에 맞추어 100배로 확장시키고 오감의 느낌을 들어본다.

⑥ 확장된 감각을 마음껏 음미해 본다. 이 기분으로 신호에 따라 눈을 뜬다.

⑦ 언제라도 이 같은 감각들을 재생할 수 있도록 꾸준히 연습한다.

항목	내용	비고
무엇이 보입니까? (시각)		
무엇이 들립니까? (청각)		
만지면 무슨 느낌입니까? (촉각)		
무슨 맛입니까? (미각)		
무슨 냄새가 납니까? (후각)		
활동 후 소감		

▷ 최고의 기분 상태를 떠올리며 느껴보고, 원할 때 이 감각을 느낄 수 있도록 꾸준히 연습해 봅시다.

연습 일시①	연습 일시②	연습 일시③	연습 일시④	연습 일시⑤	연습 일시⑥

☞ 최고의 기분 상태를 떠올리기 상태(리소스풀Resource pool한 상태)를 알아보고 자기 느낌이나 생각을 적어보자.

_____

_____

_____

_____

5) 스위시 패턴(안 좋은 생각, 좋은 생각과 바꾸어요)

스위시 패턴swish patterm은 없애고 싶은 특정 행동이나 원하지 않은 반응을 없애고 원하는 행동이나 반응을 새롭게 하는 휘익[41] 기법이다. 그래서 휘익 기법은 어떤 긴장이나 긍정적으로 편하게 행동의 방향을 재빨리 변화시킬 수 있다.

휘익 기법의 절차는 첫 번째, 눈을 감고 자신이 살면서 가장 기억하기 싫은 장면을 상상한다. 그때 기분을 오감을 통해서 느껴본다. 그리고 왼손에 장면을 옮겨 놓는다. 왼손바닥 장면이 점점 작아진 것을 생각한다. 두 번째 살면서 가장 좋았던 때를 생각하고 그 멋지고 화려했던 장면을 상상한다. 떠오르는 장면에 대한 기분을 오감을 통해서 느껴본다. 그리고 그 장면을 오른손에 옮겨 놓는다. 오른 손바닥의 장면은 점부터 커진 것을 생각하다. 왼손 손바닥은 왼쪽 눈 가까이하고 오른손 손바닥을 오른쪽 눈과 멀리한다.

상담자의 신호에 따라 '휘익!' 소리를 내면서 손의 위치를 왼손 손바닥은 왼쪽 눈에서 멀리하면서 작아지는 상상, 오른손 손바닥은 오른 눈과 가까이하면서 확 커진 것을 상상한다. 이 동작을 바꾸고 나서 기분을 느껴본다. 원래의 기분 나빴던 단서 이미지를 다시 마음속에 떠올리면서 무엇을 느끼는지 주의를 기울여 본다. 기분이 확장되었으면 성공적이고 그렇지 않으면 다시 반복해서 실시한다.

▷ 스위시 패턴은 휘익! 소리와 함께 안 좋은 생각, 좋은 생각과 바꾸기 위하여 다음을 따라 해보자.

---

41) 빠르고 조금 크게 한 번 돌거나 위는 모양을 나타내는 말

① 심호흡을 3번 한다.

② 첫 번째, 눈을 감고 살면서 가장 기억하기 싫은 장면을 상상한다. 그때 기분을 오감을 통해서 느껴본다. (이미지 확인하기)

③ 왼손에 장면을 옮겨놓는다. 왼손 손바닥 장면이 점점 작아진 것을 생각한다. (분위기 전환으로 전화번호를 소리 내어 말하기)

④ 두 번째, 살면서 가장 좋았던 때를 생각하고 그 멋지고 화려했던 장면을 상상한다. 기분을 오감을 통해서 느껴본다. (풍부한 자원상태 만들고 확장하는 연습하기)

⑤ 그 장면을 오른손에 옮겨 놓는다. 오른손 손바닥은 점부터 커진 것을 생각하다. 왼손 손바닥은 왼쪽 눈 가까이하고 오른손 손바닥을 오른쪽 눈과 멀리한다. (자아상을 이미지 안에 넣기)

⑥ 신호에 따라 '휘익!' 소리를 내면서 손의 위치를 왼손 손바닥은 왼쪽 눈에서 멀리하면서 작아지는 상상, 오른손 손바닥은 오른쪽 눈과 가까이하면서 확 커진 것을 상상한다. (이미지 교환하기)

⑦ 바꾸고 나서 기분을 느껴본다.

⑧ 원래의 기분 나빴던 단서 이미지를 다시 마음속에 떠올리면서 무엇을 느끼는지 주의를 기울여 본다.

⑨ 기분 나빴던 단서가 없어졌으면 성공적이고 그렇지 않으면 다시 반복해서 실시한다. (성공적으로 될 때까지 되도록 여러 번 반복한다)

항목	내용	비고
무엇이 보입니까? (시각)		
무엇이 들립니까? (청각)		
만지면 무슨 느낌입니까? (촉각)		
무슨 맛입니까? (미각)		
무슨 냄새가 납니까? (후각)		
활동 후 소감		

* 안 좋은 생각 상		* 좋은 생각 상	

☞ 스위시 패턴 휘익! 을 실행해 보고 자기 느낌이나 생각을 적어보자.

_____

_____

_____

_____

6) 앵커링anchoring (행복감의 스위치가 있어요)

조건형성이론에서 개에게 밥만 주면 밥을 보고 침을 흘린다. 하지만 종만 치면 침을 흘리는 반응을 없다. 하지만 밥을 주면서 종을 치면 침을 흘린다. 나중에는 종만 쳐도 침을 흘린다는 S-R 자극과 반응의 원리이다. 이 부분은 앵커링과 같은 유사한 행동심리치료 기법이다. 행동주의 이론의 기본전제는 인간의 모든 행동은 인간에게 제공되는 '자극Stimulus'과 자극으로 인하여 하게 되는 행동, 즉 '반응Response'의 연합으로 인해 일어난다.

예를 들면, 누구나 한 곳에 충분한 그리고 상상한 감각적 행위를 몸의 한 부분에 자극을 자주 해 주면 나중에 몸 그 부분에 유사한 강도로 터치만 해도 원하는 감각의 변화를 느낄 수 있다는 것이다.

앵커anchor는 원래 배의 닻과 같이 '붙들어 매는 것'을 뜻한다. 여기서 닻 anchor이란 일관된 정서적 반응을 일으키는 감각적 자극이다. 즉, 앵커링 Anchoring은 어떤 특정한 상태에 붙들어 매거나 관련 지우는 감각적인 수단으로 방아쇠 작동 원리와 같다. 그러므로 앵커링은 특정한 정서적 반응을 일으키는 외부의 감각적 자극과의 연합이다.

그래서 내담자의 자존감 향상이나 행복해지기, 도전정신 등의 긍정적 감각 상태를 강화하고 북돋아 주거나 관계 중독, 담배 중독, 알콜alcohol 중독 등 부정적인 감각을 제거하는 데 활용된다. 이 기법에는 사랑, 행복, 즐거움 등과 같은 긍정적 앵커링과 각종 중독, 억울함, 화남, 열등감 등 부정적인 것을 사라지게 하는 앵커링 등이 있다.

(1) 앵커링 실시의 조건
① 특정 장면 강렬한 감정 경험하기
② 절정의 경험 상태에 적절한 시기에 누루는 타이밍
③ 앵커의 독특성을 주기
④ 자극의 반복성 연습 법칙

(2) 앵커링 과정
① 과거 최고의 경험을 직접 경험한 것처럼 오감을 통해 온몸에서 느끼는 상태가 되어야 잘 떠올린 것이다. (Recall)
② 생생하게 떠올리고 연합하여 최고의 절정 순간에 특정한 자극을 몸 한 곳에 5~15초간 눌러주어 앵커링을 발사한다. (Anchor)
③ 상태 변화가 바로 전과 같다면 긍정적이다. (Change)
④ 앵커링 점을 누르면 전 경험의 생생한 상태가 떠올려지는지 확인한다. 떠올려질 때까지 계속 반복한다. (Evoke)

다음은 실습 절차 과정이다. 눈을 감고 이제까지 살아오면서 아주 기쁠 때, 기분이 좋을 때 어떤 일이 잘될 때의 상태를 기억하고 그 장면에 멈춘다. 시각, 청각, 촉각, 미각, 후각을 통해서 그 상태의 느낌을 들어본다. 신호에 맞추어 이 장면은 10배로 확장한다. 10배로 확장된 오감의 느낌을 들어본다. 10배로 확장된 느낌을 신호에 맞추어 100배로 확장시키고 오감의 느낌을 들어본다. 확장된 감각을 마음껏 음미해 본다.

신호에 따라 이 기분을 그대로 몸에 저장하기 위하여 엄지손가락으로 한 곳(손등, 무릎, 허벅지, 팔 등)에 누르면서 표시해 둔다(앵커함). 신호에 따라 눈을 뜬다. 평상시 상태로 돌아와서 눈을 감고 표시해 둔 곳을 엄지손가락으로 누른다(방아쇠 작동 원리). 기분이 확장된 상태로 변화되면 성공이고 되지 않았으면 반복해서 한다.

▷ 필요시 몸에 행복감의 스위치를 누르고anchoring, 재체험Resource pool한 후 좋은 기분을 활성화시킨다. 그리고 자신감을 가지기 위하여 다음을 따라 해보자.

① 심호흡을 3번 한다.

② 눈을 감고 이제까지 살아오면서 아주 기쁠 때, 기분이 좋을 때 어떤 일이 잘될 때의 상태를 기억하고 그 장면에 멈춘다.

③ 시각, 청각, 촉각, 미각, 후각을 통해서 그 상태의 느낌을 들어본다.

④ 신호에 맞추어 이 장면은 10배로 확장한다. 10배로 확장된 오감의 느낌을 들어본다.

⑤ 10배로 확장된 느낌을 신호에 맞추어 100배로 확장시키고 오감의 느낌을 들어본다.

⑥ 확장된 감각을 마음껏 음미해 본다. 신호에 따라 이 기분을 그대로 몸에 저장하기 위하여 엄지손가락으로 한 곳(손등, 무릎, 허벅지, 팔등)에 누르면서 표시해 둔다.(앵커함)

⑦ 그 기분을 느낀다. 신호에 따라 눈을 뜬다.

⑧ 평상시 상태로 돌아와서 눈을 감고 표시해 둔 곳을 엄지손가락으로 누

른다. (방아쇠 작동 원리)

⑨ 기분이 확장된 상태로 변화되면 성공이고 되지 않았으면 반복해서 한다.

⑩ 언제라도 앵커한 곳을 누르면 이 같은 감각들을 재생할 수 있도록 꾸준히 연습한다.

항목	내용	비고
무엇이 보입니까? (시각)		
무엇이 들립니까? (청각)		
만지면 무슨 느낌입니까? (촉각)		
무슨 맛입니까? (미각)		
무슨 냄새가 납니까? (후각)		
활동 후 소감		

* 몸에 표시 했던 곳		* 표시한 방법	

☞ 몸에 스위치(anchoring)를 실행해 보고 자기 느낌이나 생각을 적어보자.

앵커링	누적 앵커링

(3) 누적 앵커링stacking anchoring

내담자가 원하는 앵커링을 했던 같은 지점에서 계속해서 여러 형태의 앵커링을 하는 것이다. 한 곳에 앵커링을 누적하기 위해서는 여러 가지 비슷한 성격을 갖는 최고의 경험을 직접 경험한 것처럼 느끼면서 그들을 모두 같은 곳에 감정 상태를 축척하는 방법이다.

한 번 앵커링이 2라는 강도의 감각 상태를 얻었다면 두 번 앵커링은 4강도, 세 번째 앵커링은 6강도 정도, 네 번째 앵커링은 8강도 정도를 얻어 누적 엥커링의 습관이 쌓여져 강력한 힘을 발휘하게 하는 방법이다. 강한 힘, 충만한 사랑, 소유의 확실성, 최고로 만족한 에너지, 당당한 자신감 등을 생생한 감각으로 온전히 느낄 때 더욱 강력해진다.

7) 우수성의 원(행복한 공간이 있어요)

우수성의 원excellent circle이란 가상의 원을 그려놓고 그 안에 들어가서 개인이 강한 자신감을 느꼈던 때를 떠올리며 내적 자원으로 활용하게 하는 기법으로 강한 자신감을 갖게 해준다. 절차는 눈을 감고 이제까지 살아오면서 아주 기쁠 때, 기분이 좋을 때, 어떤 일이 잘될 때의 상태를 기억하고 그 장면에 멈춘다. 시각, 청각, 촉각, 미각, 후각을 통해서 그 상태의 느낌을 들어본다. 신호에 맞추어 이 장면은 10배로 확장한다. 10배로 확장된 오감의 느낌을 들어본다. 10배로 확장된 느낌을 신호에 맞추어 100배로 확장시키고 오감의 느낌을 들어본다. 확장된 감각을 마음껏 음미해 본다.

신호에 따라 몸 주변(발아래, 머리 주변, 가슴속 등)에 우수성의 원(마법의 성)을 만든다. 100배로 확장된 기분을 가지고 우수성의 원(마법의 성)으로 들어간다. 우수성의 원으로 들어가서 100배로 확장된 기분을 느껴본다. 신호에 따라 우수성의 원에서 나와서 눈을 뜬다. 평상시 상태로 돌아와서 눈을 감고 표시해 둔 곳을 통해 우수성의 원으로 다시 들어간다. 기분이 확장된 상태로 변화되면 성공이고 되지 않았으면 반복해서 한다.

▷ 행복한 공간(우수성의 원, 마법의 성)을 만들어 리소스풀 재체험, 긍정적, 좋은 기분 활성화, 자신감을 가지기 위하여 다음을 따라 해보자.

① 심호흡을 3번 한다.

② 눈을 감고 이제까지 살아오면서 아주 기쁠 때, 기분이 좋을 때 어떤 일이 잘될 때의 상태를 기억하고 그 장면에 멈춘다.

③ 시각, 청각, 촉각, 미각, 후각을 통해서 그 상태의 느낌을 들어본다.

④ 신호에 맞추어 이 장면은 10배로 확장한다. 10배로 확장된 오감의 느낌을 들어본다.

⑤ 10배로 확장된 느낌을 신호에 맞추어 100배로 확장시키고 오감의 느낌을 들어본다.

⑥ 확장된 감각을 마음껏 음미해 본다. 신호에 따라 몸 주변(발아래, 머리 주변, 가슴속 등)에 우수성의 원(마법의 성)을 만든다.

⑦ 그 기분을 느낀다. 신호에 따라 우수성의 원에서 나와서 눈을 뜬다.

⑧ 평상시 상태로 돌아와서 눈을 감고 몸 주변에 만들어진 우수성의 원(마법의 성)으로 다시 들어간다.

⑨ 기분이 확장된 상태로 변화되면 성공이고 되지 않았으면 반복해서 한다.

⑩ 언제라도 우수성의 원(마법의 성)에 들어가서 이 같은 감각들을 재생할 수 있도록 꾸준히 연습한다.

* 우수성의 원 만든 곳	

▷ 결과 체크

우수성의 원 안에 자신감을 남겨두고 나온다. 조금 쉬고, 상상해 보면 우수성의 원에 들어가면 자신감이 자연스럽게 다시 살아남을 느낀다. 그것은 그 사건에 대해 이미 프로그래밍되었다는 의미이다.

첫 번째, 1단계에서는 지난 경험을 다시 충분히 경험해서 강한 느낌을 받는다. 그때처럼 경험한 것을 상상한다. 그때 했던 행동을 몸짓으로 해본다.

두 번째, 2단계에서는 우리가 만들어진 곳에 우수성의 원을 상상한다. 다음 1단계에서 떠올린 자신감을 떠올린다. 가끔 원이 긍정적인 느낌을 불러내는 방아쇠 역할 가능 여부를 알 수 있도록 여러 번 원 안팎을 들어갔다 나왔다 해본다.

세 번째, 3단계에서 자신감을 절실히 필요할 때 그 원을 이용하여 다시 살아날지 점검한다. 단서가 늦게 나타나거나 문제가 생기면 더 빨리 나타날 것으로 실마리를 찾아 교정한다.

네 번째, 4단계에서는 교정된 단서를 가지고 다시 원 안으로 들어가, 자신감이 충만한 긍정적인 기분을 갖는다.

다섯 번째, 5단계에서는 견고한 연결됨을 체크해 본다. 다시 우수성의 원 속에 있는 자신감의 충만하게 느끼고 있는지 확인한다. 확실치 않으면 다시 앞 단계로 가서 부족한 부분을 보강한다.

NLP를 적용할 때 과거에 긍정적으로 느꼈던 자신감은 무의식 속에 잠재되어 있는데, 이걸 꺼낸 후, 우수성의 원 안에 있는 어떤 불안하고 힘들었던 일을 덮으면 부정적인 일들이 긍정적으로 바뀌면서 원하는 느낌을 갖게 하는 과정이다. 더불어 우수성의 원은 이미 잘하고 추진되는 일은 더욱더 잘하기 위한 용도로도 활용될 수 있다.

체계적이고 우수한 프레젠테이션에서 조금 말하는 방법에 좀 더 자신감을 갖고 싶다면, 유머, 생동감 등의 우수성의 원을 사용하여 더욱더 잘하는 자신이 될 수 있다. 우리가 순간만이라고 어떤 긍정적인 자원이 있었다면, 그 자원은 내 마음속에 이미 프로그램화된 나의 영원한 긍정 자원이다. 우수성의 원을 이용하여 어떻게 느끼고 반응하며 생각하고 싶은지 언제든지 선택할 수 있다.

우리들이 필요로 하고 원하는 모든 자원들은 우리 무의식에 이미 내재[42]되어 있다. 우리들은 그걸 꺼내서 우수성의 원 안에 두고 필요시 선택하여 우리 마음을 업그레이드upgrade하여 우리 행복의 주인공으로 살 수 있다.

☞ 우수성의 원(마법의 성)을 실행해 보고 자기 느낌이나 생각을 적어보자.

_____

_____

_____

_____

---

42) 〈三一神誥〉自性求子 降在爾腦, 본성을 마음에서 구하라. 이미 너의 뇌 속에 내려와 있다.

6. NLP(Neuro Linguistic Programming)와 심리상담치료

1) 앵커링 혐오기법

손바닥 비비기Visual Squash는 중독적 욕구나 습관을 제거하기 위해 사용하는 기법이다. 제거하고 싶은 습관적 행동을 혐오 감각의 앵커링을 이용하여 없애는 기법으로 NLP에서 많이 활용한다.

▷ 앵커링 혐오기법 순

① 왼손 위에 제거를 원하는 습관적 행동을 오감의 감각으로 충분히 느끼게 한다. (brake, 오늘 며칠입니까?)

② 오른손 위에는 혐오 대상 3~5가지를 올려놓고 오감 감각으로 충분히 느끼게 하면서 앵커링anchoring한다. (brake, 생일이 언제입니까?)

③ 왼손 위 습관적 행동, 오른손 위 혐오 대상을 반복적으로 왔다 갔다 하면서, 혐오 대상 느낌이 습관적 행동에 묻어나게 한다.

④ 반복적 활동이 왼손 위의 습관적 행동에 영향을 미쳐서 얼마나 제거되었는지 측정하고 극소수가 될 때까지 반복한다.

⑤ 왼손과 오른손을 섞어지도록 충분히 비빈 후에 두 손을 가슴에 대고 두드려 준다.

⑥ 습관적 행동의 정도를 알아본다. 제거되지 않았으면 다시 처음 ①~⑥까지 반복한다.

▷ 알콜 중독 치유 사례 (35살 직장인, 술 중독, 우울, 자살, 트라우마 등)

① 먼저 선호하는 소주를 컵에 따라서 약간 주고 맞을 보게 한 후 소주가 든 컵을 왼손 위에 올려놓고 오감의 감각으로 충분히 느끼게 했다. (brake, 오늘 며칠입니까?)

② 오른손 위에는 혐오 대상인 4가지 (바퀴벌레, 갈색 들쥐, 푸세식 변소 구더기, 똥물) 등을 감각적으로 충분히 느끼게 한다.

ⓐ 징그러운 바퀴벌레가 배 쪽 6개 다리를 흔들거리면서 꿈틀거린다. 매우 불쾌하고, 거부감이 솟는다. 먹으면 쓸 것 같다. (엄지와 집게손가락 앵커링)

ⓑ 갈색 들쥐가 하수구 어두컴컴한 곳에서 털에 오물을 묻히고 바닷가 회센타 옆을 지나간다. (엄지와 가운뎃손가락 앵커링)

ⓒ 푸세식 변소에서 구더기 우글거리는데 파리가 똥을 먹고 있다. 헛구역질이 난다. 군대에서 잠잘 때 구더기를 생각을 하니까 속이 뒤틀리고 힘들었다. (엄지와 약지손가락 앵커링)

ⓓ 똥물을 마시면 심하게 토할 것 같아 속이 불편하다. (엄지와 새끼손가락 앵커링) ⓐ ⓑ ⓒ ⓓ를 누적하여 합하는 주먹쥐기 앵커링을 한다. (brake, 생일이 언제입니까?)

③ 왼손 위 소주 느낌과 오른손 위 혐오 대상 ⓐ ⓑ ⓒ ⓓ 4가지를 반복적으로 왔다 갔다 하면서, 혐오 대상 느낌이 소주에 묻어나게(섞이게) 한다.

④ 반복적 활동이 소주에 혐오가 영향을 미쳐서 소주를 마시고 싶은 감각이 얼마나 제거되었는지 측정하고 극소수가 될 때까지 반복한다.

⑤ 소주 마시고 싶은 느낌이 적어지면, 왼손 소주와 오른손 혐오 느낌이 섞어지도록 충분히 비빈 후에 두 손을 가슴에 대고 두드려주었다.

⑥ 소주 마시고 싶은 느낌 정도를 측정해 본다. 소주를 조금 마셔보도록 했는데 이미 맛은 먹기가 힘들게 변하였으며, 나중에는 마시다는 생각만 해도 구역질이 날 정도로 속이 뒤틀릴 정도로 변했다고 하였다.

2) 입장 바꾸기 (상대방 입장이 되어보겠어요)

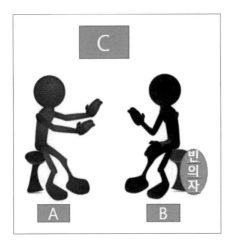

입장 바꾸기position change는 어떤 문제가 생겼을 때 다른 상대방의 입장에서 의식 세계를 체험함으로써 스스로의 내적 변화를 불러일으키게 하는 기법이다. 절차는 마주치기 싫거나 상대하기가 께름칙한 사람과 의자에 마주 앉아있다는 설정으로 시작한다. A(홍길동)는 본인, 그 외 안내한 사람이다.

자리는 1포지션(본인 A), 2포지션(상대방 B), 3포지션(제3자 입장 C) 등 3개가 있다. 의자는 2개 마주보게 한다. 지금까지 살아오면서 불편한 관계에 있었던 한 사람을 선정한다.

A(홍길동)는 먼저 자기의 자리(1포지션)에 앉고 맞은편 의자에 상대방이 앉아 있다고 상상한다. A(홍길동)씨 당신 앞에 있는 사람은 누구입니까? ○○○(이영수)입니다. 그 사람과 있으니 어떤 기분이 듭니까? 하고 싶은 이야기를

해보세요. (말을 한다) A(홍길동)씨 말을 마쳤으면 3포지션으로 나오세요.

아침밥 먹었어요? (관계없는 질문하기). A(홍길동)씨 2포지션으로 들어가서 앉으세요. (상대방이 된다) 1포지션에 누가 앉아 있습니까? A(홍길동)입니다. 지금 2포지션에 앉아있는 사람은 누구입니까? ○○○(이영수)입니다. ○○○(이영수)는 A(홍길동)이 하는 말을 들었으니 홍길동에게 하고 싶은 말을 해보세요. (말을 한다) 이영수씨 말을 마쳤으면 3포지션으로 오세요.

아침 몇 시에 일어났습니까? (관계없는 질문을 한다.) 반복해서 이러한 과정을 걸치고 3포지션에서 1포지션 홍길동과 2포지션 ○○○(이영수)의 관계를 B가이드가 A(홍길동)에게 물어본다. 아직 상황이 좋지 않으면 좋을 때까지 반복한다.

▷ 상대방 친구 입장(입장 바꾸기)이 되어서 상대방을 알아보자.
　① 심호흡을 3번 한다.
　② A는 본인, B는 가이드로 안내한 사람이다. 자리는 1포지션(본인), 2포지션 (상대방), 3포지션(제 3자 입장) 등 3개가 있다. 의자는 2개 마주보게 한다.
　③ 지금까지 살아오면서 불편한 관계에 있었던 한 사람을 선정한다. (불편점수 1~10 말하기)
　④ A는 먼저 자기의 자리(1포지션)에 앉고 맞은편 의자에 상대방이 앉아 있다고 상상한다.
　⑤ A(홍길동)씨 당신 앞에 있는 사람은 누구입니까? ○○○(이영수)입니다.
　⑥ 그 사람과 있으니 어떤 기분이 듭니까? 하고 싶은 이야기를 해보세요. (말을 한다)
　⑦ A(홍길동)씨 말을 마쳤으면 3포지션으로 나오세요.

⑧ 아침밥 먹었어요? (관계없는 질문하기). A(홍길동)씨 2포지션으로 들어가 앉으세요. (상대방이 된다)

⑨ 1포지션에 누가 앉아 있습니까? A(홍길동)입니다. 지금 2포지션에 앉아 있는 사람은 누구입니까? ○○○(이영수)입니다. ○○○(이영수)는 A(홍길동)가 하는 말을 들었으니 A(홍길동)에게 하고 싶은 말을 해보세요.(말을 한다)

⑩ 이영수 씨 말을 마쳤으면 3포지션으로 오세요.

⑪ 아침 몇시에 일어났습니까? (관계없는 질문을 한다.)

⑫ 반복해서 이러한 과정을 걸치고 3포지션에서 1포지선 A(홍길동)과 2포지션 ○○○(이영수)의 관계를 B가이드가 A(홍길동)에게 물어본다.

⑬ 아직 상황이 좋지 않으면 좋을 때까지 반복한다. (불편 수치 측정)

☞ 상대방 입장이 되어 보고 자기 느낌이나 생각을 적어보자.

3) 공중분리

우리들이 경험하는 것은 연합association과 분리dissociation가 있다. 연합은 오감 기능 작용을 1차적 입장에서 바라보면서 주관적으로 몰입된 상태이다. 어떤 불안, 우울, 공황장애 등 부정적 상태와 행복, 자긍심, 성취감 등 긍정적인 상태로 융합된 앵커링anchoring 된 것을 말한다. 이것은 오감 기능의 작용에 제1차 입장에서 감정 속에서 느끼는 것이다. 분리는 불안, 우울, 공황장애 등 부정적 상태를 객관화로 둔감화된 상태에서 제3자 입장에서 감정의 중립된 상태에서 떨어져서 나를 바라보는 것이다. 공중분리와 같이 멀리 떨어진 공중에서 나의 부정적인 모습을 바라본다면 그 감정의 느낌이 사라지게 되는 현상이다.

다음은 공중분리 절차이다. 미리 좋아하는 꽃(시각)과 노래(청각), 행복한 느낌(촉각), 최고의 맛(미각)과 냄새(후각) 등 오감에서 느끼는 충만한 상태를 몸에 한 부분에 앵커링anchoring해 놓는다.

(1) 과거의 부정적 정서 사건 확인하고 연합된 것을 느껴보기

기분(화, 슬픔, 짜증, 억울, 죄책감 등)을 느껴보라. 어떻게 행동하는가? 무슨 말을 하는가? 어떤 모습이 보이는가? 다른 사람(들)이 있다면 그들은 어떻게 행동하며 무엇이라고 하는가? 몸과 마음의 느낌과 반응을 충분히 경험한다. 가장 마음이 아프게 느끼는 현장을 사진을 찍어 바닥에 내려놓는다.

(2) 천장 높이 올라가서 자신의 부정적 정서를 경험 담긴 바닥 현장 사진을 내려다보고 상상한다. 기분을 느껴보라. 어떻게 행동하는가? 무슨 말을 하는가? 어떤 모습이 보이는가? 조금 전 생각과 달라진 점을 말하라.

(3) 비행기 높이에서 현장(사진)을 내려다보라. 기분을 느껴보라. 어떻게 행동하는가? 무슨 말을 하는가? 어떤 모습이 보이는가? 조금 전 생각과 달라진 점을 말하라. 너무 멀어서 희미하거나 현장 사진이 잘 보이지 않을 수도 있으며, 아무것도 보이지 않을지도 모른다.

(4) 지구가 점만큼 작아질 때까지 올라가서 우주에서 지구를 보라. 지구가 보이지 않을 정도로 더 멀리 벗어나라. 자신의 모습이 보이는지 상상해 보라. 아무것도 보이지 않은 상태에서 부정적 문제 상황에서 완전히 분리하라.

(5) 우주에 티끌 하나도 없는 맑고 깨끗한 공기를 마셔라. 심호흡을 하면서

우주의 순수한 기운을 마음껏 마시고 느껴보라. 필요하다면 좋아하는 꽃(시각)과 노래(청각), 행복한 느낌(촉각), 최고의 맛(미각)과 냄새(후각)를 상상하며 행복한 심리상태에 이르도록 충분히 회상하고 만족감을 느껴봐라.

(6) 다시 현장으로 내려와서 모습이 어떻게 보이는지 확인해보라. 그 일은 어떻게 변화되었으며 함께 했던 사람 모습, 느낌은 처음과 어떤 차이로 변하였는지 확인한다. 처음에 느꼈던 부정적 정서가 변하지 않았다면 사라질 때까지 다시 (1)~(6) 반복한다.

4) 6단계 관점 바꾸기 Six Step Reframing

관점 바꾸기는 리프레이밍Reframing을 한다는 것이다. 문제 행동이나 증상은 긍정적 의도를 찾음으로써 가능해진다. NLP 전제조건 '모든 행동은 긍정적인 의도에서 나온다'에 근거를 둔다. '무의식'에 묻는 형식으로 변화가 잘 이루어진다.

6단계 관점 바꾸기는 문제 행동으로부터 그 행동에 책임 "분아(分我: part)"의 긍정적 의도를 알아내는 것이다. 여기서 분아는 내재되어 있는 여러 형태의 부분적인 것을 말하는데, 행동 결과 자체에 문제를 보지 않고, 보는 관점이 바뀌는reframed 것으로 생각해야 새롭게 동기 강화 쪽으로 볼 수가 있다.

따라서 6단계 관점 바꾸기는 책임 분아의 긍정적 의도와 창조적 분아의 대안적인 행동을 찾음으로써 효율적인 새로운 선택할 수 있게 된다. 특히 새로운 창조 분아의 대안적 제안을 책임 분아와 도움을 받아 합의 하에 관점을 바꾸는 작업을 한다. 이것은 좀 더 효율적인 의도를 충족시키기 위한 다른 선택을 결정하는 것이다.

리프레이밍Reframing을 이해하는 바탕에는 첫 번째, NLP 전제조건인 변화에 필요한 모든 자원은 사람들은 가지고 있다. 두 번째, 의식과 무의식 사이에 의사소통이 일어난다는 것이다. 세 번째, 무의식은 여러 가지 내적 자아인 분아들로 이루어졌다. 이는 각 분아들마다 생각에 대한 책임이 있다고 생각한다.

▷ 다음은 6단계 관점 바꾸기 절차이다.

(1) 무의식과 라포 형성 및 소통 가능성 확인.

무의식과 서로 이야기를 할 수 있는지 물어 본다. 내담자는 트랜스 상태에서 '예와 아니오'로 대답한다.

(2) 라포가 확인되면 감사하다는 말을 한다. 바꾸고 싶은 행동 찾아 분아 이름 짓기(책임 분아, 00분아)고, 분아와 이야기하기.

행동 X를 만들어 내는 내 안의 부분part아, 나와 의식적으로 대화를 해주겠니?이다. 그 부분을 X라고 부르자.

(3) 이차적 이득의 확인에 감사하는 말을 하고 새 선택에 도움을 줄 것을 요청, 의도와 행동을 분리한다. 의도를 알기 위해 행동 X를 해서 얻는 이익을 묻고, 이득 가져다준 것에 감사의 인사말을 한다.

(4) 창조 분아를 찾아 책임 분아와 협조하여 추가적 행동 세 가지 선택.

창조 분아를 찾아가 행동 X보다 더 만족시킬 세 가지 이득과 대안을 생각해내고 책임 분아에게 묻는다.

(5) 선택에 반대 분아가 있는지 점검 세 가지 대안 선택에 반대 분아가 있는지 점검.

반대가 없으면 미래 보기로 가서 체크하고 감. 반대가 있으면 다시 (4) 돌아가서 작업을 계속한다.

(6) 미래 보기 하여 상황 점검.

새로운 선택이 일상적 의식과 각 분아에서 조화와 치유가 잘되어 생활하고 있는지 확인하기 위해 자신의 미래에 가서 상황을 점검한다.

5) 급박한 변화 만들기

변하지 않는 것보다 변하는 것에 더 큰 고통을 느끼기 때문에 지금 당장 몇 가지 변화의 동기를 생각하면서 다음 글을 만들어라.

(1) 그런 행동을 옮기지 못한 채 미루어 왔던 것을 적어라. (금연, 연락 끊어진 친구 연락 등)

_____

_____

_____

(2) 왜 행동을 취하지 않았을까? 과거에 나는 이 행동과 어떤 고통을 연결시켰을까?

_____

_____

_____

(3) 이런 부정적 유형에 사로잡혀서 살아왔던 즐거움에 대해 적어라.

_____

_____

_____

(4) 만일 당신이 지금 당장 변화하지 않으면 어떤 대가를 치르게 될지 적어라.

_____

_____

_____

(5) 지금 당장 그 행동을 취해서 얻게 될 즐거움을 모두 적는 것이다.

〈출처: 네 안에 잠든 거인을 깨워라. 앤서니라빈스〉

6) 시간선 치료Time Line Therapy

시간선 치료™(이하 ™ 생략)는 1980년대 후반에 미국 태드 제임스Tad James 박사가 개발하였다. 그 후, 최면치료와 독자적 NLP의 기법으로 발전되었다. 이는 시간선time line을 활용하여 치료적 작업을 한다. 원래 과거-현재-미래를 잇는 역사의 선으로 모든 삶은 시간선에서 나타내면서 무의식 차원에서 접근한다. 이런 논리는 현대 과학의 원리가 잘 반영된 양자이론, 홀로그램 이론 등으로 설명할 수 있다.

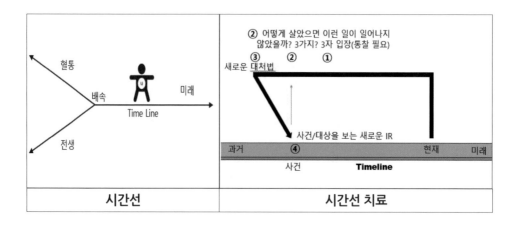

▷ 시간선 치료의 특징

첫 번째, 내가 살아온 과거, 현재, 내가 살아갈 미래를 하나의 필름 선으로 연결되었다고 생각는 '시간선'을 그린다. 내담자는 타임머신을 타고 날아다니면서 치료하는 방법이다.

두 번째, 분리이다. 죽 늘어진 선 위를 우주 위에서 올라가서 바라보는 것으로 일어난 사건을 시간과 공간으로 분리하여 객관적으로 살펴보는 것이다.

세 번째, 상황이 일어난 장소이다. ④번 위치는 부정적 사건이 일어난 위치이다. ①번, ②번, ③번 등은 우주이다. ①번 장소는 사건이 일어난 후의 시각이다. ②번 장소는 사건이 일어난 시각이다. ③번 장소는 우주에서 ②번 사건 전 위치이다.

네 번째, 무의식 원리를 가지고 처리한다는 점이다

다섯 번째, 분노, 우울, 불안 등 부정적 정서와 '~을 할 수 없어. ~을 하지 않을 거야. ~을 해선 안 돼.' 등과 같은 제한적 신념(limiting belief)을 처리함으로써 심리상담과 자기계발에 활용된다. 특히, 한국인의 '홧병'에 효과가 있다.

여섯 번째, 다른 치료 방법보다 걸리는 시간이 짧으며, 효과가 탁월하므로 경제적인 장점을 가지고 있다.

▷ 시간선 치료 절차
(1) 해결할 과제 찾기
일상생활을 하면서 정서적으로 좋지 않았던 사건을 찾아 그 사건으로 내가 겪는 부정적인 상황을 찾는다. .

(2) 시간선 찾기

눈을 감고 우주로 날아가 미래, 현재, 과거를 상상하고 연결하여 시간선을 긋는다. 그어진 우주의 시간선에서 미래, 현재, 과거에 번호를 붙여 사건 발생 후 미래 ①, 최초 사건에서 수직이 되는 곳으로 현재 ②, 사건이 일어나기 전 과거 ③의 장소를 확인한다.

(3) 최초 사건 알아내기

부정적 상황이 일어난 장소에 ④를 적고 그 사건에 대하여 오감을 이용하여 감각적으로 상상한다.

(4) 교훈 찾기

우주 시간선 현재 ②에서 3자 입장에서 어떻게 살았으면 이런 일이 일어나지 않았을까를 교훈 세 가지를 이야기하게 한다. (통찰)

(5) 최초 사건 분리하기

우주 시간선 ②에서 일어나기 전 ③의 장소로 우주로 날아간다. ③의 장소에서 부정적 상황이 일어났던 ④ 장소를 바라본다. 어떻게 보이는가? 다음은 ④ 장소롤 내려가 본다. 어떤 일이 일어나나요?

(6) 재경험

우주 시간선 ③위치로 올라와서 어떻게 살았으면 이런 일이 일어나지 않았을까의 답인 교훈 세 가지를 가지고 ②의 위치까지 오는 동안 살아온다. 그리고 ②의 위치에서 ④의 장소를 바라본다. 어떻게 보이는가? 다음은 ④장소를 내려가 본다. 어떤 일이 일어났어요? 부정적 상황은 사라지고 긍정적인 변화가 일어났다고 하면 미래보기로 간다. 사라지지 않았다면 ②번→③번→④번의 과정을 반복한다.

(7) 미래 확인

미래(2년 후, 5년 후, 10년 후 등)에 자신이 어떻게 살고 있는지 질문을 한다. 행복하고 즐거운 생활을 하고 있다면 성공적 시간선 치료가 된다.

▷ 다음은 시간선 치료 심리상담 과정 예 (친구관계 및 자신감 향상)

상담자: 마음이 힘든 부분이 무엇인가요?

내담자: 저는 친구 사귀기가 힘들고 자신감이 부족합니다. (해결과제 찾기)

상담자: 그 이유가 있을 텐데요? 말씀해주시면 도움이 될 것 같습니다.

내담자: 예, 초등학교 6학년 때 친구에게 맞고 왕따 당했어요. 그리고 중학교 3학년 때도 아무 잘못한 것도 없는데 친구들에게 맞고 왕따 당했어요. 그래서 그때부터 친하게 지내는 친구가 별로 없고 사귀기도 힘들어요. (최초 사건 알아내기)

상담자: 6학년 때를 친구에게 맞고 왕따 당했던 경험을 오감으로 느껴보세요. 눈을 감고 하늘 위로 날아가세요. 지구가 점 만하게 보일 때까지 우주로 날아가 보세요. ④의 장소가 보입니까. (근본 원인 최초 사건 알아내기)

내담자: 아니요 사라졌습니다.

상담자: 지금 당신이 있는 공간은 현재의 우주상공이에요. 미래, 현재, 과거를 상상하고 연결하여 시간 선을 그어보세요. 그어진 우주의 시간 선에서 미래, 현재, 과거에 번호를 붙여 사건 발생 후 미래 ①, 최초 사건에서 수직이 되는 곳으로 현재 ②, 과거 ③의 장소를 확인합니다. 그었

습니까? (시간선 찾기)

내담자: 예

상담자: 좋습니다. 지금 그린 선이 당신의 시간선입니다. 이제 과거 방향으로 계속 날아갑니다. 선 위를 날아가세요. 계속 날아가다 보면, 6학년 왕따를 당하고 맞았던 곳 위로 가게 될 것입니다. 어떤 모습으로 보이지요? (최초 사건 분리)

내담자: (②번 위치에서 ④번을 본다) 희미한 점이 있는 것 같아요.

상담자: 좋아요. 이제 그 점 위까지 날아가세요. 지금 기분이 어떤가요?

내담자: (②번 위치에서) 약간 불편하다.

상담자: 불편함이 사라질 때까지 더 높이 날아오릅니다. 이제 불편함이 느껴지지 않지요?(예) 지금 있는 위치(②번)에서, 친구에게 맞지 않고 왕따를 당하지 않을 방법에 교훈 세 가지를 생각해봅시다. 어떻게 하면 난 왕따와 구타를 당하지 않고 친구관계가 좋아질까요. (교훈 찾기)

내담자: (②번 위치) 하나, 내각 체격이 적었기 때문에 무술을 배워서 강해져야 합니다. 둘, 내가 먼저 친구의 어려움을 해결해주고 그들을 이해해주려고 노력하는 모습을 보입니다. 셋, 어떤 어려움이 있어도 당당하고 떳떳하게 생활하면 날 무시하지 못할 것입니다.

상담자: 무술을 배운다. 먼저 다가간다. 당당하고 떳떳하게 산다. 세 가지입니다. 좋습니다. 그 교훈을 가지고 더 과거로 날아갑니다. 가장 행복하고 즐거웠던 우주 과거로 갑니다. 몇 살 때입니까?

내담자: 8살 초등학교 2학년 때입니다. 내가 선생님에게 상을 받고서 기쁘고 행복했습니다.

상담자: 그러면 초등학교 2학년 우주상공으로 날아가세요. 그때 선생님에게 상을 받고서 기뻐하고 행복했기 때문에 에너지가 넘쳤을 겁니다. ④을 바라보세요. 보이나요?

내담자: 아니요, 보이지 않아요. 점도 사라졌어요. (만약 보인다면 더 높이, 더 과
　　　거로 날아간다.)

상담자: ④으로 내려가 보세요. 어떤 일이 일어났습니까? 당신의 구타와 왕따
　　　는 어디로 갔나요?

내담자: 사라졌어요. 없는 것 같아요.

상담자: 좋습니다. 다시 ③으로 올라오세요. 무술을 배운다. 먼저 다가간다.
　　　당당하고 떳떳하게 산다. 등 세 가지 교훈을 당신은 가지고 있습니다.
　　　그 교훈을 가지고 다시 그 사건 ②으로 가서 아래 ④를 내려다 보세요
　　　어떻게 보입니까? (재경험)

내담자: 아무것도 보이지 않습니다.

상담자: 다시 아래 ④ 속으로 들어갑니다. 하나, 둘, 셋! 생각나는 대로 이야기
　　　해주세요.

내담자: 그냥 편안한 것 같아요. 아무런 장면이 떠오르지 않습니다.

상담자: 좋습니다. 그럼 이제 상담이 끝나고 3년 후 미래로 갑니다. 미래에서
　　　친구관계가 어떤지? 느낌과 함께 말씀해 주시겠습니까?

내담자: 친구들과 함께 놀고 있어요. 많은 친구들과 이야기를 하고 게임도 하
　　　고 웃고 있어요. 기분이 좋아요. 이제 당당하게 살고 있다고 느껴집니
　　　다. 자신감이 충만해 있습니다. (미래 확인)

7) 메타모형 Ⅲ 질문법

특정한 결과를 얻기 위한 의도적 질문법으로 문제를 해결하는 것이다.
① 절대로 진지하게 하라. (웃음과 농담 배제)
② 어떤 설명도 하지 말고 질문만 하라.
③ 원하는 답을 얻을 때까지 질문을 반복하라.

④ 원하는 답을 얻게 되면 다음 질문으로 넘어가라.

⑤ 문제가 되면 다시 되돌아오라.

⑥ 내담자 자신에게 문제의 원인이 있고 자신에게 해결의 답이 있음을 깨닫게 하라.

▷ 질문 시작

1. 무엇이 문제죠?

2. 무엇이 그 문제를 일으켰죠?

3. 당신은 어떻게 그 문제를 해결하지 못했죠?

4. 당신은 어떻게 그 문제에 대한 해결책을 찾아낼 수 있죠?

▷ 뒤집기

5. 당신을 무엇을 바꾸고 싶죠?

6. 당신은 언제 그 문제를 멈추세요?

7. 얼마나 많은 방식으로 당신이 그 문제를 해결했음을 알 수 있죠?

8. 저는 당신이 변화하고 있으며 또 사물을 다르게 보고 있다는 것을 압니다.

▷ 확인

모든 문제는 내 마음속의 표상에서 출발하였다는 것을 느끼도록 유도하는 것이다. 앞뒤 질문에 논리가 맞지 않더라도 질문의 의미나 글자를 바꾸면 다른 의도로 가기 때문에 주의한다.

〈출처: 설기문, 2016〉

7. NLP(Neuro Linguistic Programming)와 변화심리학[43]

1) 변화심리학 개념

심리상담은 내담자가 가지고 있던 현재 부정적인 마음을 본래 가지고 있던 적절한 내적 자원을 활용하여 바람직한 상태로 변화시켜 주는 것이다. 심리상담자는 이야기를 들어주고 위로해 주는 사람이 아니라 변화를 이끌어 주는 사람이다. NLP와 최면, 시간선 치료, 변화심리학 등은 트랜스Trance의 원리를 알고 활용하여 다른 심리상담에 비하여 매우 빠르게 변화시키는 장점을 가지고 있다. 특히 변화심리학은 인간의 욕구흐름Needs Stream Map을 세부적으로 분석하여 무엇을 변화하여야 함을 알려주고 있다.

특히 NLP, 최면에서 많이 사용하는 트랜스 원리와 방법을 활용하여 변화를 위한 치유에 많이 사용한다. 더불어 상담 과정을 5단계로 구분하여 첫 대면상담부터 끝나는 과정까지 단계별로 쉽게 접근하도록 만들어져 있어서 심리상담을 공부하는 사람들의 로드맵으로써 중요한 자료가 되고 있다.

그러므로 변화심리학은 트랜스Trance를 활용한 인간의 심리 변화를 목적으로 하는 상담심리학이다.

2) 변화심리학의 배경

내담자의 명확한 변화를 방법과 기준을 제시하고, 변화기법의 대중화를 통해 상담의 상담 능력의 상향 평준화시키고 상담 결과의 편차 축소하고자 하

---

43) 〈변화심리학입문 Training, 이경규, 2018〉

는 철학에 기반을 두고 있다.

또한, 변화 추구를 위해 증상의 해결, 인간관계를 변화시켜 삶의 정신적, 물질적 풍요를 통해 자존감을 향상시키는데 목적을 둔다. 이러한 철학과 목적을 위해 욕구흐름을 다시 재부팅해 주는 재프로그래밍 NSM(Needs Stream Re-Programming)을 상담 과정으로 제시하여 접근하고 있다.

이러한 과정을 자동차 과정으로 생각한다면 자동차가 고장이 생겨서 공업사에 간다면 접수하고, 점검 기술자는 자동차 전체 도면을 알고 고장 난 부분을 알아내고 각종 도구를 가지고 수리를 하고, 교체해야 할 물건을 바꾼다. 이 과정이 마무리되면 계산하고 자동차를 가지고 나오는 과정을 걸친다.

사람이 몸이 아파서 병원에 가는 것도 마찬가지이다. 먼저 카운터에서 접수하면, 몸의 관계를 연구해 왔던 의사를 만나서 적절한 진료를 통해 X-Ray, 초음파 촬영, 혈액검사 등 각종 검사를 하고, 처방을 받고 카운터에 계산하는 과정을 겪게 되면 아팠던 몸이 훨씬 가벼워지게 된다.

심리상담도 마찬가지이다. 심리상담소에 가면 접수를 하고 마음의 X-Ray 차트 분석을 꾸준히 연구하여 온 심리상담가를 만나서 상담을 하게 된다. 이 상담가는 프로이트 정신분석, 융 분석심리학, 펄스 게슈탈트 치료, 인지행동치료, NLP, 최면, 변화심리학 등을 통하여 실질적 변화기법을 하나의 과정 속에서 적용한다. 즉 내담자의 부정적 심리에 맞는 이론과 기법을 활용하여 상담하게 된다.

그 후 마음이 편해지고 나서 카운터에서 계산하고 나오는 과정을 겪게 된다. 이와 마찬가지로 변화심리학의 상담 과정도 심리적 변화를 다루는 개념과 방법은 일반 심리상담과 유사하다. 하지만 변화심리학은 NSM(Needs Stream Map) 증상을 분석하고, 도구Trance Therapy를 활용하여 상담을 하며, 5단계 DMERC(Define, Measure, Enlightenmen, Re-Programming, Control) 과정으로 실시한다. 다음은 상담 과정을 정리하기 위한 내담자 욕구흐름 진단

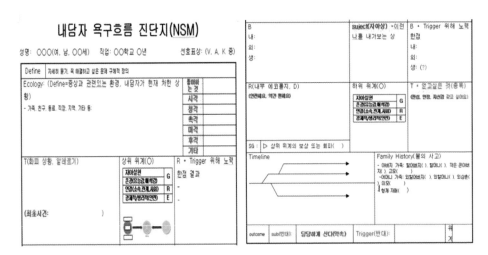

지이다. 상담 내용을 한눈에 볼 수 있도록 진단지를 작성하여 욕구흐름을 파악하고 절차에 따라 심리상담을 한다.

3) 변화심리학의 전제조건

변화심리학은 전제조건 기준에 따라 인간을 설명한다. 의학은 신체 기능적으로, 행동주의심리학은 인간 행동을 분석하면서, 상담심리학에선 인간의 마음의 변화를 말한다. 각자 틀을 가지고 있다. 그 틀은 인간을 보는 관점에 따라 문제를 해결하기 위한 전제조건이 있다. 정신분석은 본능, 자아, 초자아 등으로 인지심리학은 사건에 따른 자동적 사고로 정서나 행동이 나타난다는 것이다. 이러한 전제를 받아들여야 마음을 해결하는 데 도움이 된다. 변화심리학도 13가지 전제조건을 수용해야만 의미를 전달하기가 쉬워진다.

(1) 모든 변화의 원리를 수용한다.

인지행동치료의 ABC, 현실치료의 선택이론 등은 모든 변화에 적용되는 방법은 아니다. 변화심리학은 NLP 트랜스 기법을 활용한다. 빠르게 치유되는 효과적인 방법이어서 수용하는 것이다. 변화심리학에서는 더 효과적인 치유법이 개발된다면 그 기법을 받아들일 것이다. 보통 10회 상담으로 문제를 해결했다면, 트랜스 기법으로 단 1회라도 더 빠르게 해결되었다면 그 상담 기법을 적용해야 하는 것이 내담자를 위하는 방편일 수 있다.

(2) 내담자의 주관적 경험을 수용한다.

'저 안에 악마가 있어요.', '환청이 있어요.' 등 내담자의 주관적 경험을 수용한다. 종교적으로 불교와 기독교 신자라도 그 가치관을 인정하고 받아들이면서 상담에 임해야 한다. 주관적 경험이지만 변화의 좋은 자원으로 치료적으로 가치가 높기 때문이다.

(3) 계측할 수 없다고 없는 건 아니다.

학생 상담 시 "귀신이 보여요"라는 말을 한다면 어떻게 할 것인가? 돌려보내야 하느냐? 그 부분을 인정하고 상담을 해야 하는가? 우리는 눈에 보이는 것이나 통계적으로 나타난 것만 믿는 경향이 있다. 내담자의 형이상학적 세계관, 형이하학적 세계관에 따라 달라질 수 있다. 계측할 수 없는 비과학적 경험이라 할지라도, 내담자에게는 존재한다고 하는 것을 가정하고 수용해서 상담을 해야 한다.

(4) 효과적 변화는 올바른 방향으로 시작한다.

치유의 방법과 해법을 모르는 내담자에게 상담자는 방향을 제시해 주어야 한다. 개가 나오는 그림만 봐도 힘들다는 개 공포증은 개를 편하게 보면서 친해지게 되는 것이 목표가 되어야 치유와 변화가 이루어진다.

겨울왕국에서 에리사가 산속에서 외로움을 느낀다면 궁전으로 돌아와서 다른 사람과 어울리도록 상담해 주면 된다. 만약, 대인공포증으로 나는 자연인이라고 산속에서 살면서 고통은 느낀다면 사람들 앞에 서는 것을 받아들이면서 편안하게 느끼겠다는 방향이 전제되어야 올바른 상태로 상담을 시작할 수 있다.

(5) 변화는 개인의 몫이다.

상담자는 내담자에게 변화의 방향을 알려주지만 변화의 주체는 내담자이다. 만약 내담자가 개 공포증을 겪는다면 변화심리학 기법을 활용하면 쉽게 해결되지만 또 다른 면에서 어려운 사람도 있다. 이러한 차이는 내담자의 수용 여부이다. 이혼 여부를 묻는 상담도 내담자가 잘 판단하도록 도와야 하는 것으로 변화는 개인의 몫이다.

(6) 돌멩이도 그 자리에 있는 이유가 있다.

산은 땅, 물, 새, 나무, 돌 등으로 이루어져 있다. 산에 있는 돌멩이는 산을 이룬다는 목적으로 존재의 이유가 있다. 강의실에 필요한 것은 학생, 강사, 교재, 노트북 등이 있고, 존재하는 이유가 있다. 인간은 눈, 코, 팔다리, 머리 등이 결합된 완벽한 유기체이다.

모든 사물은 각자 체계와 함목적성으로 움직인다. 심리적으로 나타난 우울증, 틱, 공황장애, 불안 등도 존재하는 이유도 함목적성을 이루기 위해 존재한다. 비록 어떤 심리적 증상이라 할지라도 내담자를 위해 일하고 있다. 이를 내담자의 심리적 방어기제라고 표현할 수 있다. 또한, 불필요한 내적 돌멩이더라도 그 자리에 있는 이유를 밝혀내어 상담에 활용할 수 있어야 한다.

(7) 사슬 전체의 강도는 가장 약한 사슬이 결정한다.

사슬 강도가 98Kg, 100Kg, 102Kg, 104Kg 등 4가지가 있다. 총 사슬의

강도는 얼마일까요? 404Kg일까? 아니다. 가장 강도가 약한 98Kg이다. 가장 약한 사슬이 전체 사슬의 강도를 결정하기 때문에 먼저 끊어진다. 그래서 그 약한 사슬을 먼저 교체해야 한다. 그래야 전반적인 심리문제가 해결되어 인생이 바뀌게 된다.

예를 들면, 알코올 중독 여성이 결혼 전엔 술을 마시지 않았는데, 결혼 후 알코올에 빠져 살았다. 육아 문제, 남편, 시부모 관계도 안 좋고, 우울감 등에 시달렸다면 어떤 것이 가장 문제일까요? 상담해 보니 술에 의존하면 육아를 피할 수 있었다. 그래서 육아 알레르기를 해결하고 나니 모든 것이 해결되었던 사례이다. 이는 하나의 문제가 전체에 영향을 줄 수 있다는 교훈이다.

(8) 변화는 시스템 업그레이드를 의미한다.

폐렴이었을 때 기침, 발열 등이 사라지면 다 나은 것이 아니다. 복통이 사라졌다고 위암이 사라진 건 아니다. 마음의 문제도 같다. 증상을 해결하기 위해선 변화의 시스템을 업그레이드해야 효율적인 변화를 할 수 있다.

(9) 원리를 단순화할 수 없다면 부족한 이론이다.

매우 복잡한 아인슈타인의 상대성 원리도 $E=mc^2$로 축약된다. 변화심리학도 내담자의 부정적 마음을 효과적이고 탁월하게 바꾸기 위해서 '~때문에 죽고 싶구나. A가 B 되었구나' 등으로 단순하게 설명하여, 내담자가 통찰할 수 있는 확실한 이론이라 할 수 있다. 확실한 이해는 단순한 원리로 이어지고 단순한 원리는 확실한 변화 방향으로 이어지기 때문이다.

(10) 해결되지 않는 문제는 없다. 방법을 모를 뿐이다.

마음의 갈등으로 찾아온 불안장애가 어렵다고 '해결이 안 되고, 약 먹어야 된다 하면서 병원으로 가세요'라고 쉽게 말하면, '나의 문제는 해결되지 않는다.'는 인식을 심어주어 내담자는 더 큰 절망에 빠지거나 포기한다. 이는 해결되지 않는 문제가 아니라, 그 상담자와 잘 맞지 않거나 해결 방법을 모를 때일이다. 다른 곳에는 해결법이 있을 수 있다. 현재 상담자가 해결 방법을 모를 뿐이지 해결되지 않는 문제는 없다.

(11) 표준화는 최선의 방법이다. 하지만 최고의 방법은 아니다.

상담심리학자들은 이론을 표준화시켰다. 변화심리상담도 변화의 방법, 이론을 치유의 최선의 방법으로 표준화하였다. 표준화는 빠른 상담 교육과 방향을 제시하여 실수를 감소하는 데 도움을 준다. 하지만 어딘가에 더 나은 심리적 문제를 개선하는 사람이 있을 수도 있다.

변화심리상담자들은 '메뉴얼은 최선이지만 최고는 아니다'란 자세를 잃지 않고 모든 상담이론과 메뉴얼을 업그레드해 나가야 한다.

이 모든 변화의 전제조건, 즉 '증상은 긍정적 의도이다', '현 상황은 무의식이 선택한 최선의 결과다' 등은 NLP와 BMI의 전제조건과 같다.

4) 내담자의 문제해결 PROCESS

내담자의 문제해결 PROCESS

D Define	**M** Measure	**E** Enlightenment	**R** Re-Programming	**C** Control
랍포	Ecology	DB 통찰	치유환경 조성	과제 부여
해결과제 정의	Needs Stream	SG 통찰	분아 소산/분리	후속 상담 합의
해결방향 정의	DB 확인	자아상 통찰	자아상 변화	결과 확인
욕구위계 확인	SG 확인	Outcome 합의	Trigger 변화	
상담 설계 및 합의	History 확인		욕구위계 안정화	
	자아상 확인			

(1) Define 단계 해결 주제와 방향은 무엇인가

① 라포 형성

라포 형성을 위해서 Pacing는 행동, 호흡, 말의 톤, 언어, 감정 등을 맞추는 행위이다. 백트랙Backtrack은 말꼬리 맞추기, 키워드 찾기, 요약하기 등은 다음과 같다.

상담가: 절 찾으신 것이 편치 않은 상황 같아요. 사연을 들어볼 수 있을까요?

내담자: 어디서부터 말씀드려야 할지 모르겠는데… 제가 최근 불안감이 심해서요. 남편이 이혼을 요구하고 있어요.

상담자: 남편분이 이혼을 요구한다고요? (말꼬리 맞추기), 남편 이혼… 불안이라… (키워드), (다 듣고) 남편분과 화합을 원하는가요? (요약하기)

② 해결과제 정의

해결하려는 과제가 무엇인지를 내담자와 정한다. 외부 문제, 증상 해결, 갈림길에서 결정 불분명, 무엇을 해결할지 모르는지 등을 구별해서 결정한다.

ⓐ 외부 문제: 남편 문제, 자녀 문제, 직장생활, 대인관계, 애인과 이별, 직업 등 때문에 힘들어요.

ⓑ 증상 해결: 우울증, 강박장애, 공황장애, 대인공포증, 관음증, 성격, 만성통증 등으로 고통을 겪는 경우이다.

ⓒ 갈림길 결정 불분명: 양자 선택에 많이 마음이 가는 쪽 선택이다.

ⓓ 과제 해결 불분명: 공황장애, 남편 관계, 직장 문제 등 여러 가지 문제로 해결과제가 분명하지 않을 경우에 나타난 현상이다.

③ 해결 방향 정의: 해결해야 할 문제를 정의한다. 해결할 주제를 결정하는 건 구체적이고 명확한 주제여야 한다. 우울증에 힘들어 하는 학생의 경우는

ⓐ 사람을 피하지 않고 사람 속으로 들어가기, ⓑ 사람의 비난과 두려운 마음 버리기, ⓒ 당당해지기로 약속하고, 시작으로 설정하였다.

④ 욕구위계 확인

내담자가 처해 있는 메슬로우 욕구위계인 생리적 욕구, 안전의 욕구, 소속과 사랑의 욕구, 존중의 욕구, 자아실현의 욕구 등을 확인한다.

⑤ 상담 설계 및 확인

내담자와 해결할 문제가 결정되면 상담을 설계하고 방향을 합의한다. 상담 횟수, 변화의 방향, 목표 등을 명확하게 하고 상담을 진행한다. 우울증에 힘들어 하는 학생의 경우는 '사람 속에서 당당한 삶', '비참하다는 마음 바꾸기'로 상담 목표를 정한다.

(2) Measure 단계 내담자의 상태를 측정

① 환경Ecology

증상의 원인을 자신의 환경에서 찾는 과정이다. 예를 들면 바리스타자격증 시험에 여러 번 떨어져서 계속 우울하고 이제는 죽고 싶은 생각이 들고 무기력한 고등학생이다. 우울하고 죽고 싶은 생각은 8이다.

② 욕구흐름Need Streem 분석

욕구흐름 지도Need Streem Map를 작성하여 한눈에 보일 수 있도록 하였다. 우울증에 힘들어 하는 학생의 경우는 바리스타자격증 시험에 떨어져서 죽고 싶은 생각을 하게 되고, 다른 한편에는 친구들의 관심을 받고 싶어서 친해지려고 노력하고 있다. 안전과 인정의 욕구가 겹쳐 있다.

T(외부 에콜로지. A)	상위 위계 : 사랑	R(외부 에콜로지. D)
왕따- 자격증 떨어짐- 비난, 혼자 있음	Outcome : 당당한 사람	인정
B 내 : 피하고 싶다(죽음)	B 생 : 우울함, 무기력함 외 : 죽고싶다, 노력	B 내 : 친구 친해지고 싶다- 나름 노력
R(내부 에코롤지. D) 안전/편안	하위 위계 : 안전 Self : 불쌍하고 비참하다	T(내부 에코롤지. A) 친구들 관심- 외로움

안전
편안 (좌측 화살표 아래 방향)

만족
성장 (우측 화살표 위 방향)

③ 이중구속(Double Bind 이하 DB) 확인

이러지도 저러지도 못하는 상황에서 마음이 힘든 현재 상태를 파악한다. 이 학생의 경우는 비난 받을까 봐 혼자 있는 회피 욕구를 느끼고, 다른 한편으로는 친구들의 관심과 인정을 받고 싶은 보상 욕구 때문에 현재 무기력하고 우울한 상태로 이중구속이 되어 있다.

이중구속 상황

④ History 확인

내담자 관련 유산, 가족 형제의 유산 등과 특히, 내담자의 증상과 유사하거나 깊은 정서를 나타내는 죽은 자 등으로 파악된 가족력(Family History)을 확인한다. 다음 경우는 아버지가 젊은 나이에 돌아가시고 할아버지가 자살하였다.

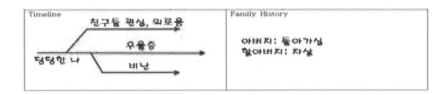

⑤ 자아상 확인

나 자신의 현재 상태를 바라보고 있는 부정적 나의 모습을 이야기하게 하여 작성한다. 위 우울증이 있는 고등학생의 경우는 자신이 불쌍하고 비참하다고 했다.

(3) Enlightenment 단계 내담자가 알아차리게 하는 통찰

통찰과 세부 변화 방향을 결정하는데, IR과 Trigger 상황 등 욕구실현의 부정적인 영향을 확인하며, 내담자와 합의하여 어떤 긍정적인 IR을 만들 것인지를 알아차리게 하는 단계이다.

① 이중구속(Duble Bind, 이하 DB) 통찰

이러지도 저러지도 못하는 상황에서 정신적 힘든 현상이 일어나는 이중구속(DB) 상황이 된 이유를 알아차린다.

② 이차적 이득(secondary gain, 이하 SB) 통찰

증상이 나타남으로써 얻게 되는 이익을 인식하고 그에 대한 문제를 알아차리고 포기하도록 상담한다.

③ 자아상 통찰

이해와 설득 속에서 내담자는 이중구속을 포기하고, 자아상을 바꾸기로 설

득하여 합의한다. 위 우울증이 있는 고등학생의 '불쌍하고 비참하다'는 자아 상을 '당당한 사람으로 산다'는 자아상으로 바꾸며, 그 중요성을 상담을 통하여 깨닫게 한다.

④ 결과(Outcome) 합의

상담 방향을 이루기 위한 구체적 목표를 의미한다. 이 학생의 경우 적극적이고 당당하게 살기로 합의한다.

(4) Re-programming 단계 내담자 치유를 통해 변화

무의식에 저장된 부정적 프로그램을 다시 긍정적 프로그램으로 바꾸어주는 단계로서 NLP, 최면 등 트랜스 치료 기법Trance Therapy Tools을 사용한다. 다음 치료 절차에 따르고, 트라우마를 직면하고 마무리한다. 특히 내담자의 이상한 망상에 당황하지 말고, 그 망상을 치유적으로 활용한다.

트랜스는 정상적인 의식 상태가 아니라 최면 상태나 히스테리 상태에서 나타나는 현상이다. 외부와 접촉을 끊고 깊은 명상 상태에 들어가 특수한 희열에 잠기는 것을 이른다.(출처: 국립국어원 표준국어대사전)

운전할 때 멍 때리거나 책 읽을 때, TV 볼 때, 몰입할 때 등 나타난다. 이런 상태에서 치료기법으로 사용한다. 드라마 치료에서 역할 몰입할 때 일어나며, 내담자가 집중할 때, 상상 속에 있을 때 등 트랜스 상태임을 확인하고 치료한다.

이런 트랜스 상태에서 상담을 해야 매우 빨리 내담자 변화가 일어난다. 트랜스 유도는 따뜻한 욕조에 이완, 자장가 노래처럼 반복, 영화를 보고 눈물을 흘리는 몰입, 어찌할 바를 모르는 혼란 상태 등이 있다.

상담자는 내담자가 트랜스 상태에 이르게 하여 변화기법을 적용하고 트랜스 상태에서 빠져나오는 과정을 한다.

① 치유환경 조성

NLP 상상 기법과 자유 연상 원리를 설명한다. 심리적으로 안정되게 돕는다. 분아 소산, 분아 치료, 시간선 치료 등의 원리를 설명하고, 치유적 준비를 완료하여 치유환경을 조성한다.

② 분아 소산 및 분리

치유는 부정적 분아와의 이별이고 대상을 다르게 감각적으로 느끼는 것이다. 분아의 소산 및 분리는 부정적인 감정을 흩어져 사라지게 하거나 떨어지게 하여 마음의 편안함을 얻고자 하는 치유 방법이다.

이 과정은 ⓐ 부정적 정서, 행동, 욕구 확인 ⓑ 분아 확인 및 분아의 한풀이 ⓒ 자아와 분아 간 분석 및 화해 ⓓ 분아의 존재 이유 확인(내담자 취약점, SG) ⓔ 추가 분아 상담 ⓕ 빛 명상으로 분리 및 기타 분리 등으로 실시한다.

위 학생은 우울한 분아와 무기력한 분아, 불쌍하고 비참하다는 분아, 가족력 분아 등과 헤어지게 도왔다.

③ 자아상 변화

자아상은 실체가 아니다. 자신의 믿음이다. 자신을 부정적이라고 믿는다면 우울하고 무기력한 모습으로 나타나며, 긍정적이라 믿는다면 활기찬 모습이다.

자아상 변화는 왜곡된 나를 왜곡하는 절차로 치유하는 시간선 치료를 주로 실시한다. 부정적 자아상이 만들어진 시점을 찾는다. 시간 왜곡을 확인하기 위해 "그 전에는 안 그랬는가요?"라고 묻는다. 무엇을 피하고, 원하고, 어떤 정서 등을 느꼈는지? 그래서 현재는 어떤가를 묻는다. 공중분리하고 우주에서 교훈을 찾고 그 교훈을 가지고 강력한 긍정적 느낌이 있던 곳으로 시간 분리를 한다. 그곳에서 최초 위치를 보고 이상이 없으면 교훈을 가지고 시간 분리 전 우주로 와서 변화된 자아상을 느끼고 원래 시점으로 내려와 재경험한다. 자아상이 변화면 자연스럽게 촉발요인Trigger이 변하는 경우가 있으므로 확인한다.

위 학생의 경우처럼 상상만으로 감정, 얼굴 빛 등이 달라졌다. 부정적 자아상은 근거 없는 망상에 불과했다. 그러므로 멋진 망상을 하고 당당함을 즐겨야 한다.

④ 촉발요인 변화

왜곡된 대상을 왜곡하는 치유법이다. 외부나 내부 환경에서 일어나서 행동과 보상을 얻었던 촉발요인Trigger이 없어도 내게는 아무 의미가 없다고 트랜스 기법을 이용하여 변화시킨다. 분아의 시각(V), 청각(A), 촉각(K) 등을 바꾸어 대상을 변화하는 분아 치료가 있다. 시간선 치료를 활용한 트리거 변화는 자아상 변화와 유사하다.

⑤ 욕구위계 안정화

메슬로우 욕구 5단계 중 내담자가 처해 있는 단계에서 1단계 높여주는 것이 안정화이다. 위 우울증 고등학생은 안전의 욕구에 힘들어 하므로 자신이 친구들이나 주변에게 관심과 사랑을 받게 된다는 소속과 사랑의 욕구를 갖게 되면 욕구위계 안정화가 되는 것이다. 우울증과 왕따 상담 후 친구들과 즐겁게 놀고 있는 상태로 변화되었고 자격증 시험에 떨어진 것은 다시 응시하면 될 것이라고 하면서 소속과 사랑의 욕구 단계로 올라감을 알 수 있었다.

(5) 상담 결과 확인 후 관리하는 Control 단계
① 과제 부여

상담결과 유지를 위해 과제를 제공한다. 증상에 둔감화되었는지 확인하고 자기양육 과제를 준다. 자기를 행복하게 하는 양육 과제는 따뜻한 물로 목욕

하기, 마사지 받기, 자신을 위해 장미꽃 사기, 거품 목욕하기, 공원의 경치 좋은 산책로 걷기, 멈춰서서 작은 꽃들의 향기 맡기, 좋은 책이나 조용한 음악과 함께 이완하기, 가장 좋아하는 음악을 틀어놓고 음악에 맞춰 혼자 춤추기, 자신만의 위한 특별한 저녁을 차리고 촛불을 켜고 식사하기, 혼자서 좋은 레스토랑에 가기, 명상하기, 새 옷 사기, 자신에게 러브레터를 써서 부치기, 당신이 감당할 수 있는 비용의 특별한 선물을 자신에게 사 주기, 좋은 영화나 쇼를 보러 가기 등이 있다.

② 후속 상담 협의

언제라고 다시 힘들어질 때 회복탄력성으로 좌절하지 않고 다시 일어나도록 격려하고 필요에 따라 후속 상담을 합의한다.

③ 결과 확인

증상 해결을 확인하고 과제 수행 여부를 통해 상담 결과를 확인한다. 대화 통해 자기 스스로 긍정적 변화를 확인한다. 그것은 IR이 긍정적으로 변화되었다는 것이다.

▷ 변화심리학 5단계 DMERC 상담 사례 예시 (Needs Streem Map 작성)

우울증 해결 사례

1. 학생 상태 : <u>바리스터자격증</u> 떨어짐, 계속 우울, 죽고 싶음, 무기력함
2. 시작 원인 :

  초 4년, 친구들의 이유 없는 따돌림, 선생님은 잘 지내라는 말 뿐,
  엄마에게 별 생각이 없는 애라고 말함, 상처 받기 싫어서 혼자 있음
3. 심한 정도 : 우울하고 죽고 싶은 강도 8
4. 자아상 : 불쌍하고 비참함
5. 상담목표 : 사람 속에서 당당한 삶, 비참하다는 마음 바꾸기
6. 방향설정;
  ① 사람을 피하지 않고 사람 속으로 들어가기
  ② 사람의 비난과 두려운 마음 버리기(그래야 인정과 보상 받음)
  ③ 당당해 지기(강해지고 자신감 있게) 약속하고 시작
7. 마음의 분아 치료
  센 애들 피하고 싶은 <u>분아로</u> 시작
  분아 찾기(가슴 가운데, 붉은 색, <u>주먹크기</u>, 연기 덩어리 모양) →
  존재의 이유(내담자를 비꼬기 위해, 자책) → 비꿈의 이득 찾기(강해
  질 수가 있음) → 반대급부(<u>약한마음</u> 분아확인, 머리 위 딱딱한 청록
  색, 웅크리고 힘들어 하는 모습, 자책) → 존재의 이유(내담자가 센 애
  들로부터 당하지 않음) → 대화 하기(센 애들을 두려워 하지 않기로
  약속했다-<u>희피욕구</u>) 당당하게 살 수 있도록 해주라 부탁(인정욕구)
  → 작별 의식(<u>분아와</u> 작별)
8. 자아상 변화(<u>시간선</u> 치료)
  트라우마 치료
  최초사건 확인(초4학년 왕따) → 공중분리 → 교훈 및 해법 찾기
  (겁먹지 않고 당당해짐, 자신은 원래 당당했다는 것을 깨달음) →
  시간 분리(사건 1년전부터 교훈을 갖고 1년을 삶) → <u>앵커링</u>(당당함
  , 더 용기, 우주 공기 더함, 주먹 쥐고 파이팅) → 사건 재 경험(장면
  변화, 친구들과 즐겁게 놀고 있음) → 현 사건 <u>재경험</u>(자격증 떨어진
  시험, 다시 하면 될 것)

  미래 보기
  4년 후 모습(대학 교수님 칭찬) → 친구들과 함께 있는 장면(기분이
  좋음) → 우울한 마음 존재 확인(지금 우울하고 죽고 싶은 마음 없다)
  → 자살충동 확인(죽으면 안돼요, 저는 해야 할 일이 많아요)
  ※ 상상만으로 감정, 얼굴 빛 달라짐, 부정적 자아상은 <u>근거없는</u> 망상
  ☞ 멋진 망상을 하라 당당함을 즐겨라

  〈출처: 구속된 마음 자유를 상상하다. 2018. 신대정〉

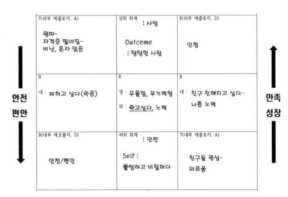

Needs Streem Map

이중구속 상황

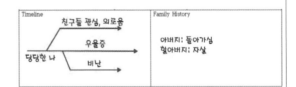

8. 최면 기법hypnosis을 활용한 상담사례 등

최면hypnosis은 무의식Unconscious을 통제하는 기법이다. 최면의 기법을 통하여 인간의 거대한 지식의 저장 창고의 여러 가지 정보와 내면과 소통하고 그 문을 열 수 있다. 최면은 인간의 무의식을 의식 상태로 변화하는 기술이며 심리학이다.

최면 상태가 되기 위해서는 스스로 연습하는 경우의 자기최면과 최면 전문가의 유도하는 타인최면으로 구분한다. 최면 상태에 들어가게 되면 트랜스 상태가 되는데 이때 어떤 일을 지시하거나 긍정적 유도는 매우 빠르고 쉽게 따르게 된다. 공포증, 스트레스, 각종 통증 등 생활 태도가 나쁜 부정적인 것에서 자존감, 자신감, 기억력 향상 등 긍정적인 것으로 바꾸어 많은 것들을 해결할 수 있다.

(1) 최면에 대한 오해

영어의 'HYPNOSIS'라는 단어를 '잠'으로 해석하면서 '최면'이 아닌 '최면술'로 사용되었다. 많은 사람들은 '마술' 또는 '요술'과 혼동하면서 최면에 대해서 다음과 같은 잘못된 인식을 하고 있다.

① 최면에 걸려 통제력을 잃게 되면 어떻게 되는가? 내담자가 자신의 의지로 움직일 수 있으므로 그렇지 않다.

② 최면은 매우 위험하다고 하는데 정말로 위험한가? 평상 시 생활이 최면 상태처럼 저절로 일어난다. 매일 운전, 식사 등이 그렇다.

③ 누구나 최면 상태에 들어갈 수 있는가? 자신이 원하면 들어갈 수 있다.

④ 최면 중 잠들거나 혼수상태에 빠지게 되는 경우도 있을 수 있는가?
　 결코 그러한 경우는 일어나지 않는다. 다만 잠든 것처럼 보일 뿐이다.

⑤ 최면 상태에서 상담자의 의지와 관계없는 일을 시킬 수 있는가? 최면 상태로 들어갔다 해도 언제나 자신을 통제할 수가 있다.

(2) 자기최면 6단계

단계	명칭	효과
1	팔이 무겁다	불면증 치료 가능
2	팔이 따뜻하다	신진대사 촉진으로 혈액 순환
3	심장이 평온하게 뛰고 있다	감정 조절 가능
4	호흡이 편안하다	몸 이완, 피로 회복
5	단전이 따뜻하다	스트레스 감소, 마음 안정
6	이마가 시원하다	이성적, 판단력 증가

(3) 타인최면 6단계

단계	명칭	방법
1	최면 유도 시작	심호흡 3번, 눈 감기, 간접 및 직접 최면
2	각 신경 긴장 해소	근육 긴장 이완 및 내적증대
3	신체 심상 창조	신체적 감각 이완 암시
4	최면 상태 강화	숫자 10개에서 마음 속 이완 숫자 유도
5	목적 달성 암시	긍정적 정서 암시문 치유
6	최면에서 각성 유도	암시 후 암시 후 의식 상태 돌아옴

(4) 현대 최면 데이브 엘먼(DaveElman) 인덕션 과정

데이브 엘먼은 현대 최면에서 선구자이다. 그는 무대 최면사催眠師로서 빠르게 최면을 유도하는 기법으로 유명하다.

단계	명칭	방법
1	눈꺼풀 붙이기	눈이 떠지지 못할 정도 눈 이완 테스트하기
2	전신 이완	눈꺼풀처럼 이완 감각을 전신으로 퍼트리기
3	분활법	지시로 눈 깜박일 때마다 몸과 마음 2배씩 편해지기
4	신체 이완	팔을 떨어뜨리면 3배 더 깊고 편안한 상태 되기
5	정신 이완	100부터 숫자 거꾸로 셀 때마다 몸과 마음의 힘이 빠져서 숫자가 떠오르지 않게 되기
6	치유 암시	목적 달성 치유 후 의식 상태 돌아오기

5) 최면 기법을 활용한 상담사례

CASE 1. 환경의 변화로 찾아오는 복통 치유

상담가가 교직에 있을 때 외국 체험학습을 떠나는 경우가 있었다. 그때마다 아픈 학생들이 있어 힘들 때가 많았다. 201☆년 초등학교 학생 6학년들 20명을 인솔하여 겨울에 중국에 갔다. 학생들은 첫날은 들뜬 마음에 떠들면서 매우 즐거워했다. 그러나 그중 3명이 감기 증세로 몹시 아파했다. 비상약을 먹고 다음날 아침 2명은 괜찮아졌고, 여학생 1명은 몹시 배가 아팠다. 식사도 못하고, 체험활동도 포기하며, 집에 가고 싶다고 하여 국제전화로 부모님과 통화하도록 하였으나 별 진전이 없어서 병원을 찾았다.

학생은 중국에서 병원에 가지 않겠다고 계속 거부하였다. 다음날 아침까지

낫지 않으면 병원을 가겠다고 약속받았다. 그러나 계속 아프다고 해서 종합병원에 찾아갔는데 워낙 사람들이 많이 밀려서 3시간을 기다려야 진료를 받을 수 있다고 했다. 그래서 조선족이 운영하는 한방병원에 가서 중수염이라는 진단을 받고 침을 맞아야 한다기에 기겁하고 놀라서 절대 안 맞겠다고 하여, 조선족이 운영하는 양방병원에 가서 링거를 맞았다.

그래서 난 학생과 이런저런 이야기를 하며 신경을 다른 쪽으로 돌리려 했다. 신경이 '통증'이 아니라 다른 곳으로 향하면 조금 덜 아프게 된다는 것을 알기 때문이다. 서로 이야기를 나누었고 제일 많이 보는 드라마가 '푸른 바다의 전설(연출 진혁, 극본 박지은, 2016)'이었다. 거기에서 가장 특별히 재미있는 부분은 전생이었다고 해서 전생에 대하여 이야기해 주었다.

전생이란 두 가지로 설명했다. 하나는 정말로 있는 경우이고, 또 하나는 무의식 속에 자기도 모르는 사이에 여러 가지 경험과 기억을 담고 있는 것일 수도 있다고 했다. 그것이 정말 전생이라고 증명할 수는 없다고 했다. 그 학생의 강력한 요청으로 다른 선생님 입회하에 전생을 본다는 동의를 하고 전생체험을 시작하였다.

이완을 하고 연령퇴행을 하면서 전생으로 유도하였다. 옷은 한복을 입고, 남자였다. 조선시대였고 이름은 〈김관성〉이었다. 그는 부모와 함께 있는 데 아파 누워있다. 대궐 같은 집에서 아버지는 높은 벼슬을 가지고 있었으나 돈만 아는 아버지여서 어머니와 싸움이 많았다. 〈김관성〉하고도 사이가 좋지 않았고 그는 부모님 갈등을 가장 힘들어했다. 어머니를 돕고 싶지만 아무것도 할 수 없어서 죄책감에 몸이 아파 누워있다고 했다. 이 전생은 현재 학생의 처지와 비슷하였다. 중국으로 오기 전 부모님과 갈등이 있었고 학생은 현재 중국에 와있다.

부모님에 대한 책임감이 강한 만큼 해외에서의 즐거운 시간은 죄책감으로 느껴진 것이다. 이것을 시간선 기법으로 하늘 높이 날아가서 싸우는 장면과 멀리하게 하여 1년 전 우주로 이동하여 아픔 정서가 사라지게 했다. 전생체험을 임사체험을 하게 하는데 이 〈김관성〉의 아쉬운 부분은 의사가 되어 돈을 많이 벌기는 했지만 사람들에게 봉사하는 삶이 아쉬웠다. 이번 생에 아쉬움을 갚게 위해서 다시 태어났다고 했다. 전생이란 마음을 해석하고, 마음을 분석하고, 마음을 읽는 데 무척 빠르고 효과적인 방법이다.

마지막 통증과 학생을 분리시키고부터 통증을 이별시켰고 미래 최면을 통해 20년 후 유명한 의사가 되었고 많은 사람 앞에서 상도 받고, TV에도 출연하여 대담을 하고 있다고 하였다. 그 후 아파서 어려워하는 모습은 사라졌고 아픈 곳은 다 나았다고 했다. 당당하고 밝은 모습으로 바뀌었다.

CASE 2. 두 번째 책에 소개된 '남편에게 실망 후 멈추지 않는 의심'

또 다른 사례, 그녀는 딸의 대인공포와 어지러움 때문에 날 찾았다. 그리고 딸의 문제는 잘 치유되어 어지러움을 느끼지 않았고 당당해진 딸의 모습에 자신이 상담을 의뢰한 것이다. 문제는 부부인데 본인이 남편을 믿지 못해서 싸움이 많아진다고 했다. 애를 위해서 남편을 믿고 잘 사는 모습을 보여주어야 하는데 마음대로 되지 않고 남편이 거짓말을 자주 한다고 하였다. 선의의 거짓말도 포함시켰다.

우편물에 사채업자가 보낸 것 아닌지 의심, 과소비, 대출 문제 등의 싸움으로 딸에게 속상함을 하소연할 정도라고 하였다. 믿지 못할 정도가 10점 만점 9점 정도라고 하였다. 공포 수준이었다. 난 내담자에게 눈을 감게 유도하며 치유를 시작했다. 당당해지면 치유된다고 기준을 말하고 상상으로 화가 난 부분을 떠올리도록 하였다. 신혼 때 대출 문제로 힘들고 왼쪽 가슴이 불타오르고 있다고 했다. 그곳을 빨간색, 시끄러운 소리, 따가운 느낌이었다. 그 안으로 들어가 보니 군복 바지를 입은 여자의 모습이고 이름은 숙자라고 했다. 그 숙자와 대화를 했다. 전생과 관련이 있고 사고가 났다. 전쟁 중에 아군이 쏜 총에 맞아 전사하였고, 그것이 의심과 연관이 있었다. 내담자가 숙자씨에게 내가 한 행동이 고의가 아니었음을 말하고 위로해 주라고 했다. 그 총을 쏜 아군은 현생의 남편 얼굴이었다. 믿었던 아군(남편)이 다시 대출이란 총을 쏘면서 지금 결혼 생활은 마치 전쟁터 같았다.

원인을 알게 된 후, 내담자는 의심과 분노에 쌓인 숙자를 위로했다. 내가 나를 치유하는 과정이다. 내담자는 숙자를 위로하는 것은 자신의 마음이다. 자신에게 남편에 대한 화를 풀고 남편을 용서했다.

왼쪽 불타오르는 가슴과 이별하도록 도와주었다. 광명의 빛을 타고 하늘 높이 올라가도록 했다. 마음이 한결 가벼워졌다. 그녀는 부모에게 거짓말을 했다고 상자 속에 갇힌 6학년 때 신뢰가 사라졌다는 것을 찾았다. 외상적 사건과 유사하였다. 시간선 치료로 3학년 때 좋았던 경험을 가지고 현재로 왔다. 우편물이 오면 믿지 못하고, 화내고, 싸웠던 장면이 사라지게 도와주었다. 1년 후 미래 최면으로 가게 하니, 남편과 행복하게 웃고 있는 모습, 10년 후는 딸이 대학을 다니고 있고, 학교에서 공부하는 모습, 자신이 맛있는 것을 사주는 모습을 상상하였다.

그래서 최종 남편을 믿지 못함이 9강도에서 1강도로 낮추어졌다. 치유가 된 것이다. 내담자는 하염없이 눈물을 많이 흘렸다. 이유는 "행복해서요"이다. 자기가 꿈꾸던 가정이고. 마음이 편해졌으며, 정말 감사하다고 표현하였다.

CASE 3. 계속되는 불행한 내담자

모 워크샵에서 도식치료를 강의한 후 현재 일이 계속 잘 풀리지 않는 수강생에게 내담자가 되어 치유를 받아볼 것을 요청했다. A가 시범적으로 나왔다. 그녀는 자신이 살아온 힘든 과정을 이야기하였다.

남편은 결혼 후 33살 때 암으로 사별하고, 자신의 아들 3명이 있는데 작은아들이 25살로 몸이 별로 안 좋고 매우 걱정하고 있으며, 계속되는 불행 속에서 삶이 힘들다는 것이었다. 그러한 불행이 가슴 가운데에서 일어나며, 빨간색, 답답한 소리, 끈적거리는 느낌이 든다고 했다. 그 강도는 9이며 자신의 이름이 〈강덕〉이고, 인간이 아니고 영혼이라고 하였다. 무엇 때문에 거기에 있느냐고 물어 보니 "원수를 갚고 싶어서"라고 했다. 언제 있었던 일이냐고 물으니 "엄마 배 속에 들어오기 전"이라고 했다. 그래서 "전생에서 왔느냐? 혈통에서 왔느냐?" 물으니 "3대 혈통에서 왔다"고 했다.

사연을 물으니 "A의 큰 할머니가 자식을 못 낳는다는 구박에 자살하여 죽게 했다"고 한다. 그때 들어와서 "A 집안을 힘들게 할려고 작정했다"고 한다. 그게 처음인가 아니면 그전에도 있었느냐? 물어보니 "4대 혈통 때도 있었다"고 했다. 그 연유를 묻자 "A 4대 전생 집안과 〈강덕〉의 집안끼리 싸워서 원수가 되었다" 그런 연유로 〈강덕〉이가 죽게 되었는데 그때 죽은 〈강덕〉이는 "영혼이 되어 하늘로 가지도 못하고, A 집안을 대대로 원수를 갚기 위해 존재한다"고 했다.

"A 3세대 큰 할머니 자살한 것도, A 남편이 암에 걸려 죽게 된 것도, 지금 둘째 아들이 몸이 약한 것도 영혼이 다 복수를 하기 위해 저지른 것이다"라고 했다. "앞으로도 A 집안이 폐가가 될 때까지 복수를 할 것이다"라고 했다. 나는 저주의 복수가 계속될 것이라고 알고 A를 통해서 그때 4세대 때 혈통에서 집안끼리 싸움은 어떤 내용인지를 모르지만 사과하도록 했고, A는 사과했다.

그러나 그 영혼은 분이 풀리지 않았다. 그래서 여러 번 진심으로 A는 〈강덕〉 영혼에게 사과했다. 이 말을 듣고 "내가 이 사과를 받으려고 여태까지 기다렸다. 이제 사과를 받아 원한이 풀리니 곧 떠나겠다"고 하였다. 나는 그 영혼을 하늘로 보내고 가슴 가운데를 바라보게 하였다. 내담자가 느끼는 9정도의 강도는 하나도 없이 사라졌다. 영혼 〈강덕〉이가 떠난 것이다. A는 감사의 눈물을 흘렸다. 이제 편한 마음으로 세상을 살 수 있다는 자신감을 가지게 되었다.

이런 사례를 보고 최면에서는 현재 삶에서 고쳐지지 않는 것들은 어머니 배 속에 들어오기 전에 혈통에서 아니면 전생에서 왔는가 묻는다. 그러면 무의식이 대답한다. 여기 같은 경우는 혈통에서 왔다고 말한 것이다.

◇초등학교 최면 상담사례 1 (자신감 갖기 긍정적 자신감 갖기)

◇초등학교 최면 상담사례 2 (자신감 갖기 긍정적 자신감 갖기)

최면 상담 카드

학교	목포서○초등학교	학년반	6학년1반		성명	박○○
상담 신청일자	2007.9.19	정해진 상담일자	2007.9.21	시간	2차 3:40	장소 방송실

상담 내용

편한 마음으로 공부하기

편안한 자세로 앉으셔서 깊은 심호흡을 3번 하시기 바랍니다.
1분 동안 아무것도 생각하지 마시고 그냥 텅 빈 상태로 계시기를
바랍니다.
가보신 곳 중에서 가장 아름다운 곳을 떠올리십시오.
편의를 위하여서 제가 아주 아름다운 장소를 제시 하겠습니다.
하늘에서 따뜻하게 내려 쪼이는 태양이 여러분의 복부를 따뜻하게 만들고
있습니다. 계속 따사하게 내려 쪼이는 햇빛이 여러분의 복부를 매우 따뜻하
게 하고 있습니다. 그래서 여러분의 복부는 매우 따뜻해지고 있습니다.
그 순간 시원한 바람이 여러분의 온몸을 스쳐 지나가고 있습니다. 아주 시
원한 바람이 여러분의 얼굴을 스쳐 지나 가면서 여러분 여러분의 이마가 너무
시원해진 사실을 발견 하시게 됩니다. 여러분의 이마가 아주 아주 시원합니다.
지금 여러분의 마음은 아주 편안한 상태 입니다. 아주 편안 하고 아주 화평한 상태에
들어와 있고 여러분은 최면 상태에서 깨어나시면 아주 깨끗한 마음을 가지고
공부를 한다.
천천히 눈을 뜨시고 깊은 심호흡을 3번 하시기를 바랍니다. 그리고 반드시 팔다리
운동을 한다.

최면 후	마음이 편해 졌으며, 공부를 하고싶은 마음이 절로 생겨났고 공부가 안될때 시작전에 다시 하고 싶음

9. 핵심역량교육과 NLP를 활용한 학습·정서조절프로그램 개발 및 효과

최근 학교폭력, 왕따, 자살 등 사회문제가 심각해짐에 따라 우리 교육에 대한 위기의식이 대두되고 있으며, 인성교육이 더욱 강화되어야 한다는 인식이 확산되고 있다. 그러나 학교 현장은 이런 현실적 요구와 달리 초등학교에서 고등학교로 학교 급이 올라갈수록 학생의 소질이나 적성을 고려하지 않는 채, 입시를 위한 지식 전달 위주 교육이 이루어지는 경향이 강한 실정이다. 이런 교육 현실은 인성교육을 제대로 실시하기에 많은 문제점들을 안고 있다고 볼 수 있다.

이것이 바람직한 교육의 방향이 아닌 것은 분명하다. 그렇다고 해서 현재의 교육 현실을 전면 부정하고 비판만 하는 것은 설득력이 떨어진다. 적절한 지식교육과 함께 효율적인 실천 중심의 인성교육을 병행할 수 있는 방안이 무엇인지, 교육자들은 고민하지 않을 수 없다. 이런 맥락에서 오늘날 우리나라의 교육 현실을 감안하면서 교육의 본질에 부합된 획기적인 다른 방향의 교육방안을 탐색할 필요성을 느끼게 된다. 이를 위해 과거부터 강조되어 왔던 전인교육의 개념을 재해석하여 현재의 극단적인 교육 모순을 해결하고, 교육의 본질에 충실한 모습을 복원하려는 노력은 매우 중요한 교육적 과제라고 볼 수 있다. 이에 전인교육으로 요즘 교육계에서 많은 관심을 갖고 있는 '핵심역량' 교육에 주목해 보고자 한다.

본 연구는 이러한 지식 위주의 현실 교육을 인정하면서 전인교육을 위한 핵심역량으로 5차원전면교육의 5가지 영역을 적용하면 효율성이 발휘될 것으로 판단했다. 이에 핵심역량교육 학습프로그램인 학습의 9단계 및 3분 묵상을 지속적 시행하도록 한다. 그 교육에 부정적 정서 반응이 나타난 것을 보완하기 위하여 학생의 감각기능을 긍정적인 상황으로 변화하는 NLP 정서조절프로그램을 적용하였다. 이는 핵심역량교육인 지력, 심력, 체력, 자기관리 능력, 인간관계 능력 등 5가지 영역에 의미있는 영향을 끼쳐 DQ 전인지수 및 학업성취도, 진로인식 등에 긍정적인 변화로 자신의 능력을 최대한 발휘하고자 하는데 목적이 있다.

본 연구의 이론적 배경은 학생들이 미래에 성공적인 삶을 살아가기 위해 반드시 필요한 중점교육인 핵심역량교육이론, 학생들이 성공적인 삶을 위해 필요한 핵심역량교육 자체가 인간의 여러 능력을 조화롭게 통합하여 가르치는 전인교육이론, 이를 배경으로 하여 핵심역량 요소 5가지로 규정지었다. 이 역량을 이해하기 위해 인간을 여러 지능별로 연구하고 다양성과 강점 지능 역량을 인정하는 다중지능이론, 주어진 문제를 학생들이 주도하여 능동적으로 학습하고 재구성하는 자기주도적 학습이론, 핵심역량교육 학습프로그램의 성공적 실행을 위해 학생의 심리적 효과를 보완하며 사고나 행동의 틀을 새롭게 재구성할 수 있는 효과적인 신경언어프로그램(Neuro Linguistic Programming 이하 NLP) 이론 등을 제시하였다.

〈전인교육, 다중지능이론, 자기주도적 학습과 본 연구의 핵심역량과의 관련성〉

전인교육		본 연구의 핵심역량		다중지능이론
지육		지력		언어, 논리-수학, 공간 지능
태도 및 품성	이론적 기반 ⇒	심력	이론적 기반 ⇐	자연, 음악적 지능
체육		체력		신체-운동적 지능
도덕		자기관리 능력		자기이해 지능
사회 규범 행실		인간관계 능력		대인관계 지능

자기주도 능동적인 노력 기반 ⇑

자기주도적 학습				
학습 프로젝트	정의적 접근	기본 핵심역량	창의성 발휘	개인 사회 과정

본 연구에서는 심리 및 정서와 관련된 NLP가 학생들의 정서조절프로그램을 만드는 데 기반이 된다. NLP 정서조절프로그램을 학생들이 핵심역량교육 학습프로그램을 실행할 때 느끼게 되는 지루함을 단 시간 안에 긍정적인 마음으로 바꾸어 실천할 수 있도록 도움을 줄 것으로 기대된다. 이점 때문에 본 연구에서는 NLP 정서조절프로그램과 핵심역량교육 학습프로그램을 접목시켜 효과를 극대화하고자 한다.

연구모형으로는 이론적인 검토를 토대로 본 연구의 주제인 핵심역량교육과 NLP를 활용한 학습·정서조절프로그램을 개발하고 그 효과를 검증하기 위한 연구를 실행하였다. 즉, 핵심역량교육과 NLP를 활용한 학습·정서조절프로그램을 개발하고 지력, 심력, 체력, 자기관리 능력, 인간관계 능력, 학업성취도, 진로인식 등에 그 효과를 검증한 내용을 모형 절차를 제시하면 다음과 같다.

<학습·정서조절프로그램 개발 및 효과 검증>

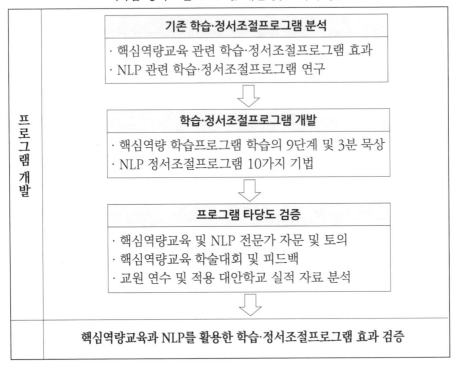

246 명상심리상담전략

프로그램 구성으로 학습의 9단계는 3월에 글 분석 자료를 주어 기본적인 안구훈련부터 시작하여 글 분석을 하게하고, 4월부터 글 분석법과 글 감상법을 실시한 후 6월부터 중점적으로 정보심화단계인 고공학습법과 상관관계학습법을 교과수업 시간에 투입하도록 구성하였다.

〈학습의 9단계 프로그램 구성 내용〉

과정	단계	시기	제목	활동 및 내용	투입 방법
정보입수	1단계	3~5월	빨리 읽고 이해	•안구 훈련 및 속해 독서	수업 중, 방과후학습
	2단계	4~6월	정확·신속 이해	•사실적인 글 독해	수업 중, 방과후학습
	3단계	5~11월	글 속 의미 찾기	•시나 문학작품 독해	국어과 수업
정보심화	4단계	6~11월	전체 후 부분	•글 질서 객관화하기	〃
	5단계	〃	내 생각 갖기	•구체화하여 주관화	〃
	6단계	〃	내용 질문	•질문 의미 내면화	〃
정보표출	7단계	9~12월	다양한 글쓰기	•사실 그대로 표현하기 •사상, 감정을 표현하기 •종합적으로 표현하기	〃
	8단계	11~12월	그림법	•그림, 도표, 선 표현	〃
	9단계	〃	기호법	•숫자나 기호로 간단 표현	〃

3분 묵상 자료는 글 자료 45개와 영상자료 15개 모두 60회 분을 학생들이 방과 후 학습 시간에 글 분석을 하거나 영상을 보고 주 1~2회 자신에게 감동을 준 부분과 관련하여 자신이 실천하고 느낀 부분을 발표하도록 하였다. 3분 묵상글 자료 31단계부터는 학습의 9단계를 연계하도록 구성하였다.

본 연구는 핵심역량교육과 NLP를 활용한 학습·정서조절프로그램을 개발 후 그 효과를 검증하고자 한다. 이와 같은 연구 목적을 달성하기 위하여 다음

〈3분 묵상 프로그램 구성 내용〉

과정	구분	시기	제목	출처	5영역 관련 내용
1	글 자료1	3월 2주	어머니의 한쪽 눈	http://blog.naver.com/kwontb/42796120(2007)	·심력, 인관관계 능력
2	글 자료2	3월 3주	장님의 등불	http://blog.naver.com/1_only/40187636640(2013)	·배려, 심력, 인간관계 능력
3	글 자료3	3월 4주	다섯 살이 되면	편집부(2011) 좋은생각 11월호	·심력, 체력, 자기관리 능력, 인간관계 능력
중략					
58	글 자료43	11월 3주	미안해, 내가 몰랐어	루이스 비 웰던(2007) 마음학교	·심력, 체력, 인간관계 능력
59	글 자료44	11월 4주	내 용돈 관리는 내가!	루이스 비 웰던(2007) 마음학교	·지력, 심력, 자기관리 능력
60	글 자료45	12월 1주	전부 다 무료	잭 캔필드(2007) 마음을 열어주는 101가지 이야기	·심력, 자기관리 능력, 인간관계 능력

과 같이 연구를 실시하였다.

첫째, 핵심역량교육을 학습프로그램을 개발하기 위하여 5차원 학습의 9단계에 유형에 따라 교과학습법을 구성하였으며, 글 관련 3분 묵상 자료 45개와 동영상 자료 15개를 재구성하여 개발하였다.

둘째, NLP 집단상담의 정서프로그램을 개발하기 위하여 NLP에서 정서를 위해 사용하는 기법을 초등학생에 적합한 정서조절프로그램 10가지를 개발하였다.

셋째, 개발된 프로그램의 효과를 검증하기 위하여 J학교 3, 4, 5학년 담임교사 협조 하에 6학급 136명을 대상으로 실험집단(66명), 통제집단(70명)을 구성하였다. 프로그램은 2013. 3. 1.~2013. 12. 31.까지 10개월에 걸쳐 학습의 9단계의 3~5학년 국어교과 적용과 3분 묵상 60회 투입 등 학습프로그램 및 NLP 정서조절프로그램을 10회 결합하여 적용되었다.

〈NLP 정서조절프로그램 구성 내용〉

구분	시기	제목	출처	5영역 관련 내용
라포형성 프로그램	실행1	2013.03.12. (화)	마음이 통해요 (친구와 거울처럼, 맞장구쳐보자)	·집단의 친밀도와 신뢰감을 형성 ·집단상담 마음가짐 갖기, 라포형성
	실행2	2013.03.26. (화)	마음이 통해요 (친구와 맞추어 봐요, 친구 리더하기)	·배려, 심력, 인간관계 능력
긍정적인	실행3	2013.04.09. (화)	부정적인 것 지워버려요 (액자 기법)	· 부정적인 것 없애기 · 자기 느낌 알기
나 만들기 프로 그램	실행4	2013.04.23. (화)	긍정적 시각으로 바꾸요 (영화 기법)	· 긍정적 시각 갖기 · 처음 기억과 비교하기
	실행5	2013.05.14. (화)	부정적인 것 멀리하고 싶어요(고공에서 보기)	· 부정적 정서 멀리서 보기 · 느낌의 차이 확인하기
	실행6	2013.06.11. (화)	최고 기분 상태 떠올릴 수 있어요 (리소스풀한 상태 재생)	· 최고 상태 기억·재생 · 종속모형으로 보기
	실행7	2013.06.25. (화)	안 좋은 생각, 좋은 생각과 바꾸어요(스위시 패턴)	· 긍정과 부정 생각 갖기 · 휘익! 순간 동시에 바꾸기
	실행8	2013.07.09. (화)	행복감 스위치가 있어요 (앵커링)	· 몸에 스위치 만들기 · 필요시 자신감 상태가기
	실행9	2013.09.10. (화)	행복한 공간이 있어요 (우수성의 원)	· 자신의 성 만들기 · 필요시 긍정적 마음 갖기
인간관계 프로그램	실행10	2013.10.15. (화)	상대방 입장이 되어보겠어요(입장 바꾸기)	· 상대방과 포지션 활동 · 상대방 입장 알기

수집된 자료는 SPSS Win 18.0프로그램을 이용하여 분석하였다. 실험집단과 통제집단의 집단 간 동질성 검증을 위해 독립집단 t검정을 실시하였으며, DQ 전인지수 및 국어과 학업성취도, 진로인식 등에 대해 반복측정 변량분석을 실시하고, 측정시기별로 유의한 차이가 있는지, 또 상호작용 효과를 보이는지 확인하기 위해 contrast분석을 실시하였다.

본 연구의 통하여 확인된 주요 연구결과는 다음과 같다.

본 연구를 실험 연구하기 위하여 2012년 12월에 J초등학교에서 실험에 참여하기를 원하는 교사를 모집하였다. 수석교사를 중심으로 4명의 교사로 구

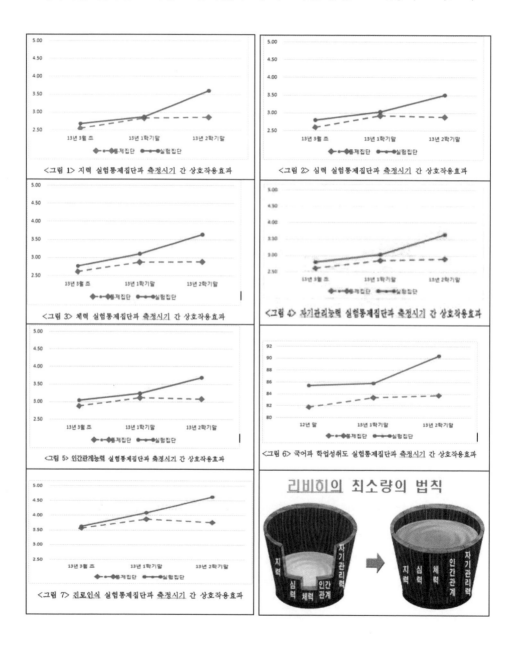

성이 되었으며 2013년 1월과 2월에 기본적인 핵심역량교육 학습프로그램과 NLP 정서조절프로그램 교육을 본 연구자가 교사들에게 실시하고 3월부터 적용할 수 있도록 하였다.

3월부터는 매주 월요일 저녁 7시부터 10시까지 5일간 적용했던 핵심역량교육과 NLP 교육의 문제점 및 보완점을 자체적으로 서로 토의하고 그 결과를 반영하여 다시 투입하도록 하였으며, 본 연구자는 진행 방향 및 의견만 제시하였다.

먼저 안구훈련표를 나누어주고 연습하도록 했으며, 글 분석지 1단계부터 100단계를 주어 필요한 글을 골라서 사용하여 기본을 다졌다. 동시에 3분 묵상 자료 45회, 영상 자료 15회도 투입되었다. 5월 반성회 때에는 핵심역량교육 학습의 9단계에 대한 확실한 개념이 형성되지 않는다는 교사들의 요구가 있어 5차원전면교육 대안학교 교감을 초청하여 강의를 들었다. 그 후 참여 교사들은 학습의 9단계의 의미를 확실히 인지하고 교과수업에 적용하게 되었다. 또한 9월에는 본 연구자가 학생들에게 NLP 기법 적용의 시범을 보여주어 참여 교사들이 NLP의 효능을 제대로 이해하고 정서조절프로그램을 적용할 수 있었다.

핵심역량교육 학습프로그램 학습의 9단계는 교과의 기본 구조를 알고 이를 통해 지식의 구조를 발견하도록 하여 학문의 가치와 즐거움을 찾는 것을 목표로 교과 수업에 적용하도록 하였다. 학생들은 10월 넷째 주부터 눈에 띄게 변화가 일어나고 있다며 참여 교사들은 확신을 갖게 되었다.

다음은 2013년 10월 28일 협의회에 참여했던 교사들의 이야기이다. "학생들의 스스로 학습하는 능력이 많이 향상되었다. 특히 공책 정리에서 가장 많은 성과를 보이고 있는 것 같다. 또한 NLP 기법적용 시 초기에 비해 확연하게 집중력이 향상되었다.", "꾸준한 NLP 기법 지도로 학생들의 바른 인성 지도가 눈에 띄게 향상되고 있다. 수업 시간에 집중을 못하는 학생이 3명 정도 있었는데, 요즘은 수업에 적극적으로 참여하며 협동하는 모습을 많이 보인다.", "실력이 매우 약했던 학생의 변화가 뚜렷하게 보인다.", "학생들이 매우 잘 따라오고 있으며, 3분 묵상에서 성과를 보이고 있어, 더 높은 수준으로 나아갈 수 있는 자료나 수업 기법의 개발이 필요할 것으로 보인다.", "인간관계에서 많은 효과를 보이고 있으며 자기주도학습에 큰 영향력이 있는 것 같다."

학습의 9단계를 적용했던 교사들 협의회에서도 어려웠던 부분이 논의되었다. 3월 초에 아주 기본적인 안구운동 중 원을 따라 시선이 이동되는 과정에서 그다음 순서를 찾지 못하고 혼란스러워하는 문제점이 발생하였다. 이에 따라 각 학년별로 양쪽 끝의 원을 색칠하거나 원의 모양을 바꿔보는 등의 새로운 방법을 개발하였다. 여러 가지 방법을 적용해 본 결과 고학년의 경우 양쪽 끝의 원에 검은색을 한 줄 간격으로 색칠하는 방법이 적합하였으며, 저학년의 경우 안구훈련표의 크기를 줄이고 원의 개수도 줄이는 것이 학생의 발달 수준에 적합하였다. 글 분석에서 사선을 치는 활동은 빠르게 읽기 위한 중간 과정이라고 생각하고 있었지만, 사선치기는 빠르게 읽는 것보다는 처음에는 의미의 단위를 나누는 데 초점을 맞춰야 했다. 더불어 속해독서는 글의 의미를 정확하게 이해하는 것이 목적이며 빠르게 읽는 것은 부차적으로 얻어지는 결과물이었다.

이에 따라 속해독서 프로그램을 실시할 때, 시간을 측정하던 기존의 방법에서 시간의 측정 없이 한 번에 이해하는 데 중점을 두어 실시하였다. 그 결과 학생들은 속해독서 활동에 대하여 부담감을 크게 덜게 되었으며, 사선을 치느라 두 번, 세 번 글을 읽던 행동들을 줄일 수 있게 되었다. 하지만 의미그룹을 확장시키는 사선치기의 지도 과정이 문장구조의 학습과 관련된다는 점에서 교과 수업에 적용하였다. 이에 가장 큰 문제는 프로그램에 대한 이해를 명확하게 하는 일이었다. 이해가 선행되지 않아서 많은 시간을 소비하게 된 점이 아쉬웠기 때문이다.

실험 초기에는 핵심역량교육 지향점이 구체적이지 못한 점과 많은 시간을 요하는 문제이기 때문에 학생이나 교사들의 성취 의욕을 단시일 내에 높일 수 없는 점이 현장 적용의 문제점이 되었다. 특히, 교사들의 이해 수준에 따라 실행하는 방법이 다양하였고, NLP의 정확한 이해가 따르지 못해서 처음에 혼선을 빚었던 것도 더 숙고해 볼 문제였다. 그러나 시간이 흐르면서 모든 적용이 이해되고 정확히 투입하게 되니, 효과는 통계적으로 아주 의미가 있는 것으로 나타나 학생들의 학습과 정서조절을 하는 데 커다란 영향을 미치는 가치있는 방법으로 자리매김 되었다.

학습프로그램 3분 묵상의 취지는 타인의 아픔을 공감할 줄 알고, 감동을 느낄 수 있는 감수성을 길러주는 것이다. 그렇기 때문에 자신의 감정을 잘 찾기 위해 다양한 감정을 표현하도록 하고 학생들 상호 간에 자신의 감정을 이야기하여 공감할 수 있는 기회를 갖는 것이 중요하다. 처음에는 학생들이 왜 이러한 활동을 해야 하는지를 인식하지 못하였으며, 예화를 읽고 난 뒤에도 감동을 얻지 못하고 형식적인 감상만을 이야기하였다. 이러한 문제점을 해결하고자 담당교사가 교사가 모범적으로 직접 3분 묵상에 참여하여 토의하고 감동을 나누며 교사가 작성한 고공학습표를 보여주고 교사의 감동적인 이야기와 실천했던 것을 발표하였다. 그렇게 함으로써 학생들과도 함께 감정을 공유할 수 있었고, 나중에는 학생들이 적극적으로 참여하게 되었다. 이러한 것은 핵심역량교육에서 실행자의 원리가 적용된 것으로써 교사가 필요성을 느끼고 실천하는 의지가 중요함을 시사하였다.

핵심역량교육 학습프로그램은 학습의 9단계와 3분 묵상이다. 학습의 9단계는 정보입수, 정보심화 정보표출 등 3단계로서 각 단계마다 3단계로 다시 나누어 모두 9단계를 실시하였다. 주로 국어, 사회, 과학 교과 시간에 활용을 하였다. 3분 묵상은 3분 묵상의 글 자료 45회, 영상 자료 15회를 인터넷, 각종 도서 등에서 발췌하여 재구성하였으며, 방과후활동에 적용하였고 학습의 9단계와 관련지어 실행하였다. 이는 전라남도진도교육지원청(2012)에서 실시한 5차원전면교육 자기주도적학습력 신장 60시간 교원 교육연수의 참고자료에서 힌트를 얻어 준비를 할 수 있게 되었다.

정서조절프로그램은 본인이 NLP 교육을 받았고 학위논문(서승석, 2010; 김종운, 2002)과 단행본(설기문, 2005; 김영국, 2006; 신대정, 2008; 전경숙, 2012)을 참고하여 프로그램 모두 10회 분을 개발했다.

핵심역량교육과 NLP를 활용한 학습프로그램인 학습의 9단계 및 3분 묵상과 NLP 정서조절프로그램 적용은 핵심역량인 지력, 심력, 체력, 자기관리 능력, 인간관계 능력 등 변인에서 13년 3월 초 사전 검사와 13년 1학기 말 중간검사는 아무런 효과가 나타나지 않았으나 13년 2학기 말 사후검사에서는 유의미한 효과가 있는 것으로 밝혀졌다. 또한 국어과 학업성취도는 전라남도교육청에서 실시하는 2012년 2학기 말 성적을 기준으로 하였고, 진로인식은 2013년 3월 초를 기준으로 학습프로그램과 정서조절프로그램을 투입하였는데 2013년 1학기 말에는 유의미한 변화가 없었는데, 2013년 2학기 말에 실시한 변인에서 유의미한 결과를 얻었다. 이는 학습프로그램과 정서조절프로그램의 투입은 모든 변인에서 단기간이 아니라 장기간 꾸준한 적용하여야만 유의미한 효과를 얻을 수 있다는 것을 말해 주고 있다.

원동원(2012: 23-25)은 이러한 현상을 리비히의 '최소량의 법칙'이라고 한다. 여러 개의 나무 조각으로 만들어진 물통에서 이 나무 조각 중, 부러진 나무 일부분만 있으면 물을 채운다고 해도 부러진 부분까지만 채워질 수 있다. 즉 현재 물통으로 구성된 부분까지만 채워지고 남은 물은 흘러내린다는 것이다. 한 사람의 능력을 발휘하기 위해서는 한 부분만 노력에서 발휘되는 것이 아니라 인간의 전면적인 구성요소인 핵심역량 지력, 심력, 체력, 자기관리 능력, 인간관계 5가지를 고루 발전시켜야 전인교육을 할 수 있다는 것이다. 이 가운데 어느 한 가지가 약하면 그것이 다른 것들에게 영향을 주어 전인을 약화시킨다.

이러한 원리가 본 연구에서 적용되었다고 가정하면, 이는 1학기 말까지는 핵심역량 5영역의 약한 부분들이 채워졌고, 고루 채워진 부분에서부터 자신의 역량이 발휘되어 2학기 말부터 효과가 나타난 것으로 사료된다. 어떤 사람의 능력을 최대로 발휘시키려면 그 사람의 한 부분만을 발전시키는 것이 아니라 인간의 구성요소들을 전면적으로 발전시켜야 한다는 리비히의 최소량의 법칙이 적용되었음을 가정할 수 있다. 이것은 인간을 고루 교육이 되어야 최대한 능력을 발휘할 수 있다는 전인교육과 관련지어 생각할 수 있으며, 이러한 이유에서 핵심역량교육의 중요성을 찾을 수 있다.

결론으로 첫째, 핵심역량교육과 NLP를 활용한 학습·정서조절프로그램은 지력 향상에 유의미한 효과가 나타났다. 그러므로 지력 향상을 위하여 핵심역량교육 학습프로그램과 NLP 정서조절프로그램이 필요하다.

둘째, 핵심역량교육과 NLP를 활용한 학습·정서조절프로그램은 심력 향상에 유의미한 효과가 나타났다. 따라서 심력을 위하여 핵심역량교육 학습프로그램과 NLP 정서조절프로그램이 도움을 준다.

셋째, 핵심역량교육과 NLP를 활용한 학습·정서조절프로그램은 체력 향상에 유의미한 효과가 나타났다. 따라서 체력 향상을 위하여 핵심역량교육 학습프로그램과 NLP 정서조절프로그램이 많은 역할을 한다.

넷째, 핵심역량교육과 NLP을 활용한 학습·정서조절프로그램은 자기관리 능력 향상에 유의미한 효과가 나타났다. 그러므로 자기관리 능력을 육성하는 데 핵심역량교육 학습프로그램과 NLP 정서조절프로그램이 긍정적 영향을 준다.

다섯째, 핵심역량교육과 NLP를 활용한 학습·정서조절프로그램은 인간관계 능력 향상에 유의미한 효과가 나타났다. 따라서 인간관계 능력을 기르는 데 핵심역량교육 학습프로그램과 NLP 정서조절프로그램이 큰 역할을 한다.

여섯째, 핵심역량교육과 NLP를 활용한 학습·정서조절프로그램은 국어과 학업성취도 향상에 유의미한 효과가 나타났다. 이는 국어과 학업성취도 향상을 위하여 핵심역량교육 학습프로그램과 NLP 정서조절프로그램이 효과적인 것으로 나타났다.

일곱째, 핵심역량교육과 NLP를 활용한 학습·정서조절프로그램은 진로인식 향상에 유의미한 효과가 나타났다. 따라서 미래를 꿈꾸고 앞으로 나아가 방향을 결정하는 기초가 되는 진로인식 향상을 위하여 핵심역량교육 학습프로그램과 NLP 정서조절프로그램이 효과적이다.

본 연구에서 개발한 핵심역량교육과 NLP를 활용한 학습·정서조절프로그램은 핵심역량교육의 5가지 영역에 의미있는 영향을 끼쳐 DQ 전인지수 및 학업성취도, 진로인식 등을 향상시키는 데 효과적인 것으로 확인되었다. 이에 NLP의 정서조절프로그램 등이 교사들에게 손쉽게 적용·지도할 수 있는 방향을 제공했다는 점에서 그 가치를 찾을 수 있다.

제3부

심리발달 단계의 특징 및 상담전략

1. 에릭슨의 심리사회적 발달 단계
2. 프로이트의 성격발달 단계
3. 게슈탈트 성격 유형과 형태치료
4. 수용전념치료와 마음챙김MBSR
5. 유식심리이론과 인지치료MBCT
6. 변증법적 행동치료와 현실치료

Ⅰ. 심리발달 단계의 특징 및 상담전략

1. 에릭슨Erikson의 심리사회적 발달 단계

1) 심리사회적 성격발달의 의미

사람에게는 연령대별로 나누어지는 일정한 심리적, 사회적인 욕구가 있다. 이 욕구는 어떠한 사회적 상호작용 관계를 가졌느냐에 따라 성격 형성이 달라지며, 성격 형성에 영향을 끼친다는 것이다.

2) 발달이론 특징

사회적 관계에 따라 일생을 8단계로 나누고 각 발달 단계는 상호관련성이 있다고 보았다.[44]

3) 사회적 성격발달이론[45]

사회적 관계에 따라서 욕구가 충족 여부가 성격발달에 중요한 영향을 끼치는데, 각 발달 단계상에는 발달의 결정적 시기가 있음을 말하고 있다. 에릭슨은 자아를 가족과 사회의 영향을 강조하였다. 각 단계에서 인간이 겪을 수 밖에 없는 위기를 적절히 해결할 수 있으면 건강한 성격을 발달시키는 기회를 가지게 되나, 그렇지 않으면 성격발달상 퇴행을 경험하게 된다고 봄으로써

---

44) 참조 : 에니어그램과 세 개의 자아, [쉬어가기] 편
45) 〈교육학 이론2, 2009, 푸른하늘, 재정리〉

양극론을 주장하였다.

개인의 심리적 욕구에 따른 사회적 관계에 따라 성격 형성이 달라진다. 초등학교 시절에는 근면성이 발달하여 자아개념이 결정적으로 발달하는 시기가 있다. 초등학교 이후 이러한 발달은 점진적 원리에 의해 연속적으로 이루어진다.

4) 심리사회적 성격발달이론의 시사점

교육은 성인의 관점이 아니라 그 당시 관점에서 계획되어야 한다. 왜냐하면 그 시기의 욕구가 있기 때문이다. 인간의 성격이란 내적으로 타고난 시간표에 따라 단계적으로 발달해 가는 것이므로 그에 맞는 환경을 제공해 주어야 한다.

5) Erikson의 심리사회적 발달 단계의 특징

(1) 영아기는 신뢰감 대 불신감이다.

덕목은 희망이다. 출생부터 18개월에 해당된다. 발달 단계 특징은 ① 자신의 모든 것을 타인에게 의지하며 타인과의 관계에서 신뢰감과 불신감 형성 ② 부모 및 타인에게 지속적 관심과 사랑을 받은 영아는 신뢰감이 형성되고, 지속적이고 일관된 보살핌을 받지 못한 영아는 불신감, 두려움, 의심이 형성됨 ③ 성격발달에 가장 중요한 시기(Freud는 3-5세 남근기) ④ 일관성과 계속성, 통일성 있는 경험이 주어지면 신뢰감이 형성되고, 부적절하고 일관성이 없고 부정적인 보살핌은 불신감을 형성시킨다.

(2) 유아기는 자율성 대 수치심과 회의감이 있다.

덕목은 의지력이다. 18개월부터 3세에 해당되며, 발달 단계 특징은 첫째, 스스로 먹고, 입고, 배변 활동하며 자기 스스로 일을 수행한다. 둘째, 자율성 형성 시기로 자발적 행동에 칭찬을 하거나 신뢰를 표현하고 용기를 주며, 자기 자신의 방법과 속도에 따르는 기능이 발휘될 수 있도록 할 때 자율성이 나타난다. 셋째, 수치감 및 의구심 생기는 시기이다. 엄격한 배변 훈련, 사소한 실수에 대한 벌 등 부모의 과잉 통제는 자신의 욕구나 신체에 대한 수치심을 느끼게 하고, 과보호나 적절한 도움이 결핍될 때는 자신의 능력에 회의감을 갖게 되고 자기 자신과 환경을 통제하는 능력에 대해 의구심이 생긴다.

(3) 유아기로 주도성 대 죄책감이 있다.

덕목은 목적이다. 3세부터 6세에 해당된다. 발달 단계 특징은 첫째, 아동의 인지가 급격하게 발달하게 되며, 모든 부문에서 도전적인 충동을 갖는다. 둘째, 주도성 형성 시기로 부모들의 일에 주도적으로 참여하려고 할 때, 이 일에 참여시키고 인정을 해주면 주도성이 형성, 활동에 참여할 수 있는 자유가 주어지고, 아동의 질문에 부모가 대답을 충실히 해주면 주도성이 나타난다. 셋째, 죄책감 형성 시기이다. 아동의 주도적인 일을 비난하거나 질책하면 아동은 위축되고 자기주도적 활동에 대해 죄책감을 느낀다.

(4) 아동기로 근면성 대 열등감이 있다.

덕목은 능력이다. 6세부터 12세에 해당된다. 발달 단계 특징은 첫째, 학교에서 성공과 성취가 아동의 근면성을 발달시킨다. 둘째, 이 시기에 겪는 도전이 어려워서 실패로 끝나는 경험이 많아지면 아동은 열등감이나 자기 부적당감에 빠진다. 이때는 성공적인 경험을 통한 긍정적인 자아개념 형성이 필요하다.

셋째, 성공의 경험과 칭찬의 필요성 시기로 칭찬 코너, 다양한 시상제 등의 인성 교육이 필요하다. 넷째, 일에 대한 성공적인 경험은 근면성을 신장시키고 그 성공의 결과로 인해 자신에 대한 긍정적인 자아개념을 형성하며 실패의 경험은 열등감을 갖게 하여 부정적인 자아개념을 갖게 된다. 다섯째, 교사는 학생들에게 도전감을 심어주고 근면성을 발달시키도록 체계적인 개입이 필요하다. 여섯째, 자아개념 형성의 결정적 시기로 근면성이 생겨 자신의 능력에 자부심을 갖거나 반대로 열등감이 생긴다. 일곱째, 조기교육을 반대해야 하는 이유는 다른 친구들보다 열등감을 많이 느낄 수 있기 때문이다. Erikson은 열등감 형성 때문에 조기교육을 반대하였고 브루너Jerome Seymour Bruner[46]는 학습자에 맞는 언어로 조기교육을 찬성하였다.

(5) 청년기로 정체감 대 역할 혼미이다.

덕목은 충성심이다. 12세부터 18세에 해당된다. 발달 단계 특징은 첫째, 자아 정체감으로 나는 앞으로 무엇이 될 것이냐는 장래 직업에 대한 확실성이 확립되는 시기이다. 둘째, 이 시기 자아 정체감의 결여는 역할 혼란을 초래하며 이 위기를 극복하지 못하면 준비되지 않은 상태에서 성인의 역할을 수행해야 하는 불행을 경험한다. 셋째, Marcia의 정체감 상태는 '만일 더 좋은 어떤 것이 다가온다면?'이다. 정체감 성취는 '오랫동안 생각한 후 결정했다', '이것이 나에게 더 좋다'이며, 예를 들면, 어떤 유혹이 있더라도 나는 교사가 되어야 한다는 신념에 변함없는 것이다. 정체감 유실은 내 계획을 바꾸고 싶지 않다. 부모가 선택해 준 삶을 수용한 것이다. 예를 들면, 나는 다른 직업을 원하나 우리 부모가 원하니까 교사를 준비하는 것(마마보이)이다.

(6) 성인 전기로 친밀감 대 고립감이다.

덕목으로 사랑이다. 19세부터 24세에 해당된다. 발달 단계 특징은 이 시기에 친밀한 인간관계를 형성하지 못하면 개인과 사회에 건강하지 못한 사회적, 심리적 고립감을 경험한다.

---

46) 미국 교육 심리학 교수, 브루너 이론 발표(표상이론, 발견학습, 나선형교육 과정)

(7) 성인 중기로 생산성 대 고립감이다.

덕목은 배려이다. 25세부터 54세에 해당된다. 발달 단계 특징은 첫째, 이 단계의 위기를 극복하지 못하면 무관심, 허위, 이기심 등을 갖게 된다. 둘째, 최대 관심사는 자녀들의 성공적 발달을 돕는 것이다.

(8) 성인 후기로 자아 통정성과 절망감이다.

덕목은 지혜이다. 54세 이상이 해당된다. 첫째, 통정성으로 자신의 삶에 후회가 없으며 열심히 살았고, 가치 있었다고 생각하는 사람이 가지는 특징으로 제3의 반항기이다. 둘째, 통정성을 지닌 사람은 살아온 인생에 책임감도 있고 죽음도 겸허하게 받아들인다. 셋째, 통정성이 없는 사람은 책임감도 없고 죽음도 받아들이지 못해 절망감에 빠진다.

7) 학령 전기 아동의 주도성 격려 방안 (참여, 선택)

(1) 아동으로 하여금 선택하고 그에 따른 행동을 하도록 격려한다.
 ① 가능한 한 자기 일에 매우 열중하고 있는 아동의 간섭을 피한다.
 ② 긍정적 선택을 제안한다.

(2) 각 아동이 성공을 경험할 기회가 있다는 것을 확실히 해준다.
 ① 새로운 게임 또는 기술을 소개할 때 낮은 단계부터 가르친다.
 ② 아동의 능력 범위가 크게 차이가 날 때에는 경쟁적 게임을 피한다.

(3) 아주 다양한 역할로 가상 놀이를 격려한다.
(4) 특수 아동이 자신의 힘으로 무엇인가를 시도할 때, 사고와 실수에 대한 인내심을 보인다.

8) 초등학교와 중학교의 근면성 격려 방안 (성취, 목표)

(1) 학생 자신이 확실히 기회를 설정하고 실제 목표를 향하여 작업하도록 한다.
　① 짧은 숙제에서 시작하여 긴 것으로 옮겨간다. 항상 점검하여 학생의 향상을 돕는다.
　② 학생이 합리적 목표를 설정하도록 가르친다.

(2) 학생에게 그의 독립심과 책임감을 보일 수 있는 기회를 준다.
　① 고의적이지 않은 실수에 대하여 인내심을 가진다.
　② 교실 화초에 물주기, 자료수집과 분배, 숙제 점수 매기기 등과 같은 작업들을 학생에게 위임한다.

(3) 낙심한 학생을 격려한다.
　① 학생의 진보를 보여주는 개인 차트와 기록을 사용한다.
　② 가장 향상된, 가장 도움이 되는, 가장 열심히 일하는 학생들을 위한 상을 준다.

(4) 학생이 자신의 성취를 확인하게 한다.
(5) 어려운 과제의 완성에 대한 기쁨을 경험하게 한다.

9) 청소년기 정체감 형성을 위한 지원 전략

(1) 직업 선택과 성인의 역할에 대하여 많은 모델을 제시한다. 문학과 역사 속의 모델에 대한 토론, 강사 초빙 등을 한다.

(2) 학생의 개인적인 문제를 해결하도록 지원한다. 학교 상담자와 면담하도록 격려, 외부에 어떤 서비스가 있는지 토론 등을 한다.

(3) 타인을 공격하거나 학습에 방해를 초래하지 않는 한 그들의 일시적인 유행에 인내심을 갖는다. 엄격한 옷차림이나 머리 모양을 강요하지 않는다.

(4) 학생들에게 실제적인 피드백을 준다. 첫째, 학생이 잘못 행동할 때 행동의 결과와 그것이 자신과 타인에게 미칠 영향을 확실히 이해시킨다. 둘째, 모범 답안이나 타 학생의 우수 프로젝트를 보여주고 자신의 작업과 비교하게 한다.

10) Erikson의 발달이론의 교육적 공헌점

(1) 유치원 아동의 특징은 주도성이기 때문에 자기주도적인 활동을 최대한 허용해야 한다.

(2) 초등학교 시기는 근면성이기 때문에 꾸준한 관심과 부지런함으로 과업을 완성하는 즐거움을 경험할 수 있도록 기회와 격려가 주어져야 한다.

(3) 중,고등학교 시기는 자아 정체감의 확립단계이므로 열린 마음으로 토론의 장을 마련하여 스스로 문제해결을 할 수 있도록 격려해야 한다.

2. 프로이트의 성격발달 단계

(1) 인생의 초기 경험을 강조함으로써 유아교육의 중요성 강조.

(2) 정신병자들을 대상으로 한 임상 실험 자료이므로 과학적 정확성이 결여.

(3) Freud는 본능적 욕구와 리비도의 방향 전환을 알게 하였고, 에릭슨은 가족과 사회의 영향을 강조.

2) 성격발달 단계[47]

(1) 구강기로 0세부터 3세에 해당된다.

발달 단계 특징은 ① 즐거움의 근원은 빨기, 물기, 삼키기 등 즉각적인 만족에 빠진다. ② 욕구의 불충족이나 과잉충족은 성장 과정에서 성격적 결함으로 지나친 흡연, 깨물기, 과음, 과식, 남을 비꼬는 일 등으로 나타난다.

(2) 항문기로 2세부터 3세에 해당된다.

발달 단계 특징은 ① 처음으로 본능적 충동에 대한 외부적 통제를 경험한다. ② 배변훈련을 통한 항문 근육의 자극 경험으로 성적 쾌감을 얻는다. ③ 엄격한 대소변 통제훈련은 성장 과정에서 결백성으로 고착현상을 야기한다.

(3) 남근기로 3세부터 5세에 해당된다.

발달 단계 특징은 ① 주된 성감대는 성기로 남녀의 신체 차이, 아기의 출생, 부모의 성 역할 등에 관심을 갖는다. ② 오이디푸스 콤플렉스 시기로 남자 아이는 어머니에게 성적인 애정을 느끼고, 아버지를 어머니의 애정 쟁탈의 경쟁자로 생각하여 적대감을 가지며, 거세 불안증이 나타난다. ③ 엘렉트라 콤플렉

---

47) 〈교육학 이론2, 2009, 푸른하늘, 재정리〉

스로 남근선망이다. 여자 아이들이 처음에는 엄마를 좋아하나 곧 자기는 남근이 없음을 알고 이를 부러워하는 현상이 있다. 남근이 없는 책임을 어머니에게 돌리고 이때부터 아버지를 더 좋아하는 현상으로 나타난다. ④ 동일시 현상으로 거세불안을 감소시키고, 어머니의 애정을 얻기 위해 아버지에 대한 동일시 기제가 나타난다. ⑤ 아버지의 생각·태도·행동 등을 모방하여 아버지를 닮게 되며, 동일시에 아버지를 자아가 도달할 이상으로 삼음으로써 자아가 형성된다. ⑥ 오이디푸스 콤플렉스는 유아기 아동의 성격 형성의 결정적 영향을 미친다. ⑦ 고착현상으로 성불감증, 동성애 등의 신경성 질환을 유발한다.

(4) 잠복기로 6세부터 11세에 나타난다.

발달 단계 특징은 ① 성적인 욕구가 철저히 억압되어 심리적으로 평온한 시기로 지적 호기심이 강해지고 동성의 또래 관계가 긴밀해 진다. ② 논리적 사고로 타인의 입장도 고려한다.

(5) 생식기로 11세 이후에 나타난다.

발달 단계 특징은 사춘기에 접어들면서 성적 욕구가 다시 생기게 되며 급속한 성적 성숙에 의해 이성에 대한 성애 욕구가 본격화된다.

[쉬어가기]

고착과 발달정지란 무엇인가? 한 사람의 정신 기능을 정신증, 경계선 그리고 신경증으로 진단하는 것은 정신분석적으로 한 사람의 발달이 어느 시기에 고착되고 정지되었는지를 의미한다. 고착이란 개념은 아동이 구강기, 항문기, 남근기의 발달 단계를 거친다고 주장한 프로이트Freud에 의해 처음 도입되었다. 이 발달 단계는 리비도가 어떤 부위에 집중되느냐에 따라 구분된 것이다.

〈출처: 정신분석으로 상담하기, 2022, 장정은〉

3. 게슈탈트 성격 유형과 형태치료

1) 게슈탈트 특징[48]

프레드리히 펄스Frederich Perls는 1893년 독일 베를린에서 유대인 부모에서 태어나 독일에서 교육을 받고, 28세에 Frederich Wilhelm 대학교에서 의학박사 학위를 받았다. 통합된 유기체 이론을 접하고 깊은 감명을 받고, 1942년, Freud의 본능이론을 비판하면서 새로운 이론을 형태주의적 심리치료에 대한 최초의 책을 펴내면서 프로이트와 완전히 결별하였다.

1950년, '알아차림awareness'에 관한 이론을 정립하는 한편, 처음으로 '게슈탈트 치료Gestalt therapy'라는 용어를 만들었다. 이는 전체는 부분의 합이상의 형태의 의미를 갖는다. 게슈탈트 형성은 순간 강력한 욕구와 감정에 따라 전경으로 떠오르는데, 지금-여기임을 알고 집중할 때 더 잘 형성된다. 해소 과정은 전경과 배경이 교차한다. 이러한 현상이 자주 일어나며, 이러한 과정을 알아차림이라 하며, 이런 현상을 알아차림 접촉이라 한다.

인간의 지각은 개인의 흥미나 태도, 사전 경험, 인지구조 등에 의존한다. 행동주의자와 다르게 형태심리학자들은 외부에서 들어오는 동일한 자극이라도 사람에 따라 다르게 지각한다고 주장한다. 게슈탈트 상담은 지각의 발달을 인간의 경험의 전체성을 자유, 책임, 과정 등으로 존재를 강조한다. 지금 여기 현재에서 있는 그대로 경험을 중시한다. 인간은 선택할 수 있는 자유 의지와 변화, 행동에 책임 등을 질 수 있으며, 어려운 상황에서 자기를 조절할 수 있는 존재이다.

---

48) 출처 : 네이버

2) 게슈탈트 접촉과 접촉에 혼란

바람직한 접촉은 환경과 상호작용이다. 하지만 유기체와 환경과의 문제로 인하여 접촉에 대한 경계 혼란은 심리적 문제가 발생한다. 이런 유형으로 내사, 투사, 반전, 편향, 융합, 자의식 등이 있다.

(1) 내사: 다른 사람 기준을 자신에게 동화하지 않고 타인의 신념을 무비판적으로 수용하여 타인 욕구에 맞추어가는 유형이다. 자신이 기능할 수 없는 부분들을 더 많다고 생각하고 모든 것을 자기 것으로 그냥 받아들여서 인정해 버린다. 그래서 형태치료에서는 이 내사를 어떻게 처리할 수 있도록 돕는지가 치료 과정에서 중요하게 다루어지게 된다. 오감을 활용해서 경험할 수 없도록 하는 그 이유가 내사의 요인들로 설명되는데, 분석하여 보면 본인의 어떤 부분을 탓이라고 부정적으로 인식하는지를 잘 들여다볼 수 있도록 안내하고 격려하는 것들이 치료 과정이다.

(2) 투사: 자신의 어떤 측면을 지각과 반대되는 행동을 하며 혼란을 남 탓한다.

(3) 반전: 타인에게 한 행동이 어려울 때, 분노, 우울 등 반전의 행동을 본인에게 향한다.

(4) 편향: 본인의 감각을 둔화시켜 다른 것과 접촉을 약화하고 초점을 흐린다.

(5) 융합: 다른 것과 기본적인 경계가 없고 의존적이며 정체성을 상실한다.

(6) 자의식: 본인을 너무 의식하고 타인의 반응을 지나치게 관심 갖는다.

3) 치료 목표

내담자가 인식으로 더 나은 선택을 하도록 한다. 풍부한 인식을 통해 자기 존재를 거부했던 것들을 직면하고 수용하여 총합적인 사람이 되도록 한다. 상담자는 내담자 일을 알아내고 스스로에 대해 알도록 지원한다.

전경과 배경의 변환 치료 과정이다. 감정의 덩어리를 하나로 본다면 이 감정의 덩어리 속에는 부정과 긍정적인 감정들이 있는데, 외부 현실과의 접촉에 의해서 경험되어지는 양상 속에서 그 감정이 주로 표면에 부정과 긍정의 감정이 나타나는지는 개인의 어떤 선택 사항이다. 그러므로 해결되지 않은 미해결 감정이라고 하는 거는 그 사람의 표면에 부정적인 감정의 덩어리들이 우리 삶을 지배한다고 보는 것이다. 그런 부정적인 감정을 경험할 수 있고 호소할 수 있도록 하는 데는 이미 그 사람의 다른 체험 속에서 긍정적인 감정의 요소들이 상당히 많은 부분 지배적으로 자리하고 있다. 형태치료는 이 두 가지 감정이 우리 안에 있기 때문에 상황에 따라서 경험되어지는 양상들이 어떤 걸로 드러나느냐, 어떤 걸로 경험되느냐라는 것이다. 그래서 내사하는 방어 기제를 좀 더 구체적으로 다룬다.

만약 전경에 부정적인 감정이 있다면 배경에 있는 긍정적인 감정을 환기시켜서 서로가 원활하게 기능할 수 있도록 돕는 게 형태치료의 궁극적인 치료의 목표다.

4) 형태치료

형태치료는 부분이 아닌 전체를 다룬다. 전체 속에서 어떤 부분을 들여다보는 것이다. 실존주의 철학과 현상학에 기반을 두며, 개인 내에서 갈등을 일으키는 요소들을 통합하는 것이 목적이다. 개인의 삶의 문제를 스스로 처리할 수 있는 전체적인 하나의 존재라는 현재를 강조한다. 지금 이 순간에 충분히 경험을 통해서 자각하게 되는 부분이다. 현재라고 하는 거는 지금 여기에서 온전히 살 수 있도록 돕는 상담 기법이다. 지금 현재를 아주 강렬하게 체험하여, 인간을 하나의 통합된 모양새로 성숙에 이르도록 한다.

이 치료는 감정을 상당히 중요하게 다루는데, 과거에 충분히 체험되지 않은 감정이 우리 삶 속에서 어떤 부분에 그런 감정으로 집중된다. 지금 현재를 자각하지 못하여 미해결 과제로 나타난다. 그것은 자신과 타인이 될 수도 있다. 상담을 하다 보면 스스로의 원망과 타인의 원망으로 나타난다.

형태치료자는 내담자의 감정과 현재에 대한 인식 또는 다른 상담과 다르게 다루어지는 부분들은 신체적인 언어를 아주 구체적으로 민감하게 읽어내면서 상담을 활용을 한다. 그래서 내담자가 느끼는 감정, 형태, 신체 언어, 어떤 회피 양식, 인식의 차단 등에 초점을 맞추어 치료자가 원활하게 기능하고 역할하도록 한다. 치료자는 내담자가 외부의 지지해서 내부의 지지로 변화하도록 돕는 것이다.

형태치료는 치료자와 내담자의 관계가 중요하며, 오감을 얼마나 충분히 활용을 해서 경험을 하고, 접촉을 극대화하는가에 따라서 내담자와 상담자의 관계가 원활하게 진행된다.

■ 형태치료 종류

(1) 분노: 이 감정은 형태치료에서 한곳에 몰입이 되면 한과 연결된다. 한이라는 건 성장이 멈춰서 단절된다. 원한, 분노, 불안, 우울, 죄책감 등 부정적인

감정들을 가진 채 충분히 경험하지 않아 그런 감정으로 살게된다. 마음속에 남아 자신과 타인 간의 효과적인 접촉을 하지 못하여 미해결 감정으로 남아 있다. 이 감정이 해소되어야 평온한 만족을 경험한다. 희로애락을 구체적으로 온전히 느껴야 지금-여기 상태가 된다.

(2) 회피: 해결되지 않은 감정들을 갖고 직면하여 불편한 정서를 경험하지 못하도록 하는 방법을 말한다. 자기가 부정적인 정서들을 경험하게 되면 더욱 불편할 까봐에 대한 다른 감정들이 함께 나타난다. 신경증적 가짜 감정은 다음에 설명한다.

① 하의 장벽: 개인이 심리적 성숙이 멈춘다. 고통스럽거나 받아들이기 어려운 때를 회피하여 역사의 단절로 성숙 연결의 통로가 차단된다. 이럴 때 치유해줄 수 있는 부분이 형태치료적 접근이다. 자기 안의 전경이 모든 것이라고 인식하기에 성장이 멈춘다면, 많은 경우에 갖고 있는 양식은 외부에 의해서 내가 어떻게 되어졌다고 생각한다. 자신의 긍정적인 생각을 하도록 해서 실제적인 변화를 돕는 과정이 치료자의 역할이다. 형태치료에서 접촉이 제대로 원활하게 이루어질 수 있다라는 건 의사소통을 경험하는 것이다.

의사소통은 언어적인 단서, 신체적인 단서, 정서적 단서 등 중요한 언어의 영역이다. 이런 부분들이 일치가 제대로 된 의사소통이다. 내담자가 이런 감정을 느낄 수 있는 거에 대한 책임이 부가가 됐을 때 치료의 더 배가되는 효과를 가져올 수 있다.

② 접촉 불편 감정: 'here and now' 알 수 있는 상태는 NLP에서 강조하는 시각, 청각, 후각, 촉각, 미각 등 오감을 충분히 기능하는 것이다. 기능이

원활할 때 경험들이 제대로 접촉이 될 수 있다. 그에 따라서 개인의 단절된 부분들이 성숙이 되도록 돕게 되는 것이다. 이 좋은 접촉은 환경에 대해서 연속적이고 새로운 적응을 창조해내는 것이다. 결국은 사람이 성장하고 성숙한다라는 것은 오감의 기능이 충분히 이루어져서 지금 현재에서 느끼고 경험하는 것들을 피하지 않고 직접적으로 맞닥뜨렸을 때 결국 그런 경험들은 성장 또는 성숙시켜주는 좋은 접촉을 갖는 것이다.

그래서 형태치료에서는 접촉이라는 것이 효율적이고 건강한 것이다. 화가 날 때 밖으로 풀어서 화를 내고 타인과 불편한 관계가 아니라 그러한 상황을 얼마나 정확하게 인식하느냐가 중요하다. 접촉을 맞는 자신의 지배적인 양식에 대해서 더 잘 인식하도록 내담자를 격려한다.

(3) 많이 쓰이는 치료 기법

① 빈 의자 기법: 앉아 있는 내담자 앞에 빈 의자를 두어 내적 대화를 하도록 하여 역지사지易地思之를 느끼게 하여 모든 문제의 해법은 내담자에게 있음을 알아차리게 한다. 기법의 핵심은 내담자가 내사를 밖으로 나타나게 하는 방법이다. 내담자의 어려움을 의자에 앉아서 충분히 표현해 보고, 나로 인하여 생긴 부분이다라고 받아들이고 자기 탓으로 깨닫게 하는 데 돕는 방법이다. 게슈탈트적인 집단 상담에서는 팀원들이 돌아가면서 그 사람에 대해서 어떻게 피드백을 해주는가를 볼 수 있다.

② 역할 연습: 사회가 기대하는 어떤 역할을 실현하는 것이다. 공포, 불안 등을 경험하게 되면 그런 장면들을 떠올리면서 다시 그 상황에서 경험들을 좀 더 강하게 재현을 해본다. 얼마나 다른 사람의 충족을 위해서 자기가 노력을 하는지 이 경험은 결국은 나를 위한 게 아니라 타인을 위해서 경험하고 맞춰주고 노력하면서 살아왔다라는 것은 결국 그렇게 되기 때

문에 아까 얘기한 한의 장벽이 생길 수 있다.

그래서 나라는 주체가 온전히 체험을 하고 기능을 할 때 곧 자신은 하나의 전체적인 존재가 될 수 있다는 것이다. 부정적인 감정 이면에 아주 긍정적인 감정을 우리는 이미 체험 속에서 하나의 자산으로 가지고 있다. 그래서 좀 더 구체적으로 들여다보면 결국 나름대로 어떤 조절된 균형상태를 이룬다.

③ 과장연습: 내담자 신체 언어의 미세한 신호나 단서를 잘 인식한다. 표현이 어눌하다면 그 어눌함을 아주 억눌하게 할 수 있을 만큼 강하게 시킨다. 이 어눌함 속에서 가려져 있는 자기 자신에 대해서 긍정적으로 인식하지 못하고, 충분히 자기가 독자적으로 경험하지 못하는 부분들을 인식할 수 있도록 돕는다.

④ 꿈 해석: 정신분석에서 꿈 해석과는 상당히 차이가 있다. 다른 꿈속에서 타인들을 통해서 경험되어지는 사항들은 곧 타인의 것이 아니라 내담자의 어떤 한 인격의 부분을 타인을 통해서 그려낸다. 그래서 다른 사람들이 다르게 옷과 행동은 자신이라고 볼 수 있도록 해석하는 게 형태주의치료에서 해석이다. 꿈속의 대상은 꿈꾸는 사람의 투사이다. 얼마나 내사를 많이 하고 있는지에 따라서 이거는 가짜로 경험할 수 있다.라는 것이다. 투사 내사로 충분히 경험하지 못하여 해결되지 않은 감정을 소유하게 된다. 그래서 이 미해결 감정을 처리를 하게 되어 우리는 오감을 통해서 'here and now' 온전히 기능할 수 있는 형태를 갖추게 되는 과정이 하나의 형태치료다.

⑤ 한 바퀴돌기: 집단 구성원에게 다가가 말을 걸거나 행동하게 한다.

⑥ 반동기법: 긍정과 부정을 이해하게 하여 잠재적 충동을 반동한다. 그 외시연 연습, 과장 연습, 감정 지속, 꿈 작업 등이 있다.

4. 수용전념치료와 마음챙김MBSR

인지행동치료(Cognitive-Behavioral Therapy: CBT)는 실험적 학습이론에 근거한 행동치료와 정서에 대해 과학적으로 접근하는 인지치료가 결합하여 만들어진 것이다. 그 후 제3의 흐름이 변증법적 행동치료(dialectical behavior therapy: DBT)와 마음챙김에 기초한 인지치료(mindfulness-based cognitive therapy : MBCT), 수용전념치료(acceptance and commitment therapy: ACT)가 있다.

이러한 치료법들은 정서나 인지의 직접적인 변화보다는 개인적인 경험private experience의 수용이다.

1) 수용전념치료(acceptance and commitment therapy 이하 ACT)

헤이즈Hayes, 스트로샐Strosahl과 윌슨Wilson은 심리 장애의 원인으로 여겨지는 회피와 단절의 문제를 긍정적 변화를 위해 경험을 수용하도록 개발하였고, 심리학자 스티븐 헤이즈Steven Hayes가 발전시켰다.

ACT에서는 정서와 인지를 다룰 때 그 내용을 직접적으로 변화시키려고 시도하기보다는, 변화의 맥락을 수용의 맥락으로 바꿈으로써 생각과 감정이 일어나는 과정을 있는 그대로 경험하도록 한다. 마음챙김을 적극적으로 활용하는 움직임은 인지행동치료의 제3 동향이라는 새로운 흐름을 형성하여 기존의 인지행동치료가 가진 한계를 보완한다.

미국에서 1990년 이후 출현된 것으로 생각, 느낌, 감각 등을 판단없이 그대로 받아들이고, 인지적 탈융합cognitive defusion과 마음챙김Mindfulness으로 심리적 유연성을 향상하여 건강한 삶을 지내도록 하는 치료이다. 전통적인 심리치료는 부적절한 역기능적 사고, 감정 및 행동의 변화에 초점을 두는 반면, ACT는 개인적 경험을 억제하거나 피하지 않고 알아차림과 행동 집중화 과정을 체험하는 것으로써, 동양철학의 핵심 요소인 마음챙김을 기반으로 수용하는 탈중심화를 시킨다.

모든 사물에 대하여 수용이 되어야 행동 변화가 나타난다. 동양철학의 핵심 요소가 되면 수용이 중요한 균형이 되고, 치료적 기제가 된다.

2) 수용전념치료의 특징

ACT 이론은 윌리엄 제임스의 기능주의, 게슈탈트도 형태치료, 학습이론, 고전적 도구적 조건화 등 서로 연관성이 있다. '인간에게 고통은 보편적이며 정상적이고 생존이 필수적이다.'라는 가정을 하며, 고통 근원은 언어적 과정에 있다고 보았다.

언어란 시각적 요소, 청각적 요소, 말의 내용 등 상징적 활동이다. 인간 고통은 언어와 관계에서 생겨나면 언어 과정을 알고 변화하는 것은 상담자의 몫이다. 동일한 행동도 맥락에 따라 기능적이거나 역기능적일 수도 있다는 관점이다. 이런 철학적 근거에서 ACT의 목표는 문제 행동의 어떤 빈도, 강도, 지속 기간 등을 바꾸려고 하는 것이 아니고, 문제 행동의 맥락을 바꾸려고 시도하여 유연성을 획득하고 활력있고 가치 있는 삶을 지향하는 것이다.

3) ACT 핵심 치료 과정

얼마나 행복한가? 삶이 얼마나 힘든가? 왜 고통을 겪는가? 등의 문제는 ACT와 관련이 된다. 고통은 살면서 찾아오는 자연스런 현상이다, 인간의 감정인 수치심, 죄책감, 분노, 혐오감 등 고통은 언제나 만들어 낼 수 있는 마음을 가지고 있다. 타인과 비교하면서 고통이 더욱더 찾아온다. 그러나 인간은

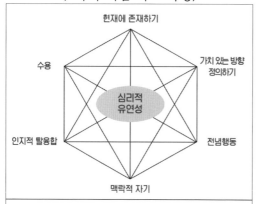

〈6가지 핵심 치료 과정〉

〈출처〉마음에서 빠져나와 삶 속으로 들어가라
새로운 수용전념치료. Steven C. Hayes ·
Spencer Smith 공저. 문현미 · 민형배 공역

고통스러운 감정을 제거하려 하고 증상을 줄이는 데 시간을 많이 허비하면서 더욱 증대하는 결과를 낳는다.

그러나 ACT 그 고통을 없애려고 하지 않고 인생의 궁극적 의미인 핵심 가치를 활용하여 행동의 변화를 시키려 한다.

즉, 삶의 의미를 발견하여 삶의 가치를 명확히 하고 이 가치가 행동을 이끌도록 하여 삶을 풍요롭게 하는 방법을 배울 수 있게 한다. 그래서 ACT 목적은 인생에서 피할 수 없는 고통을 받아들이고 온전하고 충만하고 의미있는 삶을 풍요롭게 만드는 데 있다.

ACT 치료 과정은 심리적인 유연성을 기르기 위한 것으로 인지적 탈융합, 수용, 맥락적 자기, 현재에 존재하기, 가치있는 방향 정하기 및 전념행동 등 여섯 가지 핵심 과정으로 구성된다. 이런 과정은 각각 선택한 가치와 연관된 변화이다. 다이아몬드가 하나의 6개의 측면으로 다이아몬드 자체인 심리적 유연성이다. 6개의 과정은 각기 독립되지 않고 통합된 것이다. 이는 자신의 가치에 따라 행동하면서, 여기 존재 경험에 마음을 열고 그걸 온전히 인지하면서 가치 있는 것을 행하는 능력이다.

(1) 인지적 탈융합 Cognitive defusion

▷ 인지적 융합 → 인지적 탈융합

인간의 언어는 소리, 심상, 몸짓 등 모든 상징 체계를 의미하며, 인간의 마음이나 정신을 나타낸다. 가장 행복한 순간에서도 고통을 경험하듯이, 마음 먹기에 따라 언제든 고통을 경험한다는 것이다. 언어는 그 자체 속성으로 사건을 이해하며, 인지적으로 융합되어 얽메어져 있다. 이 융합된 고통의 의식을 벗어나 자유로워지기 위해 '마음챙김' 기법을 사용한다. 마음챙김은 현재 순간의 경험을 비판단적 방법으로 사용하며, 현재 경험을 있는 그대로 바라보게 하는 것이다.

생각의 융합은 생각에 의해서 행동이 지배되고 있어 유연성이 없다. 생각에서 떨어져서 생각을 내면의 '사고의 과정'이나 '사건'인 '정신적 사건'으로 바라보면서, 생각 자체를 그 대상으로 볼 수 있어야 생각을 자극하는 기능이 엷어지면서 인지적 탈융합되어 고통스러운 생각으로부터 벗어나게 해준다.

(2) 수용 Acceptance
▷ 경험의 회피 → 수용

자기개념을 제거하려 하면 그 근저에 무언가 오류가 있다는 전제가 깔려 있으므로 자신을 비난하거나 공격하게 되는 상황이 일어나기 때문에 있는 그대로 수용하는 것이다. 수용(experiential acceptance)은 현 경험을 회피하거나 통제하거나 압도당하지 않고 비판단적으로 관찰하는 것이다. 고통을 없애기 위해 싸우거나, 도망치거나, 억압하면 할수록 고통이 증폭되면서 그 속으로 더 빠져들게 된다.

자신의 마음속에 공간을 만들어 열어놓고, 통제하려는 시도를 내려놓고, 힘든 감정, 신체 감각, 충동, 기억, 이미지 등 현재 경험을 있는 그대로 기꺼이 허용함으로써 가치 지향적인 행동을 증진하는 방법으로 정서 반응 감소보다 심리적 유연성을 갖게 하는 것이다.

마음챙김을 통해서 자신의 생각 속에서 빠져나와 자신을 수용하고 가치로운 삶을 위한 목표를 설정할 때 심리적 유연성이 증진할 수 있다.

(3) 맥락적 자기 Self-as-context
▷ 개념화된 자기에 집착 → 맥락으로서의 자기

살아가면서 생각, 감정, 기분, 몸, 역할 등이 변화하는 데 개념화된 자기에서 자기 인식이 멈추어 버린다. 우리에게 익숙한 일상적인 자아이며, 생각하는 자아이다.

이 자아를 바라보고 알아차리는 것은 맥락으로서의 자기이다. 우리 존재 자체를 있는 그대로 알아차릴 수 있도록 한다. 이를 초월적 자아, 관찰하는 자아 등 유사한 의미로 사용한다. 이는 마음챙김에서 나오는 내용으로 비일상적이어서 사람들은 잘 알지 못한다.

관찰하는 자아는 생각하는 자아를 인지하고 있기 때문에 순수 인지라고도 하며 변화하지 않기 때문에 초월적 자아라고 한다.

사람들이 고통 경험에 힘들어지는 것은 개념화된 자기에 집착하는 것이다. 불안을 가진 사람이 난 '독립적인 사람'으로 '지나치게 강한 확신과 자부심'이라는 '자기개념'을 가지고 있으면 자신을 위협한다. 혼자 해결하기 어려운 일이 있어도 '독립된 사람'이라는 개념으로 도움을 청하지 못하고, 이를 수치스럽게 여기면서 혼자서 일을 해야 하는 강박을 겪기 때문이다. 하지만 관찰하는 자기는 이를 제거하려거나 회피하지 않고, 많은 경험 중 하나라고 생각하고 조금 떨어져서 있는 그대로 바라볼 수 있다면, 별 영향을 받지 않는 것과 같다.

(4) 현재에 존재하기 Being present
▷ 개념화된 과거, 미래에 대한 집착 → 현재에 존재하기

현재와 접촉하고, 지금 여기에 있도록 하는 것이 현재에 존재하기이다. 그러려면 지금 이 순간에 일어나고 있는 경험을 의식하고 연결해야 한다. 생각은 언어적으로 구성된 세계로서 현재의 주의하지 않으면, 자동적 사고로 과거나 미래에 대한 상념에 빠져서 지금 여기에 펼쳐지고 있는 존재와 연결하지 못한다. 그러므로 생각에서 빠져나와 의식적으로 알아차리면 주변의 경험이나 심리적 세계로 다시 돌아오게(return to the present) 되어 심리적 유연성이 향상된다. 이 또한 탈융합과 수용을 가능하게 하며, 가치로운 삶에 전념하는 생활을 하게 한다.

(5) 가치(value)있는 방향 정의하기
▷ 가치의 부재 및 모호 → 가치의 정립 및 명확화

자신의 행동 속에서 하고 싶거나, 중요하게 생각하거나 원하는 것이 무엇인지, 삶을 통해 실현하고 싶은 것 등을 아는 것이 가치이다. 등산하면서 건강하기를 바라면 등산 속에 건강이라는 가치가 담겨 있는 것과 같다.

우리는 불행한 삶과 싸우는 동안 자신을 삶을 버린 채, 노력해도 불행은 계속 우리에게 다가와 고통이라는 경험을 겪으며 경험 회피로 인생을 살게 된다. 이는 가치의 부재로 생긴 일로 모호하게 생활해 나가는 경직된 삶이다. 인생의 방향 선택을 나침판에 비유하듯이 가치를 정립하고 방향이 명확해지면 자각할 수 있어, 그 가치 방향으로 전념하고, 힘든 고통도 수용할 수 있게 되어, 인지적 유연성이 향상되어 창조적 인생으로 살아간다.

(6) 전념(Commitment)행동
▷ 행동의 부재, 충동성 → 전념적 행동

전념은 가치의 인도를 받아 효과적 행동을 하는 것이다. 가치가 무엇인지

아는 것도 의미가 있지만, 그 가치에 맞게 목표를 이루고자 하는 행동을 해야 인생이 의미 있고 충만해진다.

가치가 지도라면, 전념은 그 지도를 손에 쥐고 그 여행은 선택에 따라 몸의 움직임으로 이루어진다. 가치에 따라 행동하면 많은 생각과 감정인 희로애락이 나타난다. 비록 불편한 감정이나 고통이 따르더라도 우리가 선택한 가치에 따라 전념적으로 행동한다면 인지적 유연성으로 행복한 삶을 느끼며 살아갈 수 있다. 그러므로 가치로운의 삶은 전념행동으로 이룩된다.

인지적 탈융합, 수용, 맥락적 자기 등은 마음챙김과 수용 과정이며, 현재에 존재하기, 가치있는 방향 정하기 및 전념행동 등은 전념과 행동 변화 과정이다. 서로 상생하면서 핵심 과정으로 형성한다.

〈예, 수용전념치료 심리상담[49]〉
자기 생각, 나의 선택, 언어 상징성〈1회 상담〉 1. 탈융합 2.수용 단계
일시:　　.　　.　　.

▣ 나의 생각을 써봅시다. 질문1, 2, 3.

▷ **질문1**: 살면서 바라는 것, 삶 속에서 중요하게 여기지만 잘 이루어지지 않아 고민인 것은 무엇인가요?

---

49) 출처: ACT와 함께 내 삶의 나침반 찾기(Module.1-5.). YouTube. 마음내레TV.
참고: 위 마음챙김 MBCT는 독자에게 알리기 위한 안내서이며, 본서에서는 상업용으로 사용하지 않습니다.

▷ 질문2: 조금 전 질문에서 나타난 나의 바람을 이루는 데에 방해가 되는 심리적 장애물은 무엇인가요?

▷ 질문3: 그 심리적 장애물이 없어지면 내 삶은 어떻게 달라질까요?

☞ 나의 선택

① 없애거나 통제하기 위해 끝이 보이지 않는 싸움을 할 것인지?

---

② 그대로 내버려 두고 내 삶의 가치를 향한 계획과 행동에 전념할 것인지?

■ 언어의 상징성 A와 B사이에 아무런 명사를 두 개 떠올려 적기

  ① a와 b는 어떻게 같은 거예요.

---

  ② a는 b보다 어떻게 더 좋은가요.

---

  ③ a는 어떻게 b의 원인이 되나요.

---

④ 실제 존재한 것인가? 나의 생각이 만든 것인가?

⑤ 나의 생각이나 감정 관찰하기

■ 바디스캔 명상, 3분 호흡 공간 명상하기
상상1, 2, 3. 마음챙김〈2회 상담〉 3. 맥락적 자기 4. 현재에 존재 단계
일시:　　.　　.　　.

■ 상상하기1, 2, 3.
▷ 상상1: 조용히 눈을 감고 살면서 경험한 당황스럽고 부끄러운 기억을 마음속에 하나 떠올려봅니다. -내 눈앞에 어떤 이미지? _____어떤 감정?_____ 어떤 신체 감각의 느낌?

▷ 상상2: 나에게 현금으로 10억이 생겼습니다. - 사용하고 싶은 곳? 원하는 곳에 마음껏 돈을 쓰는 자신의 모습? 나의 감정? 신체 감각?

▷ 상상3: 이제는 내가 가장 사랑하는 사람들을 세 명 떠올려 봅니다. - 이 세상에서 그들이 사라졌을 때? 그 상상을 한 후 장면 나의 감정? 신체 감각?

▷ 한 가지 떠오른 생각 또는 감정 살피기

① 색깔?	② 크기?	③ 모양?
④ 힘 강약?	⑤ 속도?	⑥ 만질 때 질감?
⑦ 어울리는이름?	⑧ 맛?	⑨ 냄새?

> ☞ 나의 신체 감각과 마음 생각은 어떤 반응 차이? 생각의 내용만으로도 영향을 받고 변화하는 존재이다. 가까운 사람 몸이 아프거나 돌아가실 때를 막연히 상상해 보는 것만으로도 쉽게 슬퍼진다. 복권 당첨 생각만으로 행복감은 언어적 상징 때문 가능(고양이 뜨거움, 인간에게 뜨거움 말에 따름/ 토기와 망치/ 성난 승객/ 나의 생각이 만듦으로 거리를 두고 관찰, 코끼리 생각하지 마, 나뭇잎 관찰)

■ 마음챙김 가는 길

▷ 내 생각이 내가 아니라면 나는 누구인가? 다음에 빈칸에 들어갈 말들을 적어보자.

나의 질의	내용 적기
나는 _____ 다.	
나는 _____ 하지 않는 사람이다.	
나에 대해 마음이 드는 부분은 _____ 이다.	
제일 맘에 안 드는 부분은 _____ 이다.	
다른 사람들이 _____ 하기 때문에 나는 부당한 취급을 받아왔다.	
나는 _____ 을 잘하지 못하는 사람이다.	

☞ 어떤 특정한 부분에 스스로 지나치게 동일시하면 많은 대가를 치러야 함, 관찰하는 자기 되기

■ 바디스캔 명상, 3분 호흡 공간 명상하기, 마음챙김 명상하기

실현 위한 가치와 목표 세우기 〈3회 상담〉 5. 가치 및 6. 전념행동 단계

일시:　　．　　．　　．

■ 내가 실현하고 싶은 것

영역	가치	중요도	실현도	생활편차 (중요도-실현도)
부부/커플/ 친밀한 관계				
자녀 양육				
기타 관계				
가족 관계				
우정/사회적 관계				
직업/경력				
교육/ 훈련/ 개인적 성장				
여가/레크레이션				
영성				
시민권				
건강/ 신체적 안녕				

■ 나의 가치와 목표 세우기

구분	내용
가치 위해 할일	
실현 목표	
해야 할 행동	
장애물과 다루기	

예) ① 가치: 끊임없이 배워서 내면이 풍성한 사람

　　② 목표: 매달 새로운 것 한 가지 배우기

　　③ 하위행동: 인터넷으로 도서관 강좌 등록하기, 섹소폰 배우기 등

■ 실천할 수 있는지 질의

구분	내용
목표와 하위 행동들은 실질적인가?	
달성 가능한가?	
현재 상황에 적합한가?	
내 삶을 가치의 방향으로 이끄는가?	

■ 바디스캔 명상, 3분 호흡 공간 명상하기, 마음챙김 명상하기, 스트레스를 다루는 마음챙김 10분 호흡(유튜브 참조)

4) 마음챙김 mindfulness MBSR

명상은 집중명상(사마타, Samatha)과 통찰명상(위빠사나, Vipassana)로 분류한다. 대상없는 알아차림으로 불리는 통찰명상은 미국 등 서구에서 사용하는 mindfulness를 국내로 들어오면서 마음챙김이라는 말로 사용되었다. 마음챙김 명상은 불교의 수행법과 현대심리학이 결합하여 만든 마음 치료법이다,

MBSR(mindfulness based stress reduction)은 마음챙김 명상을 토대로 스트레스를 최소화하기 위해 만든 프로그램이다. 이 프로그램은 암 환자, 심장병 환자, 커플 상담 등 실시 후 효과가 검증되었다.(출처 네에버 지식백과 마음챙김에 근거한 스트레스 완화)

우리는 별 생각 없이 습관적으로 생활한다. 건강한 삶을 살기 위해서는 의식 없는 삶에서 벗어나 알아차리는 데 익숙해야 한다. 마음챙김mindfulness은 지금 여기에 집중하면서 그것을 판단하고 않고 있는 그대로 의도적으로 받아들이는 것이다. 이는 지각력을 증진시켜 힘든 생각에 회복력을 길러주고 행복 호르몬을 생성하는 뇌 전두엽을 활성화시켜서 긍정적인 느낌을 만든다. 그러므로 감정조절 장애에 많은 기여를 한다. 지금 여기에 집중하면 상상으로 불러일으키는 과거나 미래에 불편한 감정이 줄어들게 하여 우리 마음을 통제한다.

마음챙김mindfulness을 하면 즐거운 생각에 머물고 판단행위가 줄어들어 더욱 효율적으로 감정을 통제하여 마음이 차분해 진다. 또한 행동통제, 집중력과 기억력 등이 증대된다. 그래서 마음챙김mindfulness의 목적은 있는 그대로 이 순간에 알아차림을 하는 것이다.

(1) 마음챙김mindfulness 수련

집중명상은 인도의 요가인들도 고행 수행을 하여 신통력이나 성장을 얻었

지만 지혜를 얻을 수 없다는 것을 알고 부처는 마음챙김 명상으로 수행에 들어가서 해탈을 얻었다. 부처의 수행법이다. 집중명상을 할 때 매우 고요한 행복감을 느낄 때도 있지만, 수용하지 않고 마음을 열어놓지 않으면 명상를 할 수 없다.

이런 상태에서 밖으로 나오면 존재성은 전과 동일하게 그대로 남아 있다. 이것은 수행 부족으로써 그들의 마음은 움츠려들고 심지어 더 집착하게 된다. 마음이 더 깊이 집중될 때까지 경험하는 현상에 대해 닫혀 있거나 움츠려 있고 긴장할 수 있다. 그 결과 수행의 자리를 억누르게 되는 현상이 일어나기도 한다.

진정한 마음의 평화와 정화가 없기에 집중력만 쌓인다면 반쪽짜리 명상이 된다. 지혜와 깨달음을 얻기 위해서 마음챙김 명상이 필요하다는 것이다. 명상의 끝자락은 알파파로 가는 거고, 알파파의 끝자락은 교감신경이 아니라 부교감신경으로 가서 마음의 차분함을 느끼는 것이다.

마음챙김mindfulness은 현재 순간이 주된 의식이다. 현재 끊임없이 연속된 순간에 발생하는 시각, 청각, 촉각, 미각, 후감 등 오감과 생각, 감정 등 몸과 마음에서 나타나는 것들에 알아차리는 것이다. 겉으로는 변화가 없는 것 같지만, 고요히 감각적으로 정신적 경험을 느끼면 여러가지가 떠오르게 된다.

몸과 마음은 상호작용하며 끊임없이 변화한다. 대상 없는 알아차림을 수련할 때는 현재 순간의 몸과 마음에서 가장 돋보이는 부분을 알아차리고 판단하지 말고 내려놓고 다시 유사한 부분으로 가서 있는 그대로 머물면서 알아차리면 된다. 관찰 지점이 잊혀지면 그냥 호흡(신체 감각, 소리, 생각 등)으로 돌아가서 지금 현상에 머무른다.

이 수련은 강둑에 앉아 강물이 흘러가는 것을 보는 것과 유사하다.

지나가는 대로 내려다보는 것이다. 어떤 것이든 흘러가는 대로 지켜보는 것이다. 어떤 옷이 있다. 눈이 볼까? 마음으로 볼까? 어느 것이 먼저일까? 가 있다. 몸과 마음이 다 합쳐져야 보인다. 인과 연이 합해 보이는 인연의 이치라는 연기가 필요하다. 사람이 눈만 있다면 볼 수가 없는 것과 같다. 이 길을 지나다니고 그 길이 있었는데 나는 보지 못했던 경우가 있다. 그것은 내 마음이 거기에 머물러 있지 않았기 때문이다.

또한 마음이 있어도 눈이 없으면 볼 수 없다. 이게 인연이에요. 소리도 마음이 있어 귀와 마음이 합해져야만 들을 수 있다. 나는 어떤 것이 일어났는지 그냥 알아차리는 것이다.

(2) 마음챙김 순서

① 대상 선택: 호흡, 식사, 걷기, 먹기, 대화 등을 선택한다.

② 선택 대상 집중: 선택한 대상에 주의력을 집중한다. 식사를 선택하였으면 맛, 냄새, 음식 감각, 먹는 소리, 신체적 반응 등이다.

③ 알아채기: 다른 것에 생각이 가면 알아차린다.

④ 판단 않기: 산만함에 알아차리고 판단하지 말고 선택 대상으로 돌아온다.

⑤ 반복: 알아채기와 판단하지 않기를 반복한다.

(3) 마음챙김MBSR 명상 예[50]

---

50) 출처: 한국MBSR연구소 존 카밧진 마음챙김 명상수련안내

① MBSR 바디스캔 명상 순서

구분	바디스캔 명상 내용	예상 시간
도입	- 가슴으로 참나를 만나는 시간, 매일 시간을 내서하면 강력한 건강 증진됨 - 깨어있기, 몸과 마음 깊은 이완 안내, 조용한 장소 선택, 편한 복장, 온전의 기회, 자양분 충전 - 깊이 가지고 있는 힘을 꺼내는 치유시간, 굳이 이완하려고 하지 말기, 각 찰나 알아차리기, 그 자체 그대로 수용과 인정하기, 판단이나 비판 금지, 일어나는 감각 그대로 느끼기, 혈액 순환과 통증 느낀 부분 감사의 마음 갖기, 더 깊이, 매 순간 온전히 깨어있기, 그 존재로 만족하기	5분 23초
호흡	- 자연스럽게 숨 쉬는 것이 중요, 코쪽은 공기가 나가는 것 느낌, 배쪽 배가 불러오고 꺼지는 감각을 마음의 눈으로 느껴 보기 - 숨이 나갈 때 바닥과 매트에 깊숙히 가라앉음을 느끼기, 리듬 타기	2분 3초
왼쪽 발가락	- 마음의 배→왼쪽다리 여러 가지 감각 느낌 알기, 감각 없으면 그 경험 알아차리기 - 엄지~새끼발가락 느끼기, 사이의 공간 느끼기 - 들숨 코에서 발가락 끝, 날숨 코로 거슬러 올라감을 상상, 발가락을 모두 내려놓고, 마음에서 사라지도록 함	2분 38초
왼쪽 발바닥	- 들숨 코에서 발바닥 끝, 날숨 발바닥 그대로 내려놓기	49초
왼쪽 발뒤꿈치	- 닿는 촉감과 힘 느끼기, 들숨 날숨 후 그 부분 내려놓기	26초
왼쪽 발등	- 감각 느끼기, 이 순간 하나됨을 느끼기, 알아차림	33초
왼쪽 발목	- 들숨 코에서 발목 끝, 날숨 발목과 함께 왼발 모두 그대로 내려놓기 - 고요한 이완 상태 가기	49초
왼쪽 다리 밑부분	- 앞면 정강이, 뼈속, 종아리 등 일어나는 느낌 그대로 경험하기, 숨 쉬면서 편안하게 하기, 깊은 이완	1분 5초
왼쪽 무릎	- 뼈, 앞, 뒤, 옆면 등 모든 부분 깊게 느껴보기, 들숨 코에서 무릎 끝, 날숨 무릎 그대로 사라지듯이 내려놓기	27초
왼쪽 허벅지쪽	- 허벅지, 사타구니, 엉덩이 주위 부드럽게 이완하기, 들숨 코에서 허벅지 끝, 날숨 허벅지 그대로 부드럽고 편안하기 내려놓기	1분 10초

구분	바디스캔 명상 내용	예상 시간
다음은 왼쪽(8분 30초)에서 하던 것을 오른쪽(8분 30초)으로 그대로 하면됨		
골반	- 엉덩이 한쪽부터 골반 전체로 감, 닿는 느낌, 생식기 부분, 들숨으로 골반으로 보내고 날숨 때 풀고, 긴장감 내려두기	2분 5초
허리	- 문제가 있는지 알기, 구석구석의 긴장감 허용, 날숨 때 내보내기, 허리 내려놓기	55초
등	- 들숨 척추 연결 갈비뼈 확장, 불편한 부분 날숨에 날려 보내기	53초
배	- 날숨과 들숨에 배의 상태 느낌	10초
가슴과 심장	- 횡경막 움직임 느껴보기 - 심장의 소리 들어보기, 폐로 확장, 세포 자양분 공급, 노패물 베출 - 몸 정화 작용 느끼기/ 안면 전체 근육 느끼기	2분 5초
왼손가락	- 손가락 끝 일어나는 감각 느끼기, 안쪽 바깥쪽 느끼기	55초
왼손바닥	- 손바닥 느낌 느끼기	24초
왼쪽 손등	- 일어나는 느낌 알아차리기, 이완하기, 내려놓기	20초
왼쪽 손목	- 일어나는 느낌 알아차리기, 이완하기, 내려놓기	20초
왼쪽 팔뚝	- 일어나는 느낌 알아차리기, 이완하기, 내려놓기	22초
왼쪽 팔꿈치	- 일어나는 느낌 알아차리기, 이완하기, 내려놓기	24초
왼쪽 겨드랑이	- 일어나는 느낌 알아차리기, 이완하기, 내려놓기	24초
왼쪽 어깨	- 통증 일어난 원인, 목과 함께 긴장 느끼는 부분, 있는 그대로 느끼기 - 스트레스 긴장 느껴지는지 알기, 이완하기, 내려놓기 - 손끝에서 어깨까지 모두 이완, 그 순간 그대로 경험	45초
다음은 왼쪽 손(3분 43초)에서 하던 것을 오른쪽 손(3분 43초)으로 그대로 또는 양손 동시에 하면됨		
목	- 목구멍, 앞, 뒤, 뼈, 전체 알아차리기, 침을 삼키면서 느끼기 - 들숨에 머리에서 목으로 들어와서, 날숨에 목 내려 놓기, 이완	1분 20초
턱	- 양쪽 부분 앞 부분 주의 느낌, 날숨에 사라지게 하기	30초
입과 입술	- 입속, 천장, 목구멍, 입술 등의 감각 알아차리기, 날숨에 사라짐	1분

구분	바디스캔 명상 내용	예상 시간
코	- 날숨과 들숨 알아차림	37초
눈	- 양쪽 눈(오른쪽 왼쪽 구분해도 됨), 미간 긴장감 사라지게, 관자놀이 긴장감 느낌	46초
귀	- 양쪽 귀(오른쪽 왼쪽 구분해도 됨) 들숨과 날숨하며 내려놓음	1분
이마	- 긴장 및 이완하며, 분노와 좌절 감정, 근육 감각 알아차리고 내려놓기 - 얼굴 전체로 가서 숨을 쉬어보기 안쪽부터 바깥쪽으로 모두 내려놓기, 있는 그대로 바라보기, 평안하게 머무르기	1분 40초
머리	- 뒷부분, 윗부분, 정수리 느낌 알고, 들숨에 코에서 정수리까지 올라옴, 내쉴 때 코를 통해 나아감 - 숨이 들이쉬고 내쉴 때 정수리에서 함, 발바닥까지 가서 머리끝으로 나아감, 몸 전체 근육이 이완됨을 알아차림	1분 40초
전체 몸	- 참나 상태의 존재로 감, 한계가 없는 하나의 세계를 느낌 - 열린 마음 평온하고 평화로움, 있는 그대로 완전한 존재의 알아차림 - 삶의 충만하고 깊이가 있음, 온전히 깨어 있음을 알아차리기	2분 40초
정리	- 편안함 속에서 일상생활에서 지속됨게 하고 이 시간을 갖는 것에 나를 격려하고 대단함을 느끼기 - 단순한 상황이어도 호흡 알아차림으로 할 수 있음, 힘의 원천을 알아차리기, 삶의 깊이를 알도록 허용하기, 통합된 삶 살아가기	1분 29초 (총 50분)

② 정좌명상 순서

구분	정좌명상 내용	예상 시간
도입	- 가슴으로 듣고 자신과 만나는 시간 갖기, 차분하게 주변 정리 잘하여 듣는 분위기 유지 - 있는 그대로 존재를 허용하여 편안한 기분 만들기, 숨쉬고 있다는 존재감 느끼기 - 특정 대상에 집중하면 유연해진 능력이 길러짐, 개발하여 상황을 알아차리기	2분
호흡	- 호흡을 자연스럽게 함, 느낌을 알아차리기, 폐 깊숙이 관찰 - 숨 쉴 때 변화 관찰하기, 배 근육, 호흡과 함께 온전한 존재 느끼기 - 호흡을 집중하지 않고 다른 것을 하면 의도적으로 호흡에 돌아오기 - 들숨과 날숨은 배가 물결을 거슬러 가듯이 함, 다른 곳으로 가면 자연스럽게 호흡으로 돌아옴, 현재로 돌아옴 - 호흡 관찰 불편함이나 신체적 감각 알아차림으로 들어옴	12분
호흡 몸전체 확장	- 감각이 강렬할 때, 호흡 주변을 확장하여 몸 전체로 감 - 몸 감각 알아차리고 머리에서 발끝까지 호흡 느껴보기 - 접촉 느낌, 의자 바닥, 머리, 발과 엉덩이 접촉감, 전체로써 몸 감각을 알아보기 - 비판 금지, 그대로 존재 긍정, 충분히 알아차리고 함께함 - 다른 것으로 가면 다시 호흡으로, 앉아 있는 몸 감각으로 되돌아오기 - 신과 함께 단지 여기에 존재함, 너무 강렬할 때 자세 바꾸기(의도 알아차리고)나 그 감각이 느끼는 부분에 주의 기울이기(몸이 말하는 것 경험, 부드럽게 맞이, 고요함 유지), 반응 방법 알아차리기, 충만감 느끼기	12분
소리 확장	- 몸 밖이나 몸 안의 소리에 알아차리기, 듣는 의식에 그대로 받아들이기 - 매 순간 듣고 있음을 알아차리기, 좋고 나쁨의 판단 금지, 그 순간에 소리와 함께하기 - 소리와 소리 사이 공간을 알아차리기, 산란할 때 호흡으로 돌아와 앵커링하기	6분

구분	정좌명상 내용	예상 시간
생각 확장	- 생각 과정 자체에 기울이고 마음을 개방함 - 한 생각이 다른 생각으로 넘어가지 말고, 하나의 생각을 사건으로 바라보기, 생각 오고감을 허용하여 고요함에 머물러 그것을 알차차리기 - 마음의 생각에서 벗어나면 다시 돌아와 사건으로 돌아오기, 생각도 알아차리면 지나가는 것	5분
감정 확장	- 한 감정을 하나의 감정의 사건으로 바라보기, 감정 오고 감을 허용하여 고요함에 머물러 그것을 알아차리기	5분
대상없는 알아차림	- 여기 앉아서 그냥 존재하면 됨, 존재의 영역 안에 있는 것은 무엇이든 알아차리기, 순간의 고요함 속에 호흡과 존재를 생각 - 대상에 집중하지 않고 생각나는 대로 그것에 맞추어 알아차리고 다시 생각이 나면 그것에 알아차리고 지나감	6분
정리	- 있는 그대로 펼쳐진 모든 것과 함께 존재 그 밑바탕에는 알아차림 있음 - 인간적이고 온전하고 전체로써 경험, 의도적 자양분을 주려는 수련임, 모든 영역으로 발전함	2분 (50분)

(4) 마음챙김 수련 주의 사항

① 내면에서 일어나는 체험과 외부 사물을 느끼면서 하는 체험을 한다. 쉬운 것부터 하여 자신감을 심어준다.

② 일상생활의 비공식적으로 하는 체험과 시간을 정해놓고 하는 체험이 있다. 수련 시간은 짧은 시간이라도 매일 하는 수련이 좋다.

③ 장소에 구애받지 말고 주변의 상태에 맞춘다. 눈을 뜨거나 감는 것이 중요하지 않고 대상에 대해 판단하지 않고 수용하는 자세가 중요하다.

④ 생각의 수용이나 인정하도록 도움을 주는 행위인 명칭 붙이기를 한다.

⑤ 지금 여기 이 순간에 시간을 보내며, 불편한 감정을 극소화하여 깨어있는 삶을 살아 나간다.

(5) 마음챙김 생각의 오류(예)

① 생각은 사실일까? 생각으로 고통받음, 우울증으로 힘들 때, 부정적 생각 멈추지 않음 등. 통찰명상은 강물처럼 바라봐라. 대상을 잡지 말고 놔두라.

② 길을 지나가면서 아는 사람에게 손들어 아는 척 했는데 그 사람이 그냥 지나갔다. 기분 좋을 때는 괜찮아. 긍정적이다. 기분이 우울할 때는 서운한 감정, 내가 잘못했나? 섭섭함, 왜 지나갔을까? 잘못 보았나? 뒷담화하는 사람 중 하나일까? 내가 화난 표정을 보았을까? 어떤 것이 정답? 모른다. 생각하고 싶은 대로 한다. 생각은 진실이 아니다. 내가 편리한 대로 생각한다. 즉 생각은 사실이 아니다.

③ 생각은 '나'일까? 전화 안 받음. 뭐야? 피하고 싶은가? 왜 이제 연락해? 이런 것은 생각일 뿐 내 것이 아니다.

④ 생각은 '내 것'일까? 내 것이면 내 마음대로 할 수 있어야 한다. 생각이 괴롭힌데 마음이 생각한다. 생각은 끊임없이 일어나는 것, 마음≠나, 마음≠내 것 그러므로 내버려 둬라, 흘러가는 대로 그래야 마음이 편해진다.

5. 유식심리이론과 인지치료MBCT

1) 유식심리이론

(1) 유식 의미

불교는 인간의 마음을 깊이 연구하면서 수행하는 종교이다. 하지만 종교적 위치보다는 철학적 관점에서 마음을 탐구하는 게 유식唯識이다. 그러므로 유식이란 용어의 정확한 번역은 자아와 세계는 오직 의식의 '표상'으로 존재할 뿐이다라는 의미가 된다. 여기서 말하는 표상이란 내적인 이미지 곧 영상을 말한다. 자아와 세계가 실재하는 것이 아니라 의식의 표상으로만 존재하는 것이고, 실제로는 존재하지 않는다는 것이다(인경, 유식심리학과 영상관법 중에서).

유식은 인도 수행자들이 마음을 바라보게 되어 만들어진 학문이다. 오직 세상은 마음에 의해서 만들어지고 마음만 존재한다는 일체유심조一切唯心造 철학과 유사하다. 내가 보는 것은 마음에 그 대상에 가기 때문에 보인다는 것이다. 그래서 마음과 함께 생겨난 불편한 감정들은 내 것이 아니며, 마음에서 벗어나면 대상은 존재하지 않는다는 것이다. 그래서 유식은 인간의 마음을 바르게 보게 하여 자신에게 찾아오는 마음의 병을 치유해주는 구실을 한다.

유식唯識에서 육근이라는 건 내 몸에 있는 하나의 감각 기관이다. 안(眼 눈), 이(耳 귀), 비(鼻 코), 설(舌 혀), 신(身 몸), 의(意 뜻) 등 6가지가 있다. 이에 대응하는 인식 대상이 육경이다. 즉 눈으로 보는 것은 색경色境, 귀로 듣는 것은 성경聲境, 코로 냄새를 맡는 것은 향경香境, 입으로 맛을 아는 것은 미경味境, 몸으로 느끼는 것은 촉경觸境, 마음으로 아는 것은 법경法境이다.(출처: 네이버 두

산백과)

근은 이 대상을 파악하는 나의 인식 주관이다. 눈에 대한 것은 색깔, 귀는 소리, 코는 냄새, 혀는 맛, 몸은 촉감, 뜻은 법이다. 그래서 이 눈과 색깔이 만나는 것, 육근과 육경이 만나는 것이 식識이다.

식識은 근과 경이 만나서 성립한다. 내 눈이 색깔하고 만나서 성립하는 게 안식이다. 다음은 이식(耳 2식), 비식(3식), 설식(4식), 신식(5식), 의식(6식) 등으로 된다. 감각 기관을 동원할 때 제일 먼저 동원하는 것은 눈이다. 눈이 주체 인식 기관이다.

가장 명백한 인식일수록 수준이 낮아 새끼 줄 보고 뱀으로 착각한 것처럼 틀릴 가능성이 제일 높은 것이 제1식인 안식이다. 그다음 순으로 오류의 가능성은 낮아진다. 우리의 실제 기관은 오관이다. 이 감각기관을 별개로 놔두면 작용하지 않는다. 이것을 연관되도록 하는 것은 육에 의意가 법을 만나서 성립하는 게 의식이다.

즉, 음식이라는 말은 지금은 안 보이는데, 오감의 식을 해놓고 그 식 중에서 육식과 같은 것을 우리가 음식이라고 한다. 그래서 육식은 5개의 감각을 통합하는 자아의식이다. 이 의식 밑에 만화식이 칠식이고 그 아래 팔식인 아뢰야식이 있다. 아뢰야식을 저장식이라고 하며 무의식이라 한다.

유식사상에는 사물 자체가 망막에 나타나 나의 인식 주간이 만들어 내고 이것을 내가 인식한다는 극단적인 주관론이다. 바람이 불면 깃발이 움직이냐, 바람이 움직이냐가 아니라 마음의 투영 때문에 깃발도 바람도 없는 마음이 움직이고 있을 뿐이라는 것이다.

유식 내 정신 작용이 마음 작용이고 더 깊이 들어가면 내 안의 참나이다. 참나가 에고를 만들고 에고가 자기만의 시각으로 우주를 마음속에 구성하여 본다. 육식과 오식이 우주를 보면서 아뢰야식을 만든다. 아뢰야식은 팔식이며, 펼쳐지면 에고가 되어 칠식이 된다. Ego가 뻗어나가면 육식되고, 육식의 정보는 오식인 시각, 청각, 촉각, 후각, 미각 등인 오감에서 온다. 이렇듯 팔식에서 빛이 나가서 에고와 육식을 통해 오감을 접하면 내부의 경험이 된다. 이 모든 작용은 팔식이 한다. 지금 내가 보는 거는 모두 식이다고 생각하고 느끼는 것이다. 보는 정도로 이해하면 지금 내가 보고 느끼는 건 마음의 자격으로 객관적인 경계는 없다.

서양 철학에서 유식학 주장은 칸트이다. 그는 '우리 마음에 들어와 있는 거는 모두 내 마음이 가공한 것'이라는 것이다. 인위적으로 가공하는 게 아니라 밖에서 오감이 통하여 시간과 공간 속에서 본다는 것은 마음이다. 마음이 개념화한 것이다. 불교에서 법이다. 마음은 카르마에 따라 그 법이 내 마음에 나타나는 순간부터는 인식에 들어온 것이다.

칸트는 이를 물자체라고 했다. 그것이 마음에 나타난 것이다. 책상이라면 개념을 붙여서 범주화하는 것이다. 범주라는 것을 마음대로 하는 게 아니라 칸트 같으면 일정 범주 안의 우리가 수량을 재고 그 관계가 어떻게 성질인지

언어로 만들어 낸다는 틀을 서양철학에서 자세하게 설명했다. 칸트 이후에 서양에서는 불교를 적극적으로 받아들일 수 있게 되었다.

뭐가 있으니까 지금 마음에 나타난다. 이것을 움직이는 것은 마음이고, 바깥의 세계의 법의 움직임이 팔식인 아뢰야식이다. 우리 마음 안에서 칠식의 에고로 이런 생각의 육식, 그 아래 오식을 가지고 이 세상을 구성할 때 자극을 주어서 우리 마음 안에 오감으로 나타난 것이다. 아뢰야식이 우리 안에서 에고를 통해서 세계를 인식하면서 동시에 이념법에 따라 구성해 놓는다. 그래서 아뢰야식이 자기가 게임 만들고 자기가 접속해서 놀고 있는 신성이다.

카르마를 관리하는 초의식은 우리 마음 안에서는 무의식의 영역이며, 무의식의 본체로써 무의식을 경영한다. 야뢰야식 실체는 초의식인데 무의식 작용까지도 초의식이 한다. 카르마를 무언가 저장하고 관리한다는 측면에서 무의식이라고 얘기하고, 무엇인가 무상한 현실 속에서 무상하게 변화하고 있는 의식인 것처럼 아뢰야식을 설명한다.

아뢰야식은 뭔가 변화하는 것처럼 설명도 되면서 또 동시에 불변하는 참 나인 것처럼 다루어진다. 오묘한 영역이어서 무의식까지도 아뢰야식이라 할 때는 이 무의식을 관리하고 있는 아뢰야식 작용을 말하는 것이다. 의식 자체는 후천적이다. 칠식까지는 에고의 의식이다. 프로이트나 최근 이제 서양의 심리학도 에고까지 가있다. 아뢰야식은 그 기억을 관리하고 있는 우주의 슈퍼 의식을 말한다. 아뢰야식과 무의식을 초의식과 무의식을 구분하고 봐야 이해가 된다.

아뢰야식 자체가 사실은 나와 남이 없는 자리이다. 마음을 통해 지금 아뢰야식이 작용한다는 것은 그 자체가 신이다. 신이기 때문에 우주의 모든 정보를 꿰뚫으면서 지금 내 마음 안에 내 우주의 이런 모습을 펼쳐내고 이게 온 우주가 카르마와 함께 작용한 결과가 지금 내 모습입니다.

우리는 우리 안에 있는 신성이 자동으로 에고를 만들게 된다. 칠식을 깨끗하게 쓰면 평등성의 지혜로 쓰인다. 칠식은 에고가 있으면서도 남과 나를 평등으로 나아가고, 육식은 사물을 보면 생각의 정리해서 지혜를 이끌어낸다. 오식은 마음 먹은 거를 현상에 구현해 하고자 하는 것을 완성시킬 수 있는 힘으로 작용한다. 현상계를 바꾸는 것은 실질적으로 오감의 능력이다.

그러므로 유식학은 인간의 마음속에 구조가 있다는 걸 찾아낸 마음의 과학이다. 마음의 구조가 어떻게 만들어졌는지 찾아낸 것이다.

(2) 유식 심리 접근

동양의 명상冥想은 현실을 그대로를 바라보게 하는 것이다. 프로이트는 무의식을 불편한 것으로 분석하여 고착된 것으로 여기고 마음의 문제를 풀어가려고 했다. 명상은 인간 마음의 작용인 긍정적인 부분을 활용하여 존재의 실상을 깨닫게 하여 내담자의 불편을 해소하며 성장하는 의미로 발전해 왔다. 특히 마음챙김에 근거한 스트레스 감소로 MBCT는 인지행동치료를 기반으로 명상적 기법을 활용하는 것으로 발전했다.

유식사상은 2-3세기경에 확립한 것으로 불교심리학이라고 말할 정도로 인간의 마음속 구조를 깊이 연구하고 통찰한다. 유식학唯識學의 상담심리학적인 요건들을 핵심으로 유식학의 팔식 단계를 근거로 심리상담 과정에 활용한다면 현실 왜곡됨이 없이 바르게 인지하여 부정적으로 일어나는 심리적 부분이 효과적으로 해결된다. 유식치유는 마음의 변화 방법을 깊이 알아내어 그에 따른 상담 방법을 체계화하여 고통을 극복하는 과정을 단계별로 제시하여 내담자들을 보다 깊이 이해하고, 내담자의 특성에 맞는 상담을 하고 있다.

2) 인지치료 MBCT(Mindfulness-Based Cognitive Therapy)[51]

(1) 인지치료 MBCT 배경

1970년대 후반 미국 존 카밧진(Jon Kabatzinn)이 MBSR를 개발하면서 마음챙김을 기반으로 하는 치료적 접근의 시작으로 스트레스에 상당한 효과성의 결과를 도출하였다.

MBCT(Mindfulness-Based Cognitive Therapy)는 마음챙김을 기반 인지행동치료이다. 1990년대 초반 심리학자인 존 티즈데일(John Teasdale), 진델 시걸(Zindel Segal), 마크 윌리엄스(Mark Williams) 등이 존카밧진이 만든 MBSR을 활용해 개발하였다. 세계 도처의 실행한 연구에서 심각한 우울증을 앓고 있거나 경험한 사람들의 재발의 위험을 방지하기 위하여 만들어졌는데 일상적인 치료보다 40~50% 감소가 되었으며, 향우울제만큼 효가가 있음이 밝혀졌다. 이 치료 과정은 불편한 감정에서 자유로워질 수 있는 힘을 주는 기술과 이해하는 능력을 준다.

영국 정부의 국립보건임상연구소(National Institute for Health and Excellence : NCE)는 MBCT를 우울증 재발을 예방하는 좋은 치료로 선정하였다. 우울뿐만 아니라 불안, 대인기피증, 공황장애, 조울증 등 고통스런 정서를 느끼는 사람들에도 효과가 높은 것으로 연구되었다. 특히 생각과 걱정이 월등히 높은 사람, 억압하고 회피하려는 사람 등에서 벗어날 수 있게 해준다.

마음챙김은 직접 연결된 오픈된 마음으로 알아차리는 것이다. 순간의 몸과

---

51) 출처: 우울과 불안, 스트레스 극복을 위한 8주 마음챙김 MBCT 워크북

주변에 일어난 일에 주의를 느껴보는 것이다. 매일 수련을 통하여 세상을 긍정적인 눈으로 바라보게 되어 현재까지 상상했던 것보다 온전한 삶을 경험할 수 있게 한다.

마음챙김 기반 치료는 많이 할수록 정서조절 두뇌를 강화시켜 자기 개선과 자기 연민의 변화가 일어나는 것이다. 나와 남을 더 사랑하고 친절하고 덜 판단하는 것으로 나타났다.

(2) 8주간 마음챙김 MBCT 수련[52]

마음챙김이란 삶에서 일어나는 모든 것을 명료하게 바라본다. 몸의 감정, 느낌, 생각, 오감 등 모든 측면을 의식적으로 있는 그대로 판단없이 알아차리는 것이다. 모두가 가지고 있는 잠재력을 끄집어 내는 것이다. 삶의 순간을 의식적, 경험 자체, 현재 여기, 따뜻한 존재 양식, 생각 그 자체 등을 매 순간의 마음챙김의 자각이다.

① 준비단계

프로그램을 끝까지 해내고자 하는 의도를 주변에 알리며 일주일 중 6일 동안 하루에 1시간 이상 확보를 위해 신중하게 계획을 세운다. 명상 중에는 전화나 방문 금지를 미리 알린다. 현재 정서적으로 힘든 상태면 다소 차분해 질 때까지 기다리다가 시작하는 것이 현명하다. 명상에 적합한 장소 찾기, 음향기기 준비하기, 명상용품 준비하기 등이 있다.

예) 하루 중 가장 좋은 시간 ＿＿＿＿＿부터 ＿＿＿＿＿＿까지

- 탐험 주제

---

52) 출처: 존 테일러 마크 윌리엄수 델 시걸 지음, 안희영 옮김, 우울과 불안, 스트레스 극복을 위한 8주 마음챙김 MBCT 워크북 발췌 8-277, 불광출판사.
참고: 위 마음챙김 MBCT는 독자에게 알리기 위한 안내서이며, 본서에서는 상업용으로 사용하지 않습니다.

주차	탐험 주제	비고
1	자동상태에서 알아차림과 의식적 삶 선택 전환	
2	생각 경험에서 직접 경험하기로 전환	
3	과거 미래 생각에서 온전히 현재 순간 머무르기	
4	불쾌한 경험의 회피보다 그 경험에 관심으로 다가가기	
5	상황 변화 욕구보다 있는 그대로의 수용	
6	생각을 사실로 인정보다 정신적 사건으로 바라보기	
7	자신을 가혹에서 친절과 연민으로 돌보기	
8	마음챙김 미래설계	

■ 1주차: 자동 상태에서 알아차림과 의식적 삶 선택 전환

운전하듯이 자동조정 상태는 무의식적으로 살아가는 것이다. 우리는 오감을 알아차리지 못하고 삶을 살아간다. 자동조정 상태에 살아가면 부정적인 상태 중 하나에 갇힐 위험이 있다.

① 건포도 먹기 명상(01 건포도 명상 오디오 참조): 오감을 활용하여 건포도 명상을 한다. 건포도를 만지는 느낌, 색깔, 코로 냄새 맡기, 팔과 입술의 감각, 씹어 보는 소리 듣기, 맛의 감각, 삼키면 위장으로 내려가는 감각 등.

▷ 어떤 감각과 감정을 알아차렸나?

▷ 평소 먹던 경험과 어떻게 다른가?

▷ 먹기 명상을 하는 동안 마음은 어디에 두었나?

② 바디스캔 명상(02 바디스캔 오디오 참조): 7일 동안 6번(1일차~6일차) 연습한다. 어떤 특별한 상태를 느끼려고 노력하는 것이 아니다. 신체 감각에 알아차리는 것이다.

▷ 생각

▷ 감각

▷ 감정

③ 일상 속 알아차림
매일 일상 속에서 마음챙김이 중요하다. 건포도 명상처럼 매일 일상생활 중

하나를 선택하여 알아차린다. 세수하기, 운전하기, 옷입기, 설거지하기, 산책하기, 걷기, 먹기 등이다.

▷ 매일 이 수련을 할 때 그 활동 시 마음챙김을 기억할 때 V하기

1일	2일	3일
4일	5일	6일

▷ 기억하기 쉬울 때와 어려울 때

■ 2주차: 생각 경험에서 직접경험하기로 전환(앎의 두 가지 방식) (12 앎의 2가지 방식 오디오 참조)

우울한 생각을 자주 하고 불안해서 걱정하고 스트레스 상황에는 생각이라는 행위 양식이 있다. 앎의 두 가지 방식에 무언가에 대한 생각하기와 직접적인 주의 기울이기다.

예를 들어, 무언가에 대한 생각하기는 발을 마음속에 떠올리면 장단점과 해왔던 일 등을 생각하는 것과 달라지기를 바라는 것 등 생각을 통제하지 않는다. 이것은 현재 경험과 멀어진다. 직접적인 주의 기울기는 발의 피부, 뼈 속, 발 안쪽 깊이를 안에서 밖으로 느낌을 알아차린다. 발 압력, 근육, 감각의 변화의 흐름을 느끼고 이어서 몸 전제를 알아차린다. 이것은 몸의 직접 경험이다. 생각에 끌려가지 않고 신체 감각을 직접 알아차리면 생각의 세계에서 벗어난다. 생각 때문에 더 불안해지고 스트레스를 더 받는다. 생각은 내가 아니기 때문에 직접 경험하기는 자신의 존재를 알아차리는 것이다.

① 바디스캔 명상(02 바디스캔 오디오 참조): 7일 동안 6번(1일차~6일차) 연습한다. 방법은 동일하지만 경험은 매일 다르다. 매 순간 새롭게 바디스캔 한다. 지속적 수련이 필요하다. 주의 기울이기-주의 머무르기- 주의 옮기기 하여 존재 양식으로 가는 주의력 근육 훈련을 한다. 수련이 능숙해지려면 기초가 친절이다.

▷ 어떤 행위를 알아차렸는가?

_____

_____

② 간단한 마음챙김 호흡(03 10분 앉기 명상 오디오 참조)

매일 10분 동안 마음챙김 호흡명상을 한다. 허리를 똑바로 세우고 위엄있게 하되 편안한 자세로 눈을 감는다. 바닥에 닿은 느낌에 집중하고 신체 감각에 알아차린다. 숨이 들어오고 나가는 아랫배 감각의 변화에 알아차린다. 호흡은 조절할 필요는 없다. 자연스럽게 한다. 호흡에 초점을 맞추지 못할 때 방황하면 그대로 인정하고 인내심을 가지고 부드럽게 알아차린다. 다시 들숨과 날숨에 주의를 기울인다.

▷ 매일 수련을 했는지 V하기

1일	2일	3일
4일	5일	6일

③ 일상 속 알아차림

매일 일상 속에서 마음챙김이 중요하다. 건포도 명상처럼 매일 일상생활

중 하나를 선택하여 알아차린다. 세수하기, 운전하기, 옷 입기, 설거지하기, 산책하기, 걷기, 먹기 등이 있다.

▷ 매일 이 수련을 할 때 그 활동 시 마음챙김을 기억할 때 ∨하기

1일	2일	3일
4일	5일	6일

④ 유쾌한 일 기록표(1일~6일)

경험한 일	그 일이 일어나고 있을 때 유쾌한 기분을 알아차렸는가?	그 경험을 하는 동안 몸의 감각은?	이 경험 후 어떤 기분, 감정, 생각들이 동반되었나?	이 글을 쓰는 지금 마음에 떠오르는 생각은?
예시) 일과 후 집으로 돌아갈 때 공원에서 새가 지저귀는 소리를 듣고 멈춰섰다	알아차렸음	얼굴에 가벼운 느낌이 스쳐 지나가고 어깨 긴장이 풀리고 입 주위 근육이 올라감	안도감, 기쁨, "정말 듣기 좋아" "이렇게 상쾌한 야외에 있으니 기분이 그만이야"	아주 작은 일이었지만 알아차리게 되어 기쁘다

■ 3주차: 과거 미래 생각에서 온전히 현재 순간 머무르기

① 마음챙김 스트레칭과 호흡명상이 결합(05 스트레치과 호흡 명상 오디오 참조 및 유튜브 MBSR 하타요가1, 2 참조)

마음이 방황할 때는 기뻐해라. 그건 마음의 속성일 뿐이다. 마음에 무엇이 있든 내려놓아라. 단지 방황을 알아차리는 것이다. 2, 4, 6번째 날에 한다.

▷ 1일차(스트레칭과 호흡 명상) 앉기 명상을 하는 동안 마음이 방황하는 것을 알아차렸을 때 무엇을 하였는가?

_____

_____

▷ 3일차(스트레칭과 호흡 명상) 앉기 명상을 하는 동안 마음이 방황하는 것을 알아차렸을 때 자신에게 얼마나 친절했는가?

_____

_____

▷ 5일차(스트레칭과 호흡 명상) 앉기 명상을 하는 동안 신체의 불편함을 얼마나 많이 경험하였는가? 어떻게 대응했는가?

_____

_____

▷ 3일차(스트레칭과 호흡 명상) 앉기 명상을 하는 동안 마음이 방황하는 것을 알아차렸을 때 자신에게 얼마나 친절했는가?

_____

_____

② 마음챙김 움직임 명상(04 마음챙김 움직임 오디오 참조)
2, 4, 6번째 날에 한다.

▷ 2일차(마음챙김 움직임) 앉기 명상과 비교하여 신체감각을 알아차리는 것이 얼마나 쉬운가?

_____

_____

▷ 4일차(마음챙김 움직임) 강렬한 신체감각을 경험하면서 어떻게 반응했는가?

_____

_____

▷ 6일차(마음챙김 움직임) 강렬한 감각들에 대해 어떤 신체적인 반응들을 알아차렸는가? 이 반응들을 어떻게 느꼈는가?

_____

_____

③ 3분 호흡 공간 명상(07 3분 호흡 공감 명상 오디오 참조)
자동조종 상태에서 나와서 현재 순간으로 다시 연결하는 방법으로 준비 - 1단계 알아차리기 - 주위 모으기 - 확장하기가 있다. 현재라는 공간으로 되돌아와서 다른 마음의 틀 속에서 삶을 대면하게 하는 것이다. 일상적인 삶 속에서 명상을 끼워 놓는다. 하는 날짜의 R에 ○치면 기록한다.

1일 R R R	2일 R R R	3일 R R R
4일 R R R	5일 R R R	6일 R R R

④ 불쾌한 일 기록표(1일~6일)

무슨 경험을 하였는가?	몸에서 구체적으로 어떤 감각을 느꼈는가?	어떤 기분이나 감정을 알았는가?	무슨 생각이 마음에 떠올랐는가?	지금 여기에 적을 때 마음속에 어떤 생각이 드는가?
예시) 출장나와서 회선을 고쳐 줄 통신회사를기다리다가 직장에서 중요한 미팅을 놓치고 있음을 깨달았다.	관자놀이가 욱신거림, 목과 어깨가 딱딱함, 앞뒤로 걷고 있음.	화난 무기력함	이게 그들이 서비스한다는 거야? 이건 내가 놓치고 싶지 않은 미팅이야.	이런 일을 조만간 다시 겪지 않아도 되길 바란다.

■ 4주차: 불쾌한 경험의 회피보다 그 경험에 관심으로 다가가기

불쾌한 감정과 반응에 알아차리고 있는 그대로 볼 때 의식적으로 대응할 수 있다. 그러면 개인적 문제로 덜 받아들이고, 덜 혐오하여, 그러한 마음 상태가 지나가도록 한다.

① 앉기명상(1, 3, 5번째 날은 앉기명상- 03 10분 앉기 명상 오디오를 참조하고 2, 4, 6번째 날은 06 마음챙김 움직임 오디오를 참조한다)

호흡, 신체, 소리, 생각 그리고 선택없는 알아차림에 대한 마음챙김을 한다.

▷ 1일차: 불쾌한 생각, 감정, 감각에 직면할 때, 신체의 어디에서 가장 강렬한 감각이 느껴졌는가? 그밖에 무엇을 알아차렸는가?

▷ 2일차: 호흡에 집중할 때와 소리에 집중할 때 알아차림에 어떤 차이가 있었는가? 그밖에 무엇을 알아차렸는가?

_____

_____

▷ 3일차: 불쾌한 감정에 저항하면 무슨 일이 일어나는가? 유쾌한가? 불쾌한가? 그밖에 무엇을 알아차렸는가?

_____

_____

▷ 4일차: 신체의 불편감에 어떻게 대응했는가? 이번 앉기 명상에서 그밖에 무엇을 알았는가?

_____

_____

▷ 5일차: 혐오감을 알아차렸을 때, 그것에 어떻게 대응했는가? 그밖에 흥미로운 것이 무엇이었나?

_____

_____

▷ 6일차: 혐오감이 신체에 어떤 영향을 주는가? 얼굴, 배, 어깨 긴장감 등을 느낀다면 이것이 혐오감 중후근이다. 아래에 적어보자.

나의 혐오감 징후는:

_____

그밖에 무엇을 알았는가?

_____

② 규칙적인 3분 호흡 공간 명상(07 3분 호흡 공간 명상 오디오 참조)

자동조종 상태에서 나와서 현재 순간으로 다시 연결하는 방법으로 준비 -
1단계 알아차리기 - 주위 모으기 - 확장하기가 있다. 현재라는 공간으로 되
돌아와서 다른 마음의 틀 속에서 삶을 대면하게 하는 것이다. 일상적인 삶 속
에서 명상을 끼워 놓는다. 하는 날짜의 R에 ○치면 기록한다.

1일	R	R	R	2일	R	R	R	3일	R	R	R
4일	R	R	R	5일	R	R	R	6일	R	R	R

③ 추가 호흡 공간 명상

일상생활에서 추가로 호흡 공간 명상 활용하기는 혐오감에 자동반응하지
않고 의도적으로 호흡 공간 명상을 하는 것이다. 수첩이나 스마트폰에 수시
로 횟수만큼 ○친다.

1일	X	X	X	X	2일	X	X	X	X	X	3일	X	X	X	X	X
4일	X	X	X	X	5일	X	X	X	X	X	6일	X	X	X	X	X

④ 마음챙김 걷기(06 마음챙김 걷기 오디오 참조)

매 순간 온전히 지금 여기에 있는 존재로서 신체 마음챙김을 하는 것은 혐
오의 위험에서 보호하는 방법이다.

걸을 곳은 선정하기, 알아차림 바닥으로 가져가기, 왼쪽 다리에 체중이 덜어
지면 발뒤꿈치 바닥에 올리기, 종아리 근육 알기, 발가락 지면 접촉 알아차리
기, 체중이 왼쪽 다리에 실리면 같은 형태로 하기, 방향을 바꾸는 패턴 알아차

리기, 다른 곳에 생각이 가면 지면에 닿는 현재 감각으로 다시 돌아오기, 느린 것이 편해지면 좀 더 빠른 속도로 해보기, 일상 속의 매일 걷기로 가져오기

▷ 1~6일차: 걷기 후 느낌 기록

■ 5주차: 상황 변화 욕구보다 있는 그대로의 수용

고통의 시발은 힘들고 불쾌한 것과 관계가 있는 것이지 불쾌한 감정이나 감각 자체가 아니다. 무언가에 부드럽게 알차차린다는 것은 그것에 직면하고 이름 붙이며 함께할 수 있다는 것이다. 그래서 경험하는 태도는 원하지 않음에서 열려있음으로 바꾸는 것이다. 자동적 반응을 끊는 것이다.

① 앉기명상: 어려움 다루기(08 20분 앉기 명상 오디오 참조)

마음을 편하기 위해 상황을 다르게 변화시키려는 욕구를 내려놓는다. 1단계 불쾌한 경험 있는 그대로 깊게 살펴보기, 2단계 친절하고 부드럽게 알아차리기, 3단계 혐오가 여기 있도록 허용하고 관심있는 부분 부드럽게 알아차리기를 지속한다. 수련에 사용하는 어려움은 아주 작은 것일 수 있다. 약간의 불쾌감은 괜찮다. 1, 3, 5째날 오디오 트랙 10번 수련, 2, 3, 6째날 앉기명상 오디오 없이 침묵수련)

▷ 1일차(오디오): 몸 안에 어디에서 ⓐ 어려움, ⓑ 혐오나 원하지 않음 또는 저항을 감지했는가? 만약 감지했다면, 그 어려움과 혐오에 어떤 일이 일어났는가? 그밖에 알아차린 것들은?

▷ 2일차(오디오 없이): 몸 안에 어디에서 ⓐ 어려움, ⓑ 혐오나 원하지 않음 또는 저항을 감지했는가? 만약 감지했다면, 그 어려움과 혐오에 어떤 일이 일어났는가? 그밖에 알아차린 것들은?

_____

_____

▷ 3일차(오디오): 몸 안에 어디에서 ⓐ 어려움, ⓑ 혐오나 원하지 않음 또는 저항을 감지했는가? 만약 감지했다면, 그 어려움과 혐오에 어떤 일이 일어났는가? 그밖에 알아차린 것들은?

_____

_____

▷ 4일차(오디오 없이): 몸 안에 어디에서 ⓐ 어려움, ⓑ 혐오나 원하지 않음 또는 저항을 감지했는가? 만약 감지했다면, 그 어려움과 혐오에 어떤 일이 일어났는가? 그밖에 알아차린 것들은?

_____

_____

▷ 5일차(오디오): 몸 안에 어디에서 ⓐ 어려움, ⓑ 혐오나 원하지 않음 또는 저항을 감지했는가? 만약 감지했다면, 그 어려움과 혐오에 어떤 일이 일어났는가? 그밖에 알아차린 것들은?

_____

_____

▷ 6일차(오디오 없이): 몸 안에 어디에서 ⓐ 어려움, ⓑ 혐오나 원하지 않

음 또는 저항을 감지했는가? 만약 감지했다면, 그 어려움과 혐오에 어떤 일이
일어났는가? 그밖에 알아차린 것들은?

나의 혐오감 징후는:
_____

그밖에 무엇을 알았는가?
_____

② 규칙적인 3분 호흡 공간 명상(07 3분 호흡 공간 명상 오디오 참조)

3분 호흡 공간 명상을 오디오 없이 한다. 수련에 대한 기록을 남길 수 있도
록 횟수만큼 날짜의 R에 ○치면 기록한다.

1일	R	R	R	2일	R	R	R	3일	R	R	R
4일	R	R	R	5일	R	R	R	6일	R	R	R

③ 대응 3분 호흡 공간 명상: 추가 안내와 함께하기

어떤 불쾌한 감정, 긴장, 저항 또는 상황이 있는 그대로를 원하지 않음을
느낄 때마다, 호흡 공간 명상을 수련한다. 호흡 공간 명상 활용하기 확대문은
알아차림, 주의 돌리기, 주의 확장하기로 구성된다.

정기적 호흡 공간			대응 호흡 공간 명상								
1일 R	R	R	X	X	X	X	X	X	X	X	X
2일 R	R	R	X	X	X	X	X	X	X	X	X
3일 R	R	R	X	X	X	X	X	X	X	X	X
4일 R	R	R	X	X	X	X	X	X	X	X	X

5일	R	R	R		X	X	X	X	X	X	X	X	X
6일	R	R	R		X	X	X	X	X	X	X	X	X
7일	R	R	R		X	X	X	X	X	X	X	X	X

■ 6주차: 생각을 사실로 인정보다 정신적 사건으로 바라보기

생각을 생각으로 바라보기이다. 생각이 사실이라고 말하는 그 생각조차도 생각은 사실이 아니다. 생각과 기분이 맞물릴 때, 생각은 매우 강해져서 생각을 생각으로 보기가 어렵다.

① 앉기명상: 생각을 정신적 사건으로 여기는 것에 초점을 둔다.(08 20분 앉기명상 참조)

선택1. 떠오른 생각, 이미지, 기억을 인식하기 위해 충분히 멈추고, 생각은 생각으로 보도록 상기시키는 도구로서 매우 조용하게 생각이라고 자신에게 말한다.

선택2. 생각 자체를 주의의 주된 초점으로 삼는다.

선택3. 생각 아래로 내려가 몸 안에서 생각을 낳은 정서가 어떠한 감각으로 느껴지는지 탐구한다.

▷ 1일차: 잠시 멈추고, 호흡으로 돌아오기 전에 생각이라고 자신에게 말함으로써 생각을 생각으로 알아차리도록 자신에게 상기하는 것은 어떤 효과가 이었는가? 그밖에 알아차린 것들은?

_____

_____

▷ 2일차: 생각을 주의의 초점으로 삼았을 때, 어떤 일이 일어났는가? 어떤

이미지나 비유가 도움이 되었는가? 그밖에 알아차린 것들은?

▷ 3일차: 강렬하고, 거슬리고, 지속되는 생각들과 마주쳤을 때 어떻게 대응했는가? 무슨 일이 일어났는가? 그밖에 알아차린 것들은?

▷ 4일차: 당신은 마주한 생각에 어떠한 태도를 취했는가? 안달하고, 짜증내고, 생각이 사라지기를 바랐는가? 혹은 수용하고 관심을 가졌는가, 아니면 중립적인 태도를 취했는가? 그밖에 알아차린 것들은?

▷ 5일차: 당신이 인식했던, 익숙하고 진부한 생각의 패턴을 적어보라. 그것은 어떤 영향력을 지니는가? 그밖에 알아차린 것들은?

▷ 6일차: 당신의 생각은 어떤 형태인가? 당신은 생각을 언어나 이미지 또는 그림으로 경험하는가? 또는 언어나 이미지가 없는 의미로 경험하는가? 만일 언어로 경험한다면 그 목소리의 톤은 어떠한가? 그밖에 알아차린 것들은?
나의 혐오감 징후는? 그밖에 무엇을 알았는가?

---

② 규칙적인 3분 호흡 공간 명상

3분 호흡 공간 명상을 오디오 없이 한다. 수련에 대한 기록을 남길 수 있도록 횟수만큼 날짜의 R에 ○치면 기록한다.

1일	R R R	2일	R R R	3일	R R R
4일	R R R	5일	R R R	6일	R R R

③ 대응 3분 호흡 공간 명상: 추가 안내와 함께하기

어떤 불쾌한 감정, 긴장, 저항 또는 상황이 있는 그대로를 원하지 않음을 느낄 때마다, 호흡 공간 명상을 수련한다. 호흡 공간 명상 활용하기 확대문은 알아차림, 주의 돌리기, 주의 확장하기로 구성된다. 생각이 압도하려고 위협할 때, 첫 번째 단계는 아무리 짧더라도, 항상 호흡 공간 명상을 한다.

	정기적 호흡 공간	대응 호흡 공간 명상
1일	R R R	X X X X X X X X X X
2일	R R R	X X X X X X X X X X
3일	R R R	X X X X X X X X X X
4일	R R R	X X X X X X X X X X
5일	R R R	X X X X X X X X X X
6일	R R R	X X X X X X X X X X
7일	R R R	X X X X X X X X X X

■ 7주차: 자신을 가혹에서 친절과 연민으로 돌보기

당신이 하는 일이 기분에 영향을 끼친다. 가장 중요한 것은 일을 바꾸면 기분을 바꿀 수 있다는 것이다. 당신은 기분을 고조시키고 행복을 증진시키기 위해서 단순하지만 강력한 방법으로 활동을 바꿀 수 있다. 우울할 때 조차도, 당신은 기분과 능숙하고 즐거운 활동들 사이의 관계를 활용할 수 있다. 이러한 활동들이 기분을 고양시킬 수 있도록 하기 위해서 신중하게 쌍방간 관계의 균형에 손을 댈 수 있다. 삶 속에서 하는 방법은 일일 또는 주간 일정에 활동을 넣는다. 대응 3분 공간 명상으로 연결시킨다.

▷ 도움이 되는 활동들: 즐거운 활동과 능숙한 활동

▷ 능숙한 활동: 편지쓰기, 잔디 깎기, 미뤄놓았던 일하기와 같이 성취감 또는 통제감 주는 활동

즐거운 활동1 _____
즐거운 활동2 _____
즐거운 활동3 _____
즐거운 활동4 _____
즐거운 활동5 _____
즐거운 활동6 _____
즐거운 활동7 _____
즐거운 활동8 _____
즐거운 활동9 _____
즐거운 활동10 _____

▷ 즐거운 활동: 친구와 수다 떨기, 따뜻한 물로 긴 시간 목욕하기, 산책하

기와 같은 즐거움이나 기쁨을 주는 활동

능숙한 활동 1 _____

능숙한 활동 2 _____

능숙한 활동 3 _____

능숙한 활동 4 _____

능숙한 활동 5 _____

능숙한 활동 6 _____

능숙한 활동 7 _____

능숙한 활동 8 _____

능숙한 활동 9 _____

능숙한 활동 10 _____

① 지속 가능한 마음챙김 수련(11 마음챙김 알림 오디오 참조)

최선을 다해서 편안하다고 느껴지는 수련을 찾아라. 지속 가능하지 않을 정도로 당신이 완전히 포기하게 할지도 모르는 엄청나게 많은 노력을 기울일 필요는 없다. 당신이 뒤에라도 언제든지 보다 많은 것을 추가할 수 있는 아주 많은 양보다는 아주 작은 계획을 세우는 것이 낫다.

▷ 1일차:

의도한 수련: _____

실제로 한 수련 _____

알게된 것: _____

▷ 2일차:

의도한 수련:

실제로 한 수련

알게된 것:

▷ 3일차:

의도한 수련:

실제로 한 수련

알게된 것:

▷ 4일차:

의도한 수련:

실제로 한 수련

알게된 것:

▷ 5일차:

의도한 수련:

실제로 한 수련

알게된 것:

▷ 6일차:

의도한 수련:

실제로 한 수련

알게된 것:

② 규칙적인 3분 호흡 공간 명상

3분 호흡 공간 명상을 오디오 없이 한다. 수련에 대한 기록을 남길 수 있도록 횟수만큼 날짜의 R에 ○치면 기록한다.

1일 R R R	2일 R R R	3일 R R R
4일 R R R	5일 R R R	6일 R R R

③ 대응 3분 호흡 공간 명상: 마음챙김 활동의 문

매일 즐거운 일하기, 만족감 및 통제가 주는 일, 마음챙김 활동하기로 바로 지금 나 자신을 위해서 무엇이 필요하고 바로 지금 나는 어떻게 자신을 가장 잘 돌볼 수 있는가이다. 이에 대해 당신의 경험을 아래에 기록한다. 최선을 다한다. 좋은 것 몇 가지에 활동을 한정시키지 않는다. 기적을 기대하지 않는다. 바로 행동한다. 등을 기억한다. 일부라도 마칠 때마다 잘했어 라고 자신에게 격려의 말을 한다. 자신에 감사하기를 멈추지 않는다.

▷ 1일차:

상황:

활동:

결과:

▷ 2일차:

상황:

활동:

결과:

▷ 3일차:

상황:

활동:

결과:

▷ 4일차:

상황:

활동:

결과:

▷ 5일차:

상황:

활동:

결과:

▷ 6일차:

상황:

활동:

결과:

■ 8주차: 마음챙김 미래설계[53]

마음챙김 수련을 하면서 얻은 이점에 대해 돌아봄으로써, 앞으로 자신의

---

53) 본서에서 소개한 8주차 수련이 필요하신 분들은 위 MBCT워크북을 구입하시고, 해당기관
에 연락하신 후, 마음챙김 수련을 권장합니다. 본서에서는 안내서일 뿐, 상업용으로 활용하
지 않습니다.

수련을 지지할 좋은 의도라는 씨앗을 심는다. 당신이 이미 관심을 가지고 있는 어떤 것에 관련지어 마음챙김 수련을 지속하도록 자신에게 긍정적인 이유를 제시하는 것은 엄청나게 힘을 실어주는 것이다. 강요하지 않고 진실로 소중하게 여기는 것을 상기시키는 분명한 의도를 가지고서, 우리는 하고 싶든 또는 그렇지 않든 간에 수련을 한다.

① 알아차림 공식 마음챙김 수련

매일 수련한다. 얼마간 매일 같은 시간, 같은 장소에서 수련한다. 식물을 가꾸듯이 수련한다. 당신의 자양분이 되는 하나의 방법으로 수련한다. 수련하도록 자신을 격려와 격려하는 방법을 찾는다. 다른 사람과 함께 수련하는 방법을 찾는다. 당신은 언제나 다시 시작할 수 있다는 것을 기억하라 등의 마음가짐이 중요하다.

② 일상의 비공식 마음챙김 수련

본질적으로 마음챙김은 어렵지 않다. 일상의 삶에서 도전은 마음챙김을 기억하는 것이다. 가능하면 한가지 한다. 하고 있는 것에 온전히 주의를 기울인다. 벗어나면 다시 그곳 마음으로 돌아오라(반복), 집중을 방해 요소를 알아본다 등을 수련에 필요하다.

③ 대응 3분 호흡 공간 명상

호흡 공간 명상은 MBCT 전체 프로그램에서 가장 중요한 수련이다. 즉 존재 양식으로 방향을 돌리는 것이 가장 필요한 순간, 이 명상은 그렇게 하게 하는 방법이다.

단계 0: 매우 의식적으로 똑바로 서서 위엄 있는 자세를 한다.

단계 1: 현재 경험, 즉 생각, 감정, 신체 감각들을 알고 사실로 인정한다.

단계 2: 호흡의 움직임에 주의를 기울인다.

단계 3: 신체 전반으로 알아차림을 확장한다. 그러고 나서 모든 현재의 경험으로 알아차림을 확장한다.

다음 문으로 들어가서 선택한다.

▷ 재진입: 새로운 양식의 마음을 지니고 원래의 상황에 정신적으로 재진입한다.

▷ 신체: 어려움과 연결된 신체 감각에 부드럽게 열린 자세를 가져간다.

▷ 생각: 모든 부정적 사고패턴을 정신적 사건으로서 의식적으로 접근한다.

▷ 행동: 즐거운 활동, 능숙한 활동, 마음챙김 행위로써 당신 자신을 돌본다.

6. 변증법적 행동치료DBT와 현실치료

1. 변증법적 행동치료

마샤 리네한Marsha Linehan은 1970년대에 변증법적 행동치료의 창시자이다. 본인이 경계선적 성격장애를 겪었고 자신을 사랑한다고 여기고 자신을 있는 그대로 받아들이며, 현실을 수용하려는 욕구 등으로 회복의 길로 들어섰다.

내담자들은 행동 직면의 상황에서 매우 논리적이라는 것을 찾아냈다. 불치병 환자가 여러 가지 치료를 해보았는데 효과가 없다면, 회피 수단이 아닌 직면으로, 변증법의 정반합을 집단상담 프로그램으로 적용하였다.

경계선 성격장애가 다른 성격장애들에 비해서 가장 치료가 어렵고 예후도 좋지 않다. 기존의 치료법들이 잘 통하지 않아서 내담자나 치료자나 모두에게 힘들다. 버림받는 것에 대한 두려움이 굉장히 크고 그 불안으로 인해서 애정과 분노를 극단적으로 움직이며 자신뿐 아니라 대인관계에 있어서 굉장히 심리적으로 불안정한 모습이 나타난다. 그런 불안감으로 인해서 충동적으로 자살 시도, 자해 등이 나타난다.

만약 내담자가 자살 시도 암시로 위협이나 즉흥적으로 행동을 해도 상담자는 견고한 이론적 원칙 중심의 치료인 정반합을 고수해야 한다. 정이 있으면 반대되는 반이 있고 이 모순되는 둘이 갈등을 하다 보면 전혀 새로운 합이 나타난다는 것이다. 불교사상의 중용개념을 수용하여 마음챙김으로 균형을 유지시켜 준다. 자살은 생존 기술 습득이 중요하며, 경계선 성격장애는 정서조절 능력, 대인관계 능력 등을 길러주어야 한다.

감정조절장애, 경계선적 성격장애, 자살 및 자해 등 다루는 변증법적 행동치료는 내담자에 효과적인 기법이다. 누구나 긍정적인 삶을 살아갈 도움이 되는 기술이다. 마음챙김과 수용전념치료가 바탕이 된다. 고통으로부터 벗어나는 것이 최고인 것이다. 고통 감내 스킬은 내담자가 문제를 바로 해결할 수 없을 때, 견디기 어려운 상황과 감정적 고통을 감내하도록 돕는 스킬이다.

변증법적 행동치료DBT 상담자는 내담자가 가지고 있는 어떤 극단적이고 부정적인 생각들을 변증법적으로 생각하고 행동할 수 있게 한다. 극단적인 두 개의 생각들도 타당한 부분이 있지만, 갈등을 조금 더 효과적이고 부드럽고 유연하게 하는 상담 과정이다.

변증법적 행동치료DBT의 기법으로는 주의 분산, 자기 위안, 순간 등을 살리는 스킬, 충동적 행동과 효과적 행동에 대한 장단점 비교하기, 극도의 긴장을 빠르게 줄이기 위한 몸의 화학적 반응 바꾸기, 교감신경〈부교감신경=0.4 늘어나면 후회할 짓을 안 하게(바이노럴비트 슈만공명=478호흡[54]) 하는 등의 행동을 하게 한다.

2. 목표

정서적 고통과 괴로움을 유발시키는 행동, 감정, 생각 등을 변화시킨다. 다음 기법들은 문제 해결이나 즐거운 기분을 추구하는 것이 아니라 부정적 상황을 줄이는 것에 목표가 있다.

---

54) 1840년대 최초로 발견된 '바이노럴 비트'는 서로 다른 주파수를 공명시킬 때 만들어지는 음으로 집중력을 향상시키고 심신의 안정을 돕는 기능을 하는 것으로 알려져 있다.서로 다른 주파수의 두 소리를 양쪽 귀에 들려줬을 때 두뇌에서 인지하는 제3의 소리.뇌파 동조로 인해 휴식을 유도하거나 집중력과 기억력 향상 등의 인지기능을 높여주는 효과를 입증했다.이들 논문이 검증한 '바이노럴 비트'의 주된 효과는 기억력과 집중력 향상이 첫 손에 꼽힌다. 수면의 질을 높이고 뇌를 활성화한다는 사실도 과학적으로 밝혀졌다. 불안감과 통증 완화에도 관여한다는 사실도 속속 입증되고 있다.

1) 상담으로 감소해야 할 목표

(1) 공허함, 판단하는 비판적 행동

(2) 대인관계 스트레스, 유연성 결여로 변화 싫어함

(3) 극단적 강점 기복으로 조절 어려움

(4) 충동적 행동과 현실수용 어려움으로 위기 행동

2) 상담으로 증가해야 할 기법

(1) 마음챙김 기법

(2) 대인관계 효율성 기법

(3) 감정조절 및 고통 감내 기법

3. 고통스런 문제 해결을 위한 기법

1) 문제 해결 위한 상황 바꾸는 대인관계 기법 사용

2) 문제에 긍정적 감정을 위한 감정조절 기법 사용

3) 문제 해결을 위한 고통 감내 및 마음챙김 기법 사용

4) 고통스러운 상태 알아차리고 머물기

▷ 배에서 바다에 빠지는 고통 감내는 수영 또는 구조 요청보다 생존 수영이 중요하다. 고통 감내는 충동적인 행동 대신에 문제를 더 악화시키기는 대신에 살아남고 더 잘 견뎌 낼 수 있는 기법을 배우는 것이다.

4. 위기 생존 기법[55]

---

55) 출처: Marsha M. Linehan 지음, 조용범 옮김. DBT 다이어렉티컬행동치료 워크북 발췌 345-357, 더트리그룹.
참고: DBT 다이어렉티컬행동치료 워크북 독자에게 알리기 위한 안내서이며, 본서에서는 상업용으로 사용하지 않습니다.

1) DBT 기법 기본 가정

(1) 모두 자신을 위해 최선을 다함

(2) 사람들은 삶의 증진과 행복해지고 싶어 함

(3) 변화를 위한 스스로 동기 부여가 필요

(4) 발생 문제에 본인 스스로 해결하도록 도움

(5) 모든 행동, 생각, 감정 등은 원인이 있으므로 이를 찾아 바꿈

2) 위기 생존 STOP 기법

(1) 정지하기Stop: 즉각적 반응 말고 정지, 아무것도 하지 말기, 감정을 조절하며 차분히 있기

(2) 한 걸음 물러서기Take a step: 잠시 휴식, 놓아보기, 숨을 크게 쉬기, 감정이 충동적으로 행동하게 내버려 두지 말기 등을 함

(3) 관찰하기Observe: 우리 내면과 외부에서 일어나는 것 자각, 어떤 상황? 어떤 감정과 생각? 다른 사람은 어떻게 말하고 행동?

(4) 마인드풀하게 진행Proceed mindfully: 자각하면서 행동을 결정할 때 우리와 다른 사람 생각과 감정 및 상황고려, 우리 목표 생각, 지혜로운 마음에게 어떤 행동이 상황을 좋게·나쁘게 만드는지 질문 등을 함

3) TIP 기법

(1) 차가운 물로 얼굴의 온도 낮추기Tip The temperature of your face with cold water: 빠르게 진정하기 위해 차가운 팩, 물 등을 얼굴이나 눈, 볼에 담그거나 대고 30초 동안 그 상태로 머물기

(2) 격렬한 운동하기Intense exercise: 조깅, 빨리 걷기, 역기 등을 하여 감정이 격양되기 시작할 때 신체 물리적 에너지 발산으로 몸을 진정시킴

(3) 천천히 호흡하기Paced breathing: 복식 호흡 깊게, 들숨과 날숨을 천천

히 하기(평균 1분에 5~6번 정도)

(4) 호흡과 함께 근육 이완하기Paired muscle relaxtion: 복식호흡으로 들숨에 몸 긴장, 날숨에 마음속 '릴렉스 relax'말하며 이완하기, 몸 느낌 변화 자각 등으로 호흡과 근육 이완을 동시에 함

▷ 지나치게 차가운 물은 심장 박동수를 급격히 낮출 수 있고(10도 온도 유지가 필요), 격렬한 운동은 심장 박동수를 높일 수 있으므로 건강 전문가 상의가 필수임

4) 주위 분산하기(지혜로운 마음으로 수용 Wise mind accepts ACCEPTS)

(1) 활동하기Activities: 영화 보기, 게임, 회식, 운동, 음악, 집 청소 등

(2) 기여하기Contributing: 자원봉사, 원하는 것 들어주기, 포용하기 등

(3) 비교하기Comparisons: 다른 감정과 비교, 더 불행한 사람 비교 등

(4) 정반대 감정 만들기different Emotions: 감정 자극 영화, 책, 음악 등

(5) 밀쳐내기Pushing away: 잠시 문제 부인하기, 골몰 자각 '아니야' 말 등

(6) 생각Thoughts: 열까지 세기, 마음속 노랫말 반복하기, 퍼즐하기 등

(7) 감각Sensations: 고무공 꼭 쥐기, 시끄러운 음악 틀기, 샤워하기 등

5) 몸을 스캔하는 명상, Step-by-Step: (3) 마음챙김 MBSR 명상 ①
MBSR 바디스캔 명상 참조

호흡에 집중하면서 공기가 몸에 들고 나간 것을 알아차린다. 스스로 판단하지 않으며 따뜻하게 각 부위에 주의를 기울이고 알아차린다.

(1) 첫째 부분: 도입-호흡-왼쪽 발가락-왼쪽 발바닥-왼쪽 발뒤꿈치-왼쪽 발등-왼쪽 발목-왼쪽 다리 밑부분-왼쪽 무릎-왼쪽 허벅지쪽(오른쪽 발과 다리도 같은 방법으로 함)

(2) 둘째 부분: 골반-허리-등-배-가슴과 심장

(3) 셋째 부분: 왼쪽 손가락-왼쪽 손바닥-왼쪽 손등-왼쪽 손목-왼쪽 팔뚝-왼쪽 팔꿈치-왼쪽 겨드랑이- 왼쪽 어깨(오른쪽 손과 팔도 같은 방법으로 함)

(4) 넷째 부분: 목-턱-입과 입술-코-눈-귀-이마-머리-전체 몸-결말

6) 순간을 살리는 스킬 IMPROVE

(1) 상상하기Imagery: 행복 순간 상상, 모든 것 극복할 수 있다고 상상 등

(2) 의미 만들기Meaning: 고통스런 상황에 의미 찾기, 긍정적 측면 찾기 등

(3) 기도하기Prayer: 초월적 존재에 고통을 참을 수 있도록 해달라고 기도

(4) 이완하기Relaxing: 따뜻한 물 목욕하기, 요가, 표정 바꾸기, 깊이 숨 등

(5) 한 번에 한 가지 일만 하기One thing in the moment: 이 순간 몰입

(6) 잠시 휴가가기Vacating: 하루 동안 해변이나 숲 가기, 스스로 휴가 등

(7) 스스로 격려하기와 상황 다시 생각하기self-Encouragement and rethinking the situation: "나는 성공할 수 있어" "곧 지나갈 거야" 등

5. 현실수용 기법[56]

자기가 원하는 대로 삶을 살고 있지 않다면 방법은?

1) 철저한 수용

(1) 철저한 수용이란

① "온 힘을 다해", "완전히" 의미를 포함

② 우리의 몸과 마음, 가슴의 수용

---

56) 출처: Marsha M. Linehan 지음. 조용범 옮김, DBT 다이어렉티컬행동치료 워크북 발췌 361-372. 더트리그룹.
참고: DBT 다이어렉티컬행동치료 워크북은 독자에게 알리기 위한 안내서이며, 본서에서는 상업용으로 사용하지 않습니다.

③ 현실과 싸우는 것 중단, 현실 부정과 쓰라린 마음을 내려놓기

(2) 수용을 해야 하는 것들
① 현실은 그대로 존재할 뿐(좋지 않더라도 과거 현재에 있는 사실은 사실)
② 현실적으로 수용할 수 있는 한계만 받아들임(미래는 한계 있을 수 있음)
③ 모든 것을 원인이 있음(고통과 괴로움의 사건과 상황도 원인이 있음)
④ 삶이 고통스러운 일이 있더라도 살아갈 가치가 있음

(3) 현실을 수용해야 하는 이유
① 현실을 거부하더라도 결코 바뀌지 않음
② 현실을 변화시키기 위해 첫 번째 할 일은 현실을 수용하는 것임
③ 고통은 못 피함, 잘못되었다는 신호를 보낸 것, 지극히 자연스런 현상
④ 현실을 거부하면 고통은 괴로움으로 바뀌며, 더 고통스러운 감정에 빠짐
⑤ 수용은 슬픈 감정으로 이어질 수 있지만, 이후 평온함이 올 때가 많음
⑥ 지옥을 빠져나갈 비참한 고통은 이 수용을 거부하면 다시 지옥으로 감

2) 철저한 수용을 방해하는 요인
철저한 수용이란 용인, 동정심, 사람, 수동성, 변화의 저항도 아니다.

(1) 수용하기 기법이 없고, 고통스러운 사건을 어떻게 수용할지 모른 경우
(2) 고통 사건을 수용하면 가볍게 여기거나 연관 사건을 용인으로 믿는 경우, 아무것도 바뀌지 않을 것과 다른 고통을 막지 못할 것이라는 생각
(3) 감정이 수용을 방해할 때는 참을 수 없는 슬픔, 사건을 일으키는 사람에 대한 분노, 나 자신의 참을 수 없는 분노, 나 자신의 행동에 대한 죄책감

3) 기꺼이 하기
 우리 삶과 생활에 온전히 참여할 준비가 된 상태

(1) 기꺼이 하기란
 ① 꼭 필요한 것을 매 순간, 온 마음을 다한 것
 ② 기꺼이 함은 끌려가지 않고 지혜로운 마음으로 귀를 귀울이면서 그에 따라 실행하는 것을 말함
 ③ 기꺼이 함은 우리가 이 우주와 연결되었다는 것을 자각하면서 행동하는 것임(내가 좋아하거나 좋아하지 않는 사람, 지금 서 있는 땅과 별 및 달 등)

(2) 고집스러움을 기꺼이 함으로 바꾸기
 ① 고집스러움은 순간을 감내하는 것 거부 및 필요한 변화를 거부
 ② 고집스러움은 포기한 것임, 지금 할수 있는 것을 반대하는 마음 상태
 ③ 고집스러움은 모든 상황을 고치려 하거나, 통제하려 함
 ④ 고집스러움은 '나, 나, 나'에 집착하고, 지금 당장 원하는 것에 집착

(3) 기꺼이 함, Step-by Step
 ① 고집스러움을 관찰하고 이름을 붙여주고, 있는 그대로 경험하기
 ② 고집스러운 감정이나 고집스러운 행동을 한다고 느끼는 순간 철저히 수용하면 고집스러움으로 대항할 수 없음
 ③ 기꺼이 수용하기 위한 마음 돌려 잡기 하기, 살짝 미소 짓기나 기꺼이 하는 손으로 뇌와 의사소통인 몸과 마음 연결, 기꺼이 하는 자세 취하기 등
 ④ 고집스러움이 안 바뀌면 "지금 내가 어떤 위험을 느끼고 있는지?" 스스로 묻기

4) 현재 생각에 마음챙김

(1) 현재 떠오르는 생각 관찰하기

① 현재 생각을 파도가 오고 가는 것처럼 관찰

② 이 생각이 있다는 것을 인지

③ 생각을 간직하려거나 분석 금지

④ 기꺼이 함을 연습

⑤ 마음속에 생각이 들어오고 나가는 것을 한 발 떨어져서 관찰

⑥ 생각 억누르기 및 판단 금지

(2) 호기심 어린 마음갖기

① "이 생각이 어디서 왔지?" 라고 질문하고 관찰

② 마음속에 들어온 생각이 나가는 것 관찰

③ 관찰만 하고 생각은 평가 안 하고 판단하는 것 내려놓기

(3) 우리는 우리의 생각만이 아니라는 것 명심하기

① 생각에 따라 행동할 필요 없음

② 전혀 다른 생각을 했던 때를 떠올리기

③ 재앙화된 생각이 '감정적 마음'이었다는 것을 기억

④ 심한 괴로움이나 고통은 느꼈을 때 어떻게 생각했는지 기억

(4) 생각을 막거나 억누르려고 하지 않기

① "이 생각을 피하려고 하는 감각이 무엇인지?"라고 스스로에게 물으며,
   그 감각으로 마음 돌리고, 다시 생각으로 돌아오기를 반복하기

② 물러서서 생각이 들어오거나 나가는 것, 숨을 관찰하면서 해보기

③ 생각을 말로 표현하고 가능한 한 빨리 소리 내서 그 생각을 반복해서 말

하기, 그 생각을 노래해 보기, 그 생각을 귀여운 동물이라 생각하기

④ 단순한 소리로 생각하기, 생각을 사랑하려고 노력하기

6. 중독위기관리 기법[57]

1. 다이어렉티컬 절제

1) 절제: 중독적 행위를 않겠다고 맹세

(1) 장점: 선언하면 더 절제 기간이 길어짐

(2) 단점: 한번 절제 실패하면, 다시 절제하려 노력하는 시간이 오래 걸림

(3) 절제 계획: 유혹에 이길 수 있는 절제 계획을 세우고, 정결한 마음으로 즐기기, 절제된 삶을 사는 사람과 시간을 보내고 점검받기, 중독 대신 다른 활동 강화, 중독 요인 끊고 새로운 대안 만들기, 공개적 선언하고 재발 부인 등

2) 유해성 감소: 절제에 실패할 수 있다고 인정하고 피해를 최소화시킴

(1) 장점: 실패하더라도 빠르게 긍정적 삶으로 돌아올 수 있음

(2) 단점: 유해성 서약자는 더 빠르게 중독 재발이 될 수 있음

(3) 유해성 감소 계획: 도와줄 사람 전화 및 접촉, 유혹을 없앨 단서 만들기, 정반대 행동 기법 사용, 감정 조절 숙련도 쌓기, 재발을 만든 사건 분석, 중독 행동 중단 장단점 비교, 완벽한 절제로 살겠다고 서약하기

3) 통합=다이어렉티컬 절제

(1) 장점: 효과가 있음

---

57) 출처: Marsha M. Linehan 지음. 조용범 옮김, DBT 다이어렉티컬행동치료 워크북 발췌 373-383. 더트리그룹.
참고: DBT 다이어렉티컬행동치료 워크북은 독자에게 알리기 위한 안내서이며, 본서에서는 상업용으로 사용하지 않습니다.

(2) 단점: 절제 삶으로 돌아가는 수많은 노력 상태로 휴식 없는 상태가 됨

(3) 목표는 중독을 다시 하지 않는 완벽한 절제 상태가 아니다. 실패한다면 목표를 유해성 감소로 바꾸고 빨리 절제의 삶으로 돌아가도록 함

▷ 예) 권투대회에 참가 선수들이 패했으나 또 실패할 가능성이 있더라도 경기에 승리할 수 있다고 믿고 행동해야 하는 것

2. 청결한 마음

(1) 중독된 마음: 몽롱한 마음으로 충동적이고, 중독적 마음으로 편향되고 조작이나 부정 행동을 쉽게 하며, 감정과 생각 및 행동을 결정함

(2) 중독된 마음 상태: "나는 중독이 없어"라고 생각함, 중독을 미화함, 중독 행위를 하기 위한 도벽, 거짓말, 상대방 눈을 쳐다보지 못함, 병원을 꺼림 등

(3) 순진한 마음: 지나치게 순진하면 위험 의식이 약하다. 중독의 유혹에 면역되어 있거나 자신이 완벽한 상태라고 믿게 됨

(4) 순진한 마음 상태: 중독에 연결된 부적절 행동 시작함, "중독 습관을 통제할 수 있어"라 생각함, 중독에 빠진 친구를 만남, 스스로를 격리시킴 등

(5) 정결한 마음: 양극단 마음은 모두 위험하다. 정결한 마음은 가장 안전한 상태이며, 이전에 중독 상태가 있었을 가능성을 인정하고 재발할 수 있음을 수용한다. 정결한 마음으로 절제된 삶을 즐기고 유혹 대비 계획 세우기

3. 공동체 강화

(1) 절제 강화 중요성: 주변 환경 강화물은 중독행위를 증가나 감소시킴, 중독행위가 없는 생활에 더 많이 보상하기, 주변 사람들이 강화해 주기 등

(2) 절제 강화물로 중독 강화물 대체: 긍정적 사건을 쌓을 수 있는 행동 대체, 미중독자를 찾고 시간 보내기, 중독과 연관 안 되는 즐거운 활동 증가 등

(3) 절제하는 삶 살기: 중독된 행동을__일 동안 않겠다 서약하고 이로운 점

관찰, 중독 촉발 요인 일시적 피하고 유혹 대체와 경쟁함, 긍정 사건 관찰 등

4. 중독과의 인연을 끊고, 새로운 인연 만들기

(1) 중독과 인연 끊기: 중독 시작 않겠다고 철저한 수용과 중독 가능성 단절

① "중독적 행동을 절제 하겠다" 서약하고, 절제 방에 들어가서 문 잠그기

② 중독 가능성이 있는 모든 것 적기

③ 사람, 행동 연관성 등 중독 가능성이 있는 것 모두 제거

④ 중독 금지 및 불가능 목록 만들고 시행, 행동 진실 말하기, 중단 선언

(2) 새로운 인연 만들기: 이미지와 냄새 활용, 욕구 생길 때 뇌 신경과 경쟁

① 대체 이미지 만들고 대체 냄새 생각, 중독적 욕구가 생길 때 활용함

② 담배 피고 싶을 때 욕구 줄이려면 해변을 보는 장면 및 해변 냄새 기억

③ 서핑보드 "거친 파도"를 타고 오르고 내리며, 멀리 떠나는 장면 생각

5. 대안적 저항과 적응적 부인

(1) 대안적 저항: 중독적 행동은 깨뜨리지 못함, 지루함에 파괴적 저항 대체

① 삭발하기, 이상한 옷 입기, 무작위 친절하기, 이상한 색깔 머리 염색

② 얼굴 페인팅하기, 정장과 평상복 위치 바꾸어 입기, 한 주 목욕 않기

(2) 적응적 부인: 중독적 욕구 참기 어려울 때, 적응적 부인하기 시도

① 적응적 부인하기 할 때 반대 논리 금지, 스스로 논쟁 않기

② 강력한 충동이 들면 문제 행동과 약물 원한 것 부인, 다른 행동 원한다고 확신 갖기, 술 마시고 싶은 충동을 사탕으로 구성, 도박 대안적 행동 갖기

③ 중독 행동을 5분, 또 5분으로 미루기, "이겨 낼 거야" "오늘만 절제할 거야", "한 시간만 절제할 거야", "영원히 못해도 이 순간은 견딜 수 있어" 등

2. 현실치료

1) 현실치료 이해

윌리암 글래서William Glasser는 1925년 오하이오주의 클리블랜드에서 태어나 공업전문학교를 졸업하고 19세에 화공기사(chemical engineer)가 되었으나, 심리학에 관심을 기울이면서 23세에 임상심리 전문가가 되었다. Case Western Reserve University에서 의학을 공부하고 28세에 정신과 의사가 되었다. 그는 병원에서 수련 과정을 수료하면서 정신분석학의 이론 및 효과에 문제점을 발견하고, 통제이론을 근거로 현실치료로 발전시켰다. 1967년 현실요법 연구소를 LA에 개설하였고, 여러 나라에 확산되었으며, 현실치료 과정이 진행되면서 의사, 간호사, 심리학자, 목사, 교사 등에 도움을 주었다.

개인의 선택인 책임을 강조하며, 욕구 충족을 위해서 현재 행동을 평가하고, 욕구에 충족하지 못한다면, 새로운 행동을 선택하도록 도와줌으로써 삶을 효과적으로 통제할 수 있는 것을 강조하였다.

현실치료 인간관은 자신의 행동과 정서에 스스로 책임을 지는 존재로서 매우 긍정적이다. 자신을 가치 있는 존재로 생각하며, 좋은 세계를 위해 사는 인간으로 표현한다. 행동과 정서는 자신만이 통제할 수 있다는 것이다. 즉 인간관계를 위해서 상대방을 통제하려는 것을 버리고, 자신의 적절한 행동을 선택해야 한다고 한다. 우리가 통제할 수 있는 사람은 단지 자신뿐임을 강조한다.

2) 현실치료 특징

인간의 생각과 행동은 자신의 스스로 선택한 결과이기 때문에 신경증적, 정신병적, 중독증적 행동 등도 자신 욕구 충족을 위한 최선의 선택으로 여긴다. 그러므로 내담자의 가치관에 따라 스스로 문제를 효율적으로 행동 선택을 하도록 돕는 기법이다. 프로이트 정신분석에 반하여 과거보다 현재와 미래를 중요시 하고 전이와 역전이를 무시한다. 무의식과 꿈보다 의식 세계인 현실 지각에 중점을 둔다.

인간은 기본적 욕구를 충족할 수 없어서 마음의 내적 갈등을 겪으며 욕구 충족에 실패하게 되면 현실 자체를 부정하는 것으로 파악한다. 그에 따라 범죄, 알콜 의존, 자살 등 부정적인 현상과 접하게 된다. 상담 과정은 현실 존재 감과 욕구를 현실에서 충족해 나갈 수 있도록 진행된다.

3) 인간의 기본적 욕구

인간은 자신의 삶을 통제할 수 있을 때 내부 만족감으로 행복감을 느낀다. 행동 또한 내부 작용으로 이루어진다. 모든 생각과 행동은 내면의 욕구를 충족하기 위해 스스로가 선택한다는 이론이다. 자신의 생각과 느낌, 신체적인 반응은 자신이 행동을 선택하면서 변화가 이루어진다.

인간의 욕구는 누구에게나 존재하며 현재를 살아가는 데 필요한 5가지 기본적인 욕구 중 어떤 것에 중점을 두느냐에 따라 삶이 달라진다는 것이다. 이 욕구는 사랑과 소속의 욕구, 힘에 대한 욕구, 자유에 대한 욕구, 즐거움에 대한 욕구, 생존에 대한 욕구 등으로 선택이론의 기본적인 개념이다.

(1) 사랑과 소속의 욕구 Love and Belonging Need

사랑을 주고받고 나누며, 서로 협력하고 싶어 하는 심리적 욕구이다. 또한 주변의 관심과 타인의 필요 부분을 채워주고 함께하려 한다. 동아리 활동, 또래 집단, 결혼하기, 친구 사귀기, 생일 축하, 계 모임 등이 있다.

(2) 힘에 대한 욕구 Power Need

다른 사람과 경쟁하고, 성공하고, 중요한 존재로 확인하고 싶어 한다. 이 욕구는 스스로 성취감과 자존감을 높일 수 있지만, 다른 욕구와 갈등이 커질 수 있다. 사랑과 소속감을 위한 결혼이 강한 힘의 욕구로 부부관계가 파탄이 될 수도 있다.

자격증 따기, 사회 기부 행위, 자원봉사, 사회 약자 헌신 등으로 표현되기도 한다.

(3) 자유에 대한 욕구 Freedom Need

스스로 선택하고 표현하며, 이동하는 것을 자유롭게 하고 싶어 한다. 거주 이전의 자유, 종교 자유, 인간관계 모든 영역에서 타인의 자유에 해를 끼치는 것을 제외하고 마음대로 하는 것이다. 삶의 결정, 말과 글 표현 자유, 여행, 편안하게 행동, 내가 원하지 않는 것 '아니'라고 말하기 등이 있다.

(4) 즐거움에 대한 욕구 Fun Need

새로움을 배우고 즐기며, 많은 활동을 통해 즐거움을 얻고 싶어 한다. 이 욕구는 산악자전거 타기, 낙하산 타기, 암벽 등반, 자동차 경주 등처럼 위험을 감수하면서도 배우고 즐기려 한다. 음악, 춤, 게임하기, 책 읽기, 운동하기 등이 있다.

(5) 생존에 대한 욕구 Survival Need

이 욕구는 구뇌Old brain에서 나타난다. 사람들은 건강하며 오래 살고 싶어 한다. 생명 유지, 안전, 종족 번식, 배고픔, 휴식, 건강 등 생존을 위한 것으로 가장 먼저 충족되어야 한다. 충족되지 않으면 큰 어려움을 겪게 된다.

4) 전 행동 Total Behaviour

욕구는 충족되어야 하고 서로 욕구를 이해하면서 자기 나름대로 자신의 욕구를 충족시킨다, 현실치료에서 상담의 목표를 달성하고자 하는 것은 내담자의 욕구의 차이를 줄이기 위한 기법을 사용한다. 전 행동은 활동acting, 생각 Thinking, 감정feeling, 신체반응physiology 등 4가지 요소의 행동 체계이다. 활동 요소는 많은 통제력을 갖고 있으나 생각 요소는 통제력이 조금 약하다. 통제력으로 감정 요소는 어려우며, 신체반응 요소는 매우 어렵다. 그래서 상담에서는 활동 요소를 먼저 변화시켜야 자연스럽게 생각, 감정, 신체 현상 등이 뒤따르게 된다.

바라는 대로 되기 위해 활동 계획을 세울 때는 간단하게 실천할 수 있고, 즉각 할 수 있으며, 구체적으로 정하고 진지하게 꼭 하겠다는 것(이하 간즉구진) 등이 들어가게 세워야 생각, 감정, 신체 현상과 연결이 쉽게 이루어진다.

5) 지각 체계 Perception

사람은 똑같은 세상을 다르게 본다. 우리가 받아들이는 현실 세계는 시각, 청각, 촉각, 미각, 후각 등 감각 체계로 받아들여진다. 이 감각 체계에 따라 객관적으로 바로 바라보는 지각체계 지식여과기(Knowledge filter)로 의미를 받아들인다. 또한 주관적으로 각자의 가치인 긍정적 가치, 부정적 가치, 중성적 가치를 부여하는 지각체계 가치여과기(value filter)를 통과한다. 자신이 바라는 좋은 세상과 일치하면 긍정적 가치로 나타나며, 일치하지 않으면 부정적 가치를 부여하여, 좋은 세상과 차이가 나는 머리속의 저울(comparing place)로 비교하며 욕구를 채우려는 행동을 하게 된다.

6) 행동 체계 Behavior System

머릿속에 내가 원하는 좋은 세계와 지각된 세계가 다르면 갈등 신호가 나타나며, 그 차이를 줄이기 위해 여러 가지 행동 중에서 한 가지를 선택하는 행동 체계를 한다. 즉 재조직하여 새로운 행동을 하게 된다. 삶의 통제력에 도움을 준다는 판단은 그 행동을 시도하게 한다. 창조하여 제공한 행동들이 효과적이지 못하면 다시 재조직한다. 창조성을 가지고 효율적 선택을 어떻게 하는 것에 따라 개개인의 행복한 삶의 간격으로 나타난다

7) 상담환경 가꾸기[58]

상담 전반에 걸쳐 좋은 관계, 지지적 상황을 만드는 상담 분위기를 조성하여 내담자의 긍정적 변화를 위해 다음과 같이 일관성을 유지한다.

(1) 내담자와 상담자 간에 친근감과 유대감으로 성공적인 기반 마련

(2) 내담자 이야기를 적극적으로 경청하며, 긍정적 관심과 지지로 믿음을 갖게 하여 상담 효과 증대

(3) 주의 기울이기, 판단 보유, 자기 개방하기, 선택에 책임 지우기, 공감해 주기, 역설적 기법 사용하기, 은유적 표현에 귀 기울기, 침묵 허용하기 등을 권장한다.

(4) 변명을 받아들이기, 비난하거나 논쟁하기, 무시하기, 강압하기, 공포 분위기 만들기, 쉽게 포기하기 등은 금지 사항으로 하지 않는다.

(5) 언제나(AB: always be), 친절하고 침착하게(C: courteous & cllm), 확신을 가지고(D: determined), 열성적 긍정적으로(E: enthusiastic), 단호하게(F: firm), 진실되게(G: genuine) 상담한다.(AB-CDEFG하기)

8) 행동변화를 위한 상담 과정[59]

(1) 욕구 바람 탐색하기(WANT) 당신이 원하는 것

① 무엇을 원하는가?

---

58) 출처: 초등나무, 지음. 함께 성장해요! 배워서 바로 쓰는 학급상담 88-89, 학지사.
59) 출처: 초등나무, 지음. 함께 성장해요! 배워서 바로 쓰는 학급상담 99-136, 학지사.

② 진정으로 원하는 것이 무엇인가?

③ 사람들이 당신에게 원하는 것이 무엇이라고 생각하는가? 비현실적인 바람은 실현 가능한 바람으로 바꿈

④ 어떤 시각으로 바라 보는가?(지각된 세계 살피기)

(2) 당신은 무엇을 하고 있나요? 전 행동과 행동 방향 탐색하기(DOING)

① 당신은(You)→ 나(I): 현실치료에서는 초점을 자신으로 바꿀 수 있도록 질문

② 무엇을(What): 관찰 카메라로 찍은 것처럼 아이의 행동 찾기

③ 하고(Doing): 활동하기를 찾아낼 수 있도록 활동 탐색 돕기

④ 있나요(Are): 문제가 과거에 비롯되었더라도 욕구와 바람은 현재에 있으므로 현재에서 해결하고 충족되어야 함

(3) 자신의 행동에 도움이 되나요? 자기 평가하기(Self-Evaluation)

① 당신의 행동이 당신에게 도움이 됩니까, 해가 됩니까?

② 당신이 지금 하고 있는 것이 원하는 것을 얻는 데 도움이 되나요?

③ 당신이 원하는 것은 실현 가능한가요?

④ 당신을 변화시키는 데 얼마나 노력할 건가요?

⑤ 도움이 되는 계획인가요?

(4) 다르게 해본다면 어떻게 해볼 건가요? 계획하기(Plan)

① 욕구가 충족되는 계획

② 쉽고 단순한 계획

③ 현실적이고 실현 가능한 계획

④ 행위를 중지시키기보다는 새로운 행동을 하도록 하는 계획

⑤ 실천할 사람이 할 수 있는 계획

⑥ 구체적인 계획

⑦ 진행 중심적 계획(누가, 언제, 어디서, 무엇을, 왜, 어떻게 등 육하원칙)

인 간즉구진은 과정 중심 계획임

〈참고〉

■ 통제체계로서의 뇌의 기능 설명 자료[60]

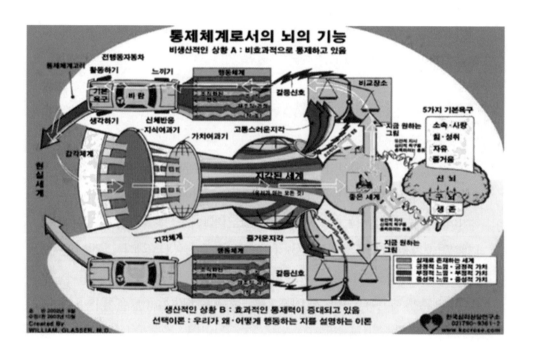

---

60) 초등나무, 지음. 함께 성장해요! 배워서 바로 쓰는 학급상담 69쪽, 학지사.

(상담용 RT카드는 김명신이 최초제작(2008.5.31)하였고 2013.1.11.(1차)2013.4.20.(2차)2013.12.25.(3차) 김명신에 의해 재수정됨)

상담용 RT카드 학습판1

61)   김명신 제작, RT카드 제작, 2013.12.25. 3차 재수정.
      참고: 위 통제체계로서의 뇌의 기능 및 RT카드는 독자에게 알리기 위한 안내서이며, 본서에
      서는 상업용으로 사용하지 않습니다.

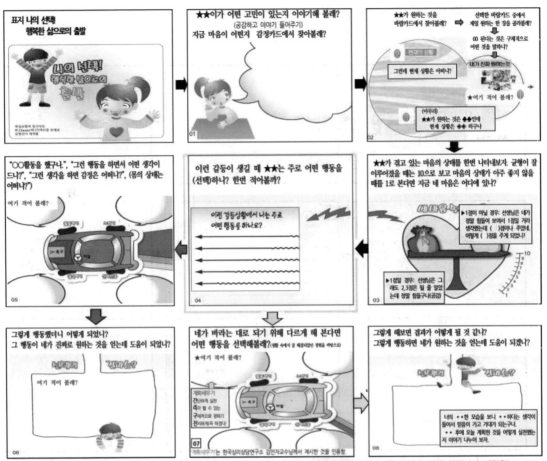

(상담용 RT카드 학습판은 2013. 2.11(1차),2013.4.20.(2차)2013.12.25.(3차)로 쉽게 상담용 RT카드를 익히기 위해 김명신이 제작함)

상담용 RT카드 익히기 학습판2

제4부

명상치유상담전략

1. 명상일지 Ⅰ

일시	년 월 일		장소	
상황	1.상황(사례) 2.접촉된 자극 :			
감정				
생각				
갈망				
몸 느낌				
머물러 지켜본 결과				
행동				
다시 한다면				
호흡 및 소감				
오늘 나의 공감	1. 2. 3.			

2. 에니어그램 명상상담 (실습)

첫째 날, 면접과 성격검사

* 활동 목표

- 내담자와 친밀해지고 친숙해진다.
- 참여 동기와 기본 인적사항, 성격 특징을 파악한다.

* 주요 내용

- 인적사항 및 참여 동기
- 프로그램 일정 오리엔테이션 및 별칭, 규칙 정하기
- 현재 나의 고통 파악/ 에니어그램 유형의 고통의 비교
- 소감 나누기 및 실천 과제 정하기

I. 준비운동

1. 별칭 만들기

자기의 별도 이름을 정하시길 바랍니다. 어떤 이름으로 불려지기를 원하세요?
자신의 성격과 개성을 한마디로 표현해 주는 낱말(자연물, 동물, 영화나 소
설의 인물)을 떠올려보세요.

별칭 : (   )

2. 서약서 작성

서약서는 상담이 성립되기 위한 기본적인 약속을 말한다. 즉 정해진 시간을 잘 지켜는 것은 상담이 효율적인 활동을 위한 기초가 됩니다. 어떤 규칙이 필요한 것일까요. 각자가 이 집단에 참여하면서 스스로에게 다짐하는 규칙을 적어 보시길 바랍니다. 다음은 그 실례를 제시한 것입니다.

3. 상담 동기는?

Ⅱ. 에니어그램 성격 유형 파악

〈활동1〉 에니어그램 검사 해석하기

주: 1번 유형 보조: 2. 7번 유형 (내거티브: 3번 유형)

〈활동2〉 본인의 성격 유형 학습하기

* 공감한 점

 - 항목과 주요 내용

1. 성격유형별 특징

2. 성격유형별 행동 특징

* 에니어그램은 자신을 이해하는데 적절한가?

Ⅲ. 고통 나누기

〈활동1〉 불편했던 경험들의 목록 작성하기

1) 눈을 감고 불편했던 경험 떠올리기

2) 가족, 친구, 직장 등에서 경험한 내용을 기록한다.

3) 먼저 상황을 말하고, 어떻게 힘 들었는지의 정도와 빈도를 기록한다.

1.
2.

〈활동2〉 나의 사례와 에니어그램 성격과 관련성

문제된 자신의 행동 가운데 에니어그램 성격 유형의 행동유형과 비교한다.

〈활동3〉 목표 정하기

1. 위의 사례 2가지의 공통적인 과제는 무엇인가?

2. 무엇을 고치고 싶은가요? 구체적인 행동 말하기?

3. 본인의 과제가 에니어그램 성격과는 어떻게 관련되어 있는가?

4. 목표를 결정하였다면?

〈활동4〉 소감 나누기 및 실천과제 정하기
※ 에니어그램의 내가 쓰는 성격이 일상생활과 밀접한 것을 알았다.

1. 미리 준비하기 – 앞에 사람이 있는 것처럼 연습함.

둘째 날, 대인관계 탐색

1) 사회생활을 하면서 고수하는 원칙이 있다면?
2) 내가 좋아하는 사람과 싫어하는 사람은? (외모, 자세, 표정, 성격, 목소리, 말투, 말의 속도, 행동, 시선 등)

* 활동 목표

상담관계를 확립하는 매우 중요한 단계이며, 무엇이 문제인지를 대인관계를 중심으로 파악한다.

*주요 내용

1. 과제 및 지난 주 경험 나누기 2. 무엇이 문제인지를 대인관계를 중심으로 파악 3. 에니어그램 성격유형별 행동 특징, 교재에 나온 성격유형별 행동 특징 중 사회성, 교류방식, 성적(애착) 태도 항목에 밑줄 긋고 구체적 사례를 탐색한다. 4. 5분 명상을 하고 명상일지를 작성한다. 5. 소감 나누기 및 실천과제

I. 대인관계 탐색

〈활동1〉 과제 나누기 및 지난주 경험 나누기

〈활동2〉 대인관계 파악

　1. 사회성

　2. 교류방식

　1) 나의 의사소통 방식은 어떠한가? 수평, 수직적 대화인가? 비판적이고 공격적인 태도인가? 순응하고 자신을 잘 표현할 수 없는 태도인가? 진지성이 결여된 산만한 대화인가? 아니면 너무 진지해서 경직되어 있는가?

　2) 나의 의사소통 방식에 대하여 가족이나 직장 동료의 의견을 진지하게 경청하여 보자.

　3) 성적(애착) 태도

　(1) 나의 애착 대상은 누구인가? 무엇을 원하며, 무엇을 거절당하였나?

　(2) 나의 사랑의 표현 방식은?

　(3) 애착 대상에 대한 방식은? 특히 애착을 맺으려는 방식은 무엇이며 상대가 원하는 방식인가?

〈활동3〉 에니어그램을 활동한 대인관계(사회성, 교류방식, 성적애착 태도) 파악

1. 성격유형별 행동 특징 자료를 활용하여 사회성, 교류방식, 성적애착 태도 중에 자신에게 해당하는 부분에 밑줄을 긋고 정리한다.

1) 사회성

2) 교류방식

3) 성적태도

II. 나의 대인관계 패턴과 특징

〈활동4〉 대인관계의 패턴과 특징

1. 나의 대인관계의 패턴과 특징은 무엇인가?

2. 대인관계에서 고통은 무엇이며 왜 그런 고통이 일어나는가?

〈활동5〉 명상 - image of mind

◆ 5분 명상

미해결된 과제를 5분 명상을 통해 바라보고 일상에서 실천할 수 있는 과제를 발견한다.

◆ 〈활동5〉 소감 나누기 및 실천과제 정하기

타인에 대한 부정적인 감정을 알아차리고 부정적인 감정에 휩쓸려서 다른 사람을 비난하고 판단하는 행동을 하지 않겠다. 예)

셋째 날, 자아개념 - 집착

* 활동 목표

- 현재의 과제를 중심으로 무엇을 자아라고 집착하는지 살펴본다.
- 성격 유형에 따른 자아집착이 일상에서 나타나는 방식을 탐색한다.
- 결국 자아란 감정, 생각, 갈망의 상호작용임을 구체적으로 알고 자신의 성격특성을 분명하게 파악하게 한다.

* 주요 내용

- 과제 및 경험 나누기
- 마음작동 모델
- 현재의 과제를 중심으로 무엇을 자아라고 집착하는지 살펴본다.
- 교재에서 감정, 생각, 갈망(욕구)에 밑줄 긋고 사례를 중심으로 탐색
- 명상으로 감정, 생각, 갈망과의 관계를 탐색/명상일지
- 소감 나누기 및 실천과제

Ⅰ. 자아집착 탐색

〈활동1〉 과제 및 지난주 경험 나누기

◆ 사례 밤중에 새끼줄을 밟았으면서 '뱀을 밟았다'라는 오류 인식으로 공포와 두려움을 경험한 경우

〈활동2〉 에니어그램을 활용한 자아집착(신념, 동기 ,감정) 형태 파악하기
- 교재를 읽고 공감한 부분을 중심으로 작성한다.

1) 느낌과 생각

2) 생각과 신념

3) 의지와 동기

〈활동3〉 구체적인 자아집착 행동 찾기
- 공감된 부분을 중심으로 본인의 일상에서 어떤 상황, 대인관계에서 위의 성격이 나타나는가를 구체적인 실례를 찾아보라. 구체적인 상황에서 행동을 하는지를 적어보자.

구분	구체적인 상황	주요 행동
감정		
생각		
갈망		

II. 나의 집착의 특징

〈활동4〉 경험 나누기, 무엇이 진정한 나인가?

- 자아집착에서 본인의 성격이 어떤 형태로 나타나는지 살펴보고 느낀 점을 나눈다.

- 여기서 무엇이 진정한 나인지를 질문한다.

〈활동5〉 명상 – image of mind

◈ 자아집착 – 감정, 생각, 갈망, 탐색

〈활동6〉 소감 나누기 및 실천과제

◈ 과제 – 명상일지 1주일 4개 이상 해오기

넷째 날, 어린 시절 경험 나누기

* 활동 목표

- 어린 시절의 경험을 성격유형별 어린 시절 경험과 비교한다.
- 대인관계에서 발견된 내담자의 성격적인 특징이 심리도식, 어린 시절의 어떤 경험과 연결되어 있는지를 파악한다.
- 어린 시절 부모와의 관계, 양육방식을 탐색하고, 그 과정에서 어떤 부분이 좌절되고, 성격형성에 영향을 주었는지를 파악한다.

*주요 내용

- 과제 및 경험 나누기
- 대인관계에서 발견된 성격적인 특징과 어린 시절 경험과의 관련성 파악
- 심리도식치료 이론과 어린 시절 경험을 바탕으로 고통의 원인 탐색
- 명상/ 명상일지
- 소감 나누기 및 실천과제

I. 어린 시절 경험

〈활동1〉 과제 및 지난주 경험 나누기

〈활동2〉 어린 시절 경험
  - 어린 시절 가족관계에서 여전히 내 삶에 영향을 끼친다고 생각되는 경험을 떠올려보자.

학령기 전	
초등시절	
중등	
고등	
청년기	

〈활동3〉 에니어그램을 활용한 어린 시절 파악하기
- 교재를 읽고 공감한 부분을 중심으로 작성한다.

- 연관된 사건과 그때 했던 행동은 무엇인가?

〈활동4〉 어린 시절 경험과 대인관계를 연결시키기
- 어린 시절에 경험된 감정과 공통된 현재에도 반복되는 행동이나 대인관계와 관련된 부분은 무엇이라고 생각하는가?

1) 현재에도 반복되는 감정, 혹은 행동은 무엇인가?

2) 어린 시절의 경험이 현재의 대인관계에 어떤 방식으로 영향을 주고 있는가?

〈활동5〉 명상- 이미지 떠올리기
- 어린 시절 경험을 중심으로 감정을 느껴보고, 현재의 행동과 연결시켜본다.

1) 어떤 영상을 떠올렸는가? 난 누구랑 어디에 있는가?

2) 느낌/ 감정

3) 어린 시절의 영상을 지우고, 가슴에서 느끼는 감정을 그대로 유지하면서 현재에도 여전히 그와 동일한 감정을 느끼는 상황을 떠올려보자. 어디에서 나는 지금 무엇을 하고 있는가?

4) 나는 이때 무엇을 느끼고 어떤 생각을 하고 있는가?

5) 나는 무엇을 원하고 있는가? 내가 했던 행동은 무엇이고, 그때는 하지 못했지만 하고 싶은 원하는 행동을 해 본다면 어떻게 할 것인가?

6) 이 명상을 통하여 새롭게 얻어진 것들과 나의 과제는 무엇이라고 보는가?

II. 어린 시절 경험, 심리도식과 관련된 고통의 원인 탐색

〈활동6〉 위의 활동에서 통찰 한 내용과 심리도식과의 관련성을 탐색

1) 각 심리도식이 형성에 영향을 끼친 어린 시절의 경험은 무엇이고 부모의 양육태도는 어떠했는가?

2) 각 심리도식이 촉발되는 현재의 생활 사건은 무엇이고 대인관계에 어떠한 영향을 미치는가?

3) 각 심리도식이 촉발될 때 앞으로 나의 과제는 무엇인가?

〈활동7〉 소감 나누기 및 실천과제 정하기

◆ 과제 – 명상일지 1주일 4개 이상 적어오기

다섯째 날, 성격역동

* 활동 목표

- 침체되고 건강하지 못하다고 느낄 때와 활력과 자신감을 회복한 때를 자각한다.
- 자신의 성격적인 위기와 변화를 알게 하여 적절하게 대응하는 힘을 갖게 한다.

* 주요 내용

- 과제 및 경험 나누기
- 성격역동 (위기상황에서 대응행동, 내적인 두려움과 반복되는 모순되는 감정 탐색하기
- 에니어그램 및 일상에서 나타나는 성격역동 탐색하기
- 내 성격의 빛과 그림자
- 명상 (두 개의 스크린 기법)/ 명상일지
- 성격적인 위기와 변화에 대응전략 세우기
- 소감 나누기 및 실천과제

Ⅰ. 성격역동

〈활동1〉 과제 및 지난 주 경험 나누기

〈활동2〉 위기 상황탐색

1. 힘들고 스스로 위기 상황이라고 느끼는 경우는 어떤 경우입니까?

2.자주 반복되는 감정은 무엇이고, 그것은 어떤 방식으로 나타납니까?

3. 그런 위기 상황에서 어떻게 행동합니까? 이를 테면 공격적이 됩니까? 아니면 회피를 합니까? 혹은 스스로 고립을 선택합니까?

4. 그런 행동을 하게 된 동기는 어디에 있다고 봅니까?

〈활동3〉 과제 및 지난주 경험 나누기

〈활동4〉 위기 상황탐색 에니어그램을 활용한 성격역동(대응, 위기, 모순) 탐색
- 교재를 읽고 공감한 부분을 정리한다.

1) 대응행동

2) 위기

3) 모순

〈활동5〉 구체적인 상황 찾기

-공감된 부분을 중심으로 본인의 일상에서 어떤 상황에서 위의 성격행동이 나타나는가를 구체적인 실례를 찾아보라. 구체적인 상황에서 어떤 행동을 하는지를 적어보자.

구분	구체적인 상황	주요 행동
대응행동		
위기		
모순		

II. 성격역동에 대응하는 힘 갖기

〈활동6〉 내 성격의 빛과 그림자

1) 내 성격 중에서 장점, 다른 사람에게 자부심을 느끼는 성격 5가지?

2) 1)번의 반대 쓰기

3) 그림자가 나타나는 상황 5가지?

〈활동7〉 명상- image of mind (두 개의 스크린 기법)

구분	침체	활력
떠오르는 장면		
감정을 일으키는 핵심적 요소		
감정		
생각		
갈망		
행동		
다시 한다면 행동		
객관적 관찰로 통찰한 내용		

〈활동8〉 나의 성격적인 위기와 변화에 적절하게 대응하는 전략을 세워보자.

〈활동9〉 소감 나누기 및 실천과제 정하기

◆ 과제 - 명상일지 1주일 4개 이상 적어오기

마지막 날, 문제해결에 이르는 길

* 활동 목표

- 문제가 된 상황에서 했던 행동을 정확하게 평가한다.
- 새로운 행동 수정 및 삶의 전반적으로 방향을 파악하여 일상에서 실천하는 기틀을 마련한다.

* 주요 내용

- 가족, 혹은 직장에서 갈등이 생길 때, 어떻게 행동했던가?
- 상황에 대한 그때의 대처 행동은 어떤 기대를 가지고 있었는가?
- 무엇으로 갈등하는가?
- 원하는 것이 무엇인가?
- 주고 (give) 받을 (take) 것은 ?
- 타협을 한다면, 어떻게 할 것인지 행동계획은?

I. 문제 해결에 이르는 길

〈활동1〉 과제 및 지난주 경험 나누기

〈활동2〉 행동평가- 좋은점, 나쁜점 파악하기/ 손익계산서 작성하기

1) 그때 나는 누구에게 무엇을 원했는가?

2) 그런 행동은 내가 원하는 것에 효과적이었다고 평가되는가?

3) 그때 행동은 어떤 장점과 손해가 있었다고 보는가?

〈활동3〉 대안모색과 행동계약서 작성하기

행동평가에서 실효성 없는 행동이라면, 다시 그런 상황에 봉착한다면, 할 수 있는 대처 행동에 대안을 마련하고 그것에 대한 행동계약서를 작성해보자.

1) 원하는 것을 성취할 수 있는 만족스런 대안은 없는가?

2) 현실적인 실천계획을 세워 본다면

3) 행동계약서 작성하기

4) 전체적인 소감 나누기

3. NLP 심리상담 (실습)

첫째 날, 참여 동기와 선호표상체계 검사 및 NLP 기초이론

* 활동 목표

- 참여 동기와 기본 인적사항을 파악한다.
- NLP 이론을 이해한다.
- 내담자 선호표상체계를 파악하여 친밀해지고 친숙해진다.

* 주요 내용

- 인적사항 및 참여 동기, 프로그램일정 오리엔테이션 및 서약서 작성, 규칙
정하기
- 계측 실습, 표상체계, 선호표상체계 검사 및 이야기
- 눈동자 접근 단서 실습, 상담 목표 결정 이야기 나누기
- 소감 나누기 및 NLP 이론 설명

1) 들어가면서

(1) 서약서 작성

서약서는 상담이 성립되기 위한 기본적인 약속을 말한다. 즉 정해진 시간을
잘 지키는 것은 상담이 효율적인 활동을 위한 기초가 됩니다. 어떤 규칙이
필요한 것일까요. 각자가 이 집단에 참여하면서 스스로에게 다짐하는 규칙
을 적어 보시길 바랍니다. 다음은 그 실례를 제시한 것입니다.

〈활동1〉 NLP 심리상담 동기 이야기 나누기

2) NLP(Neuro Linguistic Programming)의 기초이론

3) 우리는 어떻게 감정 상태와 행동을 만들어 내는가?

상태(State)

〈활동2〉 내담자 감정 변화

〈활동3〉 계측Calibration 실습

4. NLP(Neuro Linguistic Programming)의 표상체계

1) 표상Representation체계

2) 선호표상체계 Preference representation

〈활동4〉 선호표상체계 검사

▷ 선호표상체계 검사 채점

문제지의 답들을 문제별로 답의 순서에 따라 아래의 빈칸에 옮겨 쓰시오.

1	2	3	4	5	6	7	8	9	10
K ( )	A ( )	V ( )	A ( )	A ( )	K ( )	A ( )	V ( )	A ( )	V ( )
A ( )	V ( )	K ( )	D ( )	D ( )	V ( )	V ( )	A ( )	D ( )	A ( )
V ( )	D ( )	D ( )	K ( )	K ( )	A ( )	D ( )	D ( )	K ( )	K ( )
D ( )	K ( )	A ( )	V ( )	V ( )	D ( )	K ( )	K ( )	V ( )	D ( )

3) 각 기호에 해당하는 숫자를 각 문항별로 합하여 각 유형별로 합계점을 내고 꺾은 선 그래프를 만드시오.

	V	A	K	D
1				
2				
3				
4				
5				
6				
7				
8				
9				
10				
계				
	V	A	K	D

☞ 검산 V + A + K + D = 100   V: 시각, A: 청각, K: 촉각, D: 내부언어

〈NLP Practitioner Certification Training, 설기문, 2016〉

(1) 시각형(V)

(2) 청각형(A)

(3) 촉감형(K)

① 접촉 및 정서형

② 근육 및 움직임형

(4) 내부언어형(A^D)

〈활동5〉 선호표상체계 검사 이야기 나누기

5. 눈동자 접근 단서

V^C Visual Construct 구성시각	1. 몸의 반은 _____ 과 같고 나머지 반은 _____과 같은 _____을 상상해 볼 수 있나요? 2. _____이 _____으로 변해 가는 모습을 상상해 보세요. 3. ____ 꽃과 _____ 꽃을 합치면 어떤 꽃이 될까요?
V^R Visual Remembered 회상시각	1. _____의 모습은 어떠합니까? 2. _____의 색깔은 어떠합니까? 3. _____을 본 적이 있습니까?
A^C Auditory Constructed 구성청각	1. 당신은 _____의 소리가 _____ 소리로 변해 가는 소리를 듣는다면 어떨까요? 2. _____의 소리와 _____의 소리를 합성한다면 어떤 소리가 날까요? 3. _____의 소리와 _____의 소리를 동시에 듣는다면 어떤 소리가 날까요?
A^R Auditory Remembered 회상청각	1. _____의 소리를 기억할 수 있나요? 2. 전화로 _____의 목소리를 들으면 그를 알 수 있나요? 3. _____의 소리는 어떤 소리인지 설명해보세요.
K Kinesthetic(feelings) 신체감각	1. _____의 느낌을 떠올릴 수 있나요? 2. _____의 촉감은 어떠한 가요? 3. _____때의 느낌은 어떠할까요?
A^D Auditoy Digital 내부언어	1. 당신의 좌우명은 무엇인가요? 2. NLP란 어떤 것이라고 생각합니까? 3. 당신이 거절하기 어려운 상황에서 무슨 말로 그 거절할 수 있을까요? 4. 당신이 좋아하는 시 구절이 있다면 무엇인가요? 5. 최근의 유행가 중에 가사가 마음에 드는 노래의 가사내용은 무엇인가요?

〈활동 6〉 눈동자 접근 단서 실습

1. 3인 1조 (또는 4인 1조)가 되어 이상과 같은 질문을 하고 상대방의 눈동자의 움직임을 관찰해 보라.

2. 2인 1조 (또는 3인 1조)가 되어 약 3분 동안 자유로운 대화를 나누면서 상대방의 눈동자의 움직임을 관찰해 보라.

눈동자 움직임 유형표

◁ 나에게 보이는 상대방의 눈의 모습을 중심으로 ▷

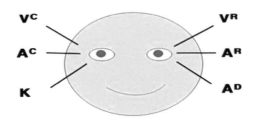

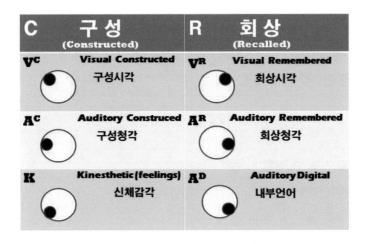

C	구 성 (Constructed)	R	회 상 (Recalled)
VC	Visual Constructed 구성시각	VR	Visual Remembered 회상시각
AC	Auditory Construced 구성청각	AR	Auditory Remembered 회상청각
K	Kinesthetic (feelings) 신체감각	AD	Auditory Digital 내부언어

〈활동7〉 상담 목표를 결정 이야기 나누기

〈활동8〉 소감 나누기 및 실천과제

◈ 과제 – 실습해오기 2개 이상 해오기

둘째 날, NLP 커뮤니케이션 모형 및 목표 설정

* 활동 목표

상담을 위한 기본적인 단계이며, NLP 커뮤니케이션 모형 및 목표 설정을 하여 자신의 진로를 설정한다.

* 주요 내용

1. 과제 및 지난 주 경험 나누기
2. NLP 커뮤니케이션 모형 이해, 라포 3요소 알기
3. NLP 목표 설정 및 발표
2. 소감 나누기 및 실천과제

<활동1> 과제 나누기 및 지난주 경험 나누기

1. NLP 커뮤니케이션 모형(Communication Model) 이해

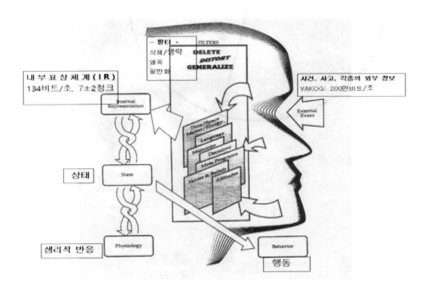

2. 라포 3요소

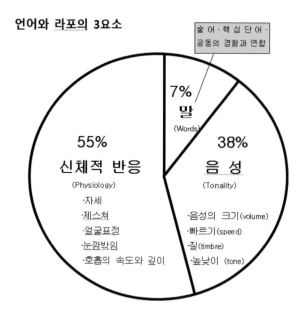

언어와 라포의 3요소

- 술어·핵심단어·공동의 경험과 연합
- 7% 말 (Words)
- 55% 신체적 반응 (Physiology)
  - ·자세
  - ·제스쳐
  - ·얼굴표정
  - ·눈깜박임
  - ·호흡의 속도와 깊이
- 38% 음성 (Tonality)
  - ·음성의 크기(volume)
  - ·빠르기(speed)
  - ·질(timbre)
  - ·높낮이 (tone)

〈활동3〉 NLP 목표 설정

1. 걸림돌과 디딤돌

번호	나의 걸림돌?	걸림돌 때문에...	걸림돌을 제거하려면...	기 타
1				
2				
3				

▷ 걸림돌 및 디딤돌? - 성장, 발달, 자아실현, 목표 달성 방해하는 성격, 행동, 습관

2. 목표 설정의 원리

(1) 목표 진술: 목표를 " ~을 하고 싶다"는 차원에서 구체적인 긍정문으로 진술하라.

(2) 현재 상황: 현재의 상황이 어떠한지를 진술하라.

(3) 결과 진술: 구체적인 결과 진술(성과: outcome)를 진술하라.

(4) 증거 제시: 구체적인 증거를 제시하라.

(5) 생태: 생태ecological에 합당한가? 목표달성 시에 얻는 것과 잃는 것은 무엇일까?

※ SMART의 원리

Simple & Specific – 구체성/ Measurable – 측정 가능성

Achievable – 성취 가능성/ Responsible – 책임성/ Timed – 시한성

〈활동4〉 목표 설정 및 발표

☞목표 설정 실습

① 목표 진술:

_____

_____

② 현재 상황:

_____

_____

③ 결과 진술:

_____

_____

④ 증거 제시:

_____

_____

⑤ 생태:

ⓐ 목표를 달성했을 때 얻는 것?

_____

_____

▷ 목표를 달성했을 때 잃는 것?

ⓑ 목표를 달성하면 어떤 일이 생길까?

_____

_____

ⓒ 목표를 달성하면 어떤 일이 생기지 않을까?

_____

_____

ⓓ 목표를 달성하지 않으면 어떤 일이 생길까?

_____

_____

ⓔ 목표를 달성하지 않으면 어떤 일이 생기지 않을까?

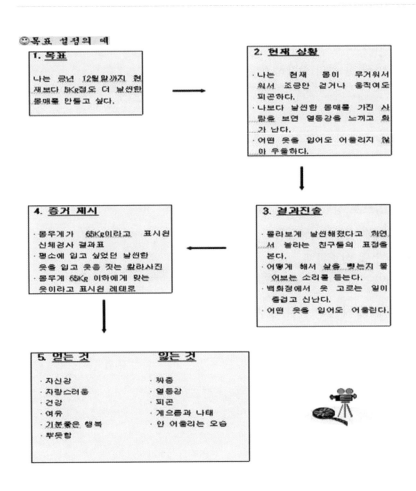

활동5〉 소감 나누기 및 실천과제

◈ 과제 – 실습해오기 2개 이상 해오기

셋째 날, 앵커링 기법 및 종속모형 관련 심리상담

* 활동 목표

- 앵커링 기법 이해하고 실습하기
- 앵커링 기법으로 심리 상담하기
- 종속모형 이해 및 심리 상담하기

* 주요 내용

- 과제 및 경험 나누기
- 앵커링 기법 이해 및 실습
- 앵커링 기법으로 상담
- 종속모형 이해 및 심리 상담하기
- 소감 나누기 및 실천과제

〈활동1〉 과제 및 지난주 경험 나누기

1. 앵커링 기법 이해

조건형성 이전

조건형성의 중간

조건형성 이후

항목	내용	비고
무엇이 보입니까? (시각)		
무엇이 들립니까? (청각)		
만지면 무슨 느낌입니까? (촉각)		
무슨 맛입니까? (미각)		
무슨 냄새가 납니까? (후각)		
활동 후 소감		

* 몸에 표시 했던 곳		* 표시한 방법	

☞ 몸에 스위치anchoring을 실행해 보고 자기 느낌이나 생각을 적어보자.

앵커링	누적 앵커링

2. 앵커링 응용 과정 실습

(1) 누적 앵커링stacking anchoring

(2) 우수성의 원〈활동3〉

☞ 우수성의 원(마법의 성)을 실행해 보고 자기 느낌이나 생각을 적어보자.

〈활동4〉 앵커링 기법으로 심리상담

1. 앵커링 혐오기법

왼손	오른손		

중독된 것(목표행동)	혐오스런 것(앵커)	
	①	

중독된 것( )		②	
전		③	
후		④	
		⑤	

▷ 앵커링 혐오기법 순

2. 알콜 중독 치유 사례(35살 직장인, 술중독, 우울, 자살, 트라우마 등)

3. 종속모형의 하위양식Submodality의 개념과 관련 기법

① 대조분석법 Contrastive Analysis

② 비교수정법 Comparison Amendatory

시각			청각			촉각		
상태 이름	우유	청국장	상태 이름	우유	청국장	상태 이름	우유	청국장
칼라/명암	하얀	황토색	소리 크기	약간 있다	지글 지글	온도	찬느낌	끓어오름
전체 크기	손바닥	뚝배기	고저	높다	높다	바라본 내 마음	긴장	흐뭇
위치와 거리	앞	밑	내,외부	내부	내부	무게	보고있다	냄새 맡다
정지/동영상	정지	끓어오름	소리 방향	오른쪽	오른쪽	첫 먼저 느낌	가슴답답	어머니 느낌
연합/분리	분리	연합						

〈활동5〉 하위양식 실습

시각			청각					
상태 이름			상태 이름			상태 이름	#4	#5
칼라/명암			소리 크기			온도		
전체 크기			고저			바라본 내 마음		
위치와 거리			내,외부			무게		
정지/동영상			소리 방향			첫 먼저 느낌		
연합/분리								

〈활동6〉 소감 나누기 및 실천과제

◆ 과제 – 실습해오기 2개 이상 해오기

넷째 날, NLP를 활용한 변화심리학 상담

* 활동 목표

- NLP와 변화심리학 상담 개념 이해
- DMERC 중 Define 단계 해결 주제와 방향은 무엇인가
- 소감 나누기 및 실천과제

* 주요 내용

- 변화심리학 개념 및 배경, 변화심리학 전제조건
- 내담자의 문제해결 PROCESS
- DMERC 중 Define 단계 해결 주제와 방향
- 소감 나누기 및 실천과제

〈활동1〉 과제 및 지난주 경험 나누기

1. NLP(Neuro Linguistic Programming)와 변화심리학

(1) 변화심리학의 개념

(2) 변화심리학의 배경

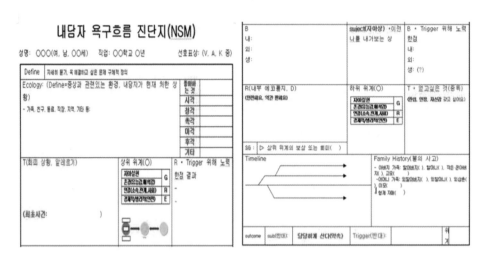

(3) 변화심리학의 전제조건

(4) 내담자의 문제해결 PROCESS

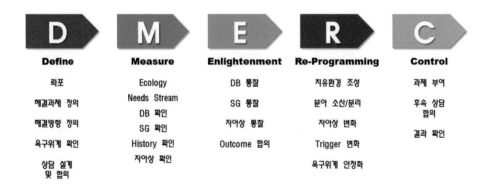

2. Define 단계 해결 주제와 방향 〈활동2〉

① 라포 형성
② 해결과제 정의
③ 해결 방향 정의
④ 욕구위계 확인
⑤ 상담 설계 및 확인

〈활동3〉 소감 나누기 및 실천과제

◆ 과제 – 실습해오기 2개 이상 해오기

다섯 번 째 날, Measure 단계 내담자의 상태를 측정 및 최면

* 활동 목표

> DMERC 중 Measure 단계 및 내담자 상태 측정하기
> - 최면 이해 및 상담 기법 실습하기
> - 소감 나누기 및 실천과제 하기

* 주요 내용

> - Measure 단계 내담자 상태 측정
> - 이중구속((Double Bind 이하 DB) 확인, History 확인, 자아상 확인
> - 최면 이해 및 각 유형별 최면 활용 상담
> - 소감 나누기 및 실천과제

〈활동1〉 과제 및 지난주 경험 나누기

1. Measure 단계 내담자의 상태를 측정

(1) 환경Ecology

(2) 욕구흐름Need Streem분석

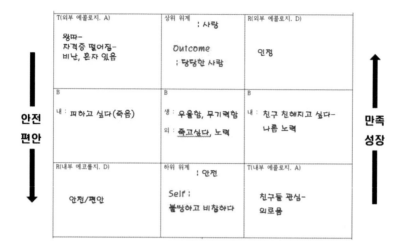

(3) 이중구속((Double Bind 이하 DB) 확인

(4) History 확인

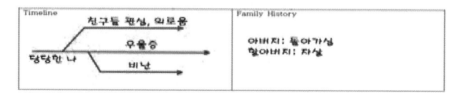

(5) 자아상 확인

2. 최면 이해 및 기법 활용한 상담사례 등

(1) 최면 이해

(2) 자기최면 6단계 〈활동2〉

단계	명칭	효과
1	팔이 무겁다	불면증 치료 가능
2	팔이 따뜻하다	신진대사 촉진으로 혈액 순환
3	심장이 평온하게 뛰고 있다	감정 조절 가능
4	호흡이 편안하다	몸 이완 피로 회복
5	단전이 따뜻하다	스트레스 감소, 마음 안정
6	이마가 시원하다	이성적, 판단력 증가

(3) 타인최면 6단계 〈활동3〉

단계	명칭	방법
1	최면 유도 시작	심호흡 3번, 눈 감기, 간접 및 직접 최면
2	각 신경 긴장 해소	근육 긴장 이완 및 내적 증대
3	신체 심상 창조	신체적 감각 이완 암시
4	최면상태 강화	숫자 10개에서 마음 속 이완 숫자 유도
5	목적 달성 암시	긍정적 정서 암시문 치유
6	최면에서 각성 유도	암시 후 암시 후 의식 상태 돌아옴

(4) 현대최면 데이브 엘먼(DaveElman) 인덕션 과정 〈활동4〉

데이브 엘먼은 현대최면의 선구자이다. 그는 무대 최면사催眠師로서 빠르게 최면을 유도하는 기법으로 유명하다.

단계	명칭	방법
1	눈꺼풀 붙이기	눈이 떠지지 못할 정도 눈 이완, 테스트하기
2	전신 이완	눈꺼풀처럼 이완 감각을 전신으로 퍼트리기
3	분활법	지시로 눈 깜박일 때마다 몸과 마음 2배씩 편해지기
4	신체 이완	팔을 떨어트리면 3배 더 깊고 편안한 상태되기
5	정신 이완	100부터 숫자 거꾸로 셀 때마다 몸과 마음의 힘이 빠져서 숫자가 떠오르지 않게 되기
6	치유 암시	목적 달성 치유 후 의식 상태 돌아오기

2. 최면 기법을 활용한 상담사례

〈활동5〉 소감 나누기 및 실천과제

◆ 과제 - 실습해오기 2개 이상 해오기

여섯번째 날, Enlightenment 단계 통찰 및 심리상담 기법

* 활동 목표

- DMERC 중 Enlightenment 단계 및 내담자 상태 측정하기
- NLP 심리상담 기법 이해 및 실습하기
- 소감 나누기 및 실천과제 하기

* 주요 내용

- Enlightenment 단계 이해
- NLP 심리상담 기법 이해 및 실습하기
- 액자 기법, 영화 기법, 고공에서 보기, 리소스플한 상태 재생
- 소감 나누기 및 실천과제

〈활동1〉 과제 및 지난주 경험 나누기

1. Enlightenment 단계 이해

통찰과 세부 변화 방향을 결정하는데, IR와 Trigger 상황 등 욕구실현의 부정적인 영향을 확인하며, 내담자와 합의하여 어떤 긍정적인 IR을 만들 것인지를 알아차리게 하는 단계이다.

(1) 이중구속(Duble Bind, 이하 DB) 통찰
(2) 이차적 이득(secondary gain, 이하 SB) 통찰

(3) 자아상 통찰

(4) 결과(Outcome) 합의

2. NLP 자주 사용되는 심리 기법

(1) 액자 기법(부정적인 것 지워버려요) 〈활동2〉

▷ 부정적(액자 기법)인 것 지워 버리기 위하여 다음을 따라 해보자.

항목	내용	비고
무엇이 보입니까? (시각)		
무엇이 들립니까? (청각)		
만지면 무슨 느낌입니까? (촉각)		
무슨 맛입니까? (미각)		
무슨 냄새가 납니까? (후각)		
활동 후 소감		

☞ '부정적인 것 지워 버려요'를 실행해 보고 자기 느낌이나 생각을 적어보자.

_____

_____

(2) 영화 기법(긍정적 시각으로 바꾸어요) 〈활동3〉

▷ 긍정적 시각(영화 기법)으로 바꾸기 위하여 다음을 따라 해보자.

항목	내용	비고
무엇이 보입니까? (시각)		
무엇이 들립니까? (청각)		
만지면 무슨 느낌입니까? (촉각)		
무슨 맛입니까? (미각)		
무슨 냄새가 납니까? (후각)		
활동 후 소감		

☞ 긍정적 시각(영화 기법) 바꾸기를 실행해 보고 자기 느낌이나 생각을 적어보자.

_____

_____

(3) 고공에서 보기(부정적인 것 멀리하고 싶어요) 〈활동4〉

▷ 부정적인 것 멀리하고 싶어요(고공에서 보기) 위하여 다음을 따라 해보자.

항목	내용	비고
무엇이 보입니까? (시각)		
무엇이 들립니까? (청각)		
만지면 무슨 느낌입니까? (촉각)		
무슨 맛입니까? (미각)		
무슨 냄새가 납니까? (후각)		
활동 후 소감		

☞ 부정적인 것 '멀리하고 싶어요'를 실행해 보고 자기 느낌이나 생각을 적어
보자.

_____

_____

(4) 리소스풀Resource pool한 상태 재생 〈활동5〉

▷ 최고의 기분 상태(리소스풀Resource pool한 상태, 아주 기쁠 때, 기분이 좋을
때, 그리고 어떤 일이 잘될 때의 상태)를 떠올리기 위해 다음을 따라 해보자.

항목	내용	비고
무엇이 보입니까? (시각)		
무엇이 들립니까? (청각)		
만지면 무슨 느낌입니까? (촉각)		
무슨 맛입니까? (미각)		
무슨 냄새가 납니까? (후각)		
활동 후 소감		

▷ 최고의 기분 상태를 떠올리며 느껴보고, 원할 때 이 감각을 느낄 수 있도록 꾸
준히 연습해 보자.

연습 일시①	연습 일시②	연습 일시③	연습 일시④	연습 일시⑤	연습 일시⑥

☞ 최고의 기분 상태를 떠올리기 상태(리소스풀Resource pool한 상태)를 알아보고 자기 느낌이나 생각을 적어보자.

_____

_____

_____

〈활동6〉 소감 나누기 및 실천과제

◆ 과제 – 실습해오기 2개 이상 해오기

일곱 번째 날, Re-programming 단계 내담자 변화 및 NLP 기법

* 활동 목표

- Re-programming 단계 이해하기
- 각종 NLP 심리기법 이해 및 실습
-소감 나누기 및 실천과제

* 주요 내용

- Re-programming 개념 이해
- 시간선 치료, 메타모형 Ⅲ, 스위시 패턴, 입장 바꾸기
- 소감 나누기 및 실천과제

〈활동1〉 과제 및 지난주 경험 나누기

1. Re-programming 단계 내담자 치유를 통한 변화

(1) 치유환경 조성

(2) 분아 소산 및 분리

(3) 자아상 변화

(4) 촉발요인(Trigger) 변화

(5) 욕구위계 안정화

2. 시간선 치료Time Line Therapy

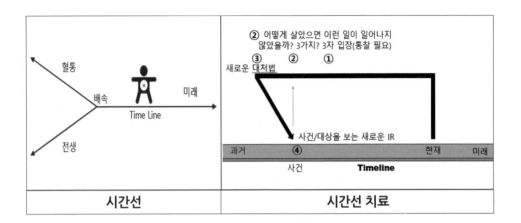

시간선	시간선 치료

▷ 시간선 치료의 특징

▷ 시간선 치료 절차 〈활동2〉

  (1) 해결할 과제 찾기

  (2) 시간선 찾기

  (3) 최초 사건 알아내기

  (4) 교훈 찾기

  (5) 최초 사건 분리하기

  (6) 재경험

  (7) 미래 확인

▷ 다음은 시간선 치료 심리상담 과정 예(친구 관계 및 자신감 향상)

3. 메타모형 Ⅲ 질문법 〈활동3〉

특정한 결과를 얻기 위한 의도적 질문법으로 문제를 해결하는 것이다.

① 절대로 진지하게 하라. (웃음과 농담 배제)

② 어떤 설명도 하지 말고 질문만 하라.

③ 원하는 답을 얻을 때까지 질문을 반복하라.

④ 원하는 답을 얻게 되면 다음 질문으로 넘어가라.

⑤ 문제가 되면 다시 되돌아오라.

⑥ 내담자 자신에게 문제의 원인이 있고 자신에게 해결의 답이 있음을 깨닫게 하라.

▷ 질문 시작

1. 무엇이 문제죠?

2. 무엇이 그 문제를 일으켰죠?

3. 당신은 어떻게 그 문제를 해결하지 못했죠?

4. 당신은 어떻게 그 문제에 대한 해결책을 찾아낼 수 있죠?

▷ 뒤집기

5. 당신을 무엇을 바꾸고 싶죠?

6. 당신은 언제 그 문제를 멈추세요?

7. 얼마나 많은 방식으로 당신이 그 문제를 해결했음을 알 수 있죠?

8. 저는 당신이 변화하고 있으며 또 사물을 다르게 보고 있다는 것을 압니다.

▷ 확인

모든 문제는 내 마음속의 표상에서 출발하였다는 것을 느끼도록 유도하는 것이다. 앞뒤 질문에 논리가 맞지 않더라도 질문의 의미나 글자를 바꾸면 다른 의도로 가기 때문에 주의한다.

4. 스위시 패턴(안 좋은 생각, 좋은 생각과 바꾸어요) 〈활동4〉

▷ 스위시 패턴은 휘익! 소리와 함께 안 좋은 생각, 좋은 생각과 바꾸기 위하여 다음을 따라 해보자.

항목	내용	비고
무엇이 보입니까? (시각)		
무엇이 들립니까? (청각)		
만지면 무슨 느낌입니까? (촉각)		
무슨 맛입니까? (미각)		
무슨 냄새가 납니까? (후각)		
활동 후 소감		

* 안 좋은 생각 상		* 좋은 생각 상	

☞ 스위시 패턴 휘익! 을 실행해 보고 자기 느낌이나 생각을 적어보자.

5. 입장 바꾸기(상대방 입장이 되어보겠어요) 〈활동5〉

▷ 상대방 친구 입장(입장 바꾸기)이 되어 상대방을 알아보자.

☞ 상대방 입장이 되어보고 자기 느낌이나 생각을 적어보자.

_____

_____

〈활동6〉 소감 나누기 및 실천과제

◆ 과제 – 실습해오기 2개 이상 해오기

여덟번째 날, 상담 후 관리하는 Control 단계 및 불안 순간 해소 기법

* 활동 목표

- Control 단계 개념 이해하기
- 불안 순간 해소기법 알기
- 소감 나누기 및 실천 과제

* 주요 내용

- Control 단계 개념 이해
- 불안 순간 해소 기법 EFT, 죔죔기법
- 불안 10분 안에 불안 퇴치 비법
- 소감 나누기, 실천과제 및 마무리

〈활동1〉 과제 및 지난주 경험나누기

1. 상담 후 관리하는 Control 단계 〈활동2〉

(1) 과제 부여
(2) 후속 상담 협의

▷ 변화심리학 5단계 DMERC 상담 사례 예시 (Needs Streem Map 작성)

우울증 해결 사례

1. 학생 상태 : <u>바리스터자격증</u> 떨어짐, 계속 우울, 죽고 싶음, 무기력함

2. 시작 원인 :

   초 4년, 친구들의 이유 없는 따돌림, 선생님은 잘 지내라는 말 뿐, 엄마에게 별 생각이 없는 애라고 말함, 상처 받기 싫어서 혼자 있음

3. 심한 정도 : 우울하고 죽고 싶은 강도 8

4. 자아상 : 불쌍하고 비참함

5. 상담목표 : 사람 속에서 당당한 삶, 비참하다는 마음 바꾸기

6. 방향설정;

   ① 사람을 피하지 않고 사람 속으로 들어가기

   ② 사람의 비난과 두려운 마음 버리기(그래야 인정과 보상 받음)

   ③ 당당해 지기(강해지고 자신감 있게) 약속하고 시작

7. 마음의 분아 치료

   센 애들 피하고 싶은 분아로 시작

   분아 찾기(가슴 가운데, 붉은 색, <u>주먹크기</u>, 연기 덩어리 모양) → 존재의 이유(<u>내담자를</u> 비꼬기 위해, 자책) → 비꼼의 이득 찾기(강해질 수가 있음) → 반대급부(<u>약한마음 분아확인</u>, 머리 위 딱딱한 청록색, 웅크리고 힘들어 하는 모습, 자책) → 존재의 이유(내담자가 센 애들로부터 당하지 않음) → 대화 하기(센 애들을 두려워 하지 않기로 약속했다-<u>회피욕구</u>) 당당하게 살 수 있도록 해주라 부탁(인정욕구) → 작별 의식(분아와 작별)

8. 자아상 변화(<u>시간선</u> 치료)

   트라우마 치료

   최초사건 확인(초4학년 왕따) → 공중분리 → 교훈 및 해법 찾기(겁먹지 않고 당당해짐, 자신은 원래 당당했다는 것을 깨달음) → 시간 분리(사건 1년전부터 교훈을 갖고 1년을 삶) → 앵커링(당당함, 더 용기, 우주 공기 더함, 주먹 쥐고 파이팅) → 사건 재 경험(장면 변화, 친구들과 즐겁게 놀고 있음) → 현 사건 재경험(자격증 떨어진 시험, 다시 하면 될 것)

   미래 보기

   4년 후 모습(대학 교수님 칭찬) → 친구들과 함께 있는 장면(기분이 좋음) → 우울한 마음 존재 확인(지금 우울하고 죽고 싶은 마음 없다) → 자살충동 확인(죽으면 안돼요, 저는 해야 할 일이 많아요)

   ※ 상상만으로 감정, 얼굴 빛 달라짐, 부정적 자아상은 <u>근거없는</u> 망상

   ☞ 멋진 망상을 하라 당당함을 즐겨라

⟨출처: 구속된 마음 자유를 상상하다. 2018. 신대정⟩

Needs Streem Map

T(외부 에콜로지. A)	상위 위계 : 사랑	R(외부 에콜로지. D)
왕따- 자격증 떨어짐- 비난, 혼자 있음	Outcome : 당당한 사람	인정
B 내 : 피하고 싶다 (죽음)	B 생 : 우울함, 무기력함 외 : 죽고싶다, 노력	B 내 : 친구 친해지고 싶다- 나름 노력
R(내부 에콜로지. D)	하위 위계 : 안전	T(내부 에콜로지. A)
안전/편안	Self : 불쌍하고 비참하다	친구들 관심- 외로움

안전 편안 (왼쪽 아래 화살표) / 만족 성장 (오른쪽 위 화살표)

이중구속 상황

비난
(혼자 있음) — 보호 안전 → 우울증, 무기력 ← 보상 사랑 — 친구들의 관심, 인정 외로움

회피 욕구 / 현재상태 / 보상 욕구

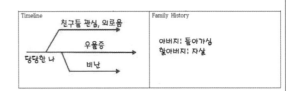

Timeline	Family History
친구들 관심, 외로움 당당한 나 — 우울증 — 비난	아버지 : 돌아가심 할아버지 : 자살

2. 불안 순간 해소 기법

(1) EFT(Emotional Freedom Techniques) 기법 〈활동3〉

(2) 쥠쥠기법 〈활동4〉

(3) 10분 불안 퇴치 비법 〈활동5〉

　① 좌우 대뇌반구 자극

　② 주변 시야

　③ 반대 방향 회전

　④ 다이얼 돌리기

〈활동6〉 소감 나누기 및 실천과제

〈활동7〉 회기를 마치며 소감 나누기

명상치유상담논문

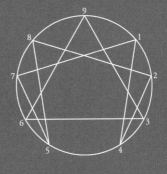

자아초월성이 중년의 삶과 죽음태도에 미치는 영향

Effects of self-transcendence on middle-aged life and death attitude

Yong-Soo Hyun[1], Mi-suk Jeong[2]

요약

연구는 40대 이상 중년을 대상으로 자아초월성, 심리적 안녕, 삶의 태도, 죽음태도에 대한 차이를 알아보고자 하였다. 이를 위해 경기 수원 소재 6차 산업대학 평생교육원에서 253명을 대상으로 설문지를 실시하였다. 자아초월성과 심리적 안녕이 중년기 삶의 태도와 죽음태도에 미치는 영향에 관하여 연구하였다. 구체적으로, 삶과 죽음태도에 긍정과 부정 정서와 우울감, 노화불안, 자아존중감, 생활만족도를 예측 변인으로 측정하였다. 또한 준거변인으로 삶의 가치로 측정하기 위해 자기행복감, 자기통합감도 측정하였다. 마지막으로 실존적 공포를 의미하는 죽음의 수용 정도를 죽음태도로 측정하였다. 연구 가설을 검증하기 위해 Spss23.0를 이용하여 기술통계, 상관분석, 단순회귀분석을 실시하였다. 그 결과 자아초월성을 대표하는 변인들이 심리적 안녕(긍정과 부정 정서와 우울감, 노화불안, 자아존중감, 생활만족도), 삶의 가치, 자기행복감, 자기통합감, 죽음의 수용 정도 등 실존적인 문제에 미치는 영향으로 참여자들의 자아초월성은 보통 수준이었으며, 심리적 안녕에서의 긍정과 부정 정서 역시 보통 수준으로 나타났다. 우울감은 가장 낮은 것으로 나타났다. 노화불안은 미래에 대한 불확실과 불안으로 보통 수준이었다. 자아존중감도

1) (Professor) 29159 Chairman of the Korea Forest Culture Association, 60, Hyuyangnim-gil, Yonghwa-myeon, Yeongdong-gun, Chungcheongbuk-do, Korea
email: dojeon1@hanmail.net
2) (Professor) 02838 Oriental Cultural Graduate University, Seongbuk-gu, Seoul, Korea
email: ayurveda16@naver.com

보통 수준이었으나 자아초월성보다는 다소 낮았다. 생활만족도도 보통 수준이었다. 또한, 삶의 태도에서의 자기행복감과 자기통합감이 다소 더 중요하게 생각하는 경향으로 나타났으며 죽음태도에서의 죽음의 수용 정도도 보통 수준으로 나타났다. 자아초월성의 경우, 우울감, 노화불안은 서로 간에 조금의 차이는 있었다. 삶의 가치에는 전반적으로 부적인 영향을 미쳤고 자아초월적인 삶의 가치에서는 정적인 영향을 미치는 것으로 나타났다. 반면에 자아초월성은 죽음의 수용 정도에는 긍정적 영향을 줌으로써 자아초월적인 사람일수록 실존적인 불안과 공포가 덜 하는 것으로 나타났다. 본 연구에서 사용한 개념으로 자아초월은 생로병사의 고되고 힘든 현실 속에서 인간의 나이들어감보다 성장함에 중점을 두고 인간으로서 갖는 나약함에 대한 자기 수용 정도를 통해 타인의 나약함을 포용함으로써 궁극적 사고로 자신을 넘어선 새로운 존재와 연결을 경험하는 것, 즉 자기의 경계를 넓히고 초월하는 것이 중년이 삶과 죽음태도에 대한 핵심일 수 있다.

핵심어 : 자아초월성, 심리적 안녕, 삶의 태도, 죽음태도, 중년

1. 서론

오늘날 과학기술과 의학의 발전으로 경제적 성장뿐만 아니라 사회 환경에 변화를 가져왔다. 이로 인하여 인간의 수명 또한 연장되었다. 2020년 통계청 자료에 의하면 2009년 80세, 2010년 80.2세, 2011년 80.6세, 2012년 80.9세, 2013년 81.4세, 2014년 81.8세, 2015년 82.1세, 2016년 82.4세, 2017세 82.7세, 2018년 82.7세 그리고 2019년 83.3세로 지속적으로 증가하고 있음을 알 수 있다[1].

2020년에 보고에 따르면 60세 이상의 노인 인구는 16.7%로써 현재 고령 사회에 접어들었으며 2025년에는 30%를 넘게 될 것으로 전망됨에 따라 초고령사회가 될 것이다[2]. 즉, 고령 인구의 증가로 인하여 전 세계적으로 초고령화가 진행되고 있는 것은 사회적 현상이라 할 수 있다. 이와 관련하여 세계보건기구(Who Health Organization)와 영국 임페리얼칼리지 런던이 35개국 경제협력개발기구(Organization for Economic Cooperation and Development) 회원국을 대상으로 분석한 연구결과에 의하면 2030년에 태어나는 한국 여성의 기대수명은 90.82세, 한국 남성의 기대수명은 84.07세로 남녀 모두 세계 1위를 차지했으며, 35개국 OECD 회원국 중 기대수명이 90세 이상인 집단은 한국 여성이 유일하였다[3].

기대수명의 연장은 우리 사회의 인구 비율에도 영향을 미치고 있다. 미국 워싱턴대학 의과대학 산하 보건계량분석연구소의 연구보고서에 의하면 전 세계적으로 출산율은 떨어지는 것에 반해 기대수명은 증가하여 노인 기준 연령으로 삼는 65세 이상 인구는 23억 7000만 명으로 증가해 전 세계 인구의 25%를 차지할 것이라고 설명했다. 특히 한국의 고령화 속도는 세계 1위로 가까운 일본의 경우 초고령사회[62]에 진입까지 11년, 미국은 18년, 프랑스는 39년, 영국은 53년 걸린 것에 반해 한국의 경우 불과 9년 만에 초고령사회에 진입하게 될 것으로 예측하고 있다[3].

　인간의 노화는 자연스러운 현상으로 피해 갈 수 없는 생의 한 과정인 것이다. 그렇다고 노화에 대한 경험이 모든 사람에게 동일한 것은 아니다[4]. 노인들은 누구나 정신적, 신체적으로 건강을 유지하고 살면서 노년의 발달과업을 성취하여 노화를 성공적으로 이룰 수 있기를 바라지만[5] 많은 노년이 겪는 노화와 관련된 변화로 절망감, 낮은 안녕감, 우울을 경험하게 되는 것이 현실이다. 노화 과정이 진행되면서 나타날 수 있는 미래에 대한 두려움이나 불안, 걱정을 노화불안이라고 하며 이것은 심리적, 신체, 사회, 초월적인 다차원적 측면을 포함한다[6].

　고령화 사회가 대두되고 다양한 건강 문제를 경험함과 동시에 정신적인 문제에도 도달하게 되다 보니 성공적인 노화를 이루는 것에 대한 관심이 커졌다. 성공적 노화의 개념화는 초기 단계에는 삶에 생산적으로 참여할 수 있도록 정상적 신체기능과 장애와 질병에 노출되지 않고 인지기능을 유지할 수 있는 한편, 적극적인 삶을 유지하도록 하는 것으로 정의하였다[7]. 그러나 이러한 정의는 사회경제적인 혜택에서 소외되거나 활동 장애와 만성질환을 앓고 있는 노인들의 노화를 성공적으로 이룰 수 있는 설명을 하기에는 매우 제한적이다. 따라서 노화를 성공적으로 이루기 위해서는 새로운 관점과 다양한 시각이 필요한 것으로 인식되었다[8].

---

62)　UN이 제시한 기준에 의하면 65세 이상 노인이 전체 인구에 차지하는 비율이 4% 미만인 경우에는 '청년기 사회(Youth society)', 4% 이상 7% 미만인 경우에는 '장년기 사회(Middle aged society)', 7% 이상 14% 미만인 경우에는 '고령화 사회(Ageing society)', 14% 이상 21% 미만인 경우에는 '고령화 사회(Aged society)', 20% 이상인 경우에는 '초고령 사회(Post-aged society)'로 정의하고 있다.

Flood[9]는 자아초월이 노화를 성공적으로 이룰 수 있는 요인과 관련이 있는 것으로 설명함으로써 자아초월이 노화를 성공적으로 이루기 위한 매우 중요한 요인인 것으로 강조되었으며 Reed[10]는 자아초월에 대한 중 범위 이론을 개발하였다. 이 이론에서 자아초월은 내적 경계, 대인관계의 경계, 초월 경계, 일시적 경계를 확장에 나가는 것으로 설명할 수 있다. 즉, 인생의 의미를 발견하고 수용, 자연과 타인과의 연결, 절대자와의 교감과 명상으로 목적에 도달하는 것과 자신의 미래와 과거를 현재로 통합하는 역동적 과정으로 설명되었다. 이러한 여러 요인들 중에서 영성이 자아초월의 핵심이 되는 것으로 강조하였다.

한편, MaCarthy[11]는 자아초월에 대한 개념분석을 자기성찰, 다양한 관계, 영성, 명상과 사색 등 다섯 가지 영역을 도출하였다. 특히 영성은 절대자와의 교감 및 일체감, 내적 평화와 수용, 성스러움 등의 속성을 포함하였으며 자기성찰은 자아초월을 자기중심에서 전환, 자아통합감, 초월로의 전환 등의 속성이 된다. 또한, 관계의 속성은 타인에 대한 연결감과 수용, 관대함과 이타성, 사회적 역할과 기대에 대한 관심을 철회하며 가치 대상과 활동에 대한 집중으로 본다. 창의성은 자아에 대한 충만감, 표현, 생산적 참여, 자아초월의 목적의식 등인 것으로 제시된다. 마지막으로 명상과 사색을 합리적 관점으로부터 무한한 관점으로의 전환, 우주와의 일체감, 생의 순환에 대한 지각 등의 속성이 요인들로 설명되었다.

이러한 MaCarthy[[11]의 자기초월 개념분석 결과를 바탕으로 자아초월 심리증진 프로그램이 개발되었다[12]. 즉, 자아초월에 대한 개념분석 결과 초월에 대한 다섯 가지 영역(명상, 창의성, 성찰, 관계, 영성), 그리고 요인들을 향상 및 증진시킬 수 있는 선행연구들이 제시되었는데 이러한 결과를 기반으로 자아초월 심리증진 프로그램의 내용이 구성되었다. 한편, 선행연구를 근거로 자아초월이 노화를 성공적으로 이루기 위한 중요한 메커니즘인 것으로 제시되었으나 자아초월을 노인층 대상으로 신체와 정신적 상태 인지기능 등을 다양한 차원에서 교육과 훈련을 진행한다면 새로운 지식과 태도로 생활만족도를 높일 수는 있으나 이를 습득하기에는 다소 어려움이 있을 수 있다. 이러한 이유로 심리 중재를 극대화하기 위한 제한이 될 수 있을 것으로 판단되었다. 또한, 노화를 성공적으로 이루기 위해서는 노화에 대한 인식과 태도의 긍정적인 전환을 노년기뿐만 아니라 중년기부터 준비하고 노력이 필요하며 노화에 대한 불안과 공포, 두려움과 같은 부정적인 생각들을 자연스럽게 긍정적 생각으로 변화가 필요하다.

앞에서 살펴본 선행연구들에서 제시된 자기초월의 다섯 가지 영역(명상, 창의성, 성찰, 관계, 영성)과 요인들을 통해 볼 때 자기초월 중재 프로그램은 사회, 문화적 배경을 고려하여 내용이 구성되어야 할 것이다. 즉, 자기초월 심리증진 프로그램을 참여대상자에게 적용하기 위해서는 자기초월 영역(창의성, 자기성찰, 사색 및 명상, 영성 관계)의 그룹 과정이나 활동에 있어 우리나라의 정서, 문화, 사회적 배경을 반영할 필요가 있는 것으로 인식되었다. 지금까지 연구들을 살펴볼 때 자아초월 심리증진 프로그램은 노년기를 앞둔 중년기 남녀들을 대상으로 적용하여 자아초월감을 증진시키도록 돕는다면 자아초월감을 높일 수 있는 것은 물론, 노화에 대한 불안을 감소시키고, 심리적 안녕감과 자아통합감을 높일 것으로 사료되었다. 인간은 자기에 대한 개념을 통해 세상과 관계를 맺는 존재이다. 그래서 자기개념이 불안정하거나 불명확할 때 또는 왜곡되어 있을 때 세상과 건강하게 교류하기가 어렵다. 그래서 자기에 대한 건강한 존중이 필요하지만, 자기에 대한 존중을 바탕으로 타인을 이해하고 서로가 연결된 존재임을 인식하는 것까지 자기개념이 확장될 필요가 있다. 그렇지 않으면 자아존중감이 특권의식이나 자기애와 같은 부정적인 효과로 나타날 수 있기 때문이다. 하지만 기존 연구들은 자아존중감을 만능으로 인식하는 경향이 강해서, 자기 이외의 존재와 연결감을 느끼고 자기를 확장하는 자기초월성에 대한 관심과 인식이 저조했다.

자기초월적 가치관과 태도는 학문적으로 의미가 있을 뿐만 아니라 사회문화적으로도 의미가 클 수 있다. 사회적 동물인 인간은 자기 혼자만의 힘으로 살아가기 어렵기 때문에 자신과 타인을 연결시키고 공동체 안에서 자기의 삶을 조화롭게 영위해 갈 때 개인과 사회 모두 건강한 행복을 누릴 수 있다. 이러한 입장에서, 본 연구는 기존의 자기(self)의 연구를 확장하여 자아존중감을 중심으로 자기중심성과 자기초월성의 개념적 특성을 알아보고, 이들이 삶과 죽음태도에 미치는 영향을 비교 분석함으로써 심리학적으로는 확장된 자기 개념을 소개 및 설명하고, 현실적으로는 이를 통해 한국 사회에 필요한 점들을 살펴보고자 한다.

2. 연구 방법

1) 연구 절차

본 연구는 40대 이상 중년을 대상으로 심리적 안녕, 삶의 태도, 죽음태도에 대한 차이를 알아보고자 하였다. 이를 위해 문헌 고찰을 통하여 9가지의 측정 변인(긍정과 부정 정서, 우울감, 노화불안, 자아존중감, 생활만족도, 자기행복감, 자기통합감)을 측정하기 위한 설문을 구성하였다.

자료수집은 2022년 4월부터 2022년 7월까지 이루어졌으며 연구의 목적에 대한 설명과 자율적 참여를 할 수 있다는 것을 설명하고 동의를 받아 진행하였다. 40대 이상 중년을 대상으로 경기도 수원 소재 6차산업대학 평생교육원에서 자아초월 심리증진 프로그램을 진행한 뒤 자기기입식 설문으로 진행하여 수집하였다. 수집된 자료를 Spss 23.0을 통하여 분석하였으며 연구 문제의 검증은 기술적 통계, 측정 변인 간의 상관관계, 단순회귀분석을 실시하였다.

2) 연구 대상

본 연구에 참여한 인원은 총 253명으로 남성 109명(43%), 여성 144명(57%)로 여성의 비율이 남성의 비율보다 좀 더 높았다.

연령대는 40대 112명(44%), 50대 이상 141명(56%)이었다. 학력은 고졸 이하 89명(35.2%), 전문대졸 114명(45.1%), 대졸 33명(13%), 대학원 졸 17명(6.7%)이었다. 직업은 기타 74명(29.3%)으로 가장 많았고, 나머지는 사무직 52명(20.6%), 기술직 37명(15%), 판매/서비스 12명(4.7%), 전문직 26명(10.3%), 가정주부 51명(20.1%)으로 그 수가 비슷했다.

종교는 무교가 117명(46.2%)로 가장 많았고, 개신교가 68명(26.9%)으로 두 번째인 것으로 나타났다.

또한, 불교 34명(13.4%), 천주교 28명(11%), 기타 6명(2.4%)이었다. 월 소득 수준으로는 200만원 미만 56명(22%), 200만원 이상 400만원 미만 91명(36%), 400만원 이상 106명(42%)이었다 [Table 1].

[Table 1] Demographic characteristics of study subjects   (N=253, %)

Characteristics	categories	N	%
Gender	Male	109	43
	Female	144	57
Age	40	112	44
	Over 50	141	56
Final education	High school graduate or less	89	35.2
	junior college graduation	114	45.1
	College graduate	33	13
	University graduate	17	6.7
Job	office worker	52	20.6
	Engineering, professional	37	15
	Sales/Service	12	4.7
	profession	26	10.3
	Housewife	51	20.1
	Etc	74	29.3
Religion	Christianity	68	26
	buddhism	34	13.4
	Catholic	28	11.1
	shamanism	117	46.2
	No religion	6	2.4
Monthly income	Less than 2 million won	56	22
	Less than 2 million won and less than 4 million won	91	36
	Over 4 million won	106	42

3) 측정도구

(1) 자아초월(Self-transcendence)

Reed(1991)[10]가 개발한 Self-Transcendence Scale(STS)을 Kim 등 (2012)이 번역하고 신뢰도와 타당도를 검정한 한국판 STS-K를 사용하였다. 한국판 STS(Kim, et al., 2012)는 번역 및 역 번역의 과정을 통해 번역 타당도를 검증하였으며 요인분석을 통해 구성 타당도를 검증한 결과 적합한 것으로 제시되었다. 또한, 한국판에서의 도구 신뢰도 역시 Cronbach's α=.00으로 양호한 편이었다. 점수가 높을수록 자아초월감이 높음을 의미하며 Reed(1991)에 의해 산출 도구의 신뢰도는 Cronbach's α=.00이었다. 본 연구를 통하여 산출된 신뢰도 계수는 Cronbach's α=.00이다.

(2) 긍정과 부정 정서(positive and negative emotions)

Philadelphia Geriatric Center for Morale Scale(이하 PGCMS)(Lawton, 1975; Liang & Bollen, 1983)를 한국어로 번역하여 번역 타당도(번역 및 역번역 과정)를 검정한 한국판 PGCMS(Ryu, et al., 2012)를 사용하였다. 한국판 PGCMS의 타당도는 요인 분석으로 기준타당도와 구성타당도를 통해 검정되었으며 신뢰도는 Cronbach's α=.79이었다.

(3) 우울감(Depression)

대학생의 우울감을 알아보기 위해 Beck이 제작한 BDI(Beck Depression Inventory)를 한홍무 등(1986)이 번안하여 한국판으로 표준화한 것을 사용하고자 한다. 우울은 Radloff(1977)의 CES-D(The Center for Epidemiological Studies Depression Scale) 중 '성가시지 않았던 일들이 귀찮게 느껴진다', '식욕이 떨어졌다', '일에 전념하기 힘들다', '편안히 잠을 자기 힘들다', '외

롭다고 느껴진다' 등 선행연구들에서 많이 사용된 12문항을 사용하였는데 Cronbach's α계수는 .90이었다. 각 문항은 증상 및 태도의 범주로 구분하는데, 슬픔, 비판, 좌절감, 불만, 죄책감, 자기증오, 자기비난, 자살사고, 울음, 초조감, 위축감, 우유부단, 자아상, 작업부전, 불면, 피로, 식욕저하, 제충감소, 건강염려, 성욕감퇴 등 정서적, 동기적, 인지적, 신체적 증상의 정도를 측정하도록 되어있다. 이 척도의 점수에서 1~9점까지는 정상으로, 10~15점까지는 가벼운 우울상태, 16~23점까지는 중한 우울상태, 24~63점까지는 심한 우울상태로 간주된다. 이경희(2011)의 연구에서 신뢰도는 Cronbach's α는 .91이었다.

(4) 노화불안(Aging anxiety)

중년기 노화불안 측정도구(Lee & You, 2019)는 탐색적 요인 분석을 통해 구성타당도를 검정하였으며 다속성-다문항 매트릭스(multitrait-multi-item matrix) 분석을 통해 수렴타당도 및 변별타당도를 검정하였고 그외 기준타당도도 검정하였다. 도구의 신뢰도는 Cronbach's alpha=.00이었다. 점수가 높을수록 중년기의 노화불안 정도가 높음을 의미한다.

(5) 자아존중감(self-esteem)

자아존중감(self-esteem)은 Rosenberg(1965)가 개발하고 조영선(2016)이 번안한 자아존중감 척도(RSES: Rosenberg's Self-esteem Scale)를 사용하였다. 총 10문항으로 5점 Likert 척도로 응답하도록 되어 있다. '대체로 나는 나자신에 대하여 만족한다.', '나는 많은 장점을 가지고 있다.', '나는 다른 사람들만큼 잘 해낼 수 있다.' 등의 긍정적인 측면을 측정하는 문항과 '때때로 나는 구제불능이라고 생각이 든다.', '나는 나 자신이 별로 자랑스러울 것이 없다고 느낀다.' 등과 같이 부정적인 측면을 측정하는 문항으로 구성되어 있다.

이 중 부정적인 문항은 역채점하여 합산하였으며, 총점이 클수록 자아존중감이 높은 것으로 해석하였다. 본 연구에서는 전체 문항을 모두 사용하였으며 신뢰도 Cronbach's α가 .84이었다.

(6) 생활만족도(life satisfaction)

Schwartz(1994)가 개발한 가치척도(SVS: Schwartz Value Survey)를 김연신과 최한나(2009)가 번안한 척도를 사용하였으며 생활만족도, 건강 만족, 경제상태 만족, 자녀와의 관계 만족, 여가생활 만족, 이웃 및 주변 환경 만족, 현재 나의 위치와 역할 만족, 친·인척 관계 만족, 지금까지 살아온 인생에 대한 만족 등 9개 문항으로 구성하였는데, Cronbach's α계수는 .85였다.

(7) 자기행복감(self-happiness)

행복은 Peterson, Park, 그리고 Seligman(2005)이 개발한 행복 척도(Orientations to Happiness Measure)를 번안하여 사용하였다. '인생은 너무 짧아서 그것이 주는 즐거움을 미룰 수 없다.', '나는 인생은 짧다, 디저트를 먼저 먹으라는 말에 동의한다.', '내 삶은 보다 높은 목적을 위해 존재한다.', '무엇을 할지 결정할 때, 언제나 나는 그것이 다른 사람에게 유익할지를 고려한다.' 등의 문항이 있다. 이것은 5점 Likert 척도로 응답하도록 되어 있으며, 본 연구에서 Cronbach's α는 쾌락추구 .80, 의미추구 .80이었다.

(8) 자아통합감(Ego integrity)

본 연구에서는 자아통합감 도구Choi & Ghim(2016)이 개발한 도구를 적용하여 측정하였다. 요인분석 도구를 통해 적합한 구성타당도로 보고되었으며, 동시타당도, 변별타당도, 수렴타당도 또한 적합한 것으로 제시되었다. 신뢰도는 Cronbach's α는 .88이었다.

(9) 죽음태도(death attitude)

죽음태도는 Wong, Reker, 그리고 Gesser (1994)등이 개발한 죽음태도 척도(Death Attitude Profile-Revised)를 번안하여 사용하였다. 5점 Likert로 응답하도록 되어 있으며 본 연구에서는 실존적 자신의 불안과 초라함을 보기 위한 것으로 이 중 죽음공포와 죽음회피를 사용하여 죽음태도를 측정하였다. 우리나라에서 중년을 대상으로 연구한 결과에서 전체 신뢰도는 Cronbach's α는 .83이었다.

4) 자료분석

본 연구에서는 자아초월성이 중년의 삶에 죽음태도에 미치는 영향에 관해 알아보기 위해 표집된 자료를 Spss 23.0 통계프로그램으로 분석하였으며 기술적통계, 상관관계, 회귀분석을 실시하였다.

3. 연구결과

1) 변인들간 기술통계

본 연구에서 측정한 변인은 9개이며, 심리적 안녕(긍정과 부정 정서, 우울감, 노화불안, 자아존중감, 생활만족도), 삶의 태도(자기행복감, 자기통합감), 죽음태도(죽음의 수용 정도)였다. 구체적으로, 평균 3.53(SD= .54), 긍정과 부정 정서 평균 4.11(SD= .77), 우울감 평균 3.02(SD= .62), 노화불안 평균 3.17(SD= .53), 자아존중감 평균 3.51(SD= .54), 생활만족감 평균 3.36(SD= .42), 자기행복감 평균 3.31(SD= .65), 자기통합감 평균 3.11(SD= .66), 죽음의 수용 정도 평균 3.21(SD= 1.01)이었다.

참여자들의 자아초월성은 보통 수준이었으며, 심리적 안녕에서의 긍정적과 부정 정서 역시 보통 수준으로 나타났다. 우울감은 가장 낮은 것으로 나타났다. 노화불안은 미래에 대한 불확실과 불안으로 보통 수준이었다. 자아존중감도 보통 수준이었으나 긍정과 부정 정서보다는 다소 낮았다.

생활만족도도 보통 수준이었다. 또한, 삶의 태도에서의 자기행복감과 자기통합감이 다소 더 중요하게 생각하는 경향으로 나타났으며, 죽음태도에서의 죽음의 수용 정도도 보통 수준으로 나타났다. 이에 대한 기술통계는 [Table1 2]와 같다.

[Table. 2] Descriptive statistics for measurement variables (N=253)

	M(mean)	SD	m(mfn)	x(max)
self-transcendence	3.53	.54	1.59	5.00
(psychological well-being) positive and negative emotions	4.11	.77	1.00	6.00
Depression	3.02	.62	1.22	4.82
Aging anxiety	3.17	.53	1.00	5.00
self-esteem	3.51	.54	1.58	5.00
life satisfaction	3.36	.42	2.12	5.00
(attitude of life) self-happiness	3.31	.65	1.32	5.00
sense of self-integrity	3.11	.66	1.00	5.00
death attitude	3.21	1.01	1.00	6.30

2) 조기 특성이 삶과 죽음태도에 미치는 영향

조기 특성이 삶과 죽음태도에 미치는 영향을 알아보기 위해, 심리적 안녕의 긍정과 부정 정서, 우울감, 노화불안, 자아존중감, 생활만족도, 삶의 태도에서의 자기행복감, 자기통합감, 죽음태도에서의 죽음 수용 정도와의 상관관계와 단순회귀분석 결과를 제시하였다.

(1) 자아초월성이 심리적 안녕에 미치는 영향

자아초월성이 심리적 안녕에 미치는 영향을 알아보기 위해 긍정과 부정 정서, 우울감, 노화불안, 자아존중감, 생활만족도에 대한 단순회귀분석을 실시하였다. 그 결과 자아초월성은 자아존중감 성취가치(β = .18, t = 4.39, p < .001), 생활만족도(β = .15, t = 3.38, p< .001)와 유의미한 정적인 영향을 미치는 것으로 나타났다. 한편, 긍정과 부정 정서, 우울감, 노화불안과는 유의미한 영향은 나타나지 않았다[Table 3].

[Table. 3] Effect on self-esteem and life value　　　　　　　(N=443)

variable	B	SE	β	t	F	R^2	$\varDelta R^2$
positive and negative emotions	.00	.10	.00	.01	.00	.00	-.00
Depression	.05	.09	.02	.39	3.05	.05	.04
Aging anxiety	.06	.12	.02	.41	.17	.00	-.00
self-esteem	.43	.11	.18	4.39***	19.54***	.05	.04
life satisfaction	.28	.07	.15	3.38***	10.13***	.04	.03

*p < .05, **p < .01, ***p < .001

(2) 자아초월성과 삶의 태도

① 자아초월성과 삶의 태도 간 상관관계

자아초월성과 삶의 태도 간 상관관계를 살펴보면, 자아초월성은 자기행복감과 유의미한 정적상관이 있었다(r= .22, p 〈 .01). 한편, 자기통합감과는 유의미한 상관관계가 없었다[Table. 4].

[Table. 4] Correlation between self-transcendence and life attitude   (N=253)

	self-happiness	sense of self-integrity
self-transcendence	.224**	-.013
	*p 〈 .05, **p 〈 .01, ***p 〈 .001	

② 자아초월성이 삶의 태도에 미치는 영향

자아초월성이 삶의 태도에 미치는 영향을 알아보기 위해서 자기 행복감과 자기통합감에 대한 단순회귀분석을 실시하였다[Table. 5]. 자아초월성은 자기 행복감에 유의미한 정적인 영향을 미치는 것으로 나타났다(β= .21, t= 4.81, p 〈 .001). 한편, 자기통합감에 대한 유의미한 영향력은 나타나지 않았다.

[Table. 5] Self-transcendence and its influence on life attitude   (N=253)

variable	B	SE	β	t	F	R^2	$\varDelta R^2$
self-happiness	.25	.04	.21	4.81***	21.23***	.04	.04
sense of self-integrity	-0.2	.05	-0.1	-.30	.08	.00	-.00
					*p 〈 .05, **p 〈 .01, ***p 〈 .001		

(3) 자아초월성과 죽음태도

① 자아초월성과 죽음태도 간 상관관계

자아초월성과 죽음태도의 상관관계를 살펴보면, 자아초월성은 죽음의 수용 정도와 유의미한 부적상관이 있었다(r = -.17, p 〈 .01). 그 결과는 [Table. 6]과 같다.

[Table. 6] Correlation between self-transcendence and death attitude (N=253)

	death attitude
self-transcendence	-.17**
	*p 〈 .05, **p 〈 .01, ***p 〈 .001

② 자아초월성과 죽음태도 간 상관관계

자아초월성이 죽음태도에 미치는 영향을 알아보기 위해 단순회귀분석을 실시하였다[Table. 7]. 자아초월성은 죽음의 수용 정도와 유의미한 부적영향을 미치는 것으로 나타났다(β = -.33, t =-7.51, p 〈 .001).

[Table. 7] Effects of self-transcendence and death attitude   (N=253)

variable	B	SE	β	t	F	R^2	$\Delta R2$
death attitude	-.35	.06	-.33	-7.51***	54.37***	.11	.11
				*p 〈 .05, **p 〈 .01, ***p 〈 .001			

4. 결론

본 연구는 40대 이상 중년을 대상으로 심리적 안녕, 삶의 태도, 죽음태도에 대한 차이를 알아보고자 하였다. 이를 위해 자아초월성과 심리적 안녕이 중년의 삶의 태도와 죽음태도에 어떠한 영향을 미치는지를 연구하였다. 구체적으로, 삶과 죽음태도에 긍정과 부정 정서와 우울감, 노화불안, 자아존중감, 생활만족도 혹은 인간으로서 자신의 연약함을 인정하고 타인과 연결감을 형성하는 자아초월성 정도에 따라 삶과 죽음태도에서 차이가 있을 것인지를 검증하였다.

검증결과 자아초월성을 대표하는 변인들이 심리적 안녕(긍정과 부정 정서와 우울감, 노화불안, 자아존중감, 생활만족도), 삶의 가치, 자기행복감, 자기통합감, 죽음의 수용 정도 등 실존적인 문제에 미치는 영향을 알아보았다. 참여자들의 자아초월성은 보통 수준이었으며, 심리적 안녕에서의 긍정과 부정 정서 역시 보통 수준으로 나타났다. 우울감은 가장 낮은 것으로 나타났다. 노화불안은 미래에 대한 불확실과 불안으로 보통 수준이었다. 자아존중감도 보통 수준이었으나 긍정과 부정 정서보다는 다소 낮았다. 생활만족도도 보통 수준이었다. 또한, 삶의 태도에서의 자기 행복감과 자기통합감이 다소 더 중요하게 생각하는 경향으로 나타났으며 죽음태도에서의 죽음의 수용 정도도 보통 수준으로 나타났다.

자아초월성의 경우, 우울감, 노화불안은 참여자 간에 작은 차이는 있지만, 전반적으로 삶의 가치에는 부적인 영향을 미쳤지만, 자아존중감에는 정적인 영향이 삶에 가치에 미치는 것으로 나타났다. 반면에, 죽음의 수용 정도에서의 죽음태도가 부적인 영향을 주는 것은 사람이기에 자아초월적 실존의 죽음태도에 대한 공포 회피가 작은 것으로 나타났다. 이는 자아초월성이 앞서 설명한 실존적 문제에 긍정적인 효과를 가지고 있음을 보여준다(Kesebir,

2014; Lifton, 1983; McAdams, 1993). 또한, 이 자아존중감이 삶과 죽음 태도에 미치는 영향에 대하여 자아존중감 변인의 유의미한 것으로 나타났다. 이러한 결과는 자아초월성 수준에 따라 죽음태도에 대해 공포 수준에서의 차이가 있음을 확인하였으며 자아존중감은 기본적인 삶의 태도와 죽음에 대한 긍정적 영향을 미친다는 것을 의미한다. 중년기에는 불확실성에 대한 공포뿐만 아니라 노화불안과 죽음태도도 높은 것으로 나타났다. 본 연구결과를 통해 입증을 통해 죽음을 떠올릴 때 그것을 개인의 죽음으로 인지하지 않을 수 있으며 노년의 경우 죽음을 떠올릴 때 자신이 곧 다가올 미래가 될 것이라는 현실적 자각의 가능성이 높다. 사람은 살아가는 동안 자신의 삶에서 희로애락을 누리기도 하지만, 필연적으로 불안, 무의미함, 죽음 등으로 인한 실존주의적 고통을 느끼는 존재인 것이다[18].

또한 삶의 과정에서 역설적이게도 현실의 역경을 피할 수는 없지만, 실존적 욕구는 온전히 수용함으로서 진정한 행복, 기쁨이 삶의 의미를 갖는 존재가 된다[19]. 따라서 앞으로에 연구는 한 개인이 실존의 문제를 조화롭고 순조로운 삶으로 잘 다루어 가면서 살아갈 수 있도록 보다 깊게 현실적인 방법을 마련하는 데 중점을 둘 필요가 있다. 중년기 인간이 어떻게 자신의 삶의 문제를 잘 극복하고 대처하는지는 그 다양성의 폭이 매우 큼에도 불구하고, 노년기에 겪을 수밖에 없는 실존적 문제에 대한 대안 중 하나는 사회적으로 인정하는 바람직한 문화적 세계관으로부터 자신을 자유롭게 하는 것이다[20].

본 연구의 제한점과 후속 연구를 위한 제언은 다음과 같다. 선행연구들에서 노화불안과 자기초월감, 중년 여성을 위한 자기초월 중재 프로그램이 개발되었으나, 그 외 연령에 관한 연구들은 미흡한 실정이었다. 본 연구는 40대 이상 중년을 대상으로 이루어졌기 때문에 결과를 노년으로 일반화시키는데 제한점 있으며, 다양한 연령대를 위한 맞춤형 자기초월 중재 프로그램을 개발하여 그 효과를 검증하는 연구가 수행될 필요가 있는 것으로 사료된다. 또한, 본 연구는 자기초월이 삶과 죽음태도의 미치는 영향을 단기적으로만 검증하였으나, 중장기적으로 삶과 죽음태도에 미치는 효과를 검증하는 연구가 수행된다면 편안하게 노년을 준비할 수 있는 프로그램에 기여 하는 바가 더욱 크리라 판단된다. 근래 고령화 및 초고령화가 급속히 진행되면서 성공적인 노화는 모든 대상자에게 주된 관심사가 되었다. 그러나 노인이 된 후 성공적인 노화를 준비한다는 것은 시기적으로 늦을 수 있으므로 이른 연령대부터 성공적인 노화를 준비하는 것이 바람직한 것으로 사료된다. 또한, 자기 기입식 설문지를 통해 자료를 수집했다는데 연구의 한계가 있다. 자기 보고와 주관에 의존한 설문지에 의한 결과다. 척도의 일부는 모두 긍정 문항이기에 긍정 편향적인 반응일 염려가 있고, 그렇지 않은 경우 척도의 경우는 부주의로 인한 오차가 있을 수 있다. 예를 들어 객관적 자기에 대한 척도, 초월에 대한 척도, 응집적 자기에 대한 척도를 개발하거나 분노와 죄책감 등의 다른 정서들에 대한 척도를 개발한다면 초월성이 삶과 죽음태도에 미치는 영향 연구에 대한 보다 다양한 경험적 연구를 심도 있게 할 수 있으리라고 기대한다.

본 연구에서 사용한 개념으로 자아초월은 생로병사의 고되고 힘든 현실 속에서 인간의 나이 들어감보다 성장함에 중점을 두고 인간으로서 가지는 나약함에 대한 자기 수용을 통하여 타인의 나약함을 포용함으로써 궁극적 사고로 자신을 넘어선 새로운 존재와 연결을 경험하는 것, 즉 자신의 경계를 넓히고 초월하는 것이 바로 중년의 삶과 죽음태도에 대한 핵심일 수 있다. 자기 수용, 자기 신뢰, 지각과 초월성에 대한 연구가 축적된다면 이를 기반으로 다양한 대중교육 프로그램이 개발되고 활성화된다면 중년기를 넘어 노년에서의 삶과 죽음태도를 긍정적으로 받아들일 수 있는 심리학적 분석의 대안으로 제안할 수 있을 것이라 기대해 본다.

명상상담 프로그램이 여대생의 스트레스 감소에 미친 영향
: 단일사례연구

The Effects of Meditation Counseling Program on Stress Reduction in
Female University Students: A Single Case Study

Ⅰ. 서론

1. 연구의 필요성 및 목적

현대 사회는 스트레스 사회라고 해도 과언이 아닐 정도로 우리 사회에서
스트레스는 매우 중요한 이슈이다. 먼저 스트레스란 적응하기 어려운 환경에
처할 때 느끼는 심리적, 신체적 긴장 상태를 말한다. 스트레스는 정신적, 육
체적 균형과 안정을 깨뜨리려는 자극에 저항하는 반응으로(이현주, 2012) 적
절한 수준의 스트레스는 개인의 목표성취를 위한 동기부여를 기대할 수 있지
만, 과도한 스트레스는 생산력과 효율성을 저하시키고 개인의 심신에 부정적
인 결과를 초래한다(김은혜, 이현영, 2013).

스트레스는 전 연령층에서 나타나겠지만 특히 대학생들은 대학이라는 새
로운 환경과 문화, 경제, 사회적 독립을 준비하는 시기로 많은 스트레스를 겪
게 된다. 20대는 평소 일상생활 중에 스트레스를 '대단히 많이' 혹은 '많이'
느끼는 스트레스를 다른 연령대에 비해 높게 나타나기도 하였다(Ministry of
Health & Welfare, 2011).

대학 생활이 시작되면서 성인으로 넘어가는 과도기로 자아 정체감 확립과
성인 생활을 준비하기 위한 여러 가지 과제를 집중하는 시기이다(이인정, 최
해경, 2000). 신윤아(1998)의 연구에 의하면 대학생들은 학업 문제, 장래 및

진로 문제, 동성 친구 관계, 가족관계, 교수와의 관계, 이성 친구 관계, 경제 문제, 가치관 문제 순으로 스트레스를 받는 것으로 보고되고 있다. 특히 여학생이 남학생보다 스트레스를 더 많이 받고 있으며 박경, 장연집, 최순영(2006)의 연구에 의하면 1, 2학년 학생들이 3, 4학년에 비해 스트레스 지수가 높은 것으로 나타났으며, 학생들이 많이 겪는 스트레스는 대학생활에 적응하는 문제와 관련된 학업 및 대인관계 전반에서의 갈등과 관련된 것으로 나타났다. 따라서 대학생들이 스트레스를 관리할 수 있는 적절한 프로그램 제공과 체계적인 지도가 요청되고 있다(김동임, 2017; 이선미, 2018).

그래서 1990년대 이후 명상프로그램이 스트레스에 효과가 있는 것으로 명상프로그램의 연구가 활발하게 진행되고 있다. 최근에 명상은 스트레스의 부정적 정서를 회피하거나 변화시키려고 애쓰기보다는 알아차림을 통해 부정 정서를 수용하는 데 중점을 두기 때문에(강민지, 김미리혜, 김정호, 2015) 스트레스 치유 기제로 매우 훌륭한 도구로 사용된다. 대표적인 것이 만성적 스트레스 감소를 위한 정좌명상, 바디스캔 등의 명상을 강조하고 있으나 심리 상담적인 요소가 빠져있기에 장기적으로 스트레스를 개선하는 데는 한계가 있다고 판단한다.

따라서 본 연구에서는 호흡명상과 몸 느낌명상, 그리고 영상관법 등의 치유 기제를 활용하는 명상상담 프로그램을 통해서 스트레스에 취약한 대학생을 연구 대상으로 연구하고자 한다. 명상상담은 명상에 기초한 상담이나 심리치료를 명상상담 혹은 명상(심리)치료라고 일컫는데 명상을 임상에 적용할 때 사용되는 용어로 불교 전통에서는 '정혜(定慧)'라고 한다. 즉 불교 전통에서 말하는 명상은 고요함(禪定), 깨어있음(智慧)의 초월과 영적인 면을 강조하고 있다(김다현, 2015).

명상은 순간순간을 알아차리고 평소에 생각을 두지 않았던 일에 의도적으로 주의를 집중함으로써 자각이 계발된다고 볼 수 있다. 스트레스로 인하여 발생한 온몸의 긴장과 압박감을 이완하고 주의를 기울이고, 알아차리고, '통찰'하는 내적 능력에 기초하는 이것은 삶에서 새로운 형태의 관리와 지혜를 계발하는 혁신적인 방법이다.

스트레스와 명상상담과 관련된 선행연구인 김창중(2019)은 명상상담은 스트레스 상황에서 일어난 자신의 마음현상, 즉 생각, 감정 그리고 갈망을 충분히 직면하여 스트레스 상황에서의 자신의 마음현상을 이해하고 통찰함으로써 스트레스 상황에서의 부정적인 감정을 감소시켰을 뿐만 아니라 스트레스 문제에서 벗어날 수 있음을 밝혔다.

또한 이성권(2019)의 연구에서도 불안으로 스트레스를 경험하고 있는 대입 재수생 3명을 대상으로 영상관법 등을 활용한 명상상담을 진행하여 과거의 아픈 기억을 재 경험하면서 불안과 스트레스가 감소하면서 대인관계 개선으로 이어가는 과정을 내러티브 연구로 보고하였다. 이처럼 선행연구에서도 명상은 매우 효과적임을 알 수 있다.

하지만 대학생을 대상으로 하는 연구는 극히 제한적이며, 내러티브나 현상학적 방법을 통해서 기술되고 있지만 단일사례연구를 통해서 진행되지 않았다. 그러기에 본 연구에서는 집단의 평균이나 효과성을 입증하는 실험 설계보다는 개인의 변화를 구체적으로 다루기 위해서 단일사례 연구 방법으로 설계한다.

단일사례(single subject) 혹은 1인 연구는 상담 및 심리치료 분야 내에서 가장 중요한 접근법 가운데 하나로 프로그램이 연구 참여자의 문제 행동이나 증상을 완화하는 데 효과가 있다는 것을 가정한다.

따라서 본 연구 문제는 첫째, 스트레스를 어떻게 경험하고 있는가? 둘째, 그 스트레스의 원인과 맥락은 무엇인가? 셋째, 호흡의 알아차림과 몸 느낌명상, 영상관법을 통해 스트레스 감소에 미치는 효과는 무엇인가? 본 연구는 명상상담 프로그램이 대학생의 스트레스 감소에 미치는 영향을 고찰해보고자 한다.

II. 연구 방법

1. 연구 참여자

연구 참여자는 27세의 대학 4학년 여학생으로 전공은 음악(작곡)이다. 졸업 연주회에 대한 스트레스를 호소하며, 악보를 기억해내지 못하는 상황과 감정 조절에 대한 어려움이 있어 상담을 의뢰하였다. 연구 참여자의 가족은 부모님과 연년생 동생으로 2년 중 장녀이다. 과거력는 우울증으로 인한 항우울제, 신경안정제, 수면유도제 등의 약물 복용 경험이 있으며, 다양한 기관을 통해 상담받은 경험이 있었으며, 명상상담의 경험은 없다.

2. 명상상담 프로그램

본 연구에서 적용한 명상상담 프로그램은 호흡명상과 몸 느낌명상, 그리고 영상관법을 사용한다. 호흡명상은 호흡에 주의를 두면서 들숨과 날숨을 알아차림 하는 수행법으로 이때 주의 집중의 대상은 호흡이다. 몸 느낌 관찰명상 느낌은 직접적으로 몸과 연결되어 있고, 스트레스나 불안과 같은 마음현상, 정서적인 장애와 연결되어있다. 한 부위에서 다른 부위로 옮겨 갈 때는 분명하게 자각하고, 그곳에서 일어나는 느낌을 알아차리고, 머물러 충분하게 느껴보면서 그 느낌의 변화를 지켜본다(인경, 2012). 영상관법은 자신의 미해결된 과제를 눈을 감고 영상으로 떠올려서 다시 경험하고 관찰하고 이야기함으로써 스스로 성찰할 방법이다. 상담은 주 1회 시간은 90분 총 8회기로 하고 회기별 내용은 다음과 같다.

〈표1. 명상상담 프로그램 회기별 내용〉

회차	주요 내용	상담 내용	준비물
1	스트레스 검사	-상담하게 된 동기 -주 호소 문제 파악 -수행과제 정하기, 상담 목표(기억력 강화, 감정 조절, 대인관계 개선)	스트레스검사 체크리스트
2	호흡 4단계, 스트레스 원인 파악	-과제 점검(매일 명상일기 쓰기, 호흡 매일 10분 하기, 악보 연습) 자세 점검, 기준점 설정, 수식관, 멈춤 호흡 부모님과 동생 관계 회복 확인	A4 용지 필기도구
3	몸 느낌명상/ 보고형	-과제 점검(호흡 10분, 명상일지 쓰기) 몸의 느낌, 긴장, 이완 점검, 몸의 어디에서 주로 불편함을 느끼는가? 머리와 이마에서 긴장감 느낌, 90%, 계속 지켜봄, 긴장 떨어짐 20%	보고하기
4	호흡명상 영상관법 (감정형)	-과제 점검(호흡 10분, 명상일지 쓰기) 대인관계 불편 호소 편안함을 확인, 내면의 어린아이 바라보고 따뜻하게 안아주고 감정 느끼고 위로하기	A4 용지 필기도구
5	호흡명상 영상관법 (사고형)	-과제 점검(호흡 10분, 운동, 명상일지 쓰기) 부정적인 생각을 알아차리고, 문제가 무엇인지 알고 행동 수정하기	A4 용지 필기도구
6	호흡명상 영상관법 (의지형)	-과제 점검(호흡 10분, 운동, 명상일지 쓰기) 그동안 표현 못했던 것 표현하기	A4 용지 필기도구
7	몸 느낌명상/ 영상관법	-과제 점검(호흡 10분, 운동, 명상일기 쓰기) 몸의 이완 정도를 알고 편안함을 유지	A4 용지
8	새로운 계획세우기 스트레스 검사	-과제 점검(호흡 10분, 운동, 명상일기 쓰기) 생각 바꾸기 논박하기, 행동 계획 세우기	A4 용지 필기도구

3. 단일사례연구

본 연구 방법은 단일사례연구 방법을 채택하였다. 단일사례연구 방법은 새로운 유형의 치료적 개입의 효과성을 평가하는 임상친화적 방법(Practice-friendly method)으로써 연구 참여자의 치료적 개입의 변화 과정을 관찰하여 실제적인 도움을 줄 수 있는 유용한 연구 방법이다(이영순, 2012). 그렇기에 본 연구는 명상상담 프로그램을 통한 연구 참여자의 스트레스 감소에 미치는 영향을 단일사례를 통해 살펴보고자 한다.

4. 측정 도구

연구 참여자의 주된 호소가 스트레스였기 때문에 스트레스 반응검사를 진행하였다. 스트레스 반응검사는 고경봉, 박종규, 김찬형(2000)이 신경정신의학에서 개발했고 심리적 증상을 측정하기 위해 감정, 인지, 행동적 스트레스 반응으로 구성돼 있다. 7가지 스트레스 반응영역에는 긴장, 공격성, 신체화, 분노, 우울, 피로, 좌절 등 하위 척도가 있고 모두 39문항으로 이루어져 있다. 각 문항은 5점 척도로, 점수가 낮을수록 스트레스에 덜 노출된 것으로 해석할 수 있다.

5. 자료 수집 및 분석

자료의 수집과 분석에 대해서는 Stake(1995)와 Yin(2003)의 입장을 참고하였다. 자료 수집은 관찰, 면접 문서와 보고서 등 광범위한 정보 원천을 활용한다. 그 다음으로 하는 질적 분석은 축어록 자료에 근거해 메모하면서 자료와의 상호작용을 하였다. 본 연구는 2021년 1~4월에 걸쳐 주 1회, 회기 당

90분, 총 8회기 상담으로 진행하기로 연구 참여자와 합의하였다. 명상상담 프로그램을 이용한 반구조화 질문으로 진행한 상담 내용은 연구자가 녹취한 후 연구 참여자 본인이 직접 컴퓨터를 이용해 축어록을 작성하고 연구자에게 메일로 보내는 방식으로 자료를 수집하였다. 그리고 상담 기록과 축어록을 바탕으로 영상관법 프로그램을 진행하는 과정을 회기별로 정리하여 자료를 분석하였다. 분석한 내용은 의미 단위별 1차 코딩작업과 사례별 범주화하는 2차 코딩 과정을 거쳤다. 이후 대분류를 통해 3차 코딩이 이루어졌다.

6. 타당성 확보 및 윤리적 고려

본 연구에서는 연구 결과의 정확성을 평가하고 신뢰성을 확보하기 위한 전략으로 다음의 방식으로 타당도와 신뢰도를 높이기 위해 노력하였다. 자료 수집과 코딩 내용의 적절성을 위해서는 지도 교수의 슈퍼비젼을 받았으며, 명상상담 박사와 함께 연구의 주제와 방향에 대한 논의를 거쳤다. 자료 수집의 윤리성을 확보하기 위해 질적 연구에서 고려해야 할 윤리적 이슈를 참고하였다.(권지성외, 2012) 그리하여 연구 참여자에게 연구 동의서를 통한 연구 밝히기, 연구 참여로 인한 피해, 연구 참여에 대한 보상, 비밀보장 등에 관한 내용을 고지하였다.

III. 연구 결과

1. 연구 참여자는 스트레스를 어떻게 경험하고 있는가?

연구 참여자는 아동기부터 청소년에 이르기까지 가정폭력에 노출된 상태로 스트레스를 지속해 받아오면서 대인관계의 어려움을 호소하고 있었다. 18~24세에 걸쳐 6년 동안 자살을 생각해 보았지만 그랬을 때 죽지 않고 장애만 남지 않을까 하는 걱정으로 시도하지 못했고, 대신 편의점에 있는 모든 담배를 다 피웠다고 했다. 가정폭력으로 인한 스트레스로 친구들 머리는 뾰족뾰족하게 보이고 선생님의 목소리는 너무 크게 들려 항상 이어폰을 끼면서 학교생활을 했다고 한다.

연구 참여자는 지속적인 스트레스로 약속을 잘 잊어버리므로 늘 메모해야 안심이 되고, 메모를 못 할 때는 전혀 기억할 수 없어 만성적 어려움을 겪고 있었다. 학교에서도 졸업 발표를 해야 하는데 연주할 악보가 전혀 기억나지 않는 두려움에 발표하지 못해 졸업을 유예하고 있었다.(1회기) 지속적인 가정폭력에 노출돼 스트레스를 받은 결과가 고등학교 2학년 때부터 나타나기 시작했는데 사람들의 모습이 뾰쪽뾰쪽하고 긴 막대기 모양처럼 보이며 금방이라도 나에게로 달려들 것 같아 참을 수가 없었고, 또한 모든 친구들의 목소리가 악쓰는 것처럼 크게 들려 연구 참여자 본인을 공격하는 것 같아 친구들이 다가오면 분노의 감정이 생겨 비수를 날리는 과잉행동 때문에 문제 학생으로 낙인 되어 삶이 심각한 상태에 이르게 됐다고 말한다.

1) 신체적 측면

감각의 무뎌짐과 머리의 깜깜함, 가슴이 답답하고, 코로 숨을 쉴 수 없어서 입을 벌리고 헉헉거리며, 한숨을 자주 쉬면서 만성적 스트레스로 인해 두통과 불면으로 힘들어하고 있다. 그러다 보니 짜증과 분노로 교우관계가 원만하지 못하고 학교와 가정에서 적응을 못 하는 힘든 상황이었다.

2) 정서적 측면: 분노 표출과 공격성

연구 참여자 경우는 맞벌이 가정으로 연년생 동생이 있으며 유치원 때 종일반에서 늦게까지 몇 명씩 남아있었는데 그중 연구 참여자도 있었다. 유치원 선생님이 저녁이 되면 불도 안 켜주었고 대부분 유치원 안에 있는 미끄럼틀 밑 그늘진 곳에서 혼자서 놀았다. 초등 시절에는 아버지의 회사 발령이 잦아 네 군데 초등학교를 전학 다녔고, 친해질 만하면 이사를 가서 소꿉친구가 없었으며, 동생에게 엄마, 아빠 사랑을 뺏기는 것 같아 싫었고, 주로 혼자 시간을 많이 보냈다. 그래서 연구 참여자 스스로 현실성이 떨어져 있다고 믿고 있다. 또한 또래 아이들이 네가 세상을 따돌린다고 이야기하기도 했다고 한다. 초등 2학년 때는 아파트 앞에 가로등 바라보며 '걸으면서 죽으면 어떻게 될까'? 하는 생각도 할 만큼의 매일 반복되는 가정 폭력에 노출되면서 정서적으로 안전을 확보하지 못한 상태로 청소년기까지의 정서적 결핍이 지금의 스트레스로 연결된 것으로 보고 있다.

상담이 진행되는 당시 대인관계는 항상 남자친구와 관계가 좋아야 안정적인 감정을 유지하는데, 조금이라도 자기 기분에 거슬리면 먼저 헤어지자고 하면서 마음으로는 전혀 헤어지고 싶지 않지만, 행동은 공격적인 형태로 나타났다. 연구 참여자는 본인이 분리불안(남자친구에 대한 집착)을 느끼지 못하고 항상 남자친구에게만 문제가 있다고 생각하여 잔소리와 분노를 많이 표출하며 헤어졌다 다시 만남을 반복적으로 하고 있었다. 그러다 보니 짜증과 분노로 교우관계가 원만하지 못하고 학교와 가정에서 적응을 못 하는 힘든 스트레스 상황이었다.

3) 인지적 측면: 기억 감퇴

연구 참여자는 본인이 했던 일들을 기억하지 못하고 있으므로 친구들과의 약속도 잊고, 학교 학습도 제대로 할 수 없는 상태가 되어 버렸으며, 조금 전에 했던 일도 기억을 못 해 언제나 메모와 기록을 하였다. 그렇지 않으면 전혀 기억을 못 해 매번 약속을 지키지 못하여 친구, 부모님, 교수님과의 관계가 원활하지 못했고 또 악보를 기억해 내지 못해 불안과 두려움으로 졸업 발표도 미루고 있는 실정이다. 그러다 보니 연구 참여자는 스트레스와 불안으로 더욱 인지적 한계에 부딪힌 것으로 보고 있다.

기억이 전혀 없다는 것 때문에 늘 메모해야 안심이 되고, 메모를 못 할 때는 전혀 기억할 수 없어 어려움을 겪고 있으며 학교에서도 졸업 발표를 해야 졸업하는데 악보가 전혀 기억이 없고 두려움에 졸업 발표를 못하고 있어 졸업도 유예하고 있다.(1회기)

2. 연구 참여자의 스트레스 원인과 맥락은 무엇인가?

1) 개인적 측면

연구 참여자는 동생에게 부모님의 사랑을 빼앗겼다고 생각했고, 유치원 때 맞벌이하시는 부모님으로 인해 늘 늦게까지 보호받지 못한 채 혼자 남겨지는 정서적 결핍을 경험하였으며, 초등학교 시절에는 잦은 전학으로 친구와의 친밀한 관계를 경험하지 못하고 스스로 왕따를 선택했다고 한다.

2) 가족적 측면

연구 참여자는 아동기 시절부터 매일 반복되는 가정 폭력이 힘들어 아동학대로 엄마를 신고하고 싶었지만 그렇게 되면 엄마 없이 살아야 하는 두려움으로 신고를 못 했다고 하였으며, 아빠는 그 어떤 조치도 없이 슬그머니 자리를 피하였고, 그런 아빠의 모습이 더 미워 그 분노를 동생에게 다 표현했다고 하였다.

본 연구자는 연구 참여자가 겪는 가정폭력이 만성적 스트레스로 인해 정서적 안정을 확보하지 못하여 신체적, 심리적으로 여러 증상이 나타났다고 보고 있다.

명상상담 프로그램 개입 과정에서의 축어록, 연구 참여자의 과제 일지를 통해 확인된 변화는 자기이해, 되살린 기억, 과잉행동에 대한 행동수정, 관계변화, 본인의 의지와 직면, 알아차림, 통찰, 수용과 현재의 머무르기가 가능해지면서 대인관계가 개선되고, 가족과도 화해를 하였으며, 가장 두드러진 것은 기억력이 향상되어 졸업도 할 수 있었으며, 아르바이트도 하게 되었다.

1) 자기 이해

연구 참여자의 주된 호소 문제는 스트레스로 인한 기억력 감소 때문에 졸업 연주회를 할 수 없는 어려운 상황이었으므로 먼저 호흡과 몸 느낌명상, 영상관법을 개입한 결과 연구 참여자 스스로 자기 내면을 관찰하여 감정, 생각, 갈망을 알아차림 하게 되면서 자기를 이해하게 되었다.

기억력 감소의 원인으로 중·고등학교 시절이 기억 안 나고, 부정적인 감정에 휩싸이고, 처음 왔을 때는 감정이 컸으니 집중 잘 안 되고, 오늘 아침 먹은 것, 어제와 그제가 구분 안 되고 기억 안 나고 연계 통합도 안 되고 하긴 하는데 그 이상 나갈 수 없었는데 명상상담 시작하고 많이 해소되었고 호흡하며, 몸 느낌명상, 영상관법도 사용하고. 집과 밖에서 짬 날 때마다 호흡하며 마음 평온 유지하려 노력하고. 감정일기를 매일 썼고. 기억력 훈련도 같이 하고. 감정이 왔다가는 것을 알아차리게 되고 다음 단계로 응용해 나가는 것들이 이제는 좀 되는 것 같아요.

엄마와 동생과도 좋은 관계 유지하며 욕심, 이기심 내려놓으려 노력하고 뭐 바라는 것 없이 주고 싶은 마음이 커요. 상대방의 반응이 어떠하든 편안한 마음 유지하려 합니다. 작곡 공부하는 것도 잘 되고 있습니다. 상담 전과 지금은 천지 차이죠. 그 전엔 기억력 감소의 후유증으로 중고등학교 시절 기억이 안 나고 그랬는데 명상상담 시작하고 나서 많이 해소되었고 호흡하며 감정이 왔다가는 것 알아차리게 되고 일주일에 한 번 상담받지만, 사이사이에 문자 보내주셔서 많이 도움이 되었습니다. 지금의 저는 알아차려지는 감정을 풀어서 설명하고 있잖아요. 엄마에 대한 분노도 많이 순화되어서 지금은 엄말 이해하잖아요. 엄마에게 상처 주고 싶지 않아요. 예전에는 엄마와 똑같이 때려 주고 싶었는데 엄마가 다치는 것도 싫어요. 그냥 안아주고 싶어요. 이제 괜찮다고.(3회기)

2) 되살린 기억 능력

호흡명상과 몸 느낌명상, 명상상담을 통해 감정, 생각, 갈망을 명료하게 알아차리는 것이 기억력 감소에 도움이 되었다. 또한 매일 과제(호흡명상, 명상일지)를 점검하고, 기억력 감소로 겪는 어려움과 불편한 감정을 알아차리는 영상관법을 통해 해소 및 정리의 효과가 극대화된 것이다.

명상을 시작하고 감정을 치우고 마음에 집중해서 잡생각들을 없애면 내 마음의 의지가 보여 목표를 세우고 그렇게 하기까지 필요한 것들, 내가 할 수 있는 부분은 뭔지, 문제를 내가 바꿀 수 없는 것에 집중하는 것이 아니라 내 문제, 내가 해결할 수 있는 문제에 집중하고. 이것이 내 특성인지, 고쳐야 할 단점인지를 구분하고 내가 어떤 사람을 만나더라도 고치고, 업그레이드해야 한다고 한 것에만 목표를 세우고 방법을 찾고 노력하는 과정에서 호흡과 명상을 하며 머리가 비워지니 작곡 공부에도 집중할 수 있게 되고 조금씩 나아져 가는 과정 같아요.(6회기)

3) 과잉행동에 대한 행동 수정

모든 사람이 금방이라도 연구 참여자에게 공격할 것 같은 왜곡된 생각과 그로 인해 생기는 감정을 판단과 평가를 하지 않고 있는 그대로 바라보게 하는 대처방식으로 호흡명상과 영상관법을 지속적으로 진행하여 연구 참여자의 과잉행동을 수정할 수 있게 되었다.

전에는 감정이 와도 모르고 그냥 뒤통수 맞듯 휘둘렸는데, 제가 공을 무서워하거든요. 근데 공이 오는 걸 보라고들 해요. 보면 피할 수 있다고, 근데 제가 요즘 감정이 오는 걸 느끼고 알아차리니까 객관적으로 보고 보낼 수 있는 것 같아요. 기뻐도 일희일비 하지 말자, 얘도 지나간다. 그리고 생각, 사색을 많이 하게 돼요. 산책하다가도 겨울이 지나면 봄이 오고 새싹이 돋겠지 하면서 긍정적으로 생각하기도 해요. 감정을 가라앉힐 수 있으니까 사색이 가능해지는 것 같아요. 제가 감정을 표현하는데 일어나는 감정 그대로 비수를 날렸다면 지금은 감정이 왔다가는 것도 잘 보고 있어요.(4회기)

4) 엄마와 동생과의 관계변화

연구 참여자는 가정폭력으로 인해 생긴 스트레스를 동생에게 분노의 감정들로 표출했는데 어린 시절 영상관법을 통해 이제는 더 이상 그 분노들이 동생을 향하지 않게 되었다. 1회기 상담을 한 후 부모님과의 대화를 통해 엄마에게 미안하다는 말을 들음으로써 서로 이해를 이해하게 되고 관계가 개선되었다.

그 분노는 동생에게 갔어요. 동생이 있는 쪽에 가위를 던져 문이 패인 적도 있고, 분노와 공격성과 죽어버려라까지는 아니었지만 이 분노를 던진 거예요.(1회기) 그런데 이제는 동생이 미술학원 다니고 싶다고 했는데 저 때문에 다닌 적이 없어요. 저한테 돈이 많이 들어서 지금은 워킹홀리데이가 있어서 제가 돈을 많이 벌면 미술을 꼭 배우게 해주고 싶어요. 엄마는 제가 만족할 만큼은 아니었지만, 엄마가 해줄 수 있는 최선을 다했어요. 제가 돈을 벌면 엄마 절복을 예쁜 걸 사드리고 싶어요.(3회기)

5) 본인의 의지와 직면

연구 참여자는 본인이 스트레스로 인해 몸으로 느껴지는 긴장과 압박감을 이완하면서 기억력 감소의 영향을 미친 스트레스를 영상관법을 통해 감정, 생각, 내가 무엇을 원하는지를 어떤 평가나 판단하지 않고 있는 그대로 직면하면서 문제가 무엇인가? 스트레스를 어떻게 하면 감소가 되는지를 지켜보면서 몸의 반응까지도 경험하게 해 편안함과 고요함을 체득하게 되면서 적극적으로 호흡과 명상에 관심을 가지게 된 계기가 되었다.

제 일에 집중해야 해요. 작곡 공부, 호흡명상을 생활화하고, 영어 공부 제가 먹고 살 수 있는, 좋아하는 일에 완전히 몰입해야 한다고 이제는 알아차림할 수 있다고 말하고 있다.(5회기)

6) 알아차림

연구 참여자는 일상생활에서 잘 생각이 나지 않은 불편함과 교수님과의 개인지도를 받던 중에 딴생각, 즉 잡념을 알아차려 바로 이곳으로 돌아오는 연습을 하여 교수님으로부터 지적받는 횟수를 줄이는 것이다. 알아차리기는 지금 내가 어떤 감정인지, 어떤 생각을 하고 있는지 갈망이 무엇인지 분명히 알게 되는 것이다.

7) 통찰

연구 참여자는 호흡명상, 몸 느낌명상, 영상관법을 통해 현재 대한 알아차림에 그치지 않고 그것이 기억과 어떤 관계가 있는지 통찰하여 기억을 해 낼 수 있는 지혜를 엿볼 수 있다.

　명상상담을 시작하고 나서 많이 해소되고 호흡하며 감정이 왔다가는 것을 알아차리게 되고 일주일에 한 번 상담받지만, 사이사이에 문자 보내주셔서 많이 도움이 되었습니다. 오늘 아침에 먹은 것, 어제와 그제가 구분 안 되고 기억 안 나고. 연계 통합도 안 되고, 하긴 하는데 그 이상 나갈 수 없었는데 다음 단계로 응용해 나가는 것들이 이제는 좀 되는 것 같아요. 그리고 문제를 해결하는 방법들을 논리적으로 생각할 수 있게 된 것 같아요.(6회기)

　인생을 운전하는 것에 비유하잖아요. 운전석에 내가 앉지 않고 비워놓고 자꾸 남을 앉히려고 했고 그러고선 내가 원하는 대로 안 간다고 불만이고. 이제 운전석에 제가 앉아야 할 것 같아요. 어떻게 해야 서로가 편안해 하고 사랑받고 있다고 느끼는지 알아요. 서로 각자의 일을 하고 있어도 편안해하고 불만이 없어요.(8회기)

8) 수용과 현재에 머물기
　연구 참여자는 불편함이나 고통스러운 감정들을 그대로 받아들이면 자연히 지나간다는 것을 체험했고, 왜곡된 생각에 빠지는 패턴에서 현재로 돌아오는 경험을 통해 기억력 감소에서 벗어나 밝은 삶을 사는 방법을 체험하고 있다. 구체적으로 호흡, 운동, 몰입할 수 있는 방법들은 자기의 행복을 외부 조건이 아니라 본인이 가지고 있는 지금의 환경에서 찾을 수 있는 것은 이마 앞쪽의 불편함이 느껴짐을, 그래서 거기에 머물러 지켜보면 살며시 사라진다는 것의 체험을 통해 수용하는 방법을 알게 되었다.
9) 스트레스 감소

〈그림1. 스트레스 사전, 사후 검사결과〉

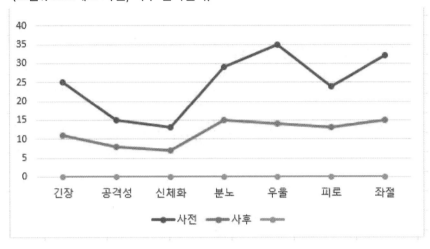

사전검사에는 "우울, 피로, 좌절, 긴장"의 정도가 심각한 상태에 놓여있다. 이들의 관계는 우울증으로 인하여 스트레스와 인과 관계가 있으며 상담이 필수적으로 요구된다. 좌절과 실패 속에 지속적으로 노출된 상황이며. 스트레스 지수는 164점이다.

위 그래프를 살펴보면 7개 항목이 있는 것으로 계산을 분노 척도는 사전 29점으로 심한 분노 상태에서 사후는 거의 50% 정도 많이 좋아진 상태이고 또한 신체의 피로도 높아져 있는 상태였는데 호흡명상 개입 후 13점으로 편안한 상태를 유지한다. 전체적으로 스트레스 지수가 50% 정도 급감했다. 특히 긴장, 분노, 우울, 피로 좌절이 급감하는 것으로 나타남은 연구 참여자의 보고를 받아보면 호흡과 명상상담이 8회기의 짧은 기간이지만 본인의 의지와 수용과 심리적 유연성이 효과가 있었다.

〈표2. 명상상담 개입 후 효과〉

상담 목표	1~4회기 호흡 4단계, 몸 느낌명상/ 영상관법	5~8회기 감정 느끼기, 정화하기
1. 감정조절/우울, 분노척도 개선	☐ 우울 20% 감소 ☐ 분노 30% 감소	☐ 우울 80% 감소 ☐ 분노 80% 감소
2. 기억력 개선/개인레슨 개선	☐ 기억력 증가 50% 이상 ☐ 메모가 필요하지 않음	☐ 악보 잘 기억하게 됨 90%
3. 대인관계/부모님과 교수님과의 관계 회복	☐ 부모님과 개선 80%	☐ 교수님과 개선 90%
4. 문제해결 위한 행동전략	☐ 자신감 향상 40%	☐ 자신감 향상 80%

〈상담시기별 평가분석〉

-연구 참여자의 평가

1차 호흡 4단계 시작으로 매회기 별 자기 보고서 형식의 상담 목표를 근거로 평가하였다.

첫째, 명상상담 프로그램 개입 후 많은 것이 달라지면서 어떤 일이 있었는가?

호흡 4단계 1~4회기 개입 후 우울 20%, 분노 30%가 감소하고, 4~8회기 개입 후에는 80%가 감소하여 지금은 편안하다. 연구 참여자는 명상상담 프로그램을 통해 핵심 감정인 스트레스를 털어내고 대처할 수 있는 자신감이 생기면서 인지능력 향상에 많은 도움이 되었다고 말한다. 또한 우울과 분노와 감정 조절도 스스로 관리하게 되는 수준까지 되었다고 말한다.

엄마한테 말하는 게 달라졌어요. 제 감정을 설명하게 되었어요. 명상한 것 설명하고 엄마 예전에 나 이런 마음이 들었어, 학교 다니기 싫어서 홈스쿨링,

유학 못 보내줘도 꼭 돈이 아니라도 맘 알아주고 지지해줬으면 정말 좋았을 텐데 했더니 엄마도 미안하다면서 울면서 사과하셨고, 아빠도 원망도 많았는데 말씀 안 하시니까 항상 큰 울타리 쳐놓고 방목인데, 때릴 때도 잘못했지, 몇 대 딱딱 이성적이시고, 알고 보니 아빠는 대안학교를 지지했었는데 엄마 반대로 가지 못한 것에 대한 불만이 많았는데 부모님과 대화를 통해 서로 이해하면서 다 풀렸어요. 그 뒤부턴 원망이 없어졌어요. 엄마랑 엄청 작은 것도 불이 붙었는데 지금은 조곤조곤 대화해요. 전에는 감정이 와도 모르고 그냥 뒤통수 맞듯 휘둘렸는데, 제가 공을 무서워하거든요. 근데 공이 오는 걸 보라고들 해요. 보면 피할 수 있다고. 근데 제가 요즘 감정이 오는 걸 느끼고 알아차리니까 객관적으로 보고 보낼 수 있는 것 같아요. 기뻐도 일희일비하지 말자. 이 일도 금방 지나간다. 그리고 생각, 사색을 많이 하게 돼요. 산책하다가도 겨울이라 잎이 다 떨어졌는데 내 감정을 이입해서 슬픔에 빠지는 게 아니라 저 잎들도 다 떨어지고 봄이 오면 새싹이 돋겠지 하면서 긍정적으로 생각하기도 하고 해요. 감정을 가라앉힐 수 있으니까 사색이 가능해지는 것 같아요. 제가 감정을 표현하는데 난 것 그대로 비수를 날렸다면 지금은 감정이 왔다 가는 것도 잘 보고 있어요.(1~2회기)

둘째, 인지능력 개선은 어느 정도 되었는가?
일상생활에서 메모장에 기록을 하지 않으면 약속이 있어도 지키지 못할 정도로 기억력이 현저하게 떨어져 있었으며, 개인지도 시간에도 악보가 전혀 기억이 나지 않았는데 90% 불편함을 느끼지 않을 정도로 좋아졌다.

목표를 세우고 방법을 찾고 노력을 하는 과정에서 명상상담 프로그램의 호흡에 집중하며 머리가 비워지니 작곡 공부에도 집중할 수 있게 되고 조금씩 나아져 가는 과정 같아요.(4~5회기)

셋째, 대인관계가 어떻게 개선되었는가?

대인관계 개선에는 부모님과 관계가 좋아지면서 가정에서의 안정과 편안함이 사회에서도 교수님과의 갈등을 줄일 수 있는 계기가 되었다고 한다. 특히 교수님과는 개인지도할 때 악보를 기억하지 못해 갈등을 일으켰는데 기억력이 좋아지면서 관계개선에 도움이 되었던 것으로 평가하고 있다.

넷째, 문제해결을 위한 행동전략 어떻게 할 것인가?

자신감 향상이 초기 개입 때인 40%보다 중기 이후 회기 진행이 거듭할수록 두드러지게 좋아지면서 80%까지 자신감을 끌어 올렸으며, 우울, 분노, 대인관계, 기억 등 여러 스트레스 상황의 문제가 개선되니 자동으로 자존감이 회복되어 문제해결을 위한 행동전략도 실천하며 자신감 있는 모습을 보였다.

-부모님의 평가

연구 참가자 보고서에 근거로 부모님의 평가 내용이다.

첫째, 스트레스와 분노의 감정을 가정에서 거의 느끼지 않는 것 같다. 부모님들은 연구 참여자가 안정적으로 생활을 하고 있어서 본인들도 편하다고 했다. 둘째는 기억력 향상에 따른 졸업 고사와 아르바이트를 할 수 있게 돼 고맙다고 하셨다. 셋째는 서로 소통을 할 수 있고 무엇보다 대인관계에 개선으로 이제는 공격성도 사라지게 되었다고 한다. 넷째는 문제해결의 행동전략은 자신감이 향상돼 어떤 일이든 망설이지 않고 진행한다고 말한다. 특히 운동을 주기적으로 하면서 건강관리도 하는 것에 만족을 나타내셨다.

-상담자의 평가

첫째, 처음 상담실에 왔을 때 부모님 이야기를 하며 90분 내내 울면서 자신의 스트레스로 인한 불편함을 호소하였고, 호흡을 제대로 할 수 없는 한숨이

1분이면 4~5번 할 정도였으며, 입을 벌리고 헉헉거리는 호흡을 하고 있었는데, 명상상담 프로그램 개입 중기 4회기 이후 한숨과 호흡이 안정되었다.

둘째, 기억력의 증가와 메모장 준비는 더 이상 할 필요가 없어져 명상상담 프로그램의 개입이 적절했으며 스트레스 감소에 효과가 있었음이 밝혀졌다.

셋째, 부모님과 교수님의 관계가 좋아지고 상담이 중기로 들어가면서 우울과 분노로 무기력했던 지난날의 힘들었던 기억을 떠올리면 이제는 마음속에 홈그라운드가 하나 생겼다고 기뻐하고 있는 모습이 좋아보였다.

넷째, 문제 해결도 미루지 않고 적절한 대응 행동으로 대처를 잘하고 있다.

IV. 결론 및 논의

본 사례연구는 서론에서도 밝혀 듯이 우리 사회에 만연하고 모든 사람이 겪고 있는 현대사회의 스트레스 사회라고 해도 과언이 아닐 정도로 스트레스는 매우 중요한 이슈이며, 거의 모두가 스트레스를 갖고 있고 누구나 공감이 가는 말이다. 그 스트레스를 주목하여 연구 참여자가 겪고 있는 주요 문제, 즉 연구 문제 첫째, 연구 참여자는 스트레스를 어떻게 경험하고 있는가? 지속적인 가정폭력 노출로 신체적, 심리적, 인지적으로 불편함을 호소하고 있었고 대인관계 어려움과 공격성이 나타나고 있다. 둘째, 연구 참여자의 스트레스 원인과 맥락은 무엇인가? 개인적인 측면과 가족적인 측면으로 만성적인 스트레스의 원인과 맥락을 알아봤다. 셋째, 명상상담 프로그램의 개입으로 인한 변화는 무엇인가? 그 특성을 알아보고자 명상상담 프로그램의 개입을 통해서 다음과 같은 결과를 입증했다.

첫째, 자기 이해는 명상을 통해서 나의 감정, 생각, 갈망을 알아차리고 나를 알게 되었다.

둘째, 되살린 기억 능력은 악보를 기억할 수 있어 연주회를 하게 되었고 더 이상 메모장은 필요 없게 되었다.

셋째, 과잉행동에 대한 행동 수정은 아무에게나 감정을 쏟아내지 않게 되었고,

넷째 엄마와 동생과의 관계 변화는 동생에게 분노의 감정들을 표출했는데 이제는 더 이상 그 분노들이 동생을 향하지 않게 되었다.

다섯째, 본인의 의지와 직면하면서 스트레스가 왔다가 사라진다는 것을 알게 되었다.

여섯째, 알아차림은 교수님으로부터 지적받는 횟수가 줄어들었고, 지금 내가 어떤 감정인지, 어떤 생각을 하고 있는지, 갈망이 무엇인지, 분명하게 알게 되었다는 것이다.

일곱째, 통찰은 호흡명상, 몸 느낌명상, 영상관법을 통해 지금 현재 대한 알아차림에 그치지 않고 그것이 기억과 어떤 관계가 있는지 통찰하여 기억을 해낼 수 있는 지혜를 엿볼 수 있게 되었다.

여덟째, 수용과 현재에 머물기 여기에 머물러 지켜보면 살며시 사라진다는 것. 또한 체험을 통해 수용하는 방법을 알게 되었다는 것이다.

이렇게 장기적인 스트레스 감소의 경험을 고찰하고 명상프로그램이 어떤 영향을 미치는지 단일사례연구 방법으로 접근하였다. 스트레스, 신체적, 정서적, 인지적, 대인관계 문제 대한 문제로 기술하였고 명상상담 프로그램의 개입 후 미친 영향에 대해서 호흡 상태의 변화(1분 호흡수), 집중도 변화, 사전·사후 스트레스검사에서 164점(사전검사), 85점(사후검사)으로 뚜렷한 변화를 확인하였다.

또한 명상상담 프로그램을 통해서 대인관계에서는 가장 편한 애착 관계인

가족에 대한 긍정적인 변화가 확인되었다. 상담 개입의 결과로는 본인에 대한 수용, 정서적 인지 왜곡 수정, 행동수정 등을 확인하였다. 기억력 향상과 정서적으로 명상상담 프로그램과 관계는 마음의 편안함과 이완, 알아차림, 통찰, 연민과 의지, 수용과 현재에 머물기 등의 변화가 확인되었다. 아동기 가정폭력에 노출된 대학생의 스트레스를 명상상담 프로그램의 효과를 살펴본 결과 명상상담 프로그램으로 변화 요인을 살펴보는 데 의미가 있었고, 스트레스 감소에 안전한 효과를 입증한 사례이다.

본 연구는 명상상담 프로그램이 아동기부터 지속적으로 가정 폭력에 노출된 연구 참여자를 대상으로 스트레스감소에 어떤 영향을 미치는지 탐색하고자 단일사례 연구 방법으로 진행하였다. 연구 결과에서 밝혀진 의미 있는 부분을 다음과 같이 논의 해 보고자 한다.

1. 연구 참여자에게 명상상담 프로그램이 미치는 가장 큰 의미는 무엇인가?

첫째는 연구 참여자는 명상상담 프로그램의 개입으로 스스로 감정을 알아차림 하면서 바라 볼 수 있어 그 감정이 오랜 기간 본인을 힘들게 해 왔다는 것을 자각하고 현재로 돌아오는 과정의 중요성을 알게 된 점이다. 최근 들어 미국 심리치료사의 41.4%는 불교명상치료를 활용한다고 한다(법보신문, 2009. 재인용). 알아차림이 명상 분야에서 심리치료자들은 내담자들이 지속적으로 수행할 수 있는 다양한 명상방법을 개발하고 효과를 확인하여왔다 (ermer, 2009, p. 207. 재인용). 선행논문에서도 효과성을 입증했듯이 연구 참여자도 명상프로그램을 통해 지난날의 감정에서 빠져나와 현재를 살 수 있다는 것이다.

둘째는 온전한 수용이다. 무관심했던 사람에게 자애를 보내고, 갈등관계에 있는 사람들, 용서하기 어렵고 생각하면 화가 나거나 두려운 사람들에게 자애의 마음을 낼 수 있는 단계가 되면 마음이 매우 강해지게 된다. 왜냐하면 적이나 관계하는 데 어려움이 있는 사람들은, 사랑이 이를 수 있는 한계를 구분하는 경계선에 서 있기 때문이다. 이 지점에서 조건적인 사랑은 조건 없는 사랑으로 펼쳐진다. 이런 과정을 통해, 자신과 다른 존재들을 향한 똑같은 사랑의 느낌을 길러낸다(Salzberg, 2005)고 했다. 연구 참여자는 가족으로부터 사랑과 인정을 지지받지 못 한 것에서 빠져나와 두 손으로 자신을 안아주고 따뜻하게 공감하면서 바라봐 주니 감정과 마음이 편안해지면서 기억나지 않았던 일들을 느끼면서 하는 치유의 의지가 생겨났다. 연구 참여자에게 명상수행은 스스로 하는 시간이 늘어나면서 감정, 생각, 갈망 등을 알아차리고, 문제가 무엇인가? 앞으로 어떻게 할 것인가? 스스로 질문을 해봄으로써 스트레스 감소에도 큰 변화가 생겼다.

2. 연구 참여자에게 명상상담 프로그램의 개입은 적절했나?

명상은 하나의 대상에 집중하면서 감정을 조절하고 깊게 자기를 살펴보는 것을 통해서는 어린 시절 장면을 떠올리면서 불편한 감정을 회피하지 않고 직면하면서 감정에 이름 붙이기, 몸 느낌과 호흡을 바라보면서 긍정적인 변화가 일어나면서 효과가 있다는 확신이 들기 시작했다. 과거의 기억은 현재에 영향을 미치는 심리적인 문제이므로 적극적 개입이 되려면 직면과 노출을 체계적으로 접근했으며, 명상상담 프로그램의 개입은 연구 참가자에게 알아차림을 증가시키고 마음의 유연성을 높이기 위해서 선택의 여지가 없는 효과적인 명상상담 프로그램이었다.

3. 연구 참여자에게 지속적인 명상프로그램이 필요한가?

연구 참여자의 스트레스 감소를 위해서는 지속적인 관리가 필요하다. 누구나 그러하듯 지속적인 개입이 쉽지 않을 것이다. 그러나 연구 참여자는 스스로가 호흡과 몸 느낌명상, 영상관법을 통하여 효과를 보았기에 지속적으로 할 수 있게 되었다. 그러므로 효과성이 입증된 명상프로그램이 누구나 쉽게 접근할 수 있도록 프로그램의 개발과 보급이 활발하게 이루어졌으면 하는 바람이다.

부록

▣ Beck 우울척도 검사(BDI)

※ 다음 문항을 읽어보시고 각 번호의 여러 공란 중에서 요즈음 자신에게 가장
적합하다고 생각되는 번호를 하나씩만 체크 또는 ○표 하십시오. (날짜: 월 일)

Ⅰ. 정서적 측면

1. 1) 나는 슬프지 않다. (   )
   2) 나는 슬프다. (   )
   3) 나는 항상 슬프고 기운을 낼 수 없다. (   )
   4) 나는 너무나 슬프고 불행해서 도저히 견딜 수 없다. (   )

2. 1) 나는 특별히 죄책감을 느끼지 않는다. (   )
   2) 나는 죄책감을 느낄 때가 많다. (   )
   3) 나는 죄책감을 느낄 때가 아주 많다. (   )
   4) 나는 항상 죄책감에 시달리고 있다. (   )

3. 1) 나는 나 자신에게 실망하지 않는다. (   )
   2) 나는 나 자신에게 실망하고 있다. (   )
   3) 나는 나 자신에게 화가 난다. (   )
   4) 나는 나 자신을 증오한다. (   )

4. 1) 내가 다른 사람보다 못한 것 같지는 않다. (   )
   2) 나는 나의 약점이나 실수에 대해 나 자신을 탓하는 편이다. (   )

3) 내가 한 일이 잘못되었을 때는 언제나 나를 탓한다. (　)

4) 일어나는 모든 일들은 모두 내 탓이다. (　)

5. 1) 나는 평소보다 더 울지 않는다. (　)

2) 나는 전보다 더 많이 운다. (　)

3) 나는 요즈음 항상 운다. (　)

4) 나는 전에는 울고 싶을 때 울 수 있었지만, 요즈음 울 기력조차 없다. (　)

6. 1) 나는 요즘 평소보다 더 짜증을 내는 편은 아니다. (　)

2) 나는 전보다 더 쉽게 짜증이 나고 귀찮아진다. (　)

3) 나는 요즈음 항상 짜증을 낸다. (　)

4) 전에는 짜증스럽던 일에 요즘은 너무 지쳐서 짜증조차 나지 않는다. (　)

II. 신체적 측면

7. 1) 나는 평소보다 더 피곤하지는 않다. (　)

2) 나는 전보다 더 쉽게 피곤해진다. (　)

3) 나는 무엇을 해도 피곤해진다. (　)

4) 나는 피곤해서 아무 일도 할 수 없다. (　)

8. 1) 나는 평소처럼 잠을 잘 수 있다. (　)

2) 나는 전에 만큼 잠을 자지는 못한다. (　)

3) 나는 전보다 한두 시간 일찍 깨고 다시 잠들기 어렵다. (　)

4) 나는 평소보다 몇 시간이나 일찍 깨고, 한번 깨면 다시 잠들 수 없다. (　)

9. 1) 내 식욕은 평소와 다름없다. ( )

   2) 나는 요즈음 전보다 식욕이 좋지 않다. ( )

   3) 나는 요즈음 식욕이 많이 떨어졌다. ( )

   4) 요즈음에는 전혀 식욕이 없다. ( )

10. 1) 요즈음 체중이 별로 줄지 않았다. ( ) 늘었다

    2) 전보다 몸무게가 2kg가량 줄었다. ( )

    3) 전보다 몸무게가 5kg가량 줄었다. ( )

    4) 전보다 몸무게가 7kg가량 줄었다. ( )

11. 1) 나는 건강에 대해 전보다 더 염려하고 있지는 않다. ( )

    2) 나는 여러 가지 통증, 소화불량, 변비 등과 같은 신체적인 문제로 걱
       정하고 있다. ( )

    3) 나는 건강이 염려되어 다른 일은 생각하기 힘들다. ( )

    4) 나는 건강이 너무 염려되어 다른 일은 아무 것도 생각할 수 없다. ( )

12. 1) 나는 요즈음 성에 대한 관심에 별다른 변화가 있는 것 같지는 않다. ( )

    2) 나는 전보다 성(sex)에 대한 관심이 줄었다. ( )

    3) 나는 전보다 성(sex)에 대한 관심이 상당히 줄었다. ( )

    4) 나는 성(sex)에 대한 관심을 완전히 잃었다. ( )

Ⅲ. 인지적 측면

13. 1) 나는 앞날에 대해서 별로 낙심하지 않는다. ( )

    2) 나는 앞날에 대해 용기가 나지 않는다. ( )

3) 나는 앞날에 대해 기대할 것이 아무것도 없다고 느낀다. (   )

4) 나는 앞날은 아주 절망적이고 나아질 가망이 없다고 느낀다. (   )

14. 1) 나는 실패자라고 느끼지 않는다. (   )

2) 나는 보통사람들보다 더 많이 실패한 것 같다. (   )

3) 내가 살아온 과거를 뒤돌아보면, 실패투성이인 것 같다. (   )

4) 나는 인간으로서 완전한 실패자라고 느낀다. (   )

15. 1) 나는 전과 같이 일상생활에 만족하고 있다. (   )

2) 나의 일상생활은 예전처럼 즐겁지 않다. (   )

3) 나는 요즘에는 어떤 것에서도 별로 만족을 얻지 못한다. (   )

4) 나는 모든 것이 다 불만스럽고 싫증난다. (   )

16. 1) 나는 벌을 받고 있다고 느끼지 않는다. (   )

2) 나는 어쩌면 벌을 받을지도 모른다는 느낌이 든다. (   )

3) 나는 벌을 받을 것이다. (   )

4) 나는 지금 벌을 받고 있다고 느낀다. (   )

17. 1) 나는 전보다 내 모습이 나빠졌다고 생각하지 않는다. (   )

2) 나는 나이 들어 보이거나 매력 없이 보일까봐 걱정한다. (   )

3) 나는 내 모습이 매력 없게 변해 버린 것 같은 느낌이 든다. (   )

4) 나는 내가 추하게 보인다고 믿는다. (   )

IV. 행동적 측면

18. 1) 나는 다른 사람들에 대한 관심을 잃지 않고 있다. ( )
    2) 나는 전보다 다른 사람들에 대한 관심이 줄었다. ( )
    3) 나는 다른 사람들에 대한 관심이 거의 없어졌다. ( )
    4) 나는 다른 사람들에 대한 관심이 완전히 없어졌다. ( )

19. 1) 나는 평소처럼 결정을 잘 내린다. ( )
    2) 나는 결정을 미루는 때가 전보다 더 많다. ( )
    3) 나는 전에 비해 결정내리는 데에 더 큰 어려움을 느낀다. ( )
    4) 나는 더 이상 아무 결정도 내릴 수가 없다. ( )

20. 1) 나는 전처럼 일을 할 수 있다. ( )
    2) 어떤 일을 시작하는 데에 전보다 더 많은 노력이 든다. ( )
    3) 무슨 일을 하려면 나 자신을 매우 심하게 채찍질해야만 한다. ( )
    4) 나는 전혀 아무 일도 할 수가 없다. ( )

21. 1) 나는 자살 같은 것은 생각하지 않는다. ( )
    2) 나는 자살할 생각을 가끔 하지만, 실제로 하지는 않을 것이다. ( )
    3) 자살하고 싶은 생각이 자주 든다. ( )
    4) 나는 기회만 있으면 자살하겠다. ( )

◼ 스트레스 검사 stress check sheet

번호	내용	전혀 그렇지 않다	그렇지 않다	보통 이다	그렇다	매우 그렇다
1	일상에서 실수가 많다.					
2	말하기 싫다.					
3	가슴이 답답하다.					
4	화가 난다.					
5	안절부절못한다.					
6	소화가 안 된다.					
7	배가 아프다.					
8	소리를 지르고 싶다.					
9	한숨이 나온다.					
10	어지럽다.					
11	만사가 귀찮다.					
12	잡념이 생긴다.					
13	쉽게 피로를 느낀다.					
14	온몸에 힘이 빠진다.					
15	자신감을 잃었다.					
16	긴장된다.					
17	몸이 떨린다.					
18	누군가를 때리고 싶다.					
19	의욕이 떨어졌다.					
20	울고 싶다.					

번호	내용	전혀 그렇지 않다	그렇지 않다	보통 이다	그렇다	매우 그렇다
21	신경이 날카로워졌다.					
22	내가 하는 일에 전망이 없어졌다.					
23	멍하게 있다.					
24	누군가를 미워한다.					
25	한 가지 생각에서 헤어나지를 못한다.					
26	목소리가 커졌다.					
27	마음이 급해지거나 일에 쫓기는 느낌이다.					
28	행동이 거칠어졌다.					
29	무언가를 부수고 싶다.					
30	말이 없어졌다					
31	머리가 무겁거나 아프다.					
32	가슴이 두근거린다.					
33	누군가를 죽이고 싶다.					
34	얼굴이 붉어지거나 화끈거린다.					
35	지루하다.					
36	참을성이 없다.					
37	얼굴표정이 굳어졌다.					
38	나는 아무 쓸모가 없는 사람이다.					
39	움직이기 싫다.					

▣ 회복탄력성 검사(HRQ-53)

〈전혀 그렇지 않다 1 / 그렇지 않다 2 / 보통이다 3 / 그렇다 4 / 매우 그렇다 5〉

질문 내용	점수 기록
1. 나는 어려운 일이 닥쳤을 때 감정을 통제할 수 있다.	
2. 내가 무슨 생각을 하면, 그 생각이 내 기분에 어떤 영향을 미칠지 잘 알아챈다.	
3. 이슈가 되는 문제를 가족이나 친구들과 토론할 때 내 감정을 잘 통제할 수 있다.	
4. 집중해야 할 중요한 일이 생기면 신바람이 나기보다는 더 스트레스를 받는 편이다.	
5. 나는 내 감정에 잘 휘말린다.	
6. 때때로 내 감정적인 문제 때문에 학교나 집에서 공부하거나 일 할 때 집중하기 힘들다.	
7. 당장 해야 할 일이 있으면 나는 어떠한 유혹이나 방해도 잘 이겨내고 할 일을 한다.	
8. 아무리 당황스럽고 어려운 상황이 닥쳐도, 나는 내가 어떤 생각을 하고 있는지 스스로 잘 안다.	
9. 누군가가 나에게 화를 낼 경우 나는 우선 그 사람의 의견을 잘 듣는다.	
10. 일이 생각대로 잘 안 풀리면 쉽게 포기하는 편이다.	
11. 평소 경제적인 소비나 지출 규모에 대해 별다른 계획 없이 지낸다.	
12. 미리 계획을 세우기보다는 즉흥적으로 일을 처리하는 편이다.	
13. 문제가 생기면 여러 가지 가능한 해결 방안에 대해 먼저 생각한 후에 해결하려고 노력한다.	
14. 어려운 일이 생기면 그 원인이 무엇인지 신중하게 생각한 후에 그 문제를 해결하려고 노력한다.	
15. 나는 대부분의 상황에서 문제의 원인을 잘 알고 있다고 믿는다.	
16. 나는 사건이나 상황을 잘 파악하지 못한다는 이야기를 종종 듣는다.	
17. 문제가 생기면 나는 성급하게 결론을 내린다는 이야기를 종종 듣는다.	
18. 어려운 일이 생기면, 그 원인을 완전히 이해하지 못했다 하더라도 일단 빨리 해결하는 것이 좋다고 생각한다.	
19. 나는 분위기나 대화 상대에 따라 대화를 잘 이끌어 갈 수 있다.	

질문 내용	점수 기록
20. 나는 재치 있는 농담을 잘한다.	
21. 나는 내가 표현하고자 하는 바에 대한 적절한 문구나 단어를 잘 찾아낸다.	
22. 나는 윗사람과 대화하는 것이 부담스럽다.	
23. 나는 대화 중에 다른 생각을 하느라 대화 내용을 놓칠 때가 종종 있다.	
24. 나는 대화를 할 때 하고 싶은 말을 다하지 못 하고 주저할 때가 종종 있다.	
25. 사람들의 얼굴표정을 보면 어떤 감정인지 알 수 있다.	
26. 슬퍼하거나 화를 내거나 당황하는 사람을 보면 그들이 어떤 생각을 하는지 잘 알 수 있다.	
27. 동료가 화를 낼 경우 나는 그 이유를 꽤 잘 아는 편이다.	
28. 나는 사람들의 행동방식을 때로 이해하기 힘들다.	
29. 친한 친구나 애인 혹은 배우자로부터 "당신은 나를 이해 못해"라는 말을 종종 듣는다.	
30. 동료와 친구들은 내가 자기 말을 잘 듣지 않는다고 한다.	
31. 나는 내 주변 사람들로부터 사랑과 관심을 받고 있다.	
32. 나는 내 친구들을 정말로 좋아한다.	
33. 내 주변 사람들은 내 기분을 잘 이해한다.	
34. 서로 도움을 주고받는 친구가 별로 없는 편이다.	
35. 나와 정기적으로 만나는 사람들은 대부분 나를 싫어하게 된다.	
36. 서로 마음을 터놓고 얘기할 수 있는 친구가 거의 없다.	
37. 열심히 일하면 언제나 보답이 있으리라고 생각한다.	
38. 맞든 아니든, "아무리 어려운 문제라도 나는 해결할 수 있다"고 일단 믿는 것이 좋다고 생각한다.	
39. 어려운 상황이 닥쳐도 나는 모든 일이 다 잘 해결될 거라고 확신한다.	
40. 어떤 일을 마치면 주변 사람들이 부정적인 평가를 할까 봐 걱정한다.	

질문 내용	점수 기록
41. 나에게 일어나는 대부분의 문제들은 나로서는 어쩔 수 없는 상황에 의해 발생한다고 믿는다.	
42. 누가 나의 미래에 대해 물어보면, 성공한 나의 모습을 상상하기 힘들다.	
43. 내 삶은 내가 생각하는 이상적인 삶에 가깝다.	
44. 내 인생의 여러 가지 조건들은 만족스럽다.	
45. 나는 내 삶에 만족한다.	
46. 나는 내 삶에서 중요하다고 생각한 것들은 다 갖고 있다.	
47. 나는 다시 태어나도 나의 현재 삶을 다시 살고 싶다.	
48. 나는 다양한 종류의 많은 사람들에게 고마움을 느낀다.	
49. 내가 고맙게 여기는 것들을 모두 적는다면, 아주 긴 목록이 될 것이다.	
50. 나이가 들어갈수록 내 삶의 일부가 된 사람, 사건, 생활에 감사하는 마음이 더 커져간다.	
51. 나는 감사해야 할 것이 별로 없다.	
52. 세상을 둘러볼 때, 내가 고마워할 것은 별로 없다.	
53. 사람이나 일에 대한 고마움을 한참 시간이 지난 후에야 겨우 느낀다.	

■ 자아초월명상지수 K-BMI 90

1. 자아초월성

지금 이 순간 귀하께서 『고귀한 자신을 어떻게 생각하는지』에 대한 질문입니다. 아래의 각 문항을 읽고 귀하의 생활이나 생각을 가장 잘 나타내는 번호에 √표를 해주세요. 정답은 없습니다. 솔직하게만 답해 주시면 됩니다.

지금 이 순간 내가 나 자신을 바라 볼 때	전혀 아니다	별로 아니다	보통 이다	약간 그렇다	매우 그렇다
1. 즐길 수 있는 취미나 관심거리를 가지고 있다.	①	②	③	④	⑤
2. 나이가 들어감에 따라 나 자신을 수용하고 있다.	①	②	③	④	⑤
3. 가능하면 다른 사람들과 어울리거나 공동체 모임에 참석한다.	①	②	③	④	⑤
4. 삶의 현실 상황에 잘 적응한다.	①	②	③	④	⑤
5. 신체적인 능력변화에 잘 적응한다.	①	②	③	④	⑤
6. 지혜나 경험을 다른 사람들과 나눈다.	①	②	③	④	⑤
7. 삶의 과거 경험들에서 의미를 발견한다.	①	②	③	④	⑤
8. 어떤 식으로든 젊은 사람들이나 다른 사람들을 도와준다.	①	②	③	④	⑤
9. 어떤 것을 계속해서 배우는 데 관심이 있다.	①	②	③	④	⑤
10. 한때 중요하게 생각했던 것을 내려놓고 있다.	①	②	③	④	⑤
11. 영적 믿음에서 의미를 발견한다.	①	②	③	④	⑤
12. 나는 신이 나의 문제에 대하여 관심을 가지고 있다고 믿는다.	①	②	③	④	⑤
12. 죽음을 삶의 한 부분으로 받아드린다.	①	②	③	④	⑤
13. 필요할 때 다른 사람들의 도움을 기꺼이 받는다.	①	②	③	④	⑤
14. 인생의 속도를 즐기고 있다.	①	②	③	④	⑤
15. *과거에 이루지 못한 꿈이나 목표를 후회하면서 살고 있다.	①	②	③	④	⑤

*역산문항

2. 긍정과 부정 정서

다음은 귀하의 감정이나 기분을 말하는 것입니다. 현재를 포함한 지난 일
주일 동안 귀하가 느끼신 기분의 정도가 가장 비슷한 곳에 √표 해주세요.

긍정과 부정 정서	전혀 그렇지 않다	그렇지 않다	보통 이다	그렇다	매우 그렇다
1. 나는 하루가 활기차다.	①	②	③	④	⑤
2. 나는 신경질적이다.	①	②	③	④	⑤
3. 나는 열정적이다.	①	②	③	④	⑤
4. 나는 민감하여 화를 잘 낸다.	①	②	③	④	⑤
5. 나는 원기 왕성하다.	①	②	③	④	⑤
6. 나는 괴롭고 고민스럽다.	①	②	③	④	⑤
7. 나는 자랑스럽다.	①	②	③	④	⑤
8. 나는 요즘 마음이 상한 일이 많이 생기는 편이다.	①	②	③	④	⑤
9. 나는 에너지가 넘친다.	①	②	③	④	⑤
10. 나는 두렵다.	①	②	③	④	⑤
11. 나는 적대적이다.	①	②	③	④	⑤
12. 나는 흥미진진하다.	①	②	③	④	⑤
13. 나는 기대되고 흥분된다.	①	②	③	④	⑤
14. 나는 불안하여 조바심이 난다.	①	②	③	④	⑤
15. 나는 사리가 분명하다.	①	②	③	④	⑤
16. 나는 겁에 질린다.	①	②	③	④	⑤
17. 나는 조심성이 있고 주의 깊다.	①	②	③	④	⑤
18. 나는 죄책감이 든다.	①	②	③	④	⑤
19. 나는 방심하지 않고 경계한다.	①	②	③	④	⑤
20. 나는 부끄럽다.	①	②	③	④	⑤

3. 우울감

다음 질문들은 귀하가 지난 1주일 동안 느낀 기분을 알아보기 위한 것입니다. 자신의 기분이나 느낌과 같다고 생각하시면 '예' 그렇지 않으면 '아니오'에 √표 해주세요.

1. 자신의 삶에 만족하십니까?	예	아니오
2. 지금까지 해온 일이나 흥미가 있었던 일을 그만두었습니다.	예	아니오
3. 자신의 삶이 허무하다고 느끼십니까?	예	아니오
4. 지루하다고 느끼는 일이 자주 있습니까?	예	아니오
5. 보통, 기분이 좋은 편입니까?	예	아니오
6. 자신에게 어떤 좋지 않은 일이 일어날지도 모른다는 불안이 있습니까?	예	아니오
7. 항상 행복하다고 느끼고 있습니까?	예	아니오
8. 자신이 무력하다고 자주 느끼십니까?	예	아니오
9. 외출하여 새로운 일을 하는 것보다 집안에 있는 것을 더 좋아하십니까?	예	아니오
10. 다른 사람들보다 기억력이 떨어졌다고 느끼십니까?	예	아니오
11. 지금 살고 있는 것이 멋지다고 생각하십니까?	예	아니오
12. 자신의 현재 상태는 전혀 가치 없다고 느끼십니까?	예	아니오
13. 당신은 활력이 넘친다고 느끼십니까?	예	아니오
14. 지금 당신의 상황은 희망이 없는 것으로 느끼십니까?	예	아니오
15. 다른 사람들은 당신보다 더 여유있는 생활을 하고 있다고 생각하십니까?	예	아니오

4. 자아존중감

아래의 각 문항을 읽고 귀하의 생각을 가장 잘 나타내는 번호에 √ 표를 해 주세요. 정답은 없습니다. 솔직하게만 답해 주시면 됩니다.

내용	전혀 그렇지 않다	그렇지 않다	보통 이다	그렇다	매우 그렇다
1. 대체로 나는 나 자신에 대하여 만족한다.	①	②	③	④	⑤
2. 때로 나는 구제불능이라는 생각이 든다.	①	②	③	④	⑤
3. 나는 많은 장점을 가지고 있다고 생각한다.	①	②	③	④	⑤
4. 나는 다른 사람만큼 잘 해낼 수 있다.	①	②	③	④	⑤
5. 나는 나 자신이 별로 자랑스러울 것이 없다고 느낀다.	①	②	③	④	⑤
6. 가끔 나는 내가 불필요한 존재라는 생각이 든다.	①	②	③	④	⑤
7. 나는 적어도 다른 사람만큼 가치 있는 사람이라고 생각한다.	①	②	③	④	⑤
8. 나는 내가 스스로를 더 존중했으면 좋겠다.	①	②	③	④	⑤
9. 대체로 나는 스스로를 실패자라고 느끼는 경향이 있다.	①	②	③	④	⑤
10. 나는 나 자신에 대하여 긍정적인 마음가짐을 가지고 있다.	①	②	③	④	⑤

5. 자기행복감

다음 질문들을 잘 읽고 각 문항 내용에 대해 귀하가 동의하는 정도를 √표 해주세요.

자기행복감	전혀 아니다	아니다	보통 이다	그렇다	매우 그렇다
1. 내 삶은 보다 높은 목적을 위해 존재한다.					
2. 무엇을 할지 결정할 때 언제나 나는 그것이 다른 사람들에게 유익할지를 고려한다.					
3. 나는 세상을 더 좋은 곳으로 만들어야 한다는 책임감을 갖고 있다.					
4. 내 삶은 영원한 의미를 가지고 있다.					
5. 내가 하는 일은 사회에 중요하다.					
6. 나는 인생의 의미가 무엇인지 그리고 내가 어떻게 그 의미에 부합하며 살 수 있는지 생각하는 데 많은 시간을 보내왔다.					
7. 인생은 너무 짧아서 그것이 주는 즐거움을 미룰 수 없다.					
8. 나는 쾌감을 느끼기 위해 일부러 노력한다.					
9. 무엇을 할지 선택할 때, 언제나 나는 그것이 즐거움을 줄지 고려한다.					
10. 나는 '인생은 짧다. 디저트를 먼저 먹어라' 문장에 동의한다.					
11. 나는 나의 감각을 자극하는 일을 하는 것을 좋아한다.					
12. 나에게 좋은 인생이란 즐거운 인생을 의미한다.					

6. 자기통합감

아래의 각 문항을 읽고 귀하의 생각과 가장 일치되는 번호에 √표를 해주세요. 정답은 없습니다. 솔직하게 답해 주세요.

자기통합감	전혀 아니다	아니다	보통 이다	그렇다	매우 그렇다
1. 사는 동안 많은 경험을 한 것에 대해 감사한다.	①	②	③	④	⑤
2. 기쁜 일이 있으면 슬픈 일이 있기 마련이다.	①	②	③	④	⑤
3. 살면서 겪었던 어려운 일들도 되돌아보면 다 의미가 있다.	①	②	③	④	⑤
4. 내 삶이 완벽하지 않아도 지금 이대로 의미가 있다.	①	②	③	④	⑤
5. 인생에는 각자가 겪어야 할 운명이 있다.	①	②	③	④	⑤
6. 편안한 마음으로 과거를 되돌아 볼 수 있다.	①	②	③	④	⑤
7. *내 인생이 이렇게 된 것이 가슴 아프다.	①	②	③	④	⑤
8. *과거의 누군가로 인해 내 운명이 꼬이기 시작했다.	①	②	③	④	⑤
9. *지나온 삶이 후회스럽다.	①	②	③	④	⑤
10. *지금처럼 살아온 것은 운이 없었기 때문이다.	①	②	③	④	⑤

7. 죽음 수용 정도

다음은 죽음에 대한 태도와 관련된 질문입니다. 자신의 생각과 얼마나 일치하는지 그 정도를 나타내는 숫자에 √표 해주세요. 정답은 없습니다. 솔직하게만 답해 주시면 됩니다.

질문 내용	전혀 아니다	아니다	보통 이다	그렇다	매우 그렇다
1. 나는 죽음을 축복으로 가는 통로라고 생각한다.	①	②	③	④	⑤
2. 죽음은 신과의 결합이고 축복이다.	①	②	③	④	⑤
3. 죽음은 새로운 삶을 다시 살 수 있게 할 것이다.	①	②	③	④	⑤
4. 나는 사후의 세계를 기대한다.	①	②	③	④	⑤
5. 내가 죽음에 편안할 수 있는 것은 내세를 믿기 때문이다.	①	②	③	④	⑤
6. 죽은 후에 나는 천국에 있을 거라고 믿는다.	①	②	③	④	⑤
7. 나는 내세가 이 세상보다 더 좋은 곳이라고 믿는다.	①	②	③	④	⑤
8. 죽음은 영혼의 해방이다.	①	②	③	④	⑤
9. 죽음이 모든 것의 마지막이라는 사실이 나를 두렵게 한다.	①	②	③	④	⑤
10. 죽음이 끝이라는 생각 때문에 나는 혼란스럽다.	①	②	③	④	⑤
11. 죽음이 끝이라는 생각은 나를 불안하게 한다.	①	②	③	④	⑤
12. 죽음 후에 어떤 일이 일어날지 알지 못하기 때문에 나는 죽을 것을 걱정한다.	①	②	③	④	⑤
13. 나는 죽음에 대한 강한 공포를 가지고 있다.	①	②	③	④	⑤
14. 죽음은 이 끔찍한 세상으로부터 나를 벗어나게 한다.	①	②	③	④	⑤

질문 내용	전혀 아니다	아니다	보통 이다	그렇다	매우 그렇다
15. 죽음은 고통과 괴로움으로부터 나를 벗어나게 한다.	①	②	③	④	⑤
16. 나는 죽음을 삶의 짐으로부터의 해방이라고 생각 한다.	①	②	③	④	⑤
17. 나는 죽음에 대해 생각하지 않으려고 애를 쓴다.	①	②	③	④	⑤
18. 나는 어떤 일도 죽음과 관련짓지 않으려고 애를 쓴다.	①	②	③	④	⑤
19. 죽음이라는 생각이 떠오를 때마다 나는 생각하지 않 으려고 애를 쓴다.	①	②	③	④	⑤
20. 나는 죽음에 대해 생각하지 않으려고 한다.	①	②	③	④	⑤
21. 죽음은 삶의 자연스러운 부분이다.	①	②	③	④	⑤
22. 죽음은 삶의 과정의 일부일 뿐이다.	①	②	③	④	⑤
23. 죽음은 지극히 자연스럽고 불가피한 사건으로 생각 되어야만 한다.	①	②	③	④	⑤

·접근적 수용: 문항 1,2,3,4,5,6,7,8

·죽음 공포: 문항 9,10,11,12,13

·탈출적 수용: 문항 14,15,16

·죽음 회피: 문항 17,18,19,20

·중립적 수용: 문항 21,22,23

REFERENCE

• 김연화(2007). 아동의 성격 유형 및 부모와의 의사소통 유형과 행복감과의 관계. 서울여자대학교 대학원 박사학위 논문.

• 김인숙(2001), 자기 발전과 적응을 위한 에니어그램에 관한 연구, 목포과학대학교 논문집25(2), 453-490.

• 권석만(2012). 현대 심리치료와 이론

• 권석만, 김진숙 외 4명(2005). 심리도식치료

• 고경봉, 박종규, 김찬형(2000) 스트레스 검사.

• 고영순, 『페르소나의 진실』, 36-38.

• 돈 리처드 리소, 러스 허드슨(2000). 에니어그램의 지혜

• 송영희, 이은희 공역(2020). 내면으로부터 심리도식치료 경험하기. 학지사

• 설기문 외, 다수 공역(2017). NLP 입문, 학지사

• 윤운성(2013). 청소년 상담가이드/에니어그램

• 윤운성(2001). 에니어그램 성격검사의 개발과 타당화. 교육심리연구, 15(3).131-161.

• 이성심, 박지애 외(2021). 에니어그램 메이드 이즈이, 연경문화사

• 이소희, 인보영(2008). 아동기 에니어그램 성격 유형 파악을 위한 탐색적 연구. 부모교육연구,5(2), 101-130.

• 이소희(2010). 비전에니어그램 베이직 과정 매뉴얼, 비전에니어그램교육연구소.

• 이영돈(2018). 마음, KBS 다큐멘터리, 위즈덤 하우스

• 이순자(2002), 초월상담의 관점에서 본 구르지예프의 에니어그램, 2003 한국상담학회 연차대회 논문자료집, 289-304. 한국초월영성상담연구소.

• 이순자(2002a). 자유를 위한 에니어그램의 심화 과정, 한국 초월영성상담 연구소

• 이순자(2003b). 자유를 위한 에니어그램의 심화 과정, 한국 초월영성상담 연구소

• 이순자(2003a). 자유를 위한 에니어그램의 기초 과정,

• 인경(2016). 에니어그램의 행동 특징과 명상상담 전략, 명상상담연구원

• 인경(2013). 명상심리치료, 명상상담연구원

• 허혜자(2003). 아동용 에니어그램 프로그램 개발. 창원대학교 교육대학원

• 황지현, 김세화(2020). 에니어그램의 영적이 지혜, 한문화

• Lapid-Bogda, G.(2011). 캐릭터코칭과 리더십: 에니어그램에 길을 묻다. [Bringing Out he Best in Everyne You Coach: Use the Enneagram System for Exceptional Results]. (이소희 역). 서울: 북허브. (원전은 2010년에 출판)

• Riso, D. R. (1993). Enneagram transformations: Releases and affirmations for healing your personality type. NY: Houghton Mifflin Company.

• Riso, D. R. (Speaker). (1994). The power of the enneagram: A new technology of self-discovery (Cassette Recording No. 12930A). IL: Nightingale-Conant Corporation.

• Riso, D. R., Hudson, R. (1995). Discovering your personality type: The new enneagram questionnaire. NY: Houghton Mifflin Company.

• Riso, D. R., Hudson, R. (1996). Personality types: using the enneagram for self-discovery. NY: Houghton Mifflin Company.

• Riso, D. R., Hudson, R. (1999). The wisdom of the enneagram. NY: A Bantam Book.

• Riso, D. R., Hudson, R. (2000, May, October). The Riso-Hudson enneagram professional training program: Part Ⅰ·Ⅱ. (The enneagram Institute, Kirkridge Conference Center, Stroudsbourg, PA, U.S.A)

• Riso, D. R., Hudson, R. (2001, March). The Riso-Hudson enneagram Professional training program: Part Ⅲ. (The enneagram Institute, Simpsonwood Center, Atlanta, GA, U.S.A)

• Riso, D. R. & Hudson, R. (1999). 주혜명 역(2000). 에니어그램의 지혜. 서울: 한문화.

- Riso, D. R. & Hudson, R.(2003). Discoveringyourpersonality type. HoughtonMifflinCompany.
- Riso, D. R., Hudson, R. (1999). The wisdom of the enneagram. NY: A Bantam Book.
- Riso, D. R. & Hudson,R.(2004). (주혜영 역). 에니어그램의 지혜 [The wisdom ofthe Enneagram]. 서울: 한문화. (원전은 1999년에 출판)
- Riso, D. R. & Hudson, R. (2010). 에니어그램 성격 유형: 자기 발견을 위한 성격의 역동성 탐구 [Personality Types]. (윤운성·김경수·김은아·김혜동·박범석·박현경·서정대·손진희·오정옥·오현수·윤천성·이근매·이소희·이숙자·조주영·황임란 공역) 서울:학지사. (원전은 1996년에 출판)
- Wilber, K. (1993). The spectrum of consciousness. (2nd ed.). IL: The Theosophical Publishing House.
- Wilber, K. (1996). The atman project. (2nd ed.). IL: The Theosophical Publishing House.
- Wymen, P.(1998). Integrating the MBTI and the Enneagram in psychotherapy: The core self and the defense system. Journal of Psychological Type. 46. 28-40.
- Zuercher, S. (2000a). (4th ed.). Enneagram spirituality. IN: Ave Maria Press.
- Zuercher, S. (2000b). Enneagram Companions: Growing in relationships and spiritual direction. IN: Ave Maria Press.Daniel Cervone , Lawrence A. Pervin, 성격심리학, (민경환 , 김민희, 황석현 옮김), 서울: 시그마프레스, 2015년 08월
- 武田耕一(2003). 팀 심리코칭. (심교준 역). 서울: 한언.

부록

- Beck 우울척도 검사지

- 스트레스 검사지

- 회복탄력도 검사지, HRQ-53, Reivich & Shatte 인용, KRQ-53, 김주환 교수, 회복탄력성지수

- 자아초월명상지수, K-BMI 105, 자아초월명상 프로그램 인용, 현용수

에니어그램과 NLP 심리

명상심리상담전략

초판 1쇄 발행 2023년 5월 29일

지은이 현용수 외
펴낸이 최병윤
펴낸곳 행복한마음(열린공간+ 명상치유상담교육원)
출판등록 제10-2415호 (2002. 7. 10)

주소 서울시 마포구 성미산로2길 33, 202호
전화 (02) 334-9107
팩스 (02) 334-9108

ⓒ 현용수, 2023
ISBN 978-89-91705-53-1 03180